歌山画水最东阳

教育之乡

GESHAN HUASHUI ZUI DONGYANG

JIAOYU ZHI XIANG

东阳市政协文史和学习委员会 编

西泠印社出版社

《歌山画水最东阳》编辑委员会

主　任　方宪文
副主任　黄阳明　冯　涧
委　员　胡　心　张忠鸣　朱国强　史　莹

主　编　张忠鸣
副主编　单昌瑜　陈美华　吴立梅　朱榕贵
　　　　金柏松　华　柯　陆国强

序

“歌山歌山歌歌歌山，画水画水画画画水。”现代著名诗人田间这样赞美东阳。歌山、画水，这两个充满诗情画意的地名，成了最美东阳的代名词。

东阳地处“浙江之心”，史称“婺之望县”，山清水秀，风光旖旎，形胜之美，甲于他邦。东白山会稽之巅、浙中屋脊，云蒸霞蔚，巍峨耸立；东阳江钱江之源、母亲之河，携手南江，浩荡西行。屏岩探奇，落鹤寻幽，三都遣怀，双岘思古。唐代刘禹锡诗云：“东阳本是佳山水，何况曾经沈隐侯。”

东阳出的最多的就是两种人：一种是“读书侬”，通过读书改变自己的命运，在广阔天地施展抱负；一种是“出门侬”，怀揣精湛手艺走南闯北，在大江南北留下杰作无数。这两种人从骨子里都是带“最”的，干就要干到最好，干也能干到最好。他们秉承着“崇文重教、精工善艺、大气包容、创新图强”的人文精神，造就了誉满天下的“三乡一城”金名片。

“教育之乡”——文脉磅礴，英才辈出。东阳自古有“兴学重教、勤耕苦读”的传统，宋元时期书院林立，名彦云集，朱熹、陈亮、吕祖谦等在此讲学论道，著书立说。明朝宋濂《送东阳马生序》劝学励志，传诵至今。历代有状元五位，进士三百。1989年《人民日报》载《百名博士汇一市，千位教授同故乡》，而今更呈“十百千万”之盛况。

“建筑之乡”——营造技艺，神工天巧。南宋以来，形成以建筑工匠为核心、以传统手工艺人为主体的“东阳帮”，创造了独特的东阳民居营造体系。而今东阳建筑企业遍布海内外，建筑业总产值、特级资质企业数、创鲁班奖工程数等指标均为全国县（市、区）第一。

“工艺美术之乡”——木雕竹编，冠绝天下。东阳是“世界木雕之都”，现有亚太手工艺大师3人，中国工艺美术大师11人，省工艺美术大师60人。红木家具产业依托与东阳木雕工艺的有机融合，在行业中独树一帜，声名远播。“买红木到东阳、装中式找东阳”品牌影响力全面升级。

“影视文化名城”——点石成金，蜚声中外。横店影视城是全球规模最大的影视拍摄基地，集聚影视企业1800余家，拥有30多个大型实景基地和130余座高科技大型室内摄影棚，全国1/4的电影、1/3的电视剧、2/3的古装剧出自东阳，被誉为“东方好莱坞”，是国家5A级旅游景区。目前正向着建设横店国际影视文化创新中心的目标迈进。

《歌山画水最东阳》一书，记录的是东阳“三乡一城”的故事，弘扬的是东阳“最”文化精神。不管您是在外求学拼搏的东阳游子，还是来东阳投资兴业的新东阳人，或是来东阳旅游观光的四方宾朋，当您打开此书，读着赓续千年的三乡文化，领略横店影视城的美景盛貌，一定能真切感受到东阳的独特魅力。一年好景君须记，最是橙黄橘绿时。在新时代的当下，正是最美好的年景。祝愿东阳这座古老的城市蒸蒸日上，焕发勃勃生机，书写更加美好的明天。

是为序。

2023年9月

前 言

东阳，建县于东汉兴平二年（195），至今已有1828年建县历史。三国两晋时代，就有斯敦、许孜列入正史。唐代进士人数占全省的五分之一，领跑浙江，一骑绝尘。唐宋时期，出现了六宰执五状元。元明清时期，义勇刚烈之士青史流芳。

科举时代，东阳出了300余名进士，其数量在金华府内独占鳌头，在省内名列前茅，在全国稳居上游。在“二十四史”中，有36位东阳人名留青史，其中有本传和附传者平分秋色，各有18位。

东阳向有崇文重教、耕读传家的传统，宋代以来，书院林立，私塾遍地，一大批顶流学术大咖如朱熹、吕祖谦、唐仲友、陆游、陈亮、陈傅良、钱文子、叶适、叶味道、魏了翁、方逢辰、许谦等或会讲，或授徒于东阳，影响深远。

科举废后，新学勃兴，各层次学校纷纷创办，各类教育异彩纷呈。民国18年（1929），东阳以公私立小学395所列全省县市之首。

东阳学生的勤奋好学有口皆碑。明代开国文臣之首宋濂挥笔写下的《送东阳马生序》，成为亿万义务教育段学生必读的名篇。马生是东阳学子的典型。东阳学子秉承“霉干菜土布衫精神”，攀书山，游学海，成就不凡。20世纪以来，人才呈井喷式涌现。1989年12月4日，《人民日报》在头版报道了东阳的教育成就。

时过30余年，东阳又以“十百千万”名噪华夏。17位院士、上百位大学校长和科研院所领导、上千名博士、上万名教授，这些令人惊叹的数字，是人才之乡、教育之乡最具说服力的例证和荣耀。

最近30余年，民办教育异军突起，80余万户籍人口的县级市东阳，居然拥有2所全日制高校——浙江广厦建设职业技术大学和浙江横店职业影视学院。而在高中教育中，民办教育占比40%。民办教育正成为东阳教育的生力军。民间捐资兴学热情高涨，方兴未艾，全市各类教育基金的总额达6.6亿元人民币。党的十八大以来，东阳市委市政府对教育投入的力度空前，新建、改建、扩建、迁建的学校比比皆是，校园是当地最靓丽的存在。

回顾历史，“教育之乡”的形成和发展，带来东阳人三观特别是价值观的蜕变，由此引起思维方式、职业取向、审美情趣、创新意识等的系列化重构，生存活动空间由五湖四海而五大洲四大洋——东阳人在更高层次上重塑自我。放眼当今，东阳教育正秉承“苦教苦学”的精神内核，在前所未有的良好教学环境中踔厉奋发，百尺竿头更进一步，让“教育之乡”底蕴更深，牌子更亮。

目 录

办学兴教 弦歌不辍

DONGYANG MASHENG
RENCAI CHAOYONG

东阳马生
人才潮涌

明代开国文臣之首宋濂，与一位来自东阳的马姓年轻人相谈甚欢，提笔写下脍炙人口的《送东阳马生序》，成了千古不朽的东阳“教育之乡”的“广告”名篇。东阳马生，成为东阳学子的标识，连同他的故乡东阳，被天下读书人熟知。东阳马生，既是一个具体的人，就是和宋濂交谈的那个东阳人；又不只是一个人，他是唐宋以来千千万万的东阳学子。

唐代，东阳以四大望族为首，名人辈出，中进士人数在省内一骑绝尘。两宋时期，中进士人数超过200，官至宰执者有5人，大魁天下的也有5人。明代的入仕为官者，大多义勇刚烈，出现了张国维等名留青史的人物。明清两朝，卢宅等诸多村落才士彬彬，而城区的诸多大族也以人才众多而有“六族”之称。

延至20世纪上半叶，东阳创办新学，兴办实业，求学西方，从戎报国，成为历史潮流，尤其是科技界、教育界的人才之众，超迈前代。而在推翻旧制度、建立新中国的历程中，许多先烈抛头颅、洒热血，书写了可歌可泣的篇章。这一时期是东阳人才继唐代、南宋以后的第三个高发期，数量众多，领域广泛，成就不凡。

新中国成立后，特别是改革开放以来，东阳人才的数量和多元又非以往所能相比。当今人才，有“十百千万”之称，并多次被《人民日报》等媒体报道。这一时期是东阳人才的第四个高发期。

古往今来，难以计数的好学、苦学、善学的东阳马生，成为东阳“教育之乡”的最好例证。

宋濂撰文送马生

明洪武十一年（1378），告老还乡的开国文臣之首宋濂，应朱元璋之命从家乡浦江到京城应天府（今南京）去朝见皇帝。其间，一位在太学读书的年轻人以同乡晚辈的身份来拜访宋濂。这位年轻人姓马，东阳人。年届古稀的宋濂和风华正茂的马生这两位同乡谈到读书学习，越谈越投机，不禁触动了宋濂的记忆。他看到眼前的马生，想到当年的自己，情难自已，文思泉涌，挥笔写下脍炙人口的名篇《送东阳马生序》。

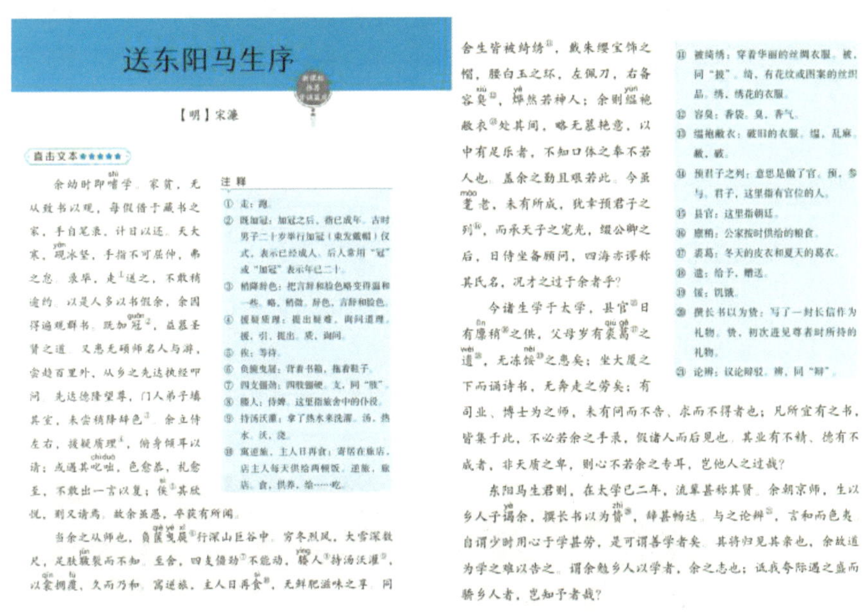

送东阳马生序

【明】宋濂

自由文本

余幼时即嗜学。家贫，无从致书以观，每假借于藏书之家，手自笔录，计日以还。天大寒，砚冰坚，手指不可屈伸，弗之怠。录毕，走[①]送之，不敢稍逾约。以是人多以书假余，余因得遍观群书。既加冠[②]，益慕圣贤之道。又患无硕师名人与游，尝趋百里外，从乡之先达执经叩问。先达德隆望尊，门人弟子填其室，未尝稍降辞色[③]。余立侍左右，援疑质理[④]，俯身倾耳以请；或遇其叱咄，色愈恭，礼愈至，不敢出一言以复；俟[⑤]其欣悦，则又请焉。故余虽愚，卒获有所闻。

当余之从师也，负箧曳屣[⑥]行深山巨谷中。穷冬烈风，大雪深数尺，足肤皲裂而不知。至舍，四支僵劲[⑦]不能动，媵人[⑧]持汤沃灌[⑨]，以衾拥覆，久而乃和。寓逆旅，主人日再食[⑩]，无鲜肥滋味之享。同舍生皆被绮绣[⑪]，戴朱缨宝饰之帽，腰白玉之环，左佩刀，右备容臭[⑫]，烨然若神人；余则缊袍敝衣[⑬]处其间，略无慕艳意，以中有足乐者，不知口体之奉不若人也。盖余之勤且艰若此。今虽耄老，未有所成，犹幸预君子之列[⑭]，而承天子之宠光，缀公卿之后，日侍坐备顾问，四海亦谬称其氏名，况才之过于余者乎？

今诸生学于太学，县官[⑮]日有廪稍[⑯]之供，父母岁有裘葛[⑰]之遗[⑱]，无冻馁[⑲]之患矣；坐大厦之下而诵诗书，无奔走之劳矣；有司业、博士为之师，未有问而不告、求而不得者也；凡所宜有之书，皆集于此，不必若余之手录，假诸人而后见也。其业有不精、德有不成者，非天质之卑，则心不若余之专耳，岂他人之过哉？

东阳马生君则，在太学已二年，流辈甚称其贤。余朝京师，生以乡人子谒余，撰长书以为贽[⑳]，辞甚畅达。与之论辨[㉑]，言和而色夷。自谓少时用心于学甚劳，是可谓善学者矣。其将归见其亲也，余故道为学之难以告之。谓余勉乡人以学者，余之志也；诋我夸际遇之盛而骄乡人者，岂知予者哉？

注释

① 走：跑。
② 既加冠：加冠之后，指已成年。古时男子二十岁举行加冠（束发戴帽）仪式，表示已经成人。后人常用“冠”或“加冠”表示年已二十。
③ 稍降辞色：把言辞和脸色略变得温和一些。稍，稍微。辞色，言辞和脸色。
④ 援疑质理：提出疑难，询问道理。援，引，提出。质，询问。
⑤ 俟：等待。
⑥ 负箧曳屣：背着书箱，拖着鞋子。
⑦ 四支僵劲：四肢僵硬。支，同“肢”。
⑧ 媵人：侍婢。这里指旅舍中的仆役。
⑨ 持汤沃灌：拿了热水来洗濯。汤，热水。沃，浇。
⑩ 寓逆旅，主人日再食：寄居在旅店，店主人每天供给两顿饭。逆旅，旅店。食，供养，给……吃。
⑪ 被绮绣：穿着华丽的丝绸衣服。被，同“披”。绮，有花纹或图案的丝织品。绣，绣花的衣服。
⑫ 容臭：香袋。臭，香气。
⑬ 缊袍敝衣：破旧的衣服。缊，乱麻。敝，破。
⑭ 预君子之列：意思是做了官。预，参与。君子，这里指有官位的人。
⑮ 县官：这里指朝廷。
⑯ 廪稍：公家按时供给的粮食。
⑰ 裘葛：冬天的皮衣和夏天的葛衣。
⑱ 遗：给予，赠送。
⑲ 馁：饥饿。
⑳ 撰长书以为贽：写了一封长信作为礼物。贽，初次进见尊者时所持的礼物。
㉑ 论辨：议论辩驳。辨，同“辩”。

人民教育出版社版语文教材中的《送东阳马生序》

因为宋濂这篇赠序，“东阳”列名于中小学语文教材的篇目中，为亿万学子所熟知。而人以文名，东阳学子马生君则的好学善学、谦恭有礼、敬长孝亲、品学兼优的形象也深入人心。《送东阳马生序》无疑是东阳和东阳学子的最佳广告。而千百年来人才济济、俊彦迭出的东阳和勤奋好学、才德并佳的无数“东阳马生”，又不断地为这广告提供例证，充实内涵。

宋學士文集卷七十三　　朝京稾卷三

送東陽馬生序

余幼時卽嗜學家貧無從致書以觀每假借於藏書之家手自筆錄計日以還天大寒硯水堅手指不可屈伸弗之怠錄畢走送之不敢稍踰約以是人多以書假余余因得徧觀羣書旣加冠益慕聖賢之道又患無碩師名人與游嘗趨百里外從鄉之先達執經叩問先達德隆望尊門人弟子塡其室未嘗稍降辭色余立侍左右援疑質理俯身傾耳以請或遇其叱咄色愈恭禮愈至不敢出一言以復俟其欣悅則又請焉故余雖愚卒獲有所聞當余之從師也負篋曳屣行深山巨谷中窮冬烈風大雪深數尺足膚皸裂而不知至舍四支僵勁不能動媵人持湯沃灌以衾擁覆久而乃和寓逆旅主人日再食無鮮肥滋味之享同舍生皆被綺繡戴朱纓寶飾之帽腰白玉之環左佩刀右備容臭燁然若神人余則縕袍

朝京稾　宋文集卷三　二

敝衣處其間略無慕豔意以中有足樂者不知口體之奉不若人也蓋余之勤且艱若此今雖耄老未有所成猶幸預君子之列而承　天子之寵光綴公卿之後日侍坐備顧問四海亦謬稱其氏名況才之過於余者乎今諸生學於太學縣官日有稟稍之供父母歲有裘葛之遺無凍餒之患矣坐大廈之下而誦詩書無奔走之勞矣有司業博士爲之師未有問而不告求而不得者也凡所宜有之書皆集于此不必若余之手錄假諸人而後見也其業有不精德有不成者非天質之卑則心不若余之專耳豈他人之過哉東陽馬生君則在太學已二年流輩甚稱其賢余朝京師生以鄉人子謁余譔長書以爲贄辭甚暢達與之論辯言和而色夷自謂少時用心於學甚勞是可謂善學者矣其將歸見其親也余故道爲學之難以告之謂余勉鄉人以學者余之志也詆我夸際遇之盛而驕鄉人者豈知予者哉

明正德年间刻本《宋学士文集》中的《送东阳马生序》书页

这篇名文并不深奥，最后一段宋濂高度赞扬了马生，也附带谈了这篇文章的写作目的，大意是——

东阳马生君则，在太学中已学习两年了，同辈人很称赞他的贤能。我到京师朝见皇帝时，马生以同乡晚辈的身份拜见我，写了一封长信作为见面礼，文辞很顺畅通达，同他辩论，言语温和而态度谦恭。他说自己小时候学习很用心刻苦，是可以称得上爱好学习的人了。他将要回家拜见双亲，我特意将自己求学的艰难告诉他。说我勉励同乡努力学习，正是我的本意；诋毁我夸耀自己际遇之显赫而在同乡前骄傲的，岂是了解我的人！

婺剧《东阳马生》剧照

马生是勤奋好学的东阳学子的典范，足使每一位东阳人感到自豪和骄傲。年长的宋濂在年轻的“乡人子”马生身上看到了自己年轻时勤勉求学的精神，年轻的马生忠实地传承着宋濂等老一辈学人诚笃坚毅的品格。可以说，文中的宋濂就是求学时的马生；马生就是未来的宋濂。因此，文中的宋濂与马生是互为表里，合二为一了。许多人津津乐道的“马生精神”，其实已完全融通了“宋濂品性”。在“老马生宋濂”与“青春版马生”身上，流淌着如下精神气质——求知若渴、守信重诺、尊师敬长、礼貌谦和、不骄不矜、勇毅坚忍、诚笃扎实、克己苦修，在求学路上品与学、德与才双美并臻，成为天下学子的楷模。

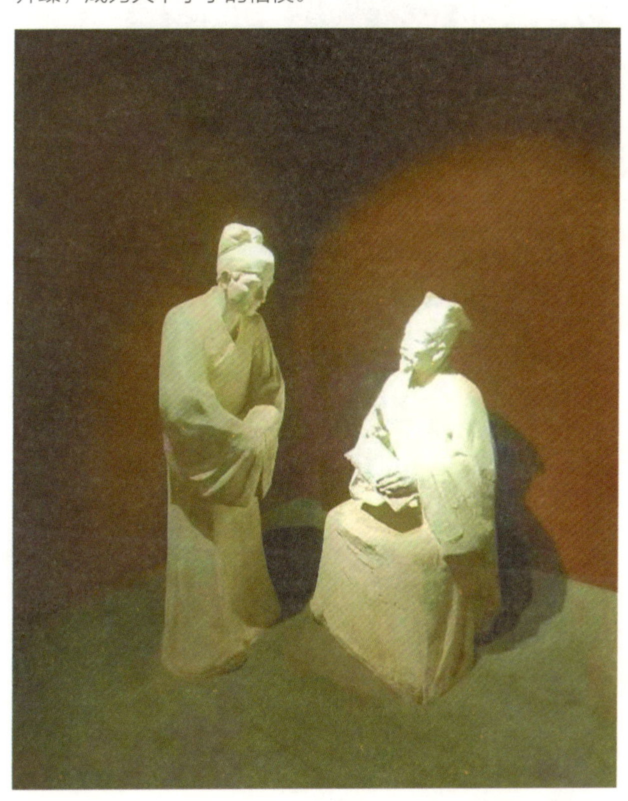

马生问学雕塑

可以说，东阳马生也是天下读书人的精神高标，至于马生究竟是东阳何地人，已经无关宏旨，正所谓“英雄不问出处，名士何计身世”！

党报头版赞东阳

1989年12月4日，《人民日报》头版刊登《百名博士汇一市，千位教授同故乡——东阳重教成风人才辈出》一文，20多家报刊纷纷转载，《光明日报》则以《百名博士汇一市，千位教授同故乡——东阳重教成风人称 “教授市”》刊发，苦教苦学、重教成风的东阳被誉为“教授之乡”，“教授市”的称誉不胫而走。

人民日报
RENMIN RIBAO

不花钱少花钱帮助企业化解困境
天津发展区域性经济合作
近几个月解决紧缺物资2.81亿元压缩库存产品2.6亿元

建设中的岩滩水电站

陈俊生希望各地夺取明年丰收向前抢
切实抓紧每项工作 搞好农业综合开发

开发产品拓宽市场
头十个月实现产值利税接近去年全年水平
白云山制药总厂自我消化困难

依靠科技多出效益
消除成本上升减利因素确保今年利税不减
华新水泥厂面对压力奋发自强

决心为共产主义事业奋斗终生
上海400余名大学生申请入党

百名博士汇一市
千位教授同故乡
东阳重教成风人才辈出

论反对自由化和贯彻“双百”方针

“首发式”何其多

1989年12月4日《人民日报》头版

时隔30余年后看这篇报道，我们对百名博士、千位教授这两个数字好像不大敏感。如果你穿越到1989年，就会有不同的感受。

博士永远是稀有人才，无论在任何国家。即使在中国，2023年招收10万名博士研究生的情况下，大约14000人中才出一个博士。在《人民日报》刊发该文10年后的1999年，全国博士研究生毕业人数才达到10000人，东阳的百名博士，在2800多个县级行政单位中占1%——那是1999年！倒回到1989年前取得博士学位的两三千人中，东阳的百名博士占有多少比例，你不妨屈指一算吧！

而职称评定，和博士研究生招生类似，中间停顿了十多年，改革开放后渐有恢复，但随即暂停。1987年开始全面铺开，次年完成评定，此后评审正常化。1988年，东阳市内获高级职称者（含正高和副高）共146人，占专业技术人员9543人的1.5%。也说明千名东阳籍教授和高工中，至少有七分之六在市外工作，东阳人才不仅为家乡做贡献，而且胸怀天下，立足四方，为国家的现代化建设做贡献。

《人民日报》的报道最后说："近十年来，这里平均每年都向高等院校输送新生700多名，居浙江省首位。"时间回溯到1978年，"文化大革命"后全国高考首次统一命题。浙江有考生24.3万人，上线16156人。东阳上线人数达734人，占全省65个县、10个市辖区的1/22，占金华地区（其时衢州地区还隶属于金华，磐安、金东未分出，龙游未复县）11个县上线人数3545人的1/5强，上线人数为全省之冠。东阳的上线人数超过了省内几个地区几十个县的总和，一时声名鹊起，"高考状元县"的名声不胫而走。9月26日，《浙江日报》头版以《东阳县被重点高等学校录取的新生有一百六十九名》为副标题予以报道。

那时高校的数量很少，浙江只有19所（含已经并入浙大的杭大、浙医大、浙农大），绝大部分是专科院校，而且各校的招生数也很少。全国高校在浙江经扩招后实际录取共12318人，不到2023年浙江高考计划招生总数257502人的5%，因此录取率极低。全省文科重点批才录取149人，现在一个市县的文科上重点线人数也远不止此数。

全国重点高校在我省录取的新生今日发榜

东阳县被重点高等学校录取的新生有一百六十九名

【本报讯】全国六十九所重点高等学校、军事院校在我省录取新生的工作已经结束，今日发榜。

今年重点高等学校、军事院校录取的新生，坚持德智体全面考核，择优录取的原则，在确保政治质量和健康条件的前提下，从高分到低分，参照考生所填志愿，分段择优录取。我省录取重点高等学校、军事院校的新生共二千八百六十四名，其中理科二千六百十三名（包括出国留学预备生一百三十五名），文科一百四十九名，外语专业八十七名，体育专业十五名。这次全国重点高等学校在我省录取的新生比原计划超额一百七十二名。这次重点高等学校、军事院校录取的新生绝大部分是工人、贫下中农、革命干部、职工、军人和其他劳动人民子弟，占总数百分之九十九。今年高考成绩名列前茅的东阳县，录取重点高等学校、军事院校的有一百六十九名（理科一百五十六名，文科十三名），其中四百分以上的三十二名。全省各县都有考生录取在重点高等学校。今年我省获高考第一名的六六届高中毕业生、衢州化工厂合成氨分厂工人骆权，获第二名的六六届高中毕业生、临安县三口公社秋口大队民办教师汪益民均录取在浙江大学数学力学系。这些院校坚决贯彻了二十六岁以上（包括六六、六七届毕业生）与其他考生一视同仁，予以录取的政策。复旦大学理工科在我省录取五十八名，其中二十六岁以上的二十名。上海师大理科在我省录取二十三名，其中二十六岁以上的十三名。复旦大学文科在我省录取十八名，其中二十六岁以上的十四名。

今年全国重点高等学校还在我省录取了一批智力出众的少年。云和县云和中学十四岁少年、工人子弟张海涛以化学一百分、数学九十六分、物理九十四分，总分四百三十三点五分的优异成绩，录取在北京大学数学系。岱山县长涂中学十四岁少年、贫农子弟张坚以四百十四点五分的优异成绩，录取在复旦大学。中国科技大学在我省录取新生三十九名，其中十六岁以下的少年二十名（十五名成绩在四百分以上）。慈溪县周行中学十六岁少年、工人子弟慕剑峰以化学一百分、物理一百分、数学九十六分，总分四百三十六分的优异成绩，录取在中国科技大学物理系。

1978年9月26日《浙江日报》头版右下方报道

国内最权威的第一大报《人民日报》和省内最权威的第一大报《浙江日报》，这两份党报都在头版报道东阳人才的盛况和东阳高考的成绩，造就了东阳“教授之乡”和“高考状元县”的声名，外地来访者络绎不绝，并由此引发了高考复习事业的繁荣。自20世纪末至21世纪头十几年，在将近20年时间内，东阳的十几家高考补习学校吸引了来自全省各地十几万学子来东阳复习，最高年份近万人，盛况空前。

1989年《人民日报》发表该报道后，又过了30年，随着改革开放的推进、教育事业的发展，东阳人才也有了爆炸性增长。2019年11月4日，《人民日报》在“文化”版刊发题为《十二位院士汇一市，千余名博士同故乡:小城缘何走出万名教授》的报道，次日的《文萃报》等作了转载或摘引。文章开头说：“近30年来，东阳的教育事业发展更上一层楼。如今，这座小城已走出12名院士，近百名大学校长、书记，1300余名博士、博士后，1万余名教授、副教授。”于是有了“十百千万”的概括，用来表示东阳人才的数量之多和档次之高，这篇文章现在还能在多家网站搜索到。

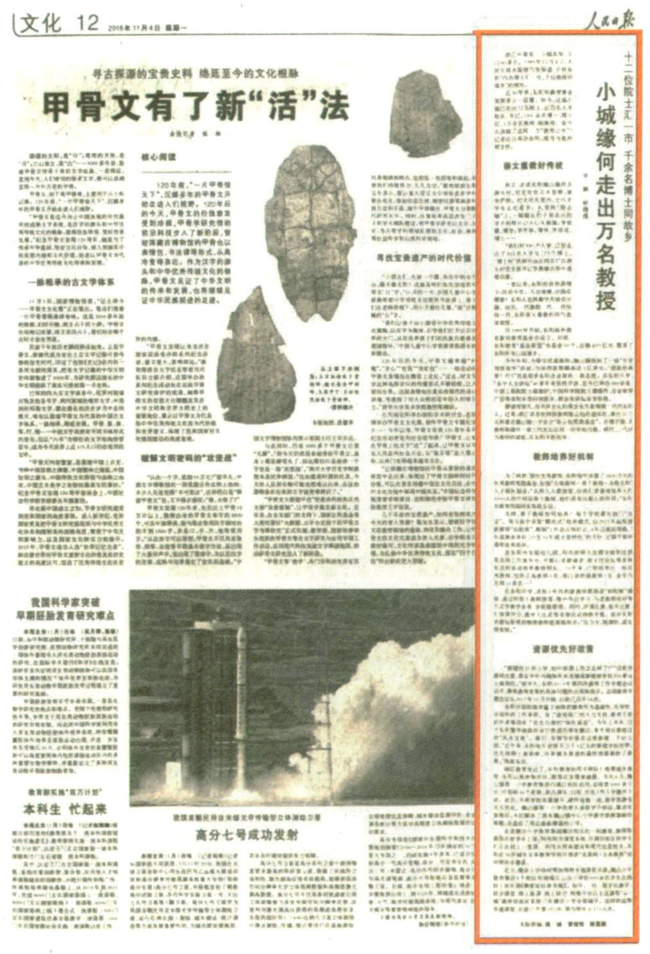

文化 12　2019年11月4日　星期一　人民日报

寻古探源的宝贵史料　绵延至今的文化根脉

甲骨文有了新“活”法

十二位院士汇一市　千余名博士同故乡

小城缘何走出万名教授

我国科学家突破早期胚胎发育研究难点

本科生　忙起来

高分七号成功发射

2019年11月4日《人民日报》12版

“十百千万”耀故乡

“十百千万”的说法，除前文提及外，2002年11月3日《人民日报》报道《东阳中学九十年出了两千教授》，2009年3月15日新华网以《东阳:千名博士汇一市，万名教授同故乡》为题报道东阳人才盛况。

先从“十”说起，目前，东阳籍中国科学院和中国工程院两院院士有11名，东阳籍外籍院士6名，总共有院士17名。两院院士为严济慈、李正武、严陆光、徐更光、陈士橹、金玉玕、潘德炉、麻生明、潘建伟、任其龙、吴明红。院士是国家设立的科学技术方面和工程科学技术方面的最高学术称号，为终身荣誉。截至2023年8月，我国共评出两院院士1755人，东阳籍人占1/160，在全国2800多个县级行政单位中占有很高比例，占浙江省籍两院院士400余人的1/36,占金华市籍两院院士27人的40%。

严济慈（1901—1996），科学泰斗，教育宗师。徐悲鸿称其为“科学之光”。1927年获法国国家科学博士学位。1948年当选中央研究院院士和中国物理学会理事长。1949年始，历任中国科学院办公厅主任兼应用物理研究所所长，中国科技大学校长及研究生院院长，第六、第七届全国人大常委会副委员长。严济慈是中国现代物理学研究开创人之一，在压电晶体学、光谱学、大气物理学和应用光学等方面做出重要贡献。编著从初中到大学的10种数学、物理教科书，培育了中国几代科技人才和许多科学家。2012年5月28日，国际天文学联合会小天体命名委员会同意命名中科院国家天文台发现的国际永久编号第10611号小行星1997BB1为“严济慈星”。《辞海》有其传记。

李正武（1916—2013），核物理学家。1951年获美国加州理工学院博士学位。1955年与钱学森等人同船回国，1959年兼任中国科技大学教授。1961年转入核聚变研究领域，开创了中国磁约束核聚变研究领域。1980年当选中国科学院学部委员（院士）。20世纪80年代初期领导研制成功受控核聚变实验装置“中国环流器一号”，1987年获国家科技进步奖一等奖。受控核聚变俗称人造太阳，李正武正是这一研究领域的奠基人。该研究具有革命性意义，倘若成功，人类将不再依赖化石能源，可以从海水中提取取之不尽用之不竭的氢同位素氘与氚产生聚变反应。而清洁能源的使用将从根本上改变大气污染、气候变暖等全球性问题。对于我国来说，能源安全事关国计民生，一旦解决，其利益和影响不可估量。

严陆光，1935年生。电工学家。严济慈幼子。1959年毕业于莫斯科动力学院电力系，1991年当选中国科学院院士，1993年任国家863计划能源领域专家委员会主任，1999年至2004年任宁波大学校长，2000年当选第三世界科学院院士，2004年当选国际欧亚科学院院士。长期从事近代科学实验所需的特种装备的研制和电工新技术的研究发展工作，主要进行大能量电感储能装置的研制、建设与实验工作。在超导电工方面，领导进行了多方面应用基础研究，研制成多台实用超导磁体。1978年获全国科学大会颁发的“在我国科学技术工作中做出重大贡献的先进工作者奖”。

徐更光（1932—2015），爆炸理论与炸药应用技术专家。1994年当选中国工程院首批院士。长期从事爆炸理论及炸药应用技术的教学与研究，先后研制成功新型混合炸药11种，发展了多种装药新工艺，用于装备20多种武器，将大口径榴弹威力提高30%以上。研究成果获1978年全国科学大会奖。“海萨尔PW30高威力炸药”获国家科技进步一等奖。1998年被授予全国教育系统劳动模范和全国模范教师称号。

陈士橹（1920—2016），飞行力学专家。1997年当选中国工程院院士。1958年在苏联莫斯科航空学院获副博士学位。其被称为“陈氏机动飞行算法”的副博士论文，曾应用于苏联航空航天设计部门。回国后在西北工业大学任教，创建并长期领导该校宇航工程系。陈士橹长期致力于弹性飞行器飞行动力学及控制研究，其成果达国际先进水平，并成功应用于飞航等型号设计。是我国航天科技教育领域的开拓者之一。生前捐赠100万元设立“陈士橹飞天奖”。2018年2月，中共陕西省委决定在全省开展向“三秦楷模”陈士橹、柯小海、刘永生学习活动。

金玉玕（1937—2006），古生物学家。2001年当选中国科学院院士。长期从事腕足动物化石和石炭纪、二叠纪地层研究，是中国石炭纪和二叠纪地层研究的学术带头人，提出新的国际二叠纪地层年代系统，代替沿用了150年的传统年代系统，被各国采用。长期研究中国乐平统，证明该统最为完整，使之成为上二叠统的国际标准。国际地质包含30多个统，只有乐平统以我国地质为标准。“六五”计划期间主持中科院5个研究所合作的“准噶尔盆地油气分布”项目的综合地层研究，为解决生、储油层的时代问题提供重要依据。

潘德炉，1945年生。海洋遥感专家。2001年当选中国工程院院士。曾先后在加拿大、德国、日本、韩国等从事海洋遥感研究。20世纪70年代初调到国家海洋局第二海洋研究所，从事海洋物理研究，为建立和发展我国海洋水色遥感科学和遥感模拟仿真科学的研究起到了奠基和关键作用，同时，也是国际海洋水色荧光遥感机理研究的开创者之一。2003年获国家科技进步特等奖；2005年，因在载人航天领域做出的杰出贡献，荣获国家科技进步奖特等奖。

麻生明，1965年生。有机化学家。2005年当选中国科学院院士，是中科院该年增选的最年轻院士。2008年当选第三世界科学院院士。曾在瑞士苏黎世联邦理工大学、美国普渡大学从事博士后研究。1997年回国任金属有机化学国家重点实验室主任。主要从事联烯及其类似物化学方面的研究。曾主持国家自然科学基金重大国际合作项目和重点项目，是科技973项目“创造新物质的分子工程学”首席科学家之一。

潘建伟，1970年生。量子物理学家。2011年当选中国科学院院士，是中科院该年增选的最年轻院士。多年从事量子信息领域的研究工作，在量子物理和量子信息研究方面成绩斐然。其实验结果首次证实了在自由空间进行远距离量子态隐形传输的可行性，为全球化量子通信网络最终实现奠定了重要基础。建成了国际上首条量子保密通信骨干网“京沪干线”，并构建了首个天地一体的广域量子保密通信网络雏形；其团队已经实现了255个光子的九章3号量子计算原型机，它针对特定问题的求解能力比经典的超级计算机快1000万亿倍。2012年获国际量子通信最高奖——国际量子通信奖，是获得这一荣誉的首位华人物理学家。2016年，获国家自然科学奖一等奖，被评为“感动中国2016年度人物”。2021年12月21日，其团队完成的量子计算优越性实验入选国际物理学十大进展。2022年12月8日，其团队成果入选《物理世界》发布的2022年度十大突破。2023年7月，其团队联合北京大学实现最大规模的51比特量子纠缠态制备，刷新了所有量子系统中真纠缠比特数目的世界纪录，并首次实现了基于测量的变分量子算法的演示。

任其龙，1959年生。化学家。2019年当选中国工程院院士。主要从事化工、新药开发、制药技术等领域的教学和科研工作，是浙江大学制药工程本科专业的主要创建者。创建了分子辨识分离工程平台技术，解决了组分极复杂、分子极相似生物基原料的分离难题，实现天然维生素E、24—去氢胆固醇等十余种高端化工医药产品的高效制造，突破专利封锁，打破国外垄断，部分产品为国际首创，经济和社会效益显著。获浙江省科学技术奖一等奖1项，中国发明专利优秀奖1项等。

吴明红，1968年生。化学家。2021年当选中国工程院院士。长期从事多介质环境协同保护与综合治理及其相关学科的教学与科研工作。针对多介质复合污染协同治理科学难题，从复合污染物的组分特征入手，在环境功能材料研究领域以及有机复合污染治理工程应用方面取得了系列成果。2012年以“核技术环保应用”研究成果获中国工程院光华工程科技奖。2017年带领团队在石墨烯这个“诺贝尔奖级”领域取得重大突破，控制精度达十分之一纳米。拥有国家发明专利65项，出版专著2部，在Nature、Nature Chemistry等学术期刊发表论文200多篇，论文SCI他引26000多次，入选全球高被引科学家。

以上11位为东阳籍两院院士，另有兰溪籍院士王伏雄、嵊州籍（原属东阳的玠溪人）院士郑津洋均曾在东阳就读。还有6位为东阳籍外籍院士，他们是吕秉玲、马伯英、马佐平、周孟初、李杏放、王飞跃。这些外籍院士凭他们在科学研究上取得的成就，得到相关国家科研部门的推崇，荣膺“院士”的头衔。

2023年8月31日上午，中国科学院、中国工程院同时公布2023年院士增选有效候选人名单，各有3位共计6位东阳乡贤入选，他们分别是何宏平、胡江平、陆朝阳、杜时贵、马紫峰、应阳君。

吕秉玲（1927—2019），化工热力学家。1989年美国纽约科学院首批外籍院士。1950年毕业于浙江大学化工系，系大连理工大学教授、博士生导师。长期从事化学工业的研究和教学，在化工热力学方向主要成果为盐水体系相图及溶解度的热力学关联，在无机工艺学方面的研究成果为硼矿石的加工和天然盐碱湖的开发。著作有《无机化工生产相图分析》《纯碱生产相图分析》《纯碱工艺》等，论文被收入 SCI及EI者有10篇。

马伯英（1943—2023），国际著名中医史学家，医学家。2001年当选英国皇家医学院院士。1967年毕业于上海第二军医大学海军医学院。曾受邀为世界著名科学家李约瑟博士《中国科学技术史》医学卷的合作者。在英国工作近20年，创办英国杏林中医研究生院（XPCT）。临床擅长治疗疑难杂症，提出“生态医学规律适应理论”体系。2002年出任英国中医药联合总会主席。在国内外发表论文逾百篇，著书10多本。

马佐平（1945—2021），微纳电子科学家。兼为美国电机及电子工程学院(IEEE)院士、美国国家工程院院士、中国台湾“中央研究院”院士，2008年当选中国科学院外籍院士，被称为“四院院士”。对金属/氧化物/半导体(MOS)的科学认知及技术发展，尤其是在MOS栅介质的科技领域做出重要贡献。2002年到2005年，与清华大学共同研发制造先进的闪存器件。2005年与北大微电子学研究院合作研讨微电子及纳米电子领域最先进的科学课题。马佐平在耶鲁大学培养了大批华裔微电子科技专家，其中40多位中国学生在他指导下获得博士学位。

周孟初，1963年生。世界自动化领域知名学者。1990年获美国伦塞利尔理工学院博士学位。周孟初在Petri网理论与应用方面做出了巨大贡献。凭借在自动化科学与工程领域的杰出贡献，于2021年当选美国国家发明家科学院院士，这是美国授予学术创新发明家的最高荣誉。

李杏放，1963年生。2021年当选加拿大皇家科学院院士。1995年在加拿大英属哥伦比亚大学（UBC）获得环境与分析化学博士学位。现任阿尔伯塔大学终身教授和加拿大分析化学与环境毒理领域首席科学家。致力于发展高灵敏度的分析技术，并应用于检测水污染物和研究环境对人体健康的影响，取得了一系列独创性研究成果。获加拿大化学学会分析化学杰出贡献奖、阿尔伯塔大学优秀教授奖、优秀导师奖等荣誉。

王飞跃，1961年生。1990年获美国伦塞利尔理工学院计算机与系统工程博士学位。2003年当选IEEE Fellow（院士）。现为复杂系统智能控制与管理国家重点科学重点实验室（筹）主任，兼任中国科学院社会计算与平行系统研究中心主任。系国家自然科学基金委员会信息科学部专家评审组成员、中国旅美科技协会主席。2011年创办复杂系统管理与控制国家重点实验室，并任首任主任。2017年任徐工集团独立董事。

“百”是东阳籍大学校长、书记、科研院所领导、全国重点工程进入世界前列的首席科学家有100多位。其中如早期的北京务本女子大学校长邵飘萍、国立北平艺术专科学校（中央美院前身）校长王之英、英士大学校长杜佐周、上海艺术专科师范学校（南京艺术学院前身）校长吴梦非、杭州师范专科学校校长郭人全、北方交大（现北京交大）副校长金士宣、郑州工学院（已并入郑州大学）院长厉良辅等，改革开放后的武警特警学院（北京）院长王荣周少将、宁波大学校长沈满洪、杭州电子科技大学校长薛安克、杭州师范大学校长杜卫、西安地质学院院长李永升、太原理工大学校长吕明、东南大学常务副校长吴刚、上海教育学院院长张家祥、上海应用技术学院院长卢冠忠、上海第二医科大学党委书记李宣海、湖州师范学院党委书记陈德喜、浙江传媒学院党委书记奚建华、江西农业大学党委书记虞梅生、贵阳医学院党委书记孔令中等，难以一一枚举。而两院院士除严济慈、严陆光父子曾分别任中国科大、宁波大学校长，潘建伟、吴明红也分别任中国科大、上海大学的副校长。

“千”是指博士、博士后的人数。至2018年底，东阳籍博士和博士后已达1084名。博士和博士后主要供职于高校和科研院所，基本上具有高级职称。下文述及的正高级和副高级人数中已不包括博士和博士后人数。

2000年百名博士、教授故乡行

“万”是指教授、副教授和高级工程师等高级职称获得者的人数。1987—2018年，东阳市内累计4939人获高级职称。截至2022年，东阳市内专业技术人才102723人，其中高级职称人才6402人。据不完全统计，截至2018年末，东阳市外拥有正高级职称人才1000余人，副高级职称人才7000余人，合计8000余人。市内外相加，目前约15000人。

“十百千万”，是科技教育的中坚，是社会的精英，当然也是东阳人才的标杆，是东阳作为“教育之乡”的荣光。

三百进士姓名标

“十百千万”固然是改革开放以来东阳人才鼎盛的标志，但东阳人才的盛况可以追溯到唐代的进士。

进士是什么？进士是科举时代功名的最高层级。一般要经过秀才、举人、贡士三个层级，最后参加皇帝主持的殿试，成为进士。所以，进士被称为“天子门生”。宋代开始，进士被立即授官；明清时，进士授官的起点是七品，最低职务是知县，按现在的话说，就是正处级。前三名状元、榜眼、探花，则是六品。

宋咸淳七年（1271）东阳进士李贯的匾额

自隋炀帝大业年间（605—616）开始科举取士，一直到清代末年的1905年废科举，1300年科举史上，共出了10万名进士，平均每年80名左右，每个省只有两三名。殿试通常三年一次，在康乾盛世的乾隆五十八年（1793），仅录取了83人，平均每年不到28人，平均到现在的每个省级行政单位，还不到1人。这样说来，中进士的几率，是人口的几百万分或上千万分之一，难度之高可以想象。

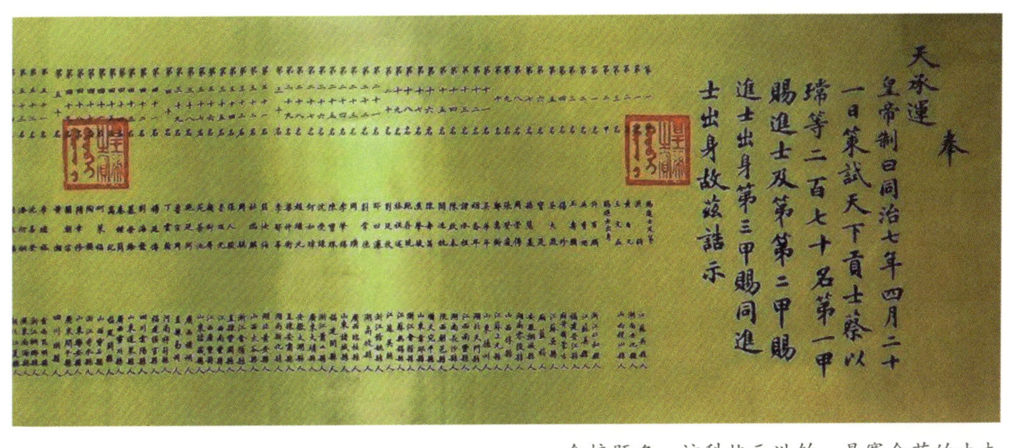

金榜题名，该科状元洪钧，是赛金花的丈夫

据《东阳县志》记载，科举史上东阳共出了305名进士。其实，县志相隔几十年乃至上百年一修，许多进士被漏载。按照宗谱上的记载，漏载的文武进士有160名之多。

即使不计漏载的进士，305名是什么概念，对比一下就知道。出进士比较多的地方，往往是京城、省城、府城所在的郊县，一般都在平原水网地带。东阳地处浙中丘陵，远离京城和省、府两级政治中心，进士人数却居金华府所辖八县之首，占金华府历朝进士918人的三分之一。以县为单位计，在浙江省内居于前列，全国范围内也可排到五六十名。这样说来，东阳的进士数量足可骄人。

东阳进士在唐代特别显眼。雍正《浙江通志》卷一百二十三《选举一》载，东阳厉、冯、舒、滕四族有14人，占唐代浙江进士72人的19.44%，占比之高在省内遥遥领先（排在东阳之后的是嘉兴8人；婺州属县兰溪4人、金华2人、义乌1人）。五代变乱纷乘，但东阳科举人物卓拔依旧，在全省7人中占有2人，即奥里黄氏的黄遂、黄敌父子，黄遂官至工部尚书。宋代尤其是南宋，东阳进士呈爆发式增长，文武进士的三分之二出在这一时期。元代国祚短促，科举也时断时续，但总共16榜中，东阳人有7位，占浙江省元代进士138人的5%，在全国1139位进士中占0.61%，占比很高。

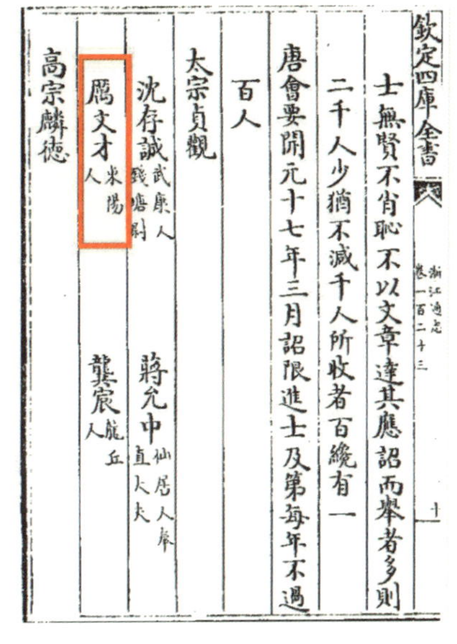
欽定四庫全書 浙江通志 卷一百二十三

士無賢不肖恥不以文章達其應詔而舉者多則二千人少猶不減千人所收者百纔有一

唐會要開元十七年三月詔限進士及第每年不過百人

太宗貞觀

沈存誠 武康人 錢塘尉　蔣允中 仙居人 奉直大夫

厲文才 東陽人　龔宸 龍丘人

高宗麟德

《四库全书·浙江通志》卷一百二十三

三百进士中，有16人在二十四史中有人物传记，9人被列入附传。厉文才（606—683）中贞观元年（627）进士，是浙江最早的进士之一。他中进士时，科举考试的历史才20多年，中间还经历了由隋到唐的改朝换代。厉文才当过容州刺史兼都督。回归故里后，在八面山北麓修建“都督堰”，造福百姓1300余年。

被正史列入传记的人物有——

唐代的冯宿（767—836），城东冯家楼人，与韩愈等文名很高的23人同登进士，时号其榜曰“龙虎榜”。生平与韩愈友善，也以古文名于时。《辞源》有其传记。冯宿碑由柳公权书写。冯宿的弟弟冯定（769—846）是位音乐家，堂弟冯审（770—856）官至谏议大夫、国子祭酒。国子祭酒，就是国子监的第一把手，是全国最高学府的校长。兄弟三人在《旧唐书》《新唐书》中都有传记。

西安碑林中的冯宿碑，上刻“大唐故剑南东川节度使赠吏部尚书冯公神道碑”

北宋的滕元发（1017—1090），范仲淹是他的舅祖父（祖母之堂弟）。滕元发第一次考试因声韵不合，被仁宗黜免。第二次再考才中进士。凑巧的是，两次考试都是第三名，也就是俗称的探花。滕元发和苏东坡关系很好，《苏轼尺牍》载书信125封，其中写给滕元发68封。滕元发擅长书写大字，苏东坡撰写碑文，就让事主请滕元发篆额——写碑碣顶端的大字。滕元发去世后，苏东坡为滕元发作挽诗2首，撰墓志铭。

特别值得一提的是，正史列传人物中有五位舍生忘死、义勇刚烈的人物，他们究竟有何事迹呢？

第一位是滕茂实（1080—1128），宋滕宅街（今陈宅街）人。北宋灭亡的前一年——靖康元年（1126）出使金国，被金人强留在雁门关，忧愤成疾，自知难以脱身，乃嘱托其友人董诜说："我死后，请你用我的使者的黄幡裹我的尸体下葬，墓碑上写'宋使者东阳滕茂实墓'这九个字。"滕茂实死后，金人感念他的忠贞，将其葬于代县城东台山寺下——今代县城东十里铺村西约一公里处。20世纪50年代墓被平毁，墓志铭现存代县博物馆。明代初年，宋濂撰《滕奉使传》。

滕茂实被拘禁的雁门关

纪念李诚之的褒忠祠旧址，在今西溪路南端西侧之海峡联谊楼

第二位是李诚之（1152—1221），宋东阳城内人。受业于吕祖谦。宋嘉定十四年（1221）二月，金兵大举侵犯淮南。李诚之蕲州（今湖北蕲春）知州任期已满而且年届古稀，已准备好回东阳，但继任者未到，父老挽留。李诚之慨然叹息："我以一介书生再次扼守，行年七十，还有什么可求呢？只欠一死罢了！我会和各位尽力守卫，如果不成功，就以死继之。"他身披甲胄，从早到晚亲自巡城。不久，黄州失守，金合兵10余万，围攻蕲州。蕲州官兵坚守26昼夜，三月十七日城陷，诚之之子士允、诚之哥哥之子士宏力战而死。诚之率众巷战，自午夜至天明，兵尽自刎。妻许氏，媳赵氏、王氏，孙女等均投水殉节。朝廷追封正节侯，立庙于生死两地之县治。东阳设庙于西门街乘驷桥旁。每年夏历三月十七日，县官亲临致祭。

常熟王鈇墓墓道

第三位是王鈇（1514—1555），明画溪人。明嘉靖三十一年（1552）任常熟知县。第二年，倭寇犯常熟。王鈇以所制奇弩射之，一发饮羽，遂有"王公弩"之名。嘉靖三十四年四月，倭寇又犯，其时王鈇任期已满，上司挽留。倭寇自三丈浦分掠常熟、江阴。王鈇与指挥孔泰分统官兵3000人追剿，破其寨，斩首150余，俘7人，焚烧倭船27艘，倭寇溺毙无数。当时吴越一带剿倭，以常熟为第一。五月二十四日，倭寇在让塘河汊狭窄处设伏，夹击王鈇。王鈇陷于芦苇泥沼之中，还手刃二倭，瞋目大呼，腹中刃死。嘉靖帝下诏赠王鈇太仆少卿，

遣官谕祭。王鈇保一方平安，被称为“海天一柱”。万历六年（1578），浙江巡抚、常熟人徐栻奏建“忠勋祠”于东阳西门内，每年二月戊日致祭。

第四位是卢洪春（1544—1619），明卢宅人。明万历十一年（1583）升礼部祠祭清吏司主事。神宗皇帝不按正常的册封顺序，册封宠爱的郑贵妃为皇贵妃。卢洪春紧急请求停止册封，呈上《请并封恭妃疏》，要求将最年长的皇子朱常洛（即后来的光宗皇帝，天启、崇祯两帝的父亲）的生母王恭妃也一并册封为皇贵妃。万历十四年，神宗久不临朝，本应亲临的初冬太庙祭祀，也派官员代祭，卢洪春呈上《遣官代祭奏疏》，直言神宗沉溺酒色、荒怠政事。神宗见疏，勃然大怒，将卢洪春廷杖六十，削职为民，永不叙用。卢洪春受杖时鼻息奄奄，命若游丝，全靠编修冯琦、陆可教将他背出，渐渐苏醒。天启二年（1622），被追赠光禄寺少卿，次年遣使谕祭。

张国维像

张国维故居

第五位是张国维(1595—1646),明东阳城内里托人。明崇祯十七年(1644),以兵部尚书兼右佥都御史,驰赴江南、浙江督练兵输饷诸务。出都十日而京城陷落。经南都,加太子太保。因与马士英不和,请求回里省亲。清顺治二年(1645)五月,鲁王擢任少傅兼太子太傅、兵部尚书、武英殿大学士,督师钱塘江上,联合钱肃乐等共抗清兵。先后克复富阳、於潜,赐上方剑,统率诸军。顺治三年六月二十五日,清兵破义乌,抵东阳七里寺。二十六日午夜,张国维穿戴衣冠,向母诀别,从容赋《绝命词》三章,投园池(址在今龙井公寓南门内侧)死。乾隆四十一年(1776),谥“忠敏”。

上述五位东阳人都是因尽职殒身或几乎命毙杖下的列入正史传记的进士。本篇前述九位之外，列入正史传记的进士还有下一篇介绍的宰相级人物舒元舆、葛洪、乔行简、马光祖，以及宋代的王霆（玉山大王村人，今属磐安）和李大同、明代的厉汝进。附传人物有唐代的冯宿之子冯图，冯审之子冯缄，舒元舆之弟元褒、元肱、元迥，明代的卢睿、 张大轮、邵豳、许弘纲。以上提及的人物都是进士出身。不是进士出身的晋代孝子许孜、元代大儒许谦也在正史中有传记。清代的“八婺完人”李品芳、一代廉吏吴品珩分别列道光三年（1823）进士第19名，光绪十二年（1886）进士第16名，是东阳人明清两朝进士的最高名次。

六宰相和五状元

封建时代，位极人臣是多少读书人的愿望。进入宰执行列，秉衡国政，影响朝局，建功立业，名留青史，是多少进士出身的官员梦寐以求的事。但官员的品级和职衔越高，人数就越少，同一时期具有宰执身份的人往往屈指可数。东阳唐代的舒元舆和宋代的葛洪等共计6人就进入这一行列，书写了人生的辉煌。

科举时代，成秀才、中举人、登进士，是平民百姓出人头地、光宗耀祖的最佳通道。而独占鳌头、大魁天下则是读书人的最大愿望。但状元之稀有，犹如凤毛麟角，人数之少难以想象，而东阳就有5人获此殊荣。

府第宏开，六宰相秉衡国政

舒元舆谋诛宦竖

东阳籍第一位宰相舒元舆（781—835），唐代江北涼塘里壁人（为行文简便，历史人物里居多按现行行政区划）。唐大和九年（835）九月升御史中丞，以本官兼刑部侍郎，同平章事，进入宰执行列。其间加礼旧臣，为受倾轧的裴度、令狐楚、郑覃恢复高秩。不久向文宗进“太平之策”，即先除宦官，次复河湟，三清河北。文宗密许。十一月二十一日，宰相李训、王涯、舒元舆及节度使郑注，以左金吾卫石榴树上有甘露为名，欲诱杀专权的宦官头目仇士良。因所伏兵甲暴露，事败，李、王、舒、郑均被杀，史称“甘露之变”。大中八年（854）昭雪，敕文云：“杀身成仁，忧国忘家，雪其极冤，以报忠直。”舒元舆擅长文学，所作《牡丹赋》，时称其工。其文16篇入《全唐文》，其中《贻诸弟砥石命》《录桃源画记》收入《唐代散文选》，《长安雪下望月记》收入《古文鉴赏辞典》，《悲剡溪古藤文》被视为生态学杰作；其诗7首入《全唐诗》。《辞源》《辞海》均有其传记。

舒元舆题冯宿父亲冯子华像

大约在宋代后期，东阳有条民谚说：“东阳开五府，义乌出三公。永康出了个胡相公，淳安出了个方腊败门风。”姑且不论其思想倾向如何，但它点出了宋代这几个县最为出名的人物。开府，古代指高级官员建立府署并自选僚属。东阳开五府，指的是五位宰相级别的高官葛洪、乔行简、马光祖、厉文翁、何梦然开府。

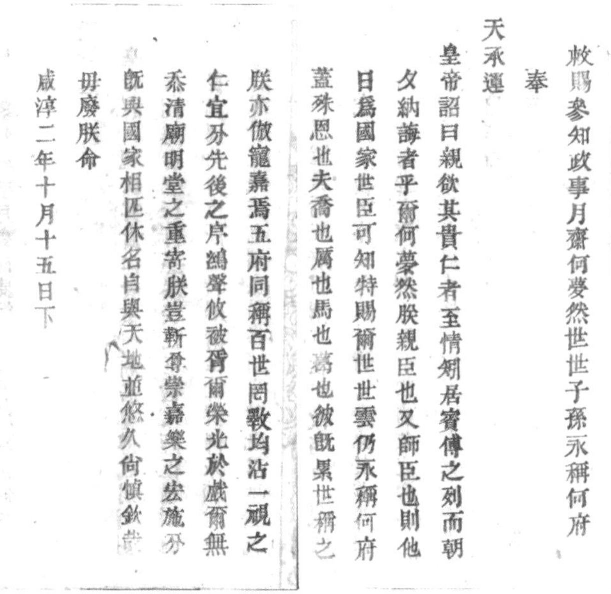
敕賜參知政事月齋何夢然世世子孫永稱何府
奉
天承運
皇帝詔曰親欲其貴仁者至情矧居賓傅之列而朝夕納誨者乎爾何夢然朕親臣也又師臣也則他日爲國家世臣可知特賜爾世世雲仍永稱何府蓋殊恩也夫喬也厲也馬也葛也彼既累世稱之朕亦倣寵嘉焉五府同稱百世罔斁均沾一視之仁宜分先後之序鴻聲攸被胥爾榮光於戲爾無忝清廟明堂之重寄朕豈靳奇崇嘉樂之宏施分既與國家相匹休名自與天地並悠久尚慎欽哉毋廢朕命
咸淳二年十月十五日下

宋度宗关于五府的敕旨

这五宰相，在理宗、度宗叔侄在位期间官至宰执，爵至公侯，自1224年至1269年的45年间当政。在近半个世纪时间内，来自同一县的五人位列枢要，秉衡国政，在南宋后期政坛举足轻重，在历史上写下不平凡的一页。

葛洪守正尽公

葛洪（1152—1237），师事吕祖谦。南马葛府人，葛府之名因葛洪而起，沿用至今。宋淳熙十一年（1184）中进士，时任丞相王淮有意将女儿许配给他。葛洪不愿凭裙带关系走官场捷径，以“已订婚徐氏”当面婉拒。绍熙三年（1192）调任昆山（今属江苏苏州）县尉，按惯例给他6万搬家费，俸米增加了一倍。葛洪均不接受。年逾古稀后升至工部尚书。理宗即位，即授葛洪为端明殿学士同签书枢密院事，葛洪援引仁宗朝事例，谏止理宗选嫔妃充后宫。绍定元年（1228）十二月任参知政事，进入宰执行列，时年77岁。任上守正尽公，不为苟合，常以“究心职业，无愧禄养”自勉。

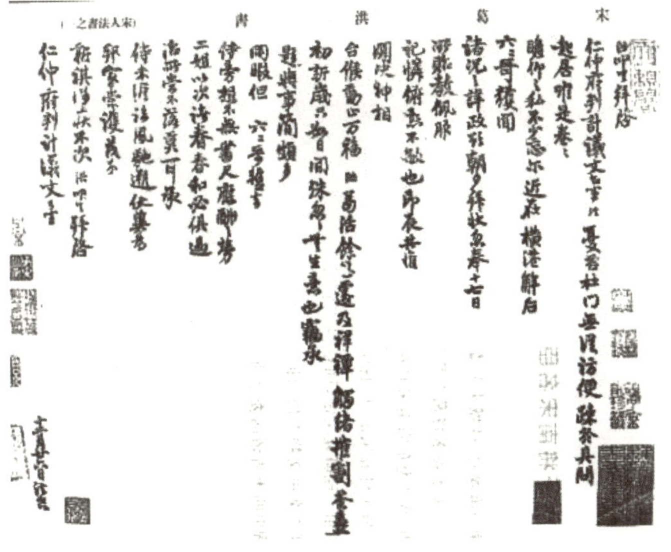

葛洪书法

葛洪致仕归里后，即创设义塾，延师育人，培养后学。又造义仓赡养宗族姻戚以及乡里的老年人。卒赠太师、信国公，谥“端献”。著有《奏议杂著》及《蟠室老人文集》《涉史随笔》等，收入《四库全书》。

乔行简忠义自许

乔行简（1156—1241），东阳城内孔山（今吴宁街道城廓南弄西侧一带）人。乔行简从吕祖谦学，登南宋绍熙四年（1193）癸丑科陈亮榜第五名进士。绍定六年（1233）拜参知政事。次年

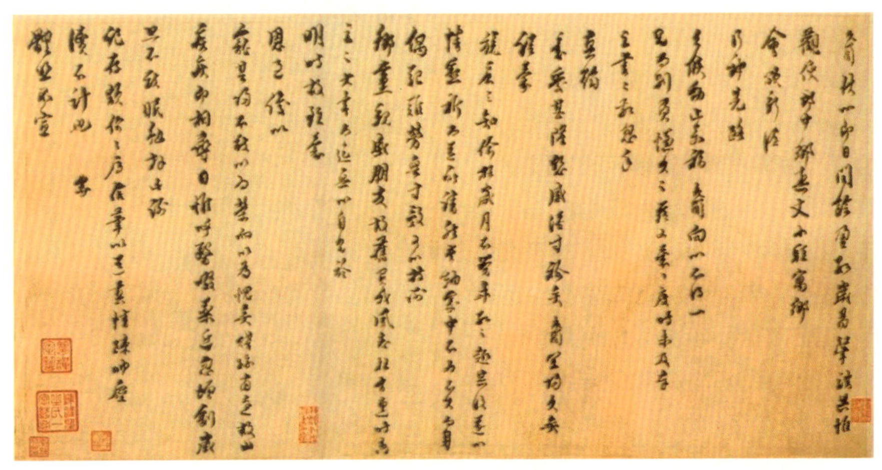

乔行简《闰余帖》

六月知枢密院事。乔行简学识深厚，历练老成，针对当时敌强我弱的实际情况，反对妄动。端平二年（1235），进右丞相兼枢密使。次年九月，升左丞相——这是封建时代东阳人的最高任职。嘉熙三年（1239），拜平章军国重事，封肃国公。乔行简一生奖掖后学，关心家乡教育事业。以忠义自许，才器敏达，遇事敢为，素有智略，理宗倚为心腹。嘉熙四年，加少师、保宁军节度使、醴泉观使，封鲁国公。卒于家，赠太师，谥“文惠”。《辞海》有其传记。

马光祖风绩凛然

马光祖（1200—1273），东阳城西（西花园里）人。从名臣真德秀学。宋宝祐三年（1255）累迁户部尚书。历任临安知府、浙西安抚使，沿江制置使、江东安抚使，知建康府兼行宫留守等一系列要职。景定元年（1260）四月，升资政殿大学士兼淮西总领。时值荒年，荣王赵与芮（宋理宗同母弟、宋度宗生父）积粮不发。马光祖一连三日前去拜见才得见，厉声对他说：“天下谁不知道您儿子是太子，您不趁此时机收拢人心吗？”荣王以无粮推诿，马光祖取怀中文书，一一陈说某庄某仓贮粮若干，荣王无法辩驳。于是得到粮食，使许多饥民得以活下去。

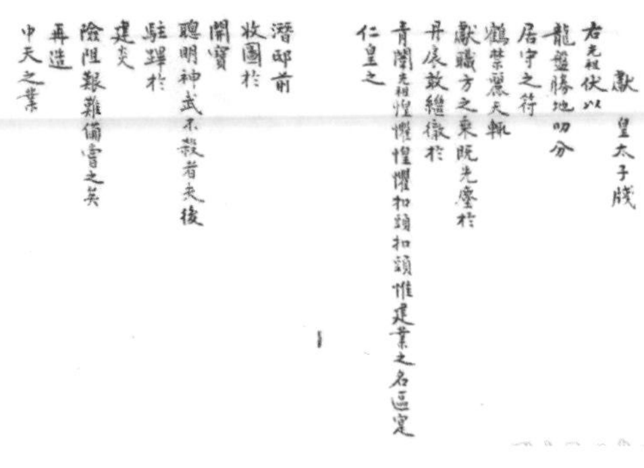
獻皇太子牋
右光祖伏以
龍盤勝地叨分
居守之符
鶴禁凝天輒
獻職方之秉既先塵於
丹扆敢繼徹於
青闈光祖惶懼惶懼扣頭扣頭惟建業之名區寔
仁皇之
潛邸前
收圖於
闡寶
聰明神武不殺者夫後
駐蹕於
建炎
險阻艱難備嘗之矣
再造
中天之業

马光祖《献皇太子笺》

景定五年（1264）三月，以沿江制置使、江东安抚使三知建康府。马光祖三次任建康知府，累计12年，威惠并行，百废修举。建康郡民为其建生祠6所。所修《景定建康志》是现存最早的记载南京的志书。咸淳三年（1267）六月，拜参知政事。咸淳五年三月，进知枢密院事兼参知政事，封金华郡公。七月，以金紫光禄大夫致仕。卒谥“庄敏”。

厉文翁经军御敌

厉文翁（1202—1265），横店镇夏厉墅人。厉文翁任淮泗郡牧，抵达任所（今江苏盱眙）的第二天，敌军即迫近城下。厉文翁激励将士开关杀敌，俘获甚众。宋元两军在都梁相持不下，厉文翁派勇士在夜里缒城而下，冲破敌阵进入泗州城，命令泗州守将出城夹攻。天蒙蒙亮，信号齐发，宋军四面合围，元军大败，泗州、都梁两城得以转危为安。厉文翁虽出身文臣，但面对强敌，筹划调度，井井有条。

三邊形勢疏 厲文翁
臣竊惟翠華南渡駐蹕吳會姑倚長江以爲重異時吳璘
吳玠披荆棘而取蜀岳飛岳雲冒矢石而取襄漢張韓二
劉百戰而爭淮南何者此所以守江也又惟淮陰有城大
小清河口之經也龜山有堡汴口安河之防也清平有城
五河口之蔽也寶應有城高沙之門戶也堡寨有城維揚
之羽翼也信陽浮光有城維頸之保障也先朝不愛重費
而築之豈無意也今額年經理西蜀增築嘉定瀘南重慶

厉文翁《三边形势疏》

宋淳祐十年（1250），厉文翁任浙西宪台。厉文翁审理积案，毗陵（今江苏常州）有悍仆钟德，与主人之妻私通，盗窃主家钱粮达十数年。事情败露，主母自刎，而郡里只判钟德黥刑。厉文翁认为判刑过轻，于是重新定罪，将钟德杖毙于市，市民称快。任上沿长江所筑石堤，惠及数代。景定三年（1262）升大学士，封开国侯，《宋史·表·宰辅》有载。厉文翁立身端方，不营私产，“享有千钟，而家不贮担”。死后，家人告贷于外者累月。

何梦然报国荐贤

何梦然（1207—1267），横店镇南上湖人。为文雄深雅健。宋景定二年（1261）十二月，同知枢密院事兼参知政事。景定四年九月，知枢密院事，兼参知政事。何梦然与兄梦申共同研究注释《周礼》。宋濂《题东阳二何君周礼义后》称：“东阳何氏，宋季多以科史发身。内舍生梦申与其弟参知政事梦然，所作《〈周礼〉义》各一首，皆近道之言。”文天祥有《谢何枢密梦然启》，感谢何梦然的识拔，文末有“名世钜公，清朝良弼。持枢赞化，共调傅鼎之梅；报国荐贤，不种狄门之李。遂令公选，亦及凡材。某敢不勉企前修，恪持素节？就中书而见座主，将求一介之先容；以进士而为名臣，尚赖终身之保任”之句。

謝何樞密夢然
范質傳衣曾傍和公之遇仲淹入館復蒙元獻之知使
諸公而與同升豈門生而不知報輒伸下悃庸叩中樞
伏念某石室孤寒青原落魄幼被家庭之訓頗欲得其
本心長讀聖賢之書初無補於當世從事一研起身諸
生偶持瓢翰於南宮獲遇鑑衡於北面鸞鳳杞梓舉集
權公之門款段駑駘誤登伯樂之廐名姓雖塵於函丈
足迹未造於伊牆山斗之望彌久而彌雩咲欬之蹤愈
踈而愈隔閉門自守知尚口之乃窮避世無求惟觀頤
而自養凡竊禄奉祠之日皆省身念咎之時承明之廬
著任之庭未嘗意想寂寞之濱寬閑之野遽拜寵光胡
欽定四庫全書 文山集 卷九 十
為乎來哉是有其故矣想木天之清峻望丹地以凌兢
顧非麒麟鸑鷟之英其如亥豕魯魚之謬深有慚於負
乘敢自己於循牆兹蓋恭遇某官名世鉅公清朝良弼
持樞贊化共調傅鼎之梅報國薦賢不種狄門之李遂
令公選亦及凡材某敢不勉企前修恪持素節就中書
而見座主將求一介之先容以進士而為名臣尚賴終
身之保任

文天祥《谢何枢密梦然》

何梦然府第在卢宅何府基（今树德路北段西侧）。按《东阳何府宗谱》，宋咸淳三年（1267）建，元代元统年间（1334前后）毁。其后裔聚居于歌山镇林头及附近。

东阳开五府，处于南宋中后期。其时的南宋朝廷，内有忧，外有患，处于风雨飘摇之中。内忧则宫廷不宁，史（弥远）、贾（似道）专权，悍将叛乱；外患则强敌压境，丧师失地，山河破碎。东阳五宰相，均能竭忠尽智，无愧禄养，成为人才辈出的两宋时期的乡贤标杆。

崇文尚武，五状元大魁天下

自古及今，考试获第一名者总是引人瞩目，状元尤其如此。科举时代，要经历重重关隘，方得金榜题名。因为难能，所以可贵。而漫长的1300年科举史上，有姓或姓名可考的文武状元合计仅964人（其中文状元682人，武状元282人），全国平均两三个县才拥有一位状元。因为稀有，所以珍贵。因此，某地若出了状元，是极为荣耀之事，要立牌坊旌表。

东阳虽然没有出过文状元，但出过5位武状元。依次为厉仲祥、周师锐、杜幼节、俞葵、俞仲鳌。

厉仲祥：婺州首位武状元

厉仲祥（1159—1212），横店镇夏厉墅人，厉文才十九世孙。宋绍熙元年（1190）庚戌科武状元，为婺州首位武状元。厉仲祥早年师从哲学家、永嘉学派的代表人物叶适。嘉泰年间（1201—1204），出知安丰军（今江苏兴化）。

厉仲祥颇有将才，多谋善断，料敌机先。任职安丰时，其地处抗金第一线，十余万金兵驻扎定山，厉仲祥招募石斌贤、夏侯成两次破敌，逼退金兵。他又严令军队在练武之余，垦荒植桑，补充军需。厉仲祥还颇善机巧，他设计的九牛弩，是一种巨大的机械，上弦时需用牛来拉动绞盘，射程可达四五百米，威力极大，无疑是冷兵器时代的远程攻击利器。宋军用它射杀金国骁将，又用他设计的战车在清水镇打败金兵。韩侂胄北伐兵败，厉仲祥被贬郚州，死于贬所，终年54岁。叶适撰祭文和墓志铭。厉仲祥继妻为永康状元陈亮幼女，陈氏所生子厉侃为武进士。翁婿状元，一文一武，史上唯一。

领衞厲先生仲方

厲仲方，字約甫，原名仲詳，東陽人也。從水心學，不遠千里同行。獨閉一室，未嘗窺户。以武學諸生舉第一，任領衞官，召試閤門舍人，而先生非所好也，尋出知安豐軍。時韓侂胄謀開邊，諜妄言金衰亂，而先生適奏「淮北飢民多叩關求接應者，然非如諜者之導以用兵也」。侂胄遽從夜半下其議，據以起事，于是論者以咎先生，召還閤門，出知和州，權知廬州。時方北伐，先生以能被選，俄召授左領衞中郎將。金人内犯，朝議憂在江北，以先生防守建康。先生有將才，其在安豐，種桑數十萬株，墾田數千頃，置歷陽軍實甚衆。後人卒用其所造九牛弩，射殺金驍將于城下，又用其所製戰車，敗之清水。水心帥建康，訪士于先生，曰：「田琳可。」乃以之戍合肥，而金不敢犯。然先生未嘗識琳也。金人屯定山十餘萬，先生募石斌賢、夏侯成再破走之。金人留六合，水心令先生往解圍，則曰：「鹵且退矣。」不數日而果然。已而復還領衞，臺臣劾其附會開邊，罷官奉祠，尋徙郚州。先生慷慨自喜，少爲陳同甫壻，又從

卷五十五　水心學案　下　　一八一七

《宋元学案·水心学案》中的厉仲祥，但名字说法有误

周师锐：弃文习武占鳌头

周师锐（1174—1231），东阳玉峰临泽（玉山林宅，现属磐安）人。宋嘉定元年（1208）戊辰科武状元。周师锐自幼博闻强记，潜心于经籍。少年即工词赋，时有佳作，为士林所称，但屡试不第。于是弃文习武，研兵家之学，练弓马之术。临试时不仅兵法晓畅，而且弓马娴熟。当廷对策又口吐锦绣，笔落珠玑，洋洋洒洒万余言。主考官真德秀得周师锐文稿甚喜。周师锐在朝以国事为重，不趋炎附势。从戎四载，能纵览全局，不从浮议。宋宁宗命他赴北边御敌，敌不能支，窜逃到河南。此时朝中士大夫提出乘势北伐，倡言“（敌）运气既衰，机会勿失”。而周师锐力排众议：“吾根本不充，岂容轻举，开禧前轨可鉴也。”其后兵端渐开，后患难收，果如其言。卒后，参知政事乔行简为其撰墓志铭。

杜幼节：武状元兼文进士

杜幼节（1206—1273），白云街道西门外人。宋嘉定十六年（1223）癸未科武状元。中武状元后，其时权相史弥远久病不理朝政，杜幼节上疏抨击。九年后参加礼部文进士试，考官厌恶其刚直，抑置第六。他是目前所知1300年科举史上唯一中了武状元后经礼部科试又中文进士的人。殿帅赵胜徒有虚名，且失人心。杜幼节请宰相将其撤换，宰相不从。不久军中果然变乱。淳祐四年（1244），转任朝奉大夫、将作大监兼玉牒所检校。察院刘应起认为元军不可能进入广西，杜幼节援古证今，说从思州、播州可入沅湘，由大理可扰邕州、宜州。刘应起很不服气，后来果如杜幼节所料。杜幼节宦途多舛。淳祐十二年差知饶州，不久又改任衡州，改知潭州后去世。

俞葵：文天祥荐词赞扬

俞葵（1226—1275），东阳城内上梓城巷人。宋景定三年（1262）壬戌科武状元。俞葵7岁读书，过目成诵，经史百家，旁通曲畅。兼习韬略，才兼文武。12岁入右庠，26岁入太学上舍。因经学不第，弃文就武。武状元及第后，初授秉义郎，咸淳六年（1270）授阁门舍人。历官清慎，转静江府通判。咸淳十年（1274），敕建状元坊。俞葵受知于文天祥，授刑部郎中。文天祥的荐词赞扬他“取先右级，文气甚高，风范端凝，可占远业”。元代著名文学家、教育家柳贯系其外孙。柳贯与义乌黄溍、临川虞集、豫章揭傒斯齐名，人号为“儒林四杰”。宋濂即为柳贯的得意门生。由于这几重关系，柳贯和宋濂均多次往来东阳，并留下诸多诗文。

贈奉訓大夫淮安路泗州知州飛騎尉追封浦江縣
男妣俞氏追封浦江縣君公之生也外大父閤門俞
公葵暨泗州府君同擢右科進士第因命之曰貫義
取兩文易兩武貫於今文爲貫故公自署其名爲貫
云公幼有異質穎悟過人嘗侍泗州府君謁神祠得
旁人所遺金珠可直萬緡密伺其人復至而還之泗
州府君大驚知其器量不凡期以遠到丱歲遣受經
於同郡金先生履祥卽能究其旨趣而於微辭奥義
多所發揮旣又執弟子禮於同里方先生鳳梧吳先

黄溍《黄文献集·翰林侍制柳公墓表》

俞仲鳌：叔侄状元成佳话

俞仲鳌（1235—1292），东阳城内上梓城巷人。谱载其“天资颖悟，博涉群书，兼习韬略，入右庠”。宋咸淳四年（1268）戊辰科武状元。任建康府知事。俞仲鳌下车伊始，政教有度，严饬要道，乡井得御，黎庶安息，封中宪大夫。俞仲鳌系俞葵兄长俞兰长子。叔侄武状元，也属武举佳话。

东阳自南宋绍熙元年（1190）至咸淳四年（1268）的78年间，历仲祥、周师锐、杜幼节、俞葵、俞仲鳌5人相继武状元及第，在县学（黉门前）大魁阁左前方为他们建有状元坊。明代卢洪春万历癸卯（1603）所作的《重修状元坊记》也说：“东阳赵宋南渡后，甲第特盛。无论纡青拖紫、正色立朝者若而人，即才雄海内、胪传第一者，亦有五人焉。”

另据《官桥陈氏宗谱》光绪癸卯（1903）重修本卷一《天台陈状元谒祖引》，清同治七年（1868）戊辰科武状元陈桂芬（1848—1882）系东阳路西陈氏之裔。

東陽周氏宗譜卷之一　　民國壬申年重修

重修狀元坊記

東陽趙宋南渡後甲第特盛無論紆青拖紫正色立朝者若而人即才雄海內臚傳第一者亦有五人焉而周君師鋭居其一先時有司常建木坊于學宫之側題五公之名於上其後風雨侵蝕木久圮壞有司興爲修葺至萬曆壬寅年廬陵郭侯來令兹土謁廟之頃咨訪先哲知五公之名低徊嘆息者久之其後修葺文廟既觀其成復見五公之坊未就遂勸各姓派下子孫易木以石示爲美觀而周氏子孫居邑治之聚英坊者有文府大禮大成大信大洪大堂大敏各派者有大珠大措大七大達尚求僉定輩各捐己貲鳩工代石不數月石坊巍然在望矣是時余祖解元公之坊與周氏同時修理以故備知周氏之有賢子孫也嗟夫狀元之名題於趙宋南渡之後曆年四

《东阳周氏宗谱》中卢洪春所撰《重修状元坊记》

状元之多探缘由

东阳有武状元5人，其数量在全国县级行政单位上数一数二，睥睨天下县市。其原因是多方面的。

一是崇文之风蔚为大观。南宋是古代东阳文化教育最发达的时期，书院林立，私塾遍地，一大批顶级学术“大咖”如朱熹、吕祖谦、陈傅良、叶适、魏了翁等留寓东阳，这些在中华民族思想文化史上熠熠生辉的人物教习东阳子弟，促进和加强了崇文之风，形成了文化高地。所谓名师出高徒，遂使东阳科举有了令人瞩目的成就。思想家、文学家、政论家叶适就是厉仲祥的老师，榜眼出身，官至三品，创立了水心学派。

二是尚武之风源远流长。南北宋交替之际，宋室倾危，萑苻遍地，东阳也盗寇猖獗，地方不宁，陈严等“东阳六义士”挺身而起，捍御乡井，保一方平安。战乱更迫使人们习武自保，尚武之风传承不衰，一直延续到民国时期，东阳各地的罗汉班还很盛，相当一部分人会一点“三脚猫”功夫，可以推想南宋时期的盛况。

三是东阳士风通脱务实。受吕祖谦开创的婺学、陈亮为代表的永康学派、叶适掌旗的永嘉学派影响，东阳士子讲求事功，不尚空谈，义利双行，功利合一。在科举征程上，决不固守一隅，扃门自闭。当文举不利时，即转而弃文就武，厉仲祥、周师锐、俞葵都有这样的经历。而杜幼节则在中了武状元后再中文进士。他们在文武之间自如切换并无凝滞。

五状元均出身望族世家，而望族世家的形成往往需要几代人的努力，耗时百年以上。厉仲祥所在之东阳厉氏，唐代时就是东阳四大望族之首；周师锐所属之东阳周氏，其先辈就科举不断，仕宦众多；而杜幼节与俞葵叔侄，分属南宋东阳城内四名家的“北杜”和“南俞”。家族家风的浸染熏陶，加上必不可少的个人努力，使他们斩关夺隘大魁天下。当然，这还和东阳地近临安，得享地理之便有关。另外，宋代武举，先考策问，后考“武经七书”——所谓“武状元文点”。以策问定去留，以弓马定高下，文化水平起着重要作用。

现代人才如潮涌

东阳的六宰相、五状元，成为千千万万东阳马生的标杆。科举废后，没有了状元宰相的名号，但东阳学子在现代教育的大纛下人才济济。

1905年，一纸诏书宣告了延续1300年的科举制度的终结，而教育也由精英教育和科举入仕教育逐步向大众教育和国民素质教育位移。对于出生于清末民初处于社会剧烈变革的这代人来说，在历史的惯性作用下，蒙学教育给他们打下了深厚的国学功底，而西风东渐，“德先生”和“赛先生”给中国带来深远的影响，成为中国启蒙运动深入人心的形象。睁开眼睛看世界，教育救国和实业救国成为诸多知识分子的理想和追求。留学日本和欧美成为风潮，这一代东阳知识分子，许多人学贯中西，融通中外，具有强烈的爱国情怀、深厚的学术功底，为国家民族做出了杰出贡献，中科院院士严济慈、李正武等就是其中的代表。

20世纪的上半叶，是东阳人物继唐代、南宋以后的第三个高发期，数量众多，领域广泛，成就不凡。下面略举二十余人，以觇其概。所举人物以生年为序。

前排左二蔡汝霖，左三吴品珩

教育救国蔡汝霖（1868—1918），巍山镇蔡宅人。光绪二十三年（1897）拔贡，继而中举。次年会试下第，遂摒弃举业，致力教育救国。光绪二十五年赴杭创办讲武堂，自任监督。光绪二十九年东渡日本考察教育，结识孙中山。次年回国，任金华府立中学堂监督，推广新式教育颇有成效。光绪三十一年，在故里创办东阳第一所私立自治高初二等小学堂，培养了一批优秀人才。光绪三十二年，在杭州创办四府旅杭公学，自任监督。办学成果斐然，为两浙之冠。后被推为全浙教育会干事。经陶成章介绍加入同盟会，投身反清斗争。民国2年（1913），当选众议院议员。

道德律师金品黄（1870—1945），六石街道瑞象头人。幼有才名，与张浩、吴映白、邵飘萍、郑文礼、陈备三、陈天儒、李昂青等辛亥志士合称东阳“吴宁八骏”。光绪三十二年（1906）秘密加入同盟会。执律师业20余年，抑强扶弱，伸义护法，不为势屈，不为利动，声望甚高，被尊为“道德律师”。民国11年（1922）壬戌特大洪灾，筏运数十万斤粮食到东阳平价出售，灾民赖以全活者甚众。民国13年秋，筹办八婺联合县立女子中学（今金华四中前身）。民国34年初，以劳瘁逝世于校内。

硃业先驱何绍韩（1882—1962），三单乡华孙村人。清宣统二年（1910）暑假，在新昌县大坂水口溪沿发现“硃石”。日本商人在新昌看牛湾玉莺岩一带进行掠夺性开采。何绍韩以省议会议员身份呈状省政府收回开采权。民国4年（1915）创璋华硃石公司。民国20年，其公司成为浙江矿业第一大公司。1950年，将40多处矿床、3000平方米房产、100余万元设备等全部资产无偿献给国家，又整理资料送交省工矿厅。

一代报人邵飘萍（1886—1926），南市街道紫溪人。14岁中秀才。辛亥革命时，在杭州与人合办《汉民日报》，自此走上新闻救国之路。以才华过人，被推为省报界公会干事长。东渡日本，向国内报道日本政府向袁世凯提出“二十一条”。民国4年（1915）主《时事新报》笔政，抨击袁世凯称帝。民国7年独资创办《京报》。五四运动前夜，到北大“五三晚会”发表演说，疾呼“救亡图存，奋起抗争”。所著《新闻学总论》和《实际应用新闻学》，为国内最早的新闻学专著。民国14年春，经李大钊、罗章龙介绍，加入中国共产党。民国15年4月26日，被张作霖杀害于北京天桥。1949年4月21日，毛泽东亲笔批复，追认其为革命烈士。《辞海》有其传记。

铁骨铮铮马文车（1890—1961），马宅镇马宅人。日本法政大学毕业。浙江光复后任省军政府文书。民国14年（1925）初入黄埔军校，被蒋介石任命为办公厅参谋。参加两次东征。任潮州海关监督，以武力收回帝国主义霸持的潮州海关。北伐军兴，历任总司令部中将秘书长等职。民国17年奉命视察西北五省，策动甘肃事变。民国20年8月任甘肃省代理主席兼教育厅厅长。民国36年回东阳竞选“国大”代表，大闹国民大会，要求彻底实现民主。新中国成立后，任民革中央团结委员、民革浙江省委常委等。

严格执法郑文礼(1892—1948),东阳城东街道新东人。13岁成秀才,有神童之称。民国7年(1918)赴法国留学,获巴黎大学法学博士学位。民国15年任国民革命军东路军前敌总指挥部秘书。民国18年10月任浙江省高等法院院长兼反省院院长。民国36年5月避籍调任江苏省高等法院院长。次年8月因肺癌去世。郑文礼以“不图私利、不务虚名、不顾情面、不怕权势”自勉，任高等法院院长19载，清廉自守，严格执法，颇有令誉。培养大批司法人才，荐引东阳籍人士充任地方法官、检察官达百余人。

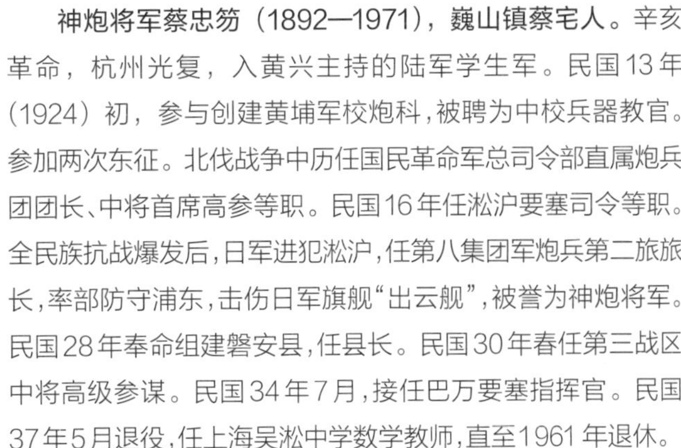

神炮将军蔡忠笏（1892—1971），**巍山镇蔡宅人**。辛亥革命，杭州光复，入黄兴主持的陆军学生军。民国13年（1924）初，参与创建黄埔军校炮科，被聘为中校兵器教官。参加两次东征。北伐战争中历任国民革命军总司令部直属炮兵团团长、中将首席高参等职。民国16年任淞沪要塞司令等职。全民族抗战爆发后，日军进犯淞沪，任第八集团军炮兵第二旅旅长，率部防守浦东，击伤日军旗舰“出云舰”，被誉为神炮将军。民国28年奉命组建磐安县，任县长。民国30年春任第三战区中将高级参谋。民国34年7月，接任巴万要塞指挥官。民国37年5月退役，任上海吴淞中学数学教师，直至1961年退休。

音乐巨擘吴梦非（1893—1979），**巍山镇白坦人**。音乐教育家、理论家。清宣统三年（1911），考入浙江官立两级师范学堂，师从李叔同习音乐、美术。民国8年（1919），与同学刘质平、丰子恺创办上海艺术大学并任校长，发起组织中华美育会，创办并主编《美育》杂志。后历任上海艺术专科师范学校校长、上海大学教授等职。新中国成立后，被推选为中国音乐协会杭州分会执委兼秘书主任。著译有《和声学大纲》等10余种。于美术也颇有成就。晚年参编《中国音乐史》。

织锦先辈李锦琳（1893—1981），**巍山镇古渊头人**。民国5年（1916），在杭州大东门自办日新纹工厂，系杭州创建最早、规模最大的纹工厂。产品多样，色彩鲜艳，图案美观，声誉日隆。后应聘赴沪筹建美亚绸厂，规模日宏。勇于开拓，独创“风景织”。首先试制长4尺宽2尺的“平湖秋月”织锦（后为日寇所掠）和6寸大的黎元洪、罗斯福半身像各一幅，开彩色装饰绸先河。后因积劳成疾，于是忍痛割爱，将所有纹工和织锦机械转让给同学都锦生，后来发展为享誉全球的都锦生丝织厂。

心理学家杜佐周（1896—1974），东阳城内西街人。著名教育家、心理学家。民国4年（1915）考入武昌高等师范学校，以第一名毕业。民国13年获美国爱俄华州立大学哲学博士、教育学博士学位。回国后任武汉大学文学院院长。民国16 年，坚辞蒋介石所颁江西省教育厅厅长之任命。民国17年起受聘厦门大学，任教8年，埋头译著16册。全民族抗战爆发后，严词拒绝汪伪暨南大学校长之聘。民国32年底任国立英士大学校长。民国35年创办南湖小学（吴宁二校前身）。新中国成立后，先后任大夏大学等校教授、南京师范学院心理系主任。著有《普通心理学》等。

雷达专家葛正权（1896—1988），南马镇礼村人。南京高等师范学校工科毕业留校。继而任厦门大学物理系讲师。民国18年（1929）留学美国南加州大学和加利福尼亚大学伯克利分校，获博士学位。毕业论文被公认为世界第一位以精密数据证明麦波定律实验者。此方法被称为“葛正权法”。同年回国，历任武汉大学物理系教授、南京雷达研究所所长等职。系中国雷达工业奠基人。1949年春，率全所130余名技术人员在杭州起义。创建解放军第一支雷达部队，后受命组建中国人民志愿军雷达营。著有《原子构造概论》等。

北伐名将金佛庄（1897—1926），横店镇良渡人。民国7年（1918）入保定陆军军官学校。民国9年考入厦门大学。民国10年重返保定军校，第八期步兵科毕业。民国11年8月，由中国社会主义青年团团员转为中共党员，为浙江第一个党组织——中共杭州小组的三名成员之一。次年6月，赴广州参加中共第三次全国代表大会，其才华受到时任中央执行委员的毛泽东重视。民国13年春，奉命赴广州参与创建黄埔军校，历任教导二团三营营长，国民革命军一军一师二团党代表、团长等职，先后参加平定广州“商团”和滇、桂军阀刘希闵、杨震寰叛乱及讨伐广东军阀陈炯明部的两次东征。身先士卒，战功卓著，为黄埔军校教导二团争得“党军荣誉旗”。不久调任总司令部警卫团少将团长。同年秋率部参加南昌战役，警卫团成为大本营增援部队主力之一，打破战争僵局。民国15年12月，秘密赴浙江、上海，策动地方军队起义，并伺机向中共中央报告工作。其行踪被军阀孙传芳密探侦悉，11日在南京下关码头被捕，次日被秘密杀害于雨花台。1963年被追认为革命烈士。

政界名流陈希豪（1897—1965），江北街道亭塘人。北平私立中国大学专门部政治经济科毕业。民国13年（1924），以海外代表身份出席在广州举行的国民党第一次全国代表大会。民国17年夏，与周致远等共同发起创办上海私立君毅中学。同年秋任国民党中央训练部主任秘书，继为内政部特派10省政治视察专员。民国20年出访考察美国、苏联及欧洲各国。民国22年回国后历任浙江省地方行政干部训练团教育长。民国31年帮助幼弟陈季豪创办中国中学，自己兼任董事长。民国36年当选行宪国民大会代表，年底任国民党新疆省党部主任委员。新中国成立后，任上海市人民政府参事室参事、第三届全国人大代表。

棉业专家吴味经（1897—1968），歌山镇陈塘沿人。棉业专家、实业家。毕生从事纺织原料的开发与利用事业，为改良和发展原棉、羊毛、麻、绢等纺织原料倾注全部精力，培养大批棉业技术管理人才。引进美国良种“脱字棉”，在华北推广。民国24年任中棉公司襄理兼营业部主任，与日本纺织业竞争。抢购60余万担棉花至后方。民国30年任中国纺织业公司总经理。1949年春，将所属37个分厂完整移交人民政府。新中国成立后，历任纺织工业部顾问等职。晚年主持编纂《原棉手册》，参编《英汉纺织辞典》。

地理学家葛绥成（1897—1978），虎鹿镇葛宅人。民国7年（1918）任史地部助理编辑，自此专事地理学研究、编辑及著述，中华书局早期之地理学教科书，九成出其手编。民国21年任史地编辑部主任，与楚图南等发起成立中华地学会，主编《地学季刊》。民国23年发表《南海九岛问题》，并出版《近代中国边疆沿革考》，著书以抗日。民国24年出版《朝鲜和台湾》，探究丧权失地之因。民国25年与中华书局同仁主编《辞海》地理部分。民国29年出版《最新中外地名大辞典》，至今仍有重大学术价值。新中国成立后，任中华书局地理部主任、上海地图出版社总编辑等职。1953年，任上海地图联合出版社总编辑。通晓英、日、法、德、俄、朝鲜、蒙古、西班牙等文字，译著有《最新世界殖民史》等。计有地理论著40多种，各类著作总字数在700万字以上。

刑法权威赵琛（1899—1969），巍山四村人。法学家。日本明治大学毕业，获硕士学位。历任东吴法学院等校教授。为抵制日货的爱国青年义务担任律师并胜诉，自此饮誉上海，影响全国。民国22年（1933）任第三届立法委员。民国24年，参与制订《中华民国宪法草案》，起草《刑事法典》，人称"刑法权威"。所撰《刑法总则》为全国法律院校教本。民国35年4月，南京首都高等法院成立，任推事兼院长，参与审理汉奸周佛海等案。民国37年，于梅汝璈参加东京审判期间代理司法行政部部长。著有《新刑法原理》等。2006年，中国政法大学出版社出版《赵琛法学论著选》。

铁路专家金士宣（1900—1992），南马镇泉府人。铁路运输专家、教育家。民国12年（1923）毕业于北京交通大学，在校期间著有《铁路运输学》，由蔡元培题字出版。民国16年获美国宾夕法尼亚大学经济学博士学位。民国31年任交通部首席参事，参与路网规划事宜，兼任交通部出版物委员会主任。1950年任北方交通大学副校长。1956年被评为一级教授。长期从事铁路运输的教学和研究，构建了我国运输管理学科的完整体系，是我国铁路运输学科的首创者和奠基人。参与北京站及重要铁路线路的设计。系第三、第五届全国人大代表。著有《美国铁路货车管理》等，与人合编《英汉铁路词典》等。

蔡慕晖和陈望道结婚照

妇界领袖蔡慕晖（1901—1964），巍山镇蔡宅人。金陵女子大学文理学院毕业。民国13年（1924）开始，历任上海大学等校英语教师。民国19年与陈望道在蔡宅乐顺堂举行文明婚礼。民国21年8月起为女青年会全国协会主编《微音》《女青年》月刊及丛书。民国25年获哥伦比亚大学教育硕士学位。回国后任中华基督教女青年会全国协会代理总干事、总干事，从事抗日救亡和教育工作。民国32—33年，赴印度及美国等地考察。民国35年，在南京当选制宪国民大会代表。1952年任复旦大学外文系主任。著有《独幕剧作法ABC》《新道德标准及其实践》，译著有《世界文化史》《艺术的起源》等。

经济学家吴兆莘（1901—1978），东阳城内棋盘街人。民国9年（1920）考入上海震旦大学。民国15年加入中国共产党。次年6月任中共东阳独立支部负责人。9月，发动领导瑞山乡农民运动。民国17年1月，任中共东阳县委书记。民国24年东渡日本，先入东京法政大学经济学部，后转仙台东北帝国大学经济学部。民国26年归国后，先后受聘于暨南大学、英士大学、厦门大学，任教授、经济系主任。新中国成立后，任沈阳东北行政学院教授。次年回厦门大学任教授兼经济系主任、总务长、图书馆馆长等职。所著《中国税制史》，为其时大学经济系必修教材。

眼科名医韦文贵（1902—1980），东阳城东街道白火上人。眼科名家。父兄均为眼科名中医。文贵16岁随父学医，专攻眼科，得其真传，年未弱冠即悬壶杭城。1956年任卫生部中医研究院广安门医院眼科主任。在其指导下，“金针拨障术”发展成“白内障针拨术”。20世纪60年代开始担负中央领导和各部委首长的保健诊疗任务，并为来访的外国领导人诊疗，直至逝世。1963年，与其女玉英治愈越南国家主席胡志明近乎失明的眼疾。1975年，广安门医院用“白内障针拨术”为毛泽东治疗白内障，使其恢复视力。著有《韦文贵眼科临床经验选》等。

倾情教育郭人全（1905—2001），湖溪镇郭宅人。乡村教育家。受陶行知教育思想和实践影响极深。民国19年（1930）秋，至江湾立达学院农村教育科任教，与叶圣陶、朱自清、丰子恺等为同事。民国22年主持江苏省黄渡义务教育实验区。民国27年加入中国共产党。民国29年7月任浙江省立锦堂乡村师范学校校长。日军南侵，率师生南迁缙云壶镇。以乡村教育理念办学，人才辈出，美誉四传。1949年5月，被任命为杭州市文教局长兼杭州师范学校主任委员（校长）。1952年兼任杭二中校长。次年任杭州市教育局局长。1955年任杭州师范专科学校校长。

发酵专家金培松（1906—1969），横店镇后岑山人。工业发酵专家。民国35年（1946）夏获美国威斯康星大学硕士学位，回国后任上海中央工业试验所发酵室主任。新中国成立后，任上海科学研究所工业发酵室主任，对麻胶发酵菌等研究和中间工厂试验，以及酱油、黄酒的发酵工艺，均有突出成就。同时选育金霉素、链霉素，成效显著。1954年研制“发酵法制造葡萄糖酸钙”成功。是我国微生物学领域的第一代学者，用现代微生物学研究传统酿酒发酵的先驱。著有《酿造工业》等。

治淮专家王祖烈（1909—1991），画水镇王坎头二村人。民国22年（1933）毕业于之江大学土木工程系。历任导淮委员会工程师等职。1949年南京解放后历任淮河水利工程总局测验处副处长，治淮委员会勘测设计院总工程师等职。1973年9月任国务院治淮规划小组办公室总工程师。1977年任水利电力部治淮委员会总工程师、副主任等职。为淮河治理殚精竭虑，足迹遍及淮河流域4省19万平方公里，有治淮“活字典”之誉。著有《治淮方略》等。晚年主持编纂《淮河志》。

植物学家蔡希陶（1911—1981），蔡宅人。植物分类学家、植物资源学家。民国16年（1927）加入共产主义青年团。民国20年，与胡先骕合著《四川省唇形花科植物之研究》。次年从四川宜宾徒步沿金沙江入云南，调查野生植物资源以便利用研究。酷爱文学，其间创作短篇小说，受鲁迅称赞。野外调查考察历时3年，采集植物标本1.2万多号几十万份。创建云南农林植物研究所，成功引种、选育名贵烤烟大金元、红花大金元，育成云南一号。1950年，任中国科学院植物分类研究所昆明工作站主任，致力发展名贵烤烟品种，使烤烟产业成为云南经济支柱。1951年夏，在瑞丽发现两棵原产巴西的三叶橡胶树，1953年种芽嫁接成功，发展成大规模橡胶园，使我国进入世界产胶国前列。1961年春，在勐连山中找到内科名贵药物“血竭”资源龙血树。著有《中国植物纪要》等，与人合著《植物资源学》等，参编《中国植物志》，译著有《系统植物分类》等。《辞海》有其传记。

钟情桑梓王惕吾（1913—1996），歌山镇王村光人。中央陆军军官学校第八期毕业，历任军职至副师长。民国37年（1948）3月赴台湾。1950年退役，接办台北《民族报》，创办《民族晚报》。1951年9月，倡议《民族报》《经济时报》与《全民日报》发行联合版，1953年易名《联合报》，任社长、发行人、董事长。该报成为台湾发行量最大的中文报纸，并率先采用电脑排版技术。后出版《联合报（海外航空版）》，发行129个国家和地区。联合报系地跨亚欧美，自称“日不落”报纸，日发行量300万份以上，王惕吾被誉称“世界报业大王”。情系桑梓，1990年始，赞助家乡卫生事业、教育事业及公路建设共折合1.78亿元人民币。

著作等身徐朔方（1923—2007），东阳城内南街人。中国古代文学研究专家。系第六届全国人大代表、第七届浙江省人大常委、国务院学位委员会中文学科评议组成员。从事中国古代文学特别是元明清戏曲小说和明代文学的教学与研究，钩沉稽古，发微抉隐，著述浩繁。先后出版《戏曲杂记》《汤显祖年谱》等几十部著作，校注、笺注、辑校《长生殿》等论著，与人合著《明代文学史》，出版诗集《似水流年》、散文集《美欧游踪》等，著作等身。

江南笛王赵松庭（1924—2001），巍山三村人。笛子演奏家。1949年12月，考入中国人民解放军二十一军文工团，随军赴朝鲜。1956年，任浙江民间歌舞团独奏演员，参加文化部举办的全国首届音乐周，其演奏轰动北京。1964年，以自己创制不久的排笛演奏自己创作的作品，《文汇报》刊文高度评价。1987年，被评为国家一级演奏员，集演奏、创作、著述、发明、理论、教育于一身，成就卓著。首创吹笛循环气法、排笛、大G调低音笛、弯管低音大笛等，开创浙派演奏风格，开发南北结合的演奏技巧，被音乐界称为南派笛艺的代表人物、浙派笛艺创始人，被誉为“江南笛王”。创作笛曲《早晨》《欢乐的山谷》《三五七》等。培养了詹永明、蒋国基、杜如松等竹笛演奏家。

上述人物只是20世纪上半叶东阳众多人物中的一小部分，其他如辛亥志士李谷香、热心办学吴一公、陆军中将王桂林、针灸学家黄学龙、东中校长程品文、创建南强马成骥、浙东画丐邵逸轩、五四先锋朱一鹗、美术家王之英、法学家葛之覃、桂军教授俞星槎、火腿状元孙世春、民国中将张一能与沈逊斋、中将高参斯立、庇荫乡里朱福星、名校长赵仲苏、教育家程宽正、仗义疏财胡松山、气象学家诸葛麒、数学家厉德寅、雕塑家叶振海、教育家陈人文、水利专家吴又新、语言学家叶光球、经济学家杜修昌、生物学家施有光、土木工程专家吴柳生与吴世鹤、画家施晓湘与陈松平等，还有为国家民族抛头颅、洒热血的革命烈士吴治康、胡阿林、赵济猛、卢福星、郭莽西、吴复夏、王烈柯等，限于篇幅，只能略举一二。

东阳自唐代以来，直至改革开放后的今天，古今“马生”络绎不绝，造就了庞大的人才群体。

MEIGANCAI XIANG
TUBU SHANLIANG

霉干菜香 土布衫靓

东阳地瘦山瘠，只有崇文重教，刻苦自励，才能摆脱窘境。

霉干菜在东阳，不仅是一种用以佐餐果腹的形而下的物质之菜，更成为一种形而上的精神砥砺之菜。而土布衫在东阳，不仅是解决蔽体御寒的形而下的物质之衣，更成为一种形而上的情操陶冶之衣。

自明代开始，霉干菜和土布衫伴随着很多东阳学子的求学记忆。“霉干菜土布衫精神”已成为东阳学子的精神标配，东阳人就是凭着这种精神，苦学乐学，锤炼自己，直至建功立业，创造奇迹。

不言而喻，霉干菜和土布衫从原生意义上讲，作为自然人求生存、解决温饱的手段和途径，只是两种显节俭、见贫困的物质。但是，一个精神高度自洽自足的人，完全能够在物质的清贫中建树起人性的坚强与高贵。可见，甘受苦寒、自觉磨砺，是东阳“霉干菜土布衫精神”的实质，“霉干菜土布衫精神”是东阳人文的精髓。从这个意义上说，霉干菜之香，土布衫之靓，无与伦比！

霉干菜和土布衫，作为物资匮乏时代的典型物品，在我们的生活中已不再占重要地位；然而作为一种精神，它所具有的根深蒂固的感召力和影响力，是深刻、久远且多方面的，“霉干菜土布衫精神”不朽！

地少人多读书高

东阳处于浙江中部，地貌可用“七山一水两分田”来概括。《东阳市志》载，丘陵山地面积1205平方公里，占69.2%；河谷盆地面积537平方公里，占30.8%。在河谷盆地中，河流、池塘等水域面积约占三分之一。这七成之山，不产良材，也缺少有开采价值的矿产资源，且坡陡石多，不利垦殖，一旦连日大雨，往往地质灾害频发。这一成之水，雨季则咆哮肆虐，撕堤裂岸，将良田变成沙滩，村落或为废墟，南北两江于是有“烂肚肠”之称；旱季则一脉细流，不能满足农业灌溉和人畜饮用之需。水旱频仍是东阳的特点。这二成之田，大多为红黄壤，肥力低且容易板结。在农耕社会里，山无良材，地无富矿，土壤贫瘠，灾害频繁，东阳的水土，也就是自然条件，可谓恶劣。

城东街道李宅李氏宗祠“南渡名宗”匾额

洪荒时代，已有古越先民在此繁衍生息。之后，由于北方士族移民的不断涌入，东阳人口剧增。东阳排位前十的王、张、陈、吴、金、李、徐、蒋、楼、胡诸姓，占东阳户籍人口的46%，几近一半，根据宗谱追溯其来源，无一例外，都来自外省或外县。如桂坡李氏，自称“南渡名宗”；岘西刘金氏，自称“南渡世家”。而排位第十七的赵姓，其祖宗是赵宋王室，与金姓同时随宋室南渡。唐宋时期是东阳人口入迁的高峰期，东阳的著姓望族大多是在这一时期占籍东阳的。东阳人品性中向外拓展的基因可以追溯到移民时代。

从全县人口的变化看，两晋时有近万户约四五万人，这一数字一直延续到“吴宁县”恢复建置并改名为“东阳县”的唐武周垂拱二年（686）。南宋宝祐年间（1253—1258）和明洪武二十四年（1391），人口有两个小高潮，均超过18万。鸦片战争前夕的清道光十六年（1836），人口突破48万。

就耕地而言，1950年土地改革前，东阳总人口518749人，总耕地486312亩。以当时而论，人均不足1亩，中农人均仅0.56亩，占人口近六成的贫农则更少，人均仅0.2亩。

随着时间的推移，急剧增加的人口和有限的土地资源之间的矛盾日益突出。至2021年末，东阳全市353527户，户籍人口达851108人。若按2021年耕地播种面积（包括水田和旱地）494775亩计算，则人均仅为0.58亩。人多地少是整个中国的国情，而在东阳，人地矛盾显得尤为突出。

资源匮乏、土地硗薄、灾害频发、人多地少的生存环境特点，决定了东阳人必须向外寻求发展空间。其出路，一为读书出仕，二为外出做工从艺。读书无疑排在首位，被认为可以改变个人乃至家族的地位和命运，读书有成被看作人生的最大成就。东阳向来有耕读之风——其实，“耕”为了生存，属无奈之举，“读”（读书做官）为了发展，才是理想追求。旧时东阳书院林立，私塾遍地，宗族公常设养贤的田地山林对读书人倾力资助，凡读书取得功名者，均能得到精神和物质的鼓励——因为一个人的读书成就，不仅仅属于个人和家庭，也被认为是整个宗族的荣耀，因此，对读书人的资助不遗余力，形成强大而持久的推动力。东阳教育也因此长盛不衰，享誉四方。

千祥镇下甘棠村松山马氏宗祠离地四五米的堂楣上的报单

宗族的奖励和助学条例，在各宗族谱牒上所在皆有。科举时代考中秀才，废科举后小学、中学毕业，均有“贴报单”之俗。报单多用红纸，一式两份，上印宋体黑字。一张送入祠堂，张贴于门楼正门门楣；一张送给本人，贴于客堂中。在春节、清明、冬至祭祖仪式结束时，有功名者得到的胙肉（祭祀时供奉祖先的肉）是常人的数倍。科举废后，则以所得文凭的不同得到相应的待遇。在众多族人聚会的场合，享受宗族规定的殊遇，得到物质和精神的双重鼓励，尤其是精神鼓励，也是人生最荣耀的时刻。对取得文凭、名列官宦的族人，在修宗谱时加以标注，即使充任孔庙中祭礼乐舞的还没有秀才资格的佾生，宗谱上也特别标明，在宗族历史上扬名后世。

大部分宗族具有相当的经济基础，对族中子弟读书予以资助和奖励。1950年土地改革前，公常佛会占有耕地257224亩，占总耕地的52.89%（见《东阳市志》第330页）。有些公常财力雄厚，《从族田发展中，简析近代浙江族田租率》一文中提到“东阳巍山的赵氏宗族，这支宗族600年间累计购买土地达几万亩，方圆几十里内的土地都有赵氏宗族的公常田”。公常田中有相当数量的“养贤田”。“贤”就是人才，“养贤”就是培养人才。养贤若按过程分，读书求仕阶段为“助考”，资助笔墨纸砚及赶考的路费寓费；取得不同阶段功名（如入庠、中举、成进士、点翰林）时为“奖考”。助考和奖考，自童试入学、入泮、五贡、发科、发甲、文武解会状直至钦点翰林，由宗族公常资助的卷资、考费、衣衿费、发甲闻报费、旗匾费、进京费、路费、留寓费、出仕荣归谢祖酬恩费等养贤费用，数额十分明确。而且这资助不仅大宗祠有，贤常有，培风常有，各公常分祠也有。如同现在的奥运冠军，国家及籍贯所在的省市县各级都有奖励。

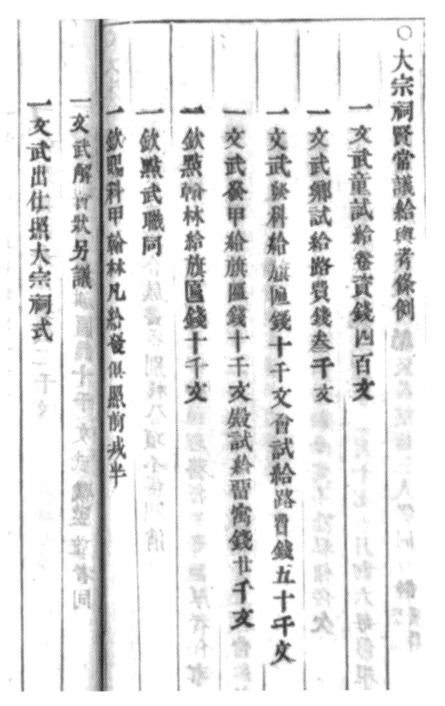

○大宗祠賢常議給與考條例
一文武童試給卷貲錢四百文
一文武鄉試給路費錢叁千文
一文武發科給旗匾錢十千文會試給路費錢五十千文
一文武發甲給旗匾錢十千文殿試給留寓錢廿千文
一欽點翰林給旗匾錢十千文
一欽點武職同
一欽賜科甲翰林凡給發俱照前減半
一文武解省狀另議
一文武出仕照大宗祠式

南岑吴氏大宗祠贤常的《与考条例》

宗族助学的措施是多方面的，尤其是经济方面，有了宗族公常的资助，贫寒子弟在科举求仕的道路上就少了后顾之忧，得以心无旁骛地攻读经典。日积月累，刻苦学习、勤奋读书成为东阳学子骨子里的基因，而东阳马生则是东阳学子努力奋进的标签。

如果中了秀才，那是功名的起点，可以被称为“相公”，见了县太爷不用下跪。戴儒巾穿襕衫，在服饰上与普通百姓相区别。在路上遇见秀才，百姓要侧身俯首避让。举人就被称为“老爷”了，出来做官，当八九品的教谕或训导，起点大约相当于现在的副处级。进士是科举的最高层级，起点是七品县令，相当于正处级。秀才和举人之间有贡生，也有资格做官。贡生就有资格立旗杆，举人进士当然更不用说了。高高的旗杆上旗帜飘扬，光荣显耀。而技压群雄、独占鳌头成为解元、会元和状元，更是荣耀至极，地方上要立牌坊旌表。东阳县学前，也就是现在黉门前黉门商厦南侧位置，就曾有为武状元厉仲祥等五人、会魁张国维、解元卢楷所立的三座牌坊。东阳老城牌坊众多，俗谚“东阳牌坊九十九，忠孝节义样样有”，并非虚语。其中有相当数量是为科举和高官所立的。而卢宅的25座牌坊，其主体也是科举和官宦的牌坊。被立者的功名富贵和荣耀，皆从读书中来。而他们切切实实的成就，又激励无数的东阳学子努力攀登书山，遨游学海。

湖溪镇马上桥举人吕铭咸丰八年（1858）戊午科中举时的旗杆石，距今165年

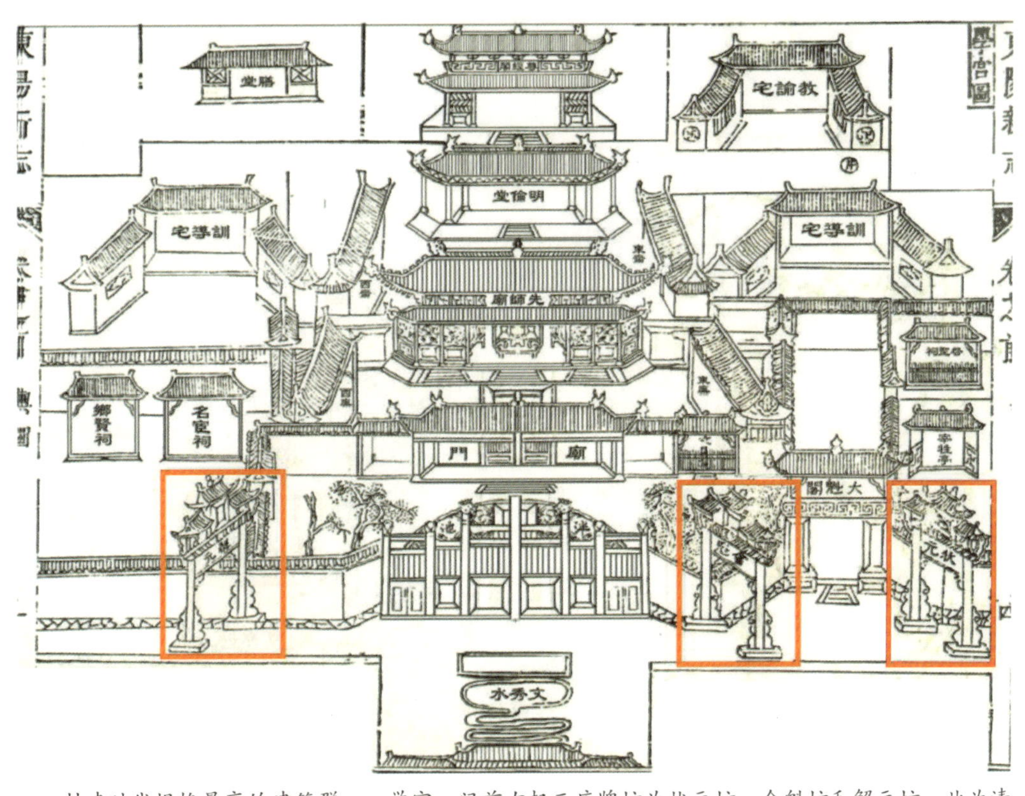

封建时代规格最高的建筑群——学宫，门前右起三座牌坊为状元坊、会魁坊和解元坊，此为清代康熙年间学宫图

对知识的尊重，对读书的重视，引申到对文字的崇敬。古人对知识的载体，产生了宗教式的情感。“污践字纸，即系污蔑孔圣，罪恶极重。”倘敢不惜字纸，几乎与不敬神佛、不孝父母同罪。民间旧俗认为，如果某人不慎脚踩字纸，或用字纸揩屁股，日后必会眼瞎。县境各地设有石板石雕的亭式化纸炉，俗称“字纸亭”，以供焚化字纸。因此，竟然有患眼病的人，提筐携篮到学校近旁捡拾字纸，送到化纸炉焚化，认为可赎罪治眼。虽不合科学原理，但虔诚之举，足以成为地少人多读书高、崇文重知成风尚的一大例证。

南马镇红阳村“字纸亭”，文保碑标“红阳古塔”

霉干菜成博士菜

年长的人回忆当年读书住校的情况，往往会有这样的记忆。每逢星期一吃饭，同寝室的几位或要好的几位同学，就将带来的菜——往往是霉干菜一起共享，如果是干菜肉，总是先把肉扒出来吃掉，很有点有福同享的味道。

科举废后，新式教育发轫，诞生了住校生群体。学生住校，一是学校离家较远，往返不便；二是老师希望学生、家长希望子女多一点学习时间，多学一点知识，即使离家不远，也让学生住校。

过去的住校生，需要自带粮食和菜肴——学校一日三餐供应饭食大约从20世纪90年代开始，迄今还不到30年。为了防止变质，霉干菜成为90年代以前外出求学的东阳人标配的佐餐之物。事实上，霉干菜并非东阳特有，浙江中南部的丘陵地带，无数学子尤其是住校生都吃过霉干菜，许多人甚至基本靠霉干菜加蒸米饭度过整个初中和高中。由于地瘠民贫，东阳学子与霉干菜的关系更为密切。

炒制后的霉干菜

这是因为新鲜蔬菜难以过夜，如果大热天，几个小时就会发馊。咸菜也不行，春夏季节，很容易发霉长毛。霉干菜就没有这样的担忧——前提是炒制时不能加水。住校学生少则一星期，多则半个月甚至一个月才回家一趟，不会变质的霉干菜解决了住校生的佐餐之忧。虽然天天配这个菜有点单调——不过没办法，龙肝凤髓连吃几天也会腻味。

萝卜菜干

霉干菜的原料——九头芥

那么，霉干菜是怎么来的？一句话，是劳动人民勤劳节俭的产物。

在没有大棚蔬菜的年月，蔬菜的生产基本上看老天脸色，严寒酷暑季节，往往缺少瓜果蔬菜。而春秋两季，蔬菜又丰裕有余。怎样不浪费？怎样能保证在蔬菜生产的淡季不至于空口吃白饭？于是，将吃不了的蔬菜晒干或腌制就成为劳动人民的解决方法。

霉干菜的来源，就东阳而言，有菘菜、萝卜菜、九头芥等，九头芥占绝对统治地位。九头芥有粗叶和细叶之分，后者更受青睐。立春以后，九头芥就陆续登场，春分前后极盛，清明后渐渐消歇，产期延续两个月之久。

霉干菜的历史相当悠久，其初始年代已不可考。其制作方法和功用，清代乾隆年间的《本草纲目拾遗》一书中，已有如下记载："至春分后，天渐暖，菜亦渐变黑色，味苦不堪食，以之晒作干，饭锅上蒸黑，再晒再蒸，如此数次，曝之极燥，贮缶器中，可久藏不坏，名曰霉干菜，即干冬菜也。"

这样繁琐地介绍霉干菜的制作，还是让人不甚了了。其实很简单，将九头芥洗干净，在将干未干之时或整株或洗切，加入适量的食盐拌匀压实，必须压到咸水将顶层九头芥覆盖。根据个人口味，还可加入辣椒、生姜、大蒜等。视气温状况，腌渍一星期或十来天后，若天气晴好，即可晾晒。——完全没必要像该书所述那样反复蒸晒。干燥至适当程度，装瓮保存，保存期可长达数年。"干"与"咸"，是霉干菜可以久藏的不二法门。而且陈年干菜较为软糯，没有新鲜干菜粗粝之弊。

霉干菜，因为干菜的制成品呈乌黑色，上面有盐霜，好似发霉之物，所以得名。实际上，它在腌制过程中，确有发酵的成分，叫它"霉干菜"名副其实。有人试图将它雅化，改名"梅干菜"，有点想当然了。霉干菜和梅子毫无关系，梅雨季节也不适合腌制霉干菜。霉干菜，东阳人只叫"干菜"或"菜干"，为了标明原料，多几个字，就叫"九头芥干"。"霉干菜"的名称，最早流行于20世纪80年代的书刊，本质上属于书面语。

过去难得一见、现在常见的勾人食欲的干菜肉

霉干菜在现在的餐桌上大显身手，干菜扣肉、干菜炒肉、干菜蒸虾等，让人齿颊留香。而干菜肉饼酥饼等，可随身携带，方便风尘仆仆的行旅者。但霉干菜的本质是苦、涩、咸兼具，如果没有肉、油及糖的综合炒制，是绝对称不上美味的。而在物质匮乏的年代，只有经济条件较好的家庭才有可能肉炒干菜，肉的比例可能占主要地位，霉干菜只起到调味和辅助作用。大部分家庭经济拮据，用少得不能再少的油炒一下就不错了。霉干菜的吸油能力极强，用少量的油炒过，和没炒过在外观上没什么差别。

因此，东阳"十百千万"的绝大多数，都是在含油甚少的霉干菜的陪伴下完成学业，并一步一步地走向科学和教研的高地。伴随着东阳"教育之乡"声名远播，20世纪90年代，一道原本毫不显眼并且地位不高的家常菜，也获得了一个响亮的名字——"博士菜"，驰名华夏。

土布衫群俊彦多

1966年，“文化大革命”如火如荼，学校升学停止。东阳的一位初中毕业生前往金华学木匠。刚出了火车站，就有人打招呼：“东阳昧”。这就奇了。额头上又没有标志，怎么知道是东阳人？原来是一身东阳土布暴露了身份。

至于“东阳昧”，没有贬义。东阳方言“昧”，音měi，等同于普通话“哪”，是常用的问询之词，譬如“你到哪里去?”，东阳方言就是“尔（音ng）到昧扣?”。因此，外地人多称东阳人为“东阳昧”。

东阳土布

东阳土布服装是东阳人特有的标志——在籍贯辨认上可与东阳方言并驾齐驱。机织布则被称为“洋布”，因新中国成立前此物多系进口，半官方的供销社供应的布则称“棉布”。棉布需凭布票购买，不论男女老少高矮胖瘦每人每年一律一丈五尺左右，只够成人做一套衣服，外加一条短裤。靠供应的棉布肯定不敷使用，以土布来弥补自是必然。20世纪五六十年代，列宁装和中山装逐渐占据主流服装地位，布料以家织的土布为主。土布衣服的主要花纹是“柳条”和“地笠花”。

近半个世纪前，在金华县（含今婺城、金东两区），穿着东阳土布的“东阳味”是个庞大的群体，有人估计至少在5万人以上，这数字还不包括东阳人的第二代、第三代后裔。走在路上，总会遇见穿着东阳土布的东阳人。“东阳帮”手艺人不消说，在金华大中专院校读书的东阳人就不少。

先说金华一中，其前身是省立第七中学，是新中国成立前金华地区唯一的省立中学。学校在蒋堂的时光，每个年级8个班，班额每班45人，平均每班有东阳学生十三四人，每个年级的东阳学生超过百人，三个年级的东阳学生就超过300人，占全校学生的30%。

而2023年将迎来70周年校庆的浙师大附中，其前身是全省高考的红旗单位金华二中，高考录取率常雄踞榜首。“文化大革命”前的那几届，每年级6个班，入学时每班48人，东阳学子每班十五六人，约占三分之一。毕业时每班约43人，未毕业者大多因退学、留级等原因而流生，东阳人则全部完成学业，这也从中说明东阳人的勤苦和坚韧。

除了这两所高中名校，金华的几所中专和技校如金华师范、金华卫校、金华农校、铁路技校等，东阳学生的比例也不少。20世纪60年代，现衢州市域还在金华专区的管辖之下，衢州二中是与金华一中、金华二中鼎足而立的高中名校，该校的东阳学子也有相当比例。东阳学子在诸多名校中的比例，足以说明“教育之乡”东阳的教学质量和学子的勤奋刻苦。

东阳有句俗语“离乡则贵”，而且，你离家乡越远，说明你越有本事。做手艺如此，读书也是如此。穿着土布衫远离家乡，在东阳人眼中，是一种荣耀！

经线的组合——经布

土布衫的出现，也是东阳人——尤其是东阳妇女勤劳的产物。在蔽体御寒的需求下，东阳人自己动手，丰衣足穿，从种棉花开始，经历摘棉花、绞棉花、弹棉花、纺丝、浆丝、拢纱、经（方言音“跟”）布、载布、综布、织布、漱布等多道工序，完成由棉花到土布的蜕变，再由裁缝完成由布到衣的转换，最后成为行走于五湖四海的东阳人的特有标记。

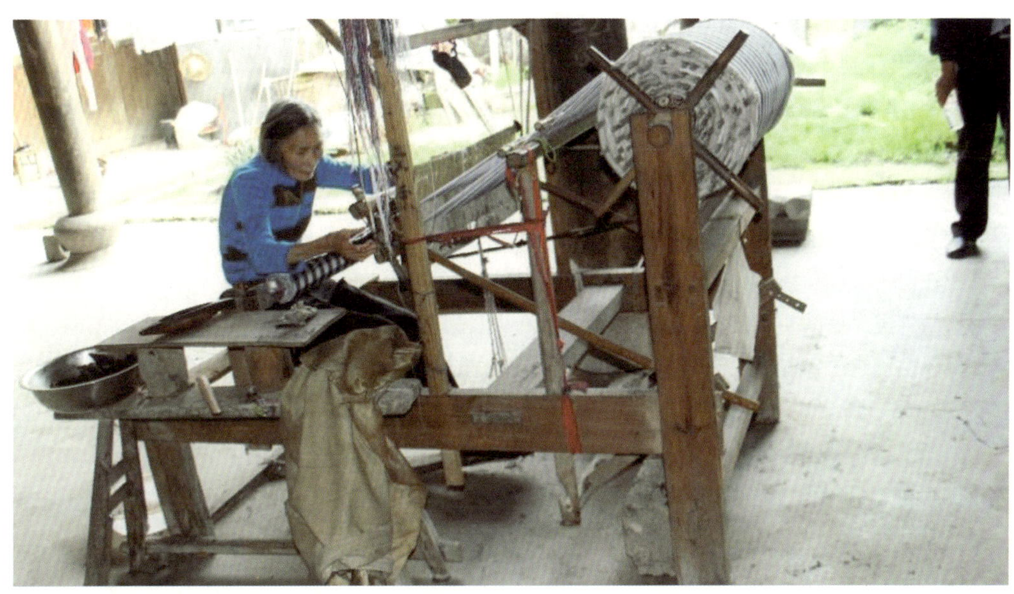

织土布

清康熙《新修东阳县志》载，在明代，东阳人就已经开始织土布，民间纺纱织布十分盛行，素有“千家夜机鸣，万户纺纱声”的说法。土布属纯手工制作，花色多样，有桂花布、井字花、小八卦、鸡眼布、油麻芯布等几十种之多，但以柳条和地笠花最为普遍。土布冬暖夏凉，厚实耐磨，透气吸汗，不易起球掉色，因此家里的衣服、裤子、被单、床单、围裙等大多用土布做成，许多性能远超供销社用布票供应的棉布。改革开放前，农村妇女几乎人人会织土布，特别是东阳南乡一带，民间纺纱织布十分盛行。

自20世纪70年代后期开始，由的确良开路，挺括耐磨易洗涤的化纤布料陆续登场，土布渐渐被挤出历史舞台，织土布也成了省级非遗项目。但东阳的广大学子，在物质匮乏的年代，穿着母亲织就的土布裁制的土布衫，嚼着母亲腌制的霉干菜，以“勤”为梯攀登书山，以“苦”为舟横渡学海，一步步地攀登科学高峰，涌现出令众多县市艳羡惊叹的以千计的博士、以万计的教授。

跋山涉水续歌吟

1937年卢沟桥的炮声，拉开了日寇全面侵华的序幕。华北之大，竟已放不下一张平静的书桌。而随着日军的铁蹄南下，东阳之大，也同样放不下一张平静的书桌。在中华民族危急存亡的关头，为了华夏文明火种的保存、中华文化血脉的延续，无数学校开始了艰苦卓绝的转移，无数校长投身筚路蓝缕的跋涉，无数学子于辗转播迁中不辍弦歌。

1938年2月22日，日机轰炸东阳县城，城区学校不得不转移到郊区的凉亭、破庙中上课。这年夏，日机再次轰炸，东阳中学1名学生罹难。当年秋，为安全计，东阳中学开始迁校。先迁至江北华店、上卢、湖沧等处。次年又迁至今南市西坞。日寇占领县城后，因西坞距城不远，师生不得已跋山涉水，再迁至马宅镇雅坑。1943年转迁至离城更远的千祥镇石门张宅、高宅，直到1945年抗战胜利回城。因老市府东侧的原校遭受日寇轰炸破坏，无法使用，于是将高中部和初中毕业班设在南门外吴大宗祠（址在今南寺路南侧、双岘路西侧、大寺路北侧、城南西路东侧，占地近百亩。具体位置约在今南市路65—71号，双岘路98—128号），初中一、二年级设在卢宅。并选定新安寺为新校址，即今吴宁一中校址。

东阳中学老校址

中国中学校长陈季豪

东阳二中的前身，可以追溯到1928年在上海创办的君毅中学。1937年10月，上海斜土路的校舍遭日寇轰炸，11月，上海沦陷，七成学生随军南下，迁校至义乌县城。1941年底太平洋战争爆发，日军占领上海租界，租界内之君毅师生也迁至义乌。是年底，大部分师生再迁至东阳、义乌交界处的吴大元村。1942年2月，迁吴大元之君毅中学之大部成立“义乌县私立中国中学”，东阳亭塘人陈季豪任校长。是年5月21日，义乌沦陷。办学难以为继，于是迁校于东阳江北冰塘坑临时安顿。地方局促难以长居，于是历尽艰辛，迁至磐安县安文镇，抗战胜利后迁回吴大元村，徐更光院士曾经于此就读。在安文镇留一分部，系磐安中学前身之一。1948年秋，在县城西门外小西桥设初中分班。1949年5月东阳解放，报请东阳县人民政府，将中国中学东阳分班改为“东阳县私立中国初级中学”。1956年，东阳县人民政府将中国中学收归国有，易名为“东阳县第二初级中学”。

而巍山中学于1943年8月创立于毗邻诸暨的大山腹地巍山镇大爽村，初名东阳私立北麓战时初中补习学校，后更名为私立北麓初级中学。这座学校就是现今巍山高中的前身。抗战胜利后定址于巍山镇长安阁下。

北麓中学校址

在民族存亡的至暗时刻，我们还不能忘记一群东阳籍校长率领师生，冲出沦陷区，悲壮迁徙，在战火纷飞中另寻净土，重辟校园，践行“教育救国”理念。杜佐周、赵仲苏、郭人全、程宽正……他们的姓名，被永远铭刻在这段颠沛流离却弦歌不辍的历史上。记住他们，不仅仅是因为他们的籍贯和事迹，还因为这些学校——英士大学、宁波中学、吴淞中学、锦堂师范中有数量众多的东阳籍学生。当然，还有数量众多的东阳籍教师。

英士大学

杜佐周，东阳城内西街旧厅人。1943年任英士大学校长，次年8月，丽温战役爆发，丽水沦陷，杜佐周率领云和县本部师生南迁，9月中旬到达泰顺，与1942年就已搬迁的工学院、医学院会合，成为一所有师生800多人、其中学生616人的战时大学。1945年抗战胜利，英士大学再迁永嘉；1946年奉令迁址金华。杜佐周辞职。在担任英士大学校长的三年内，虽然物质条件十分艰苦，大学办在庙宇、祠堂，老师只能住在百姓家里，还要时时担心日寇侵扰，校址一日三迁，但杜佐周不为恶劣环境所动，在国家蒙难、艰苦复杂的环境里，拥有姜亮夫、潘天寿、何炳松、王季午等一批名师，培养出一批爱国英才。学校实力接近浙江大学，与中山大学、中正大学齐名。1949年8月，英士大学解散，部分院系并入复旦大学和浙江大学。学校为时虽短，但被称为“英士之父”的杜佐周校长为新中国建设留下了珍贵的人才种子，其中有陈清如、刘大钧、王元、张嗣瀛4名两院院士，也为东阳培育了一批精英，如享年108岁的画家、千祥林甘人施明德等。

宁波中学校长赵仲苏

赵仲苏，巍山四村人。1931年，赵仲苏出任浙江省立处州中学校长，他治校严谨，雷厉风行，1937年全省会考，处州中学获得全省总分第一名，个人总分第一、三、十名均被该校学生获得。1939年，赵仲苏调任宁波中学校长。因沪杭沦陷，浙东危急，赵仲苏决定把学校迁往更远的嵊县太平镇，可以吸收嵊县、新昌、东阳等地学生入学。在搬迁到太平镇后举行的开学典礼上，身高一米八、一袭白色长衫的他告诉学生："存死的心，走活的路。"风仪慑众的形象，气度恢宏的话语，深深烙在了在场学生心里。1942年5月，日军向宁波增派兵力，攻势更加猛烈。根据教育厅指示，赵仲苏带着师生连夜转移到位于东嵊边境、时属东阳的玠溪小学。战乱中，学校与搬到丽水的省教育厅失去联系，断了经费。赵仲苏带两名老师翻山越岭，日夜兼程，数次穿过日军封锁线，步行到千里外的教育厅领取经费，缓解了师生缺粮食、缺教具文具之苦。1943年春，日军西进，长乐沦陷，东阳及周边重镇亦沦入敌手，玠溪岌岌可危。赵仲苏决定把学校搬迁到群山环抱的磐安大皿村。在大皿，赵仲苏处处严格要求，对学生实行军事化管理。在个人命运如浮萍的乱世，赵仲苏用文人纤弱的肩膀扛起保护学子安全的重任，在正课外开设了俄语、德语、世界语等第二课堂，为他们延请名师，让他们在恶劣的环境中健康而从容地成长。

宁波中学驻留三年的磐安双峰大皿村

在赵仲苏执掌宁波中学的7年间，高考录取率年年居全省前列，被中央大学、西南联大、浙江大学录取者为数甚众。仅1945年的高中毕业班，22人中就有15人考进大学。在大皿三年里，宁波中学招收了大批东阳学生，东阳学生约占全校学生的三分之一。在宁波中学校史上，赵仲苏至今被奉为“暗夜星辰”。学校大门口有方纪念碑，碑文云：“赵仲苏校长临危受命，存死的心，走活的路，临变不惊，成竹在胸，在非常之时期，处非常之境遇，取得非常之成绩。”

1940年8月，郭人全被任命为浙江省立慈溪锦堂乡村师范学校校长，立誓“把锦师办成一流师范”。此时，日军已越过钱塘江，向浙东逼近，郭人全率师生迁到嵊县长乐石阳，借阳山书院复课。1941年底，太平洋战争爆发。因为学校距离长乐前线极近，敌机不时飞临学校上空，一度炸毁了校舍。在这个多灾多难的时刻，郭人全决定把白宅墅当作迁校第一站。中途因经费窘绌断粮，典出东阳郭宅家屋，筹得1000元法币，学校得以南迁。1942年5月15日，日军大举进攻浙东，嵊县危在旦夕，锦堂师范被迫再次内迁磐安玉山。郭人全获悉日寇正向玉山而来，于是连夜带领师生继续内迁，最后落脚于壶镇棠慈村。在棠慈，郭人全竭尽全力物色和延聘名师，来自东阳的陈人文、叶光球、程品文、葛绥成、杜承济、何士豪、郭佐唐等二十余名教师，都在省内享有较高声誉甚至拥有一流学术水平。东阳籍学生几乎占全校学生之半。郭人全把办学宗旨概括成三句话：爱得深，管得严，放得宽。许多学生全面发展，拥有特长，“江南笛王”赵松庭就是在锦堂师范打下坚实的竹笛演奏基础。从1942年至1945年，锦堂师范师生劫后弦歌回荡于苍山壶水间，直到1946年回迁慈溪。1947年，郭人全离开锦堂师范，他一生为乡村教育而求索，被誉为近代中国继陶行知之后最杰出的乡村教育家。

全国重点文物保护单位——锦堂师范学校旧址

上海的百年名校吴淞中学内，建有“宽正体育馆”，以纪念东阳籍校长程宽正。程宽正，虎鹿厦程里人，毕业于上海大夏大学（今华东师大前身之一）。1929年，时年30岁的程宽正被任命为吴淞中学校长。1932年“一·二八”事变，吴淞中学校舍尽毁，程宽正率师生借用敬业中学教室上课。5月淞沪停战，日军撤退，程宽正就四处募集资金，建造临时教室，修理教工宿舍，重建教学楼。没想到5年后“八一三”淞沪战役爆发，程宽正吸取前事教训，把图书、仪器、课桌椅等提前搬到市区。嗣后吴淞中学校园果然再次被毁，程宽正再次率师生迁入市区复课，并改校名为“和忠中学”。1939年，汪伪政权绑架了程宽正，程宽正设法逃脱，化装成算命先生逃往重庆，被委任为教育部督学。抗战胜利后的1946年夏，再次出任吴淞中学校长，筹集资金重建学校。他把东阳人苦学苦教的风气带到淞中，不遗余力延揽人才任教。1947年，他就邀请老乡蔡忠笏到校任教数学。因为两度重建吴淞中学，程宽正被誉为“淞中巨匠”。

大好河山板荡之时更需教育唤醒民族意识，国家民族危急存亡之际更显保存文化火种的重要性。当一群智勇双全的东阳校长带着师生，书写西南联大西迁式的悲壮史诗时，东阳本土的校长们也在不遗余力地支撑着岌岌可危的历史天空，抑制日寇推行的奴化教育，传承教育的薪火，赓续文明的歌吟。

宽正体育馆

苦学皆从乐学来

东岘峰上，有座岘峰书院，它的前身是宝轮寺。明代初年，卢宅有四兄弟在宝轮寺从师学习。过去的读书场所，为了不让学子分心，往往在离家有段距离的幽静之地。四兄弟的母亲贾光——后人称她为卢宅太婆，在家中二楼朝南的窗户上挂起四盏红灯笼，四季不断，风雨无阻。每当夜幕降临，在山上读书的四兄弟看到家中的灯光，似乎看到了母亲期许的目光，于是读书更加勤奋刻苦，十载寒窗，终成学业。长子卢华到朝廷侍读东宫，参与了《永乐大典》的编修。次子卢睿中了进士，官至都察院右副都御史。三子卢圭，就是肃雍堂建造者卢溶的父亲。幼子卢章是树德堂的派祖。

东岘峰上的岘峰书院

当卢华四兄弟在高山之上，古寺之内，就着光线微弱的青油灯，攻读纸张泛黄的书卷，过着清苦的书塾生活，一待就是三千六百多天。细究起来，这段青灯黄卷伴星月的读书生涯，正是造就明清时期卢宅人才络绎、簪缨相继的根源和基石。

读书之苦，大多体现在物质条件的限制上。从古到今，不仅仅卢氏兄弟如此。时间上推到宋代，何逵出身孤寒，到了十四五岁才“读书为文”，不久又遭遇丧父之痛，尽管求学之路十分艰辛，但他与兄弟何淡以及其他何氏子弟一样，手不释卷，为学不懈，坚持在人生的道路上艰难跋涉着。一直到南宋淳熙五年（1178）何坦进士及第，何逵、何淡兄弟继起之后，所有的勤奋辛苦才结出了丰硕之果，最终形成南宋时期东阳“一门十进士”的辉煌。何逵的六个儿子都出仕，其中梦开、梦祥、梦然皆中进士。而何氏发祥的横店镇南上湖村，也因此荣膺“历史文化名村”的称号。

楼如山（1527—1593），歌山镇大园村人。因夜间读书买不起灯油，就在村南清明寺佛像前的长明灯下攻读。后来他于明嘉靖三十八年（1559）考中己未科丁士美榜进士。

歌山镇清明寺

科学泰斗、教育宗师严济慈的老家横店镇下湖严村，属于典型的黄土丘陵，四周山坡起伏，人多地少，经济拮据。作为长子的严济慈，靠父亲种地及做些小本生意维持生活，而要供孩子读书，全家则更需要节衣省食。家中五个子女中只有他上学。严济慈聪明好学，刻苦上进，7岁入本村私塾，13岁在离家30里的县城求学，步行进城。14岁考入东阳中学，在四年中，霉干菜佐餐，天未亮就攻读，学习成绩年年第一。后来远渡重洋出国留学，成为第一个获法国国家科学博士学位的中国人，也是我国研究水晶压电效应第一人。

严济慈故居

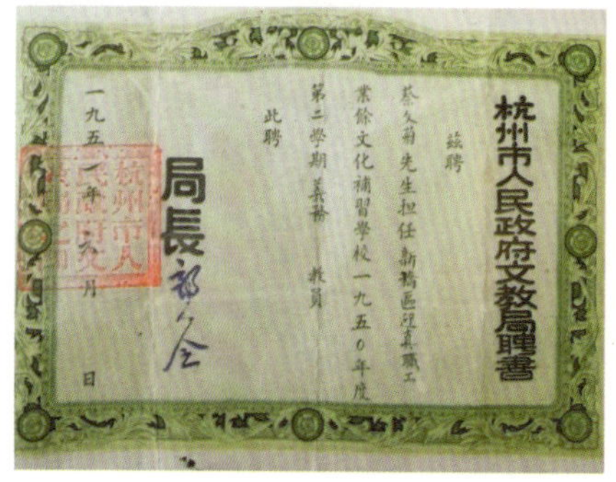

杭州市人民政府文教局聘書

茲聘

[illegible]先生担任新[illegible]區[illegible]職工業餘文化補習學校一九五〇年度第二學期義務 教員

此聘

局長 郭人全

一九五一年六月 日

1951年郭人全杭州市文教局长任上颁发的聘书

郭人全，湖溪镇郭宅人。父亲是个木匠，常年外出做工；母亲是个勤劳的农村妇女。郭人全从小就知道种田的辛苦，养成了劳动的习惯。上学以后，学习刻苦，晚上，常常在一盏青油灯下，母亲纺织，他读书。1928年，郭人全考入上海劳动大学师范科。在毕业时，校领导带他们到南京参观陶行知先生创办的晓庄师范。陶行知的教育思想和实践，给了郭人全深刻的教育和启示，他决心学习陶行知，走乡村教育的道路，与叶圣陶、朱自清、丰子恺、朱光潜、周予同、许杰等到江湾立达学院农村教育科任教。后来长期担任省内名校锦堂师范、杭二中等学校的校长，培养了大批人才。

佐村桑梓人王家祯，1939年考取处州中学公费生，读完初中课程。1941年日寇进犯浙南，学校解散，他身无分文，举目无亲，就背着学校发给他的6斤大米，逃难到福建沙县，被收进福州高中。1958年，王家祯创办《澳门日报》并任总编辑。1981年任香港《文汇报》总经理。

王惜宝

出生在江北王户口贫苦家庭的王惜宝（1964—2013），家里人口多，负担重，经济十分拮据，吃粮困难。就读东阳二中时，因只带甚少的米粮，吃不饱肚子，老是饥肠辘辘，实在饿得发慌，只能泡干菜汤充饥，继续刻苦攻读。后成为中国科学院金属研究所博士后，入选国家“131”人才计划。生前为天津大学表面工程中心主任、教授、博士生导师，长期致力于焊接专业、耐磨材料及表面科学与工程领域的研究。独力承担或参与完成包括国家自然科学基金、中科院、省市科学基金在内的10余项重大课题，其中“钾/钠变质Fe－Cr－C涂层合金”荣获美国焊接学会1996年度杰出成就奖，成为中国大陆学者获此殊荣的第一人。研制的高温磨蚀试验机填补了国内外空白。在国际权威学术刊物发表论文11篇，在国际学术会议上发表论文3篇，是国际焊接专业、耐磨材料及表面科学与工程领域的知名学者。

以上不过数例而已，在漫长的历史上，有无数的东阳读书人，夜以继日，在昏黄的灯光下刻苦攻读，在成就自身的同时，也成就了一个家庭，一个家族，一个村落，甚或一代学子。如今，固然远离了青灯黄卷，但千千万万的东阳学子，依然需要继承弘扬先辈的求学精神，伴着星月，刻苦攻读，攀登科学高峰，实现人生抱负，创造人生辉煌。

例子无需再举，东阳山水田地的客观条件无法改变，而要改变在这客观条件下的命运，唯有向外发展。地少人多，决定了物质条件之苦，也就自然牵动了整个社会围绕“读书”一事的形态反映之苦。

于是“苦教苦学”成为东阳教育一大特色、一个极具生命力的传统。苦教苦学传统的内涵极为丰富。如果不首先探讨认识其内涵，只依“苦”行事，就很容易走向歧途。这是因为苦学如不自觉，则必消极而生厌；苦教若不从心，必枯燥而低效。只有以积极的态度面对环境之苦、生活之苦、为学之苦，才能有出息。如《送东阳马生序》所述“余则缊袍敝衣处其间，略无慕艳意，以中有足乐者，不知口体之奉不若人也”，是自觉吃苦。前文曾提及的虎鹿厦程里人程宽正，在他的遗著《苦学苦教回忆录》中记述：“冬夜，兄弟缩卧在一条破棉被中，藉紧紧身靠身取暖。大雨大雪时，屋漏甚，几有无处安身之叹。”“余生于苦，长于苦，求学教育尽是苦，以苦斗苦，卒亦予国家社会略有贡献焉。”

苦学皆从乐学来。求学的过程是知识技能不断增长的过程，其中的每一点收获都会给读书人带来成功的喜悦，在艰苦的外部环境和生活条件下，在书山学海中不断跨越，不断开拓，历尽四海波涛，阅尽千峰秀色，“乐”从苦中来，反不知其苦为苦。明代名臣许弘纲，青少年时身体孱弱，但痴迷学习。其母担忧他饿坏身体，做了一碗麻糍给他当点心，悄悄地放在书桌上，另放一碟白砂糖让儿子蘸麻糍吃。许母织了一会儿布，回来给儿子收碗碟时，见许弘纲全神贯注地读书，再一看儿子的脸，更是大吃一惊，许弘纲满嘴乌黑——原来许弘纲蘸的是砚中的墨。这就是读书之乐，乐不知味，其乐何极！

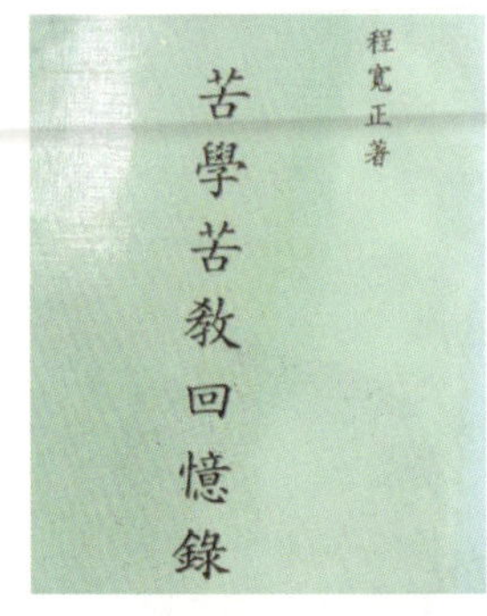

程宽正《苦学苦教回忆录》

东阳的苦学是以“乐”为最终目标的一种收获和创造。智可切磋，行可砥砺，悟从疑得，乐自苦生，这“乐”字往往与收获和创造连在一起。掌握新知，开辟新境，有所收获，有所创造，乐必在其中。当代从东阳走出去的众多专家学者，视问学如登险，步步艰险，级级是乐，将“霉干菜土布衫精神”倾注到无限的收获和创造之中，身处苦中，不改其乐，乐此不疲。

许弘纲故居——画水紫薇山尚书第

尊师重道延千年

师，韩愈定义："师者，所以传道受业解惑也。"他用6个字诠释了"师"的职责和作用。"道"，道理、规律、学说、主张。"师"在20世纪50年代以前，称"先生"，先生不仅有年长的意味，而且也是"道"的先知先觉者。师严道专，人伦表率，道德学问，是效是则。"师"是知识、文化、文明的传承者和传播者，在中华民族优秀文化和传统的继承弘扬中具有重要地位，尊师重道也成为中华五千年文明的重要构成。

孔子，历代帝王尊其为师，千秋学人仰之为圣。孔子的思想和学说成为中华优秀传统文化的核心理念。尊崇孔子和他的学说，是数千年来尊师重道一以贯之的行为，各地都有纪念和祭祀孔子的祠庙——文庙，即孔庙。东阳文庙初建于唐，宋时始成规模，庙学合一，因此，文庙也即学宫，县学的所在地，是封建时代东阳的最高学府。它合崇儒、尊贤、重教为一体，是东阳崇文重教精神的发祥地，是东阳人尊师重道、修身问学的代表性场所。其悠久的人文精神和教育传统，绵延千年，于"教育之乡"的形成贡献甚巨，影响深远。

东阳学宫，是封建时代邑内规格最高的建筑。唐代中叶戴叔伦任东阳县令前已有，后人踵事增华，宏伟而崇高，巍峨而静穆，绚丽而典雅。权威的神化，理论学说的宗教化，使得文庙建筑形制在地方上处于至高无上的地位。

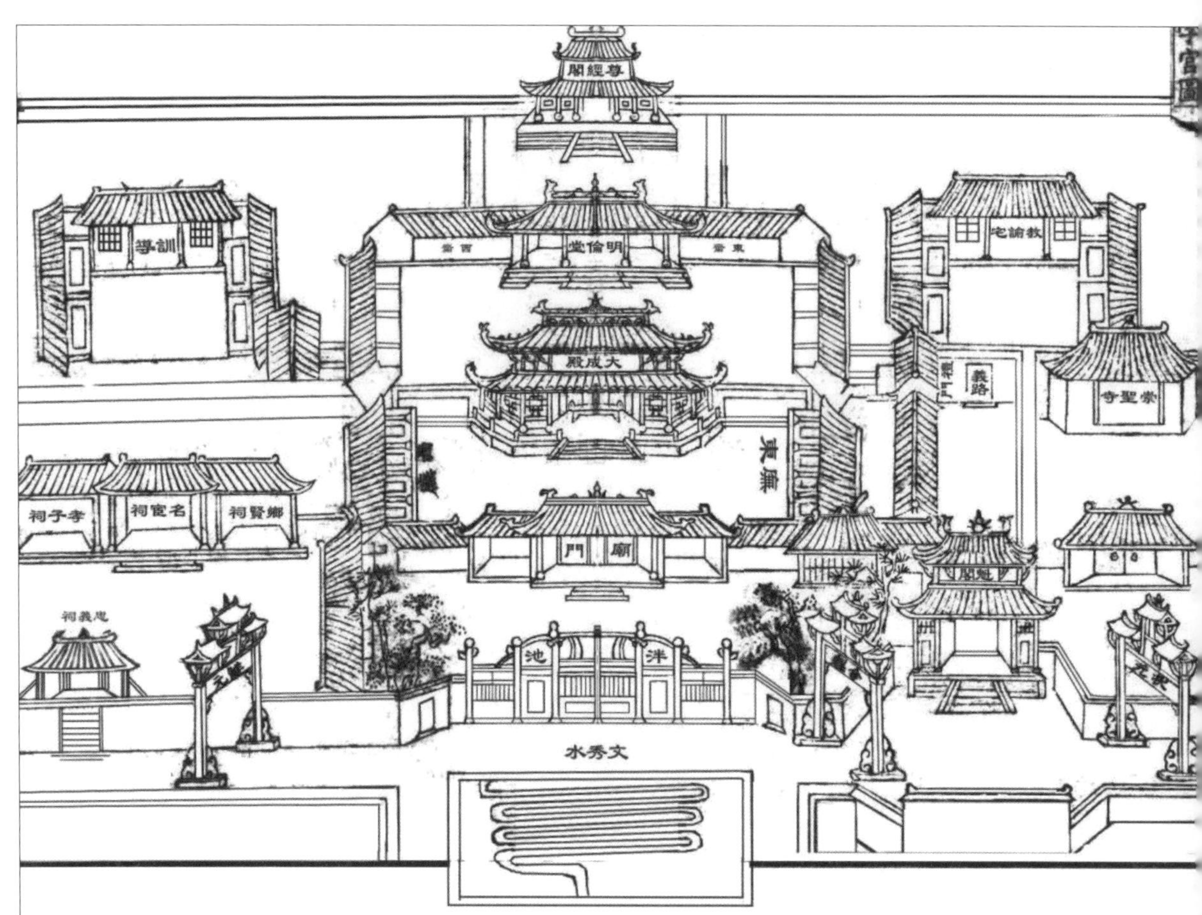

东阳历史上最后一幅《学宫图》，系清代道光年间的平面示意图

学宫旧址前新建的牌坊

东阳文庙遗址在现黉门广场向北经新光黉门商厦至尊经阁处。坐北朝南，中轴线上由前至后有照壁、棂星门、泮池、庙门（大成门）、大成殿（先师庙）、明伦堂、尊经阁等建筑。

1994年的黉门前，右下方房子名“近圣居”，以与文武圣人孔子关公相邻得名

整修后的尊经阁

尊经阁是东阳文庙仅存的建筑，处于文庙中轴线的北端，是庋藏经籍的楼阁，早年也称藏书阁，屡毁屡建。现在的尊经阁，就是清嘉庆六年（1801）重建之物，距今已222年。阁坐北朝南，五开间，重檐歇山顶。方形阴棱石柱，木梁架，装饰精美，是封建时代东阳境内高规格的建筑之一。

科举时代，尊经阁底楼有时作为考试场所，二楼为藏卷、阅卷场所。太平军占领东阳期间，尊经阁成为储粮之所。1863年春，太平军退出东阳时，尊经阁遗有稻谷万石，在籍内阁学士李品芳会同本邑士绅呈文，说此谷系东阳物产，理当归东阳所有，应增广学额。朝廷允准增加文秀才5名，武秀才3名，永为定制。

中轴线两旁，还有辉映楼、乡贤祠、名宦祠、孝子祠等建筑。其内奉祀的是儒家推崇的各朝各代东阳道德模范，有廉洁奉公的官员，有苦学成才的学士，有以身殉国的忠臣，有以孝立德的平民，他们或在物质层面或在精神层面于东阳均有所建树，人们因此纪念他们。

东阳文庙至少存在了1200年，自北宋县令鲍安上重建文庙，宋皇祐元年（1049）落成，形成完善的规制以来，也足足经历了近千年。在漫长的岁月里，多少东阳学子以此为起点，圆了“朝为田舍郎，暮登天子堂”之梦。唐宋两朝，东阳人才辈出，唐朝厉、舒、冯、滕四大望族有22人先后中进士，舒元舆位至宰相。五代与北宋前期，黄氏家族先后9人中进士，占同时期浙江进士的四分之一，可谓独领风骚。而南宋时期，东阳文武进士202人，占东阳文武进士总数的三分之二，其中有5名武状元，5名宰执，创造了科举时代的辉煌。唐宋到元明清的东阳300余名进士，以及数以千计的举人，数近万计的秀才贡生，其中的绝大多数都曾在这里诵读经典，磨砻砥砺，为人生的理想努力奋斗。

文庙对学子的教育和引领，科举成功人士的榜样作用，大大激发了东阳人的读书积极性。尊师重道成为东阳民风的根基和底色，婺之望县、教育之乡，追根究源，都可以从文庙找到答案。

1954年，文庙主体建筑拆除，只留下尊经阁。1955年，在文庙旧址建成的东阳县人民大会堂，直至20世纪70年代末的二十余年间，是重要会议和重大活动的场所。20世纪80年代，在文庙旧址上建立的文化馆、工人文化宫、广播站、电视台不断翻修更新。直至新光黉门商厦耸立于上述文化设施的旧址之上。

在文庙旧址上建成的东阳县人民大会堂

文庙，是东阳传统文化的重要载体，是东阳人文的本源，是东阳人文精神的纽带，因而成为东阳人文教育的圣地，地位无出其右。

20世纪90年代后期的甍门广场

文庙建筑的高等级及学宫培养人才的众多，是官方尊师重道的体现。民间尊师重道又如何呢？

《何氏宗谱》有南宋副宰相何梦然之父何逵的《太师遗训》，其中第二条就说：“宁可欠饭食，不可不每岁请先生，或往就师。盖若不读书，非但无功名之望，亦不知礼义，失身为非，难保饭碗。”遗训将从师受教的重要性提高到生存的高度。大意是，宁可自己饿肚皮，也不能不请老师教育子弟，或者出外就学。如果不读书，不但功名没有指望，而且不知礼义，失去操守，干尽坏事，连生存都困难。《吴宁厉氏家规》也说：“一应蒙童小子，务宜延师择友，朝夕督学，使其读书明理，成人有德，庶可光前裕后。”

东阳《何氏宗谱》中的《太师遗训》

江北街道凤山王氏的家规中说："子弟不教，父兄之过。其有天资敏达或家贫不能延师，宗祠给助修仪，使有造子弟不致无聊自弃，正以导其向上之心，倘能奋发，族与有荣。否则，通文理，习威仪，亦不玷吾族之名。"要求族人重视对子弟的教育。

东阳人，凡谋求通过读书改变现状、提升素养者，无不尊师重道。对"师"的尊重，就是对知识的尊重，就是对自身前途命运的尊重。"一日为师，终身为父"的古训，在东阳深入人心。

许孜（246—326）是继斯敦后入正史《晋书》的东阳人，少年时师从会稽硕儒孔冲，学习儒家经典，悟其要领，得其真传。后来孔冲应朝廷征召，任地方官吏，最后在豫章（今南昌）太守任上去世。已经学业有成、居家东阳的许孜，得知消息后，不计艰辛，千里迢迢赶赴江西奔丧，将恩师的灵柩迎回会稽安葬。并遵照当时学生服老师丧的礼制，蔬食守墓三年。许孜以实际行动践行了视师为父的古训。

蔡安贵（1386—1451），湖溪镇白水口人。明永乐三年（1405），蔡安贵应诏入文渊阁修纂《永乐大典》。一方面"执经问难，朝夕匪懈"，诚笃善学；另一方面协助司业吴德润做整理书籍、张贴标签等杂务，从而深得师长器重，师徒情谊日深，结成忘年交。几年后，吴先生因病去世，蔡安贵不仅为其服丧三年，还承担了对其子的抚养，所谓"恩义兼尽，人所罕及"。

被誉为两浙耆硕、八婺醇儒的清代著名学者王崇炳（1653—1739），被横锦水库所淹的金盘人。康熙二十六年（1687），王崇炳得知早年受业的先生巍山人赵忠济（1633—1687）逝世于其传道授业的学馆，尽管自己正患病，还是不辞八十里路之遥，连夜前去奔丧。看见师母年迈体衰，孩子幼小，孤儿寡母家境十分贫寒，王崇炳潸然流泪，带头捐款，为赵先生家属设立救助基金，帮助师母及其孩子渡过难关，直至孩子成人。

旧时代文盲充斥，春节时要贴春联，在东阳山区，有些人要跑十几里或几十里请先生书写。实在没办法，只好将没有字的红纸张贴了事。没有文化的人对塾师怀有发自内心的尊重。过去的私塾先生，在乡间似乎是无所不能的存在。许多私塾先生往往是人到中年科举无望的秀才，大多一专多能。除了教授童蒙，民间取名字、排八字、开药方、择坟地、选吉日以及农具家具的号字，乃至邻里纠纷的排解，常常仰仗私塾先生。

因此，过去的私塾先生，地位还是蛮高的。如果在财主家设教，东家往往尊重有加，与"东家"相对的称为"西席"，西席属于宾（贵宾）师（师长）之位，与主人分庭抗礼。如果教授宗族村落子弟，由家长轮流供饭，在物质匮乏的年代，轮值之家必互相攀比、竭其能力供奉先生。有的私塾先生在教学地深受尊重，习惯了该地的环境，以致乐不思乡。横店杨公里秀才张紫卿，他还有个省议员的头衔，自20世纪30年代后期开始在八面山西麓的山锦头村设教，长达8年，直至1947年在山锦头去世。正应了"年深外境犹吾境，日久他乡即故乡"之语。

民国期间，新学兴起。教师的地位可以从薪酬的比较上一目了然。大约在20世纪30年代，东阳中学校长每月薪酬220元，教务主任200元，班主任180元，任课教师160元，以下断崖式下降，会计75元，以下再次断崖式下降，厨工杂工等二三十元。可见任课老师的薪酬是会计的2倍多，是厨工杂工的五六倍。经济地位往往是受尊重程度的直观表现，尊师是货真价实的行动。

新中国成立后，重视教育，尊重教师，在20世纪50年代，教师的平均工资是工人的2倍有余，毫无疑问属于高薪群体。自50年代后期开始的20来年，政治运动不断，作为知识分子最大群体的教师受到冲击，一度被冠以“臭老九”的恶称。东阳民间虽然受到一些影响，但尊师重道的历史惯性并没有戛然止步，寄望子女出人头地的希望还在于教师的高水平教学，因此，尊师的风尚并未消失。而以儒家学说为核心的优秀传统文化依然蒂固根深，地位崇高。党的十一届三中全会，拨乱反正，纠正了过去在知识分子问题上“左”的错误，重申知识分子是工人阶级的一部分。1985年设立了教师节，1994年施行《中华人民共和国教师法》，从国家立法的层面确立了教师的地位。每逢教师节前夕，东阳市委市政府以及街道镇乡的领导都会走访学校，慰问教师，延续千年以来尊师重道的优良传统。

2023年8月17日，楼琅坚书记、黄胜可市长参加“东阳市2023年大学新生第一课暨优秀教师表彰大会”

BANXUE XINGJIAO
XIANGE BUCHUO

办学兴教
弦歌不辍

兴教、养贤、育才，可谓东阳人本理念的内核，东阳发展繁荣的根，东阳人文精神的魂。

东阳教育的辉煌已逾千年，宋代开始，书院林立，私塾遍地，学术大咖云集，石洞八华、安田横城名噪四方，“霉干菜土布衫精神”名闻遐迩，善行义举不绝于史，登进士、跻巍科、任宰执者络绎不绝。

科举废后，有识之士创办新学，一批名校应运而生。新式教育培养的人才之多、质量之高、影响之大，不同凡响。致力兴教办学，倾力学生成材，提升群体素质，在东阳是全社会的共识，从家庭到集体，从民间到政府，概莫能外。

改革开放以来，民办教育异军突起，竞起争雄。作为县级市的东阳，居然有两所全日制高校。在高中段教育中，民办学校五分天下有其二。民间纷纷捐资助学奖学，王惕吾先生等乡贤慷慨捐资，影响巨大而深远。党的十八大以来，市委市政府对教育的投入力度空前，新建、改建、扩建、迁建的学校比比皆是，全市各级学校的基础设施全面提升。

回顾历史，东阳教育的辉煌，来自于政府到民间社会各界的重教兴学，也来自莘莘学子素质的提高、自我价值的实现。展望未来，让“霉干菜土布衫精神”依然贯穿于学校教育、家庭教育、社会教育之中，长葆人才辈出、群星璀璨的荣耀，东阳教育必将更上层楼，再创辉煌，而“教育之乡”的铭牌必将更加闪亮。

书院义塾多大咖

靖康之变，北宋灭亡。赵匡胤三弟赵廷美的六世孙赵公藻因居于洛阳，免于亡国之乱，得以随宋高宗南渡，落脚于东阳城南中兴寺北，即今大寺下一带。南宋绍兴后期，赵公藻听从其母亲的提议，创办了友成书院。

据《南宋教育史》一书统计，南宋著名书院最多的省是江西，有164所，浙江以107所次之，福建建阳以10所书院居县榜魁首，然后是德兴（9所）、万年（8所），东阳以7所书院位列全国第四、浙江第一。

友成书院旧址南侧之南寺塔

其实，东阳兴办的书院远远不止此数。自北宋宋仁宗时期托塘张锭开设张氏义塾、宣和六年（1124）托塘张志行创建书院始，两宋东阳共有书院30处、义塾7处，民间还有八大书院、金龙四塾（石洞、西园、南湖、安田）、兴办义塾三大宅（路西陈宅、长衢郭宅、横城贾宅）等说法。而宋末始创的横城义塾，一门四代办学，历时120年，刘基所题之匾——“横城义塾”“两朝义塾”“忠直名臣”，后人题旌方逢辰的“开塾宏教”，至今尚存。

横城义塾纪念馆

东阳书院不仅数量多，而且讲学大儒众。如友成学院，聘请婺学的创始人吕祖谦讲学。吕祖谦出身官宦世家，其祖上有北宋名相吕蒙正、吕夷简等。吕祖谦与朱熹、张栻齐名，并称“东南三贤”。其东阳门生赵彦秫、赵彦秬、乔梦符、陈鳞、葛洪、倪千里、马壬仲、乔行简、李诚之等人，打造了当时婺州儒学的“最强军团”。时任金华知府的吴芾也让其次子吴洪前来读书。这些学子先后中进士，且多为名臣名儒。其中葛洪、乔行简更是官至宰执。今双岘路中段原有一块高逾一米的“吕成公讲学处”石碑，20世纪中叶废。

吕祖谦还曾讲学于南湖书院、石洞书院，《宋儒学案》记载吕祖谦在东阳门生仅8人，其实东阳籍著名门生至少有28人，且半数以上出自友成书院。

石洞書院　葉適

好泉好石人君廬霧鎖雲封未敢居若把風光當豪餞
豈同經史作寒葅庭中蓍老易無過晩内蘭滋詩有餘
只此盡知賢聖樂世間青紫亦空虛

蜂兒榧歌 有序　葉適

石洞有蜂兒榧名於葉中久矣且只一本别無
生者恐異日失其傳也故爲歌以記之
平林曾榧啖狸蠻玉山之產升金盤洞中一樹斷崖立
石乳蔭根多歲寒彤嫌蜂兒尚粗率味嫌蜂兒少標律

叶适石洞书院诗文

石洞书院的创始人郭钦止以学易游，辟奇洞为书院。后期，延聘永嘉学派的创始人叶适执掌师席，吸引山东、江西、安徽、江苏、湖南及省内宁波、天台、金华、衢州各地的学生前来就学。石洞书院赢得了学问大家的青睐，朱熹、吕祖谦、魏了翁、陈傅良、陆游先后来此，或讲学论道，或交游歌赋，其中朱熹曾四次来此客居，并修书题识。陆游则留下了《郭氏山林十六咏》等诗篇。名家先哲们为东阳留下了千秋不朽、万代享用的精神遗产。

石洞书院的学问大家中，“东南三贤”有其二，南宋理学有其宗，金华学派有其祖，永嘉学派有其首，再加上永康学派的代表、绍熙四年（1193）状元陈亮和爱国诗人陆游，石洞书院荟萃了一批南宋初年学界的巨星和泰斗。郭钦止本人也是状元张九成的高足。

郭钦止创办石洞书院率先垂范，长衢郭氏家族后先相继，郭良臣、郭溥等四家先后创办书院。其中郭湜遗孀吴崇福利用厚实的家底，在中年丧夫，子未婚、女未嫁的巨大压力下创办高塘书院，礼聘一代文宗钱文子主师席，书院达到了年登录入册500人的规模，也开了女子办学的先河。

朱熹题刻“石洞之门”

石洞书院

郭氏一门创办“石洞”“西园”“南湖”“青溪”“籯金”“高塘”“洛阳”等七书院，为国家培养了大批出类拔萃的人才。郭氏子孙中郭津、郭浩、郭澄等人成为理学名家。朱熹赞誉石洞书院“霍然其变豪杰之窟，焕乎其辟礼义之场”。七座书院办学之举，对东阳良好社会风气特别是耕读传家、尊师好学风气的形成，产生了不可磨灭的深远影响。

东阳在南宋建炎二年（1128）至绍熙前后（1190）的60余年中，先后产生了书院和义塾近20所。境内林立的书院，还助东阳成为婺学高地。石洞书院集纳了朱熹、吕祖谦、陈亮、叶适等大儒会讲；徐畸、唐仲友讲学的安田义塾，傅寅在此酝酿了“集先儒之大成”的《禹贡图考》；方逢辰执教的横城义塾，明代“开国文臣之首”宋濂曾在此负笈苦读……所谓名师出高徒，东阳的科举因此有了令人瞩目的成就，众多进士登科，奠定了“教育之乡”的基石。

刘基为横城义塾题匾

一部东阳教育史，名师比比，有许多名噪华夏的人物。如前述之朱熹、吕祖谦、唐仲友、陈傅良、叶适、魏了翁，后来的钱文子、诸葛千能、叶味道、方逢辰等，都是南宋一朝乃至中国思想史、文化史、学术史上的顶流人物、学术“大咖”。其中的多位在科举上也成就卓著，如方逢辰为宋理宗淳祐十年（1250）庚戌科状元，叶适为宋孝宗淳熙五年（1178）戊戌科榜眼，魏了翁为宋宁宗庆元五年（1199）己未科探花，吕祖谦为南宋隆兴元年（1163）癸未科一甲第九名，唐仲友中进士后兼中难度极高的博学宏辞科，他们任教东阳时多已科场得意。上述名师均非东阳人，而封建时代官至极品的邑人乔行简曾主师席于歌山大里南园书院，培养学生用时济世的实际能力，赢得“士之来游来歌四面而至”。

移建于杭州钱江新城的纪念安田义塾创办者吴文炳的吾公桥

书院、义塾的繁荣，打下了坚实的民风基础，这种民风基础也促进了地方官员的办学热情，如明代知县郭一鹗建文明书院，知县赵善政建复初书院。同时，也为以后学校大面积普及积累了坚实的社会基础。如明洪武八年（1375）官府倡导每50家设社学一所时，东阳14个乡，每乡设社学一所。后来社学废了，“乡村皆自行请师以教”。可见，东阳重视教育的风气是根深蒂固的。

书院林立，私塾遍地，名师云集，大咖络绎，造成了东阳古代教育的辉煌，名家纷呈，俊彦迭现，为“教育之乡”的形成奠定了雄厚的基础。

许谦讲学八华山

距今707年前，即元代延祐三年（1316），东阳八华山上的八华书院内，后来成为“朱一贴”“朱半仙”的医学家朱丹溪正恭敬地向许谦求学。

许谦为他开释阐明有关天命人心的奥秘、内圣外王之道的精微。朱丹溪听了，不禁为自己昔日的懵懂冥顽而懊悔不已。此后，他日有所悟，夜有所得，潜心体验，以实现心灵的自我修复和自我完善。朱丹溪曾参加乡试，希望得到一份功名，将心中所学施行于世。结果两次都以失利告终。但他认为：“人之得失，自有天命。如果在一家之内，施政得当，并推行到乡党州闾之中，不也是一种入仕吗？” 他建祠堂，供奉祖先的神位，又参考《朱子家礼》，增删礼仪。他改建适意亭为私塾，让子孙学习。

八华书院

这一切许谦都看在眼里。他了解到朱丹溪为了给母亲治病，自学过一些医术，且医学悟性很高，于是，他鼓励丹溪今后可以潜心研究医学。

在许谦的点拨下，朱丹溪也认识到要想让自己有所作为，学医是一个不错的选择。于是，他寻访名医，深研药理。受业于刘完素的再传弟子罗知悌，成为融诸家之长为一体的一代名医。与刘完素、张从正、李东垣并称为“金元四大家”，在中国医学史上占有重要地位。

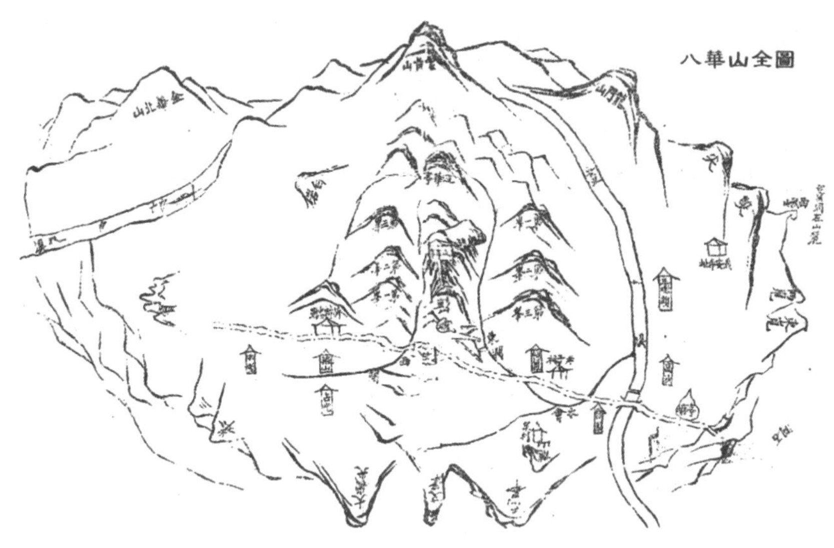

八华山全图

学生如此出名，那么老师许谦呢？许谦，距白云洞里许之笠泽村人，被认为是朱熹学说的嫡系传人。朱熹传给其女婿黄干，黄干传金华何基，何基传金华王柏，王柏传兰溪金履祥。许谦从金履祥学，数年后尽得所传。金华有了入祀孔庙的何王金许四人，因此被称为“东南邹鲁”——东南的文教兴盛之地。“邹鲁”原指春秋时期的孟子出生地邹国和孔子出生地鲁国，两地是儒家学说和中国传统文化的主要发源地。许谦的及门弟子见于著录者千余人，各有成就，叶仪、胡翰、范祖干、朱震亨（丹溪）等皆名留青史。吴莱、黄溍、柳贯、吴师道等则闻风私淑。《辞源》《辞海》这两部权威工具书皆有许谦的传记。

朱丹溪从师于许谦的那一年，是许谦讲学于八华书院的第三年，也是最后一年。元延祐元年(1314)，患有眼病的许谦，应东阳华阳许孚吉之邀，来到今画水镇的八华书院，在家乡开始了他自称是“青灯供夜读，黄卷对朝吟”的教书育人生涯。

当时的八华书院，设施十分简陋，仅有几间破烂不堪的讲堂和学生的寝室，还时不时地漏雨，有时只好到山上的庙宇里上课。生活条件相当艰苦，师生们过着“当年无鼎肉”“更无弦歌声”的清贫生活。当时曾有过搬迁八华书院的念头。许谦为此写下了《游里城栖霞寺，众将迁书塾》《附蒋声父和将迁书塾韵》等诗文，纪念这段不平凡的岁月。

许谦八华讲学塑像

许谦手订的《八华讲义》《八华学规》《童稚学规》产生了极为广泛而深远的影响，而他在理学方面的成就，更有“二程之道得朱子而益明，朱子之道得许子而益尊”的评价。八华书院声名远播，天下读书人以不及门为耻。“学者翕而从之……远而幽冀齐鲁，近而荆扬吴越，皆不惮百舍来受业”，其辐射面之广令人惊叹。

八华书院，以“随其材分，咸有所得，然独不以科举之文授人”为宗旨，其有教无类、因材施教的理念十分明确；其“学规”倡导的心静明理、貌恭进德、刚毅自励、谦让求益，“有善当与人共，有恶勿忌人攻”等要求，充分体现了教育着意“人本”的思想。八华书院因此与开化包山书院、杭州西湖书院、金华正学书院并列为浙江四大书院。

书院以自由研习为主，集众讲授为辅，山长或名师讲经、讲文、讲诗无定期，有点像学术沙龙。八华书院就在自由研习为主的基础上由许谦集众讲授，虽为时只有三年，但培养了一大批人才，影响深远。后人纷纷仿效，明代时，八华山麓创建了彭山书院。

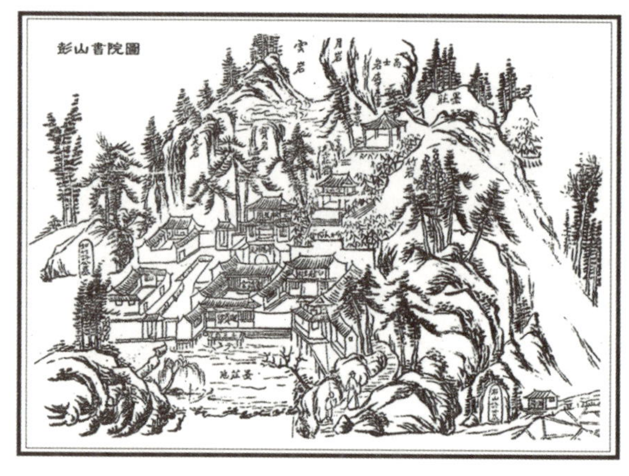

明代彭山书院图

八华书院的流风所被，明清两朝东阳书院不断发展，不妨列其名称：苓谷书院、友松书院、柳溪书院、荷亭书院、鳌峰书院、崇正书院、净戒书院、瞻云书院、竹居书院、成兴书院、南阳书院、明德书院、青阳书院、复初书院、龙山书院、雅溪书院、豸山书院、岘峰书院、东白书院、慧业书院、勖斋书院、锦溪书院、青云书院、蔚文书院、养正书院、白云书院、鹤椒书院、忠清书院、崇正书院、淇阁书院等，书院数量约占金华府域书院的三成，居金华府属各县之首。

与书院相应的还有数量庞大的义塾、私塾。清代，私塾最多时全县有500余所。义学、义塾，一般以启蒙教育为主，以塾师的教授为主要手段。书院和义塾之间，虽有分野，并无明确的界限。书院、义学、义塾的广为普及极大地促进了东阳传统教育的发展，使“教育之乡”有了广泛而坚实的基础，这其中，不能忘了许谦的贡献。

雨后春笋办新学

1905年科举废后，旧式教育因不适合时代要求而寿终正寝，“四书五经”不再成为读书做官的敲门砖，此后的40多年间，新式教育兴起，如雨后春笋般得到蓬勃发展。下面先以首善之区的城区为中心分类叙述。

学前教育。数千年来，东阳谈不上正规的学前教育，学前教育往往依赖父母长辈的言传身教。东阳真正意义上的学前教育始于1931年春在县立崇实代用中心小学附设的幼稚园，址在虎鹿厦程里。城区的学前教育则始于1937年，位于北正街和百岁坊巷交角的私立东白小学附设幼稚园。1947年2月创办县立幼稚园，址在双泉徐祠的吴宁镇中心国民学校（吴宁一校前身）内。

小学教育。东阳城区正规的小学教育发轫于官立高等小学堂。1901年清廷诏改科举，令各州县设小学堂。截至清末，老城内有光绪二十九年(1903)创办的官立高等小学堂，光绪三十二年创办的公立广益两等小学堂，光绪三十三年杜鹤椿等在城西南隅创办的公立明新两等小学堂，宣统元年(1909)韦锡蕃等在东眷韦祠创办的公立毓秀两等小学堂，韦世儒等在南街上南巷蒋祠创办的公立双岘初等小学堂，宣统元年劝学所(教育局之前身)在儒学西斋创办的官立模范初等小学堂，但多数在清亡后不知所终。其后私立小学陆续出现。1941年6月因日寇侵扰均停课，日寇占据期间均停办，抗战胜利后纷纷复校。至1951年，城区私立小学全部并入公立小学，形成吴宁一校和吴宁二校。其中吴宁一校由宏道小学、宏猷小学、泮东小学、东白小学等组成，吴宁二校由南湖小学、广益小学、新潮小学合并而成。

抗战胜利后宏道小学教员在校内合影

女子教育。旧时代，信奉“女子无才便是德”，女子绝大多数是文盲，接受教育的凤毛麟角。1913年春，东阳玉山（今属磐安）人徐元章在汤家弄6号陈恒大店内厅堂创办女子私塾，开东阳女子教育之先河，后改名女子小学。1931年并入东阳县第一高等小学而男女同校，女子学校遂告终。

中学教育。东阳中学系辛亥革命的产物。校址为原东白书院。1903年改为官立高等小学堂。民国元年（1912），东阳城区自治会会长和县教育会会长吴允让邀集各界人士倡办中学。次年4月1日正式开学，7月，教育部核准备案，定名为东阳县立中学校。1922年改为三年制。1929年9月，改名东阳县立中学。1945年2月于马宅镇高宅祠堂添设高中班，为东阳自办高中教育的开端。

1917年端午东阳县立中学部分教师合影，背景为吴宁台

中国中学。详见《跋山涉水续歌吟》一节相关叙述。1949年9月定名“东阳县私立中国初级中学”，以陈人文等名师10人组成校董会，后设址西岳殿。1956年6月改为公立学校，与设于外托张四宗祠的东阳中学分部合并，易名为“东阳县第二初级中学”。

师范教育。师范讲习所，1908年底在学宫两庑设立，招生一期，翌年毕业后停办。师范传习所，1921年创办，1923年学生毕业后停办。师范讲习所，1929年，教育局在南岑吴氏天官第举办，毕业学生两届，1931年夏停办。1931年8月，在东中附设乡村师范科一班，修业三年，毕业学生34名。

职业技术教育和成人教育。民国时期的东阳职业技术教育间歇举办。清光绪二十三年（1897），韦阜如创办中医传习所。宣统元年（1909），设简易识字学塾，招年长失学的贫寒子弟。1914年，在东街试院创办工艺习艺所。1915年，在关岳庙和玉皇庙开设县立乙种农业学校。1917年12月，创办蚕业传习所。1919年，在孔庙办民众夜校，在东门创办贫民习艺所。1930年9月，遵照省教育厅指示，国民学校开始附设成人班和妇女班。1930年10月，县民众教育馆在孔庙崇圣祠故址落成，在城区、巍山、湖溪设立民众学校。1939年3月，县妇女会在新安街韦小宗祠创办县立妇女补习学校。1940年，城区小学和宏道小学主办两所战时妇女民校。1941年1月，在东中旧址创办东阳县地方行政干部训练所。同年，县立妇女补习学校扩大为县立妇女职业学校。

说完城区，再将目光投向乡村。乡村新学以蔡汝霖于清光绪三十一年（1905）在蔡宅创办东阳第一所私立自治高初二等小学堂(后名永宁自治小学)最早。

1927年北伐胜利后，小学发展较快，县立私立合计288所。

1928年到1934年，邑人程品文担任东阳县教育局局长，取缔私塾，改设小学。他着力发展公办、民办小学。1929年，东阳有小学395所，在全省75个县市中，东阳最多。1932年，东阳有小学323所，仍为全省之冠。1933年，东阳有初级小学398所（其中公立6所、私立392所），高级小学48所（其中公立17所、私立31所），是全省小学数量最多的一个县，受到省教育厅通令嘉奖。

1934年，吴良人吴映白将自家的菜园地捐出，作为校舍的基地，并捐出自己的两年俸金，筹集经费，建起了一所集教室、礼堂、宿舍、食堂等一体的花园式学校，吸引了东阳南北乡众多学子前来求学，学生多达450人。

抗战期间，1940年8月，吕甲初创办私立群济战时初中学生补习学校，址设宅口显应庙（现被南江水库所淹），1943年改办东阳县立简易师范学校（1948年易名为东阳县师范学校）。被誉为“十四都乡蔽荫大树”的朱福星筹募办学资金，于1940年整顿恢复罗店崇道小学，1942年春创办十四都乡中心小学。

抗战胜利后，中心国民学校56所，保国民学校297所。马文车、张宝琛、申屠晋等50余人筹办私立中青初级中学(今湖溪高中)，马文车、马成骥等筹改长山小学为私立南强初级中学(今南马高中)，乔乃迁于后岑山创办私立青光初级中学。1948年，全县完小81所，初小486所，达到省政府“一保一校”的标准。1949年1月，陈章汝在千祥下东陈创办私立子佳初级中学。

民国政府于1912—1913年间制定公布壬子癸丑学制，为教育的现代化转型奠定了思想与实践的基础。此学制以日本学制为蓝本，初小4年，高小3年，中学4年。严济慈、金佛庄读的就是这个学制，中学4年，没有初高中之分。后来转向学习欧美，1922年颁布壬戌学制，这学制一直沿用至今，小学6年，初中、高中各3年。

新学的课程，已经注意到自然科学。根据教育部《普通教育暂行课程标准》，开设修身、国文、历史、地理、算术、体操、图画等课程，高小增设博物、理化。科举废后，新教育所需的教材一时无法满足需要，吴允让，即吴一公，着手自编《东阳历史乡土教科书》《东阳乡土地理教科书》，1910年，得到学部审定，刊印300部。在他创办的广益小学，从高小二年级开始增设英语课，开风气之先。

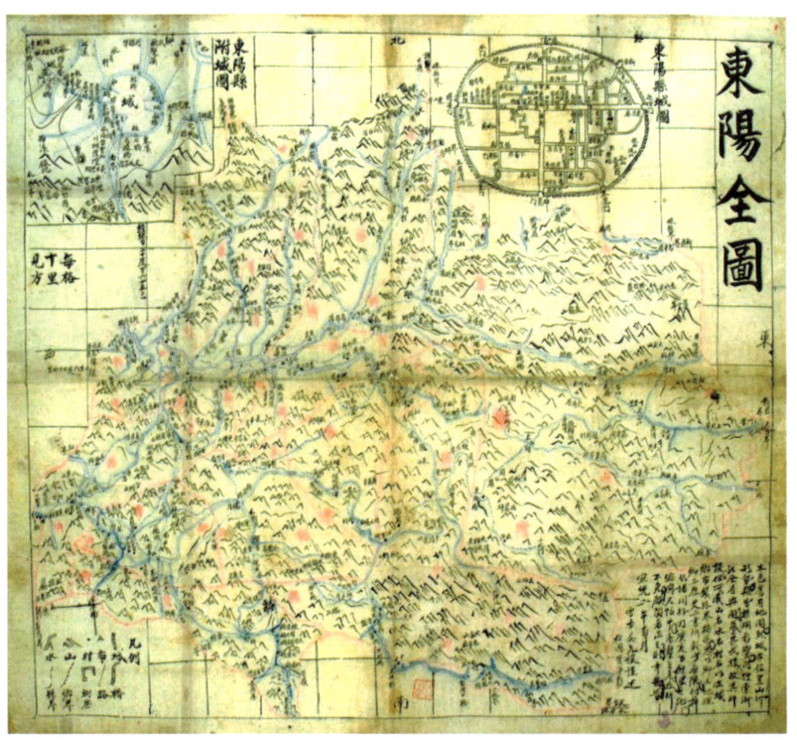

吴一公在乡土教材中所附1910年东阳全图

清末民国时期，虽然处于国家鼎革、内忧外患之时，但东阳的新式教育如许多新生事物一样，具有强大的生命力，依然如雨后春笋，蓬勃发展。

民办教育大发展

2023年，东阳普通高中的招生计划，共招生5929人，其中市属高中3629人（含国有民营的外国语学校高中部405人），民办高中2270人，另外有东中中澳国际班30人。从数据上看，民办高中的招生数占了近4成。高中的民办教育五分天下有其二，是东阳教育不可或缺的力量，也是改革开放以来民办教育大发展的直观显现。

民办教育相对于公办或官办教育而言，其界线就是主办者及其资金来源。科举时代，官办教育只有学宫，其余均为民办，本书述及的书院、义塾，都属于民办教育。从南宋初年的石洞书院，一直到清末的白云书院以及遍布城乡的私塾，都是如此。白云书院所在地，可谓文化教育圣地，不妨略作介绍。

这个圣地以白云洞为中心，诸多历史上的名人曾在此从事教学活动。约当南北宋之交，托塘人张志行创办了东阳第一所书院。南宋中期，集武状元文进士一身的杜幼节创办了精舍（书院别称）。元代大儒许谦曾在此读书著述。明末爱国名臣张国维设遂初精舍培育英才。晚清乡贤卢衍仁力倡白云书院以赓续学统，婺学最后传人张振珂毅然重葺讲舍，慨然自任师席。千年以来，这里虽有断续，然弦歌不绝，道统相继。

东阳的文化教育圣地——白云洞

现今荒寂的白云书院

清末民国期间，新学兴起，民办教育充当了主力军。1956年，人民政府将所有民办学校收归国有，民办学校沉寂了近40年。20世纪六七十年代，“学校办在家门口”，每个公社有高中，每个片有初中，每个村有村校或完小。虽称为“民办公助”，这个“民”，其实属于集体所有性质。20世纪80年代开始，真正的民办教育才重登历史舞台。其中有企业集团办学、民主党派办学、合作办学、个人办学等，不一而足。

东阳的民办教育，最为突出的亮点，是80余万人口的县级市，拥有两所全日制高校。他们是浙江广厦建设职业技术大学和浙江横店影视职业学院，分别由广厦集团和横店集团创办。

浙江广厦建设职业技术大学创办于2001年，前身是浙江广厦建设职业技术学院；2002年，金华市城乡建设学校和浙江省电大东阳学院并入；2003年4月学院正式成立。2020年更名为浙江广厦建设职业技术大学，为省内唯一一所职业技术大学，还是全国首个以建筑类专业为主的本科层次职业学校。2021年8月改为国有民办。2022年，浙江广厦建设职业技术大学正式成为全国首批职业本科学士学位授予单位。学校占地800余亩，建筑面积62.19万平方米，现下设10个学院，在校生1.5万余人。规划总用地1320亩的木雕小镇校区建设正在展开，该项目一二期总建筑面积为55.83万平方米，其中地上建筑面积为50.25万平方米，在校学生规模为13800人，远期规划招生规模20000人。根据中国科教评价网2023年全国民办职业本科院校综合竞争力排行榜显示，在全国22所民办职业本科高校中，学校综合实力位列第4位。

浙江广厦建设职业技术大学——建筑之乡的大学

溯源浙江横店影视职业学院的历史，其前身为横店集团1994年筹办的横店大学、1999年正式创办的浙江横店科技专修学院。2006年经浙江省人民政府批准设立、教育部备案，在浙江横店科技专修学院基础上建立浙江横店影视职业学院，占地580亩，建筑面积10.2万平方米，总投资3.77亿元。学院以影视艺术和影视工程教育为主，以影视产业管理和影视科技教育为辅，拥有影视表演、影视制作、影视美术、影视旅游、影视经济等5个专业群，设立28个专业，其中教育部骨干专业1个、省级优势专业2个、省级特色专业6个、省级现代学徒制试点专业1个，特色鲜明，是中国民办十大知名品牌学校之一。

本科制、中外合作办学的横店电影学院正在筹建中，现已和上海戏剧学院完成签约，今后将在电影创意、电影制作、艺术设计、影视文化产业等方面培养高素质应用型人才。相关部门正全力推动横店集团投资兴建的横店英国创意大学，该大学专注于培养具有国际视野和创新精神的艺术人才，为国内外艺术、文化以及创意产业注入强大的人才支持。相关筹建已提交教育部。

浙江横店影视职业学院——影视名城的高校

横店集团除创办影视职业学院外，此前还创办有横店技校和横店高中。

横店技校，全称东阳横店工业技术学校，由横店集团于1991年全额投资创办，2001年9月，增挂“东阳市旅游学校”牌子，增设旅游服务与管理专业。2005年3月，成立“东阳市横店技能培训学校”。校园占地70亩，校舍面积2.66万平方米，总资产3100多万元。

横店高级中学创办于2001年，由横店集团全额投资。校区原设横店镇都督路南毛里塘村，2006年该校区让位于影视职业学院，迁址横店镇康庄南街107号，占地97亩，建筑面积3.4万平方米。

中天高级中学成立于1995年，是由中天建设集团有限公司投资7000多万元创办的一所全封闭寄宿制学校。学校位于东阳市白云街道白云大道148号，占地100亩，建筑面积3.6万余平方米。教育教学设施均按省一级重点高中标准配备。

2013年由中天集团投资创办的东阳市中天国际初级中学，位于东阳市白云街道南田路6号，占地8.7万平方米。与其毗邻的中天国际小学，占地4.5万平方米，校舍建筑面积为2.4万平方米。中天集团织就了从小学到高中的12年基础教育链，并创办了中天国际幼儿园。

中天高级中学

花园集团投资7亿多元，建设以“精品精英，育人育心”为办学理念的东阳市花园外国语学校，2017年9月1日正式开学，成为全国农村最高端的学校之一，和花园高级中学、花园南山幼儿园一起组建花园教育集团，推行从幼儿园、小学、初中到高中的16年一贯制教育。花园教育的先行者——成立于2001年的花园职业技术学校，占地22.6万平方米，后改建为东阳市花园高级中学。

花园外国语学校

以上学校均为企业集团创办。

东阳市顺风高中创办于1995年，初由李志恒借东阳汽校的校舍筹划创办，取名东阳市广宇高级中学。1996年改由顺风交通集团接办，改校名为东阳市顺风高级中学，设址吴宁街道东永路160号，占地5.78万平方米，建筑面积1.96万平方米。2007年孙黎明接办，成立黎明教育集团。2012年，东阳市人民高中并入黎明教育集团，集团目前拥有8家学校，东阳市内除顺风高中外，还有南山外国语学校、黎明幼儿园、黎明文化补习学校，市外有磐安顺风高中、北大附属幼儿园磐安分园、龙泉顺风实验学校，省外有巢湖实验学校。

这所学校由私人创办开始，中间由企业集团接办，目前归于私人经营。

顺风高中

东阳市利民高级中学，位于巍山镇新兴路18号。占地4.8万余平方米，建筑面积1.5万平方米。1993年赵桂荣先生在巍山高中西侧办学，始招一个班。1998年赵桂荣与其6位子女在现址建立新校舍，并将学校改为现名。该校纯由私人创办。

利民高中

1985年，东阳的“三化”——化工厂、化肥厂、化机厂，为解决职工子弟上高中的困难，创办“东阳县第一职工子弟学校”，初设城内潼塘后赵巷8号原东中学生宿舍。1987年迁址新安寺塘南侧环城东路边的新校址，校名也改为“东阳市人民高级中学”，2012年并入黎明教育集团。该校始由国有企业创办，最后归于民营。

东阳的高考复习学校，为高考落榜生或虽上线但期望通过复习进入理想学校的高考复习生而设，大多以“文化补习”为名。先行者为1983年由东阳县农工民主党创办的“东阳县前进文化补习学校”，后总工会等紧跟。20世纪90年代后，均为私人办学。21世纪初，发展至十余所，省内各地来求学的学子近万人，红极一时，东阳高复成为品牌，影响近20年。

东阳市尚学传麒学校，位于东阳江镇三甲院村，校舍为原东阳市综合高中。2015年9月由杭州父之爱教育科技有限公司创办，系引进学校。

东阳市春蕾学校，位于东阳市南市路白鹤殿166号。2003年9月，皖籍人士吕国兵个人筹资，在吴宁野毛墩创办民工子弟学校。2005年7月，更名为春蕾学校，迁址吴宁白鹤路166号。2007年增办初中班。

东阳市特殊教育学校，位于白云街道东义路267-1号。占地1万平方米，总建筑面积8400余平方米。1988年9月成立，原名为东阳市聋哑学校，原设城内潼塘。1990年搬迁到新南路81号。2015年搬迁至白云新校区，易名为东阳市特殊教育学校。

以上为东阳民办教育之学历教育的大略，至于非学历教育的以体艺类为主的各种各样的培训补习，遍布大街小巷，难以尽述。乘改革开放之东风，近40年的东阳民办教育事业，纤细小苗长成参天大树，为东阳的教育事业做出了不可或缺的贡献。

捐资兴学写宏篇

科举时代，官办教育只有设于学宫的县学，其余均为民办。民办教育依靠宗族或个人捐资。历史上，东阳兴办书院义塾百余处，乡村贤达立义塾、置义田、设义仓供人科考课读。东阳捐资助学风气历来兴盛，章懋称东阳："其民俗乐善好施，有立义塾、置义田若范文正公之为者，皆他邦所希有，何其盛也！"

明代下街头（今属东阳江镇）郭天翔，太学生，以孝友闻名。嘉靖二十年（1541），俗称南寺的中兴寺（今法华寺前身）废弃，以200两银子售卖该寺的租田，用这笔钱补助县学。天翔闻知，出资交给官府，重新购置学田。县太爷为他的义行感动，田给予县学，不接受郭天翔的钱款。郭天翔说："我岂能半途而废而获取虚名！"于是加倍付出，以400两银增置田产作学田，在寺址上建造书屋为崇正书院，隆庆三年（1569）易名为中兴书院。万历七年（1579），张居正下令废除全部书院，并将书院田产卖给百姓，天翔又私下将其赎买，请求将它作为县学学田。天翔前后捐银600两，建房20间，赎田31亩余，地21亩余，柴山45亩，塘大小四口4亩余，总面积逾百亩。万历十年七月，提学副使赠匾立碑予以表彰。

延至民国时期，东阳兴办学校数量居浙江各县之首，其中乡贤捐资兴学贡献甚巨。改革开放后，捐资办学、助学之风更甚。自1979年至1988年底，全县共计集资566.95万元，占同期教育经费总额的9.8%。其中,1987、1988年，捐资1000元以上134人（1万元以上2人、5000元以上3人、2000元以上36人、1000元以上93人）。1989年后，东阳捐资助学踊跃。据统计，1989—2013年，全市社会捐（集）资办学经费57530.06万元，占教育经费总收入的4.11%。1997—2000年，市政府表彰捐资助学先进个人174人，捐资助学先进单位64个。2000年2月，在全省教育工作会议上，东阳市政府以《聚八方之财，兴一方教育》为题介绍社会捐资办学经验。捐资助学、办学风气的兴盛，对东阳加快推进基础教育布局调整和项目建设，进一步优化资源配置，具有深远的意义。

与此同时，东阳捐资助学、奖学也十分踊跃。从1986年香港东阳同乡会蒋鹤恒捐赠3.5万元设立首个奖学基金、1989年报业大王王惕吾捐赠港币1000万元设立"王惕吾奖学基金"到2023年1月26日湖溪镇教育教学基金2540万元止，东阳市已实现全市各镇、乡、街道教育奖助基金全覆盖，基金总数超80个，全市各类奖教奖学基金总额已超6.6亿元。其中，100万元以上的基金28个，200万元以上的基金12个，500万元以上的基金7个，亿元以上的基金3个。

在众多的基金中，列举15个。

1. 王惕吾基金。1989年，王惕吾捐赠港币1000万元设立“王惕吾奖学基金”。2022年12月2日下午，第33届王惕吾基金会颁奖典礼举行。东阳中学、巍山高中、巍山镇中、吴宁镇中四所学校获奖师生代表，齐聚东阳市吴宁一中集中领奖。本届大会共1131人获奖，奖金发放总额达142万元。33届颁奖大会累计28452人次获奖，发放奖学金逾1968万元。

2. 王本道奖学金。2006年10月，校友王敏文兄妹六人提供200万元基金在六石高中设立“王本道奖学金”。

3. 赵惠仁奖学金。2012年，赵惠仁成立奖学金100万元。2022年11月25日，巍山第一小学教育集团举行第十届“赵惠仁奖学金”颁奖典礼。本次颁奖礼共125位优秀师生获奖，发放奖金92500元。

4. 复星教育基金。2012年，郭广昌捐资2000万元，在东阳中学建立复星教育基金。

5. 江北七星教育奖励基金。2014年，浙江盛琦手套有限公司等七家企业，捐资500万在江北建立江北七星教育奖励基金。

6. 鹏飞教育基金。2014年，钱飞华、钱飞鹏兄弟捐资200万元，在佐村中小学、宅口小学、上村小学建立鹏飞教育基金。

7. 马宅镇教育发展基金。2015，顾星康、葛中伟、徐昔文、陈建平、申屠祖斌捐款1000万元，成立马宅镇教育发展基金。

8. 赵纯心奖教奖学基金。2015年，成立赵纯心奖教奖学基金，注资200万元。2022年6月22日，巍山第一小学教育集团举行第八届“赵纯心奖教奖学基金”颁奖典礼，8年奖励共计150余万元。

9. 虎鹿镇黎明教育基金。2015年，孙黎明捐资200万元，在虎鹿镇中小学设立虎鹿镇黎明教育基金。

10. 尚贤慈善教育基金会。2015年，台胞陈和贵捐资1亿元，设尚贤慈善教育基金会。

11. 巍山教育发展基金。2019年正月初二，众乡贤为巍山奖教基金热烈捐资。吴顺华捐资600万元；李海荣在古渊头村成立200万元教育基金的基础上又捐资200万元，徐国强、吴婷婷夫妇捐资2000万元设立巍山高中教育基金，再出资1200万元用于建造教师宿舍楼，追加300万元用于修建学校体育馆。早在2015年，赵纯心出资200万元成立了“赵纯心奖教奖学基金”，这次又捐资400万元。浙江省首批特级教师、全国劳模陈云仙再拿出自己的积蓄20万元设立“陈云仙奖教基金”。据统计，目前巍山教育发展基金捐款总额已达人民币1.08亿元。2022年9月9日巍山教育发展基金第四届颁奖典礼举行，共奖励师生1717人，发放奖金433万余元。

12. 东阳中学教育发展基金会。2020年1月第二届世界东阳人发展大会期间成立东阳中学教育发展基金会，募资2.6亿元。王惕吾基金会名誉理事长、上海天祥实业董事长赵允良代表王惕吾基金会率先捐赠4000万，接着复星国际董事长郭广昌，捐赠3000万元，此后林韵强、虞陆平、李挺华各捐赠2000万元，斯朝富、李韩萍、何颂伟、孙黎明、杜军红、金媛影、史杰君、张辉阳、卢群、何可人、东阳中学1993届8班同学会等各捐赠1000万元。还有一位爱心人士以“爱东中”的名义，捐赠1000万元。2023年1月24日，东阳中学教育发展基金会第三届颁奖典礼在东阳中学报告厅举行，共有266名教职工获奖，颁发奖金1002.1万元。3年来共计颁发奖金2923.4万元、奖励教师768人。

13. 南市教育发展基金。2020年南市教育发展基金515万元。

14. 东阳二中君毅基金。2022年12月7日，于东阳二中建校80周年校庆庆典之日，由徐江等5名校友以及浙江中昊电子科技有限公司卢英俊共同捐资6000万元成立。其中徐江2000万元，许加良、许振强、卢英俊各1000万元，徐振华和潘叔刚各500万元，每年取其收益的2.5%用于奖教奖学。东阳二中君毅基金首届颁奖大会共计向优秀师生发放150万元奖教奖学金。其中，奖励优秀教师192人次，奖励品学兼优学生305人次。

在东阳二中80周年庆典上相关领导与捐资者合影

15. 湖溪镇教育教学基金。2023年1月26日下午，湖溪镇教育教学基金成立大会暨首届颁奖典礼在湖溪高中举行。湖溪镇筹集教育基金共计2540万元，其中，2100万元由上海市东阳商会的湖溪籍企业家慷慨捐赠。

在捐资兴学的义举中，有许多乡贤慷慨解囊，这里再列举4位。

第一位是经党中央、国务院批准,退役军人事务部公布的入选第三批著名抗日英烈、英雄群体名录的吴复夏，南市西坞村人。在轰炸杭州敌占笕桥机场，胜利返航南昌机场的途中，在新登上空遭日机伏击而壮烈殉国，年仅26岁。按照其生前的愿望，家人将10000元抚恤金，连同家里60亩田和钱粮，再拨出15亩良田，兴建了纪念厅、操场和12个教室的复夏小学。

吴复夏

邵章仁

第二位是卖开水助学的“老邵伯”邵章仁(1920—2005)，南市街道大联紫溪村人。1982年退休后，每天在东阳城区沿街叫卖开水。车上挂了个小牌，上写“供应开水，乐在奉献，每人一角钱尽管喝”。无论酷暑严寒，从不间断。人们都亲切地称他为“老邵伯”。1988年，他为希望工程捐款1000元；1995年，他听说有个叫张许春的学生父母双亡，弟弟痴呆，无钱继续求学，送上现金2000元帮助张完成学业；1997年，大联初中建教学楼经费不足，他闻讯捐资1万元；1998年，长江流域发生特大洪灾，他向灾区捐款1万元……十八年卖水，十八年捐款，老邵伯先后向社会捐款5万多元。2005年4月去世前，他还把所有的国债证券以及工资卡结余部分共计2万余元全部捐献给希望工程。

赵渭忠

第三位是原河北省军区副政委“希望将军”赵渭忠少将。1932年生，中共党员，河北省军区原副政委，赵渭忠从1992年退休之后，十几年如一日，致力于希望工程。他将自己的全部退休收入捐献出来，把家人和朋友也发动起来，个人捐款和筹集到的社会捐助资金已达1000万元，资助贫困学生3000多名，援建希望小学33所。被誉为“希望将军”。

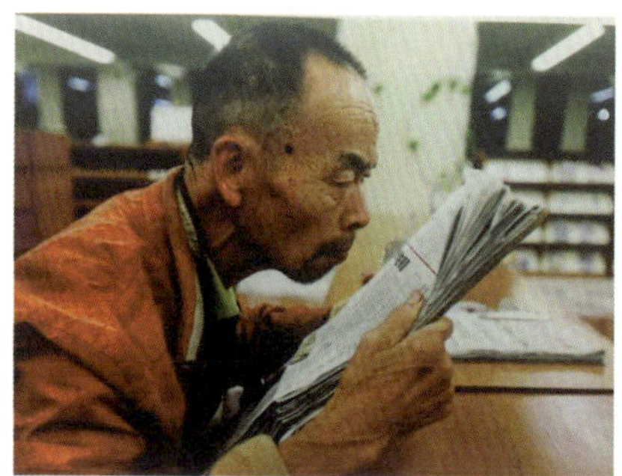
韦思浩

第四位是“拾荒” 捐资助学的六石街道康厦人韦思浩。韦思浩早年毕业于浙江大学，参加过《汉语大辞典》的编撰，20世纪六七十年代曾受到不公正待遇，直至1978年才得以彻底平反昭雪，1991年调回杭州从事教育工作，退休前是杭州朝阳中学（现为夏衍中学）的一级教师。多年来，韦思浩以自己并不富裕的经济收入私下里资助贫困学生，光从退休后的1999年到2014年，15年间总共捐资帮助贫困学生75人，总金额53万余元，这基本上是他工资收入的全部。换言之，他自己的日常生活全然是靠捡拾废品艰辛维持。经他捐资的这些寒门学子中现有19位博士、40个硕士，都成了有用之才。韦思浩先是“拾荒者”，后是“捐资者”。终日生活在社会底层，体现了一位“卑微者”理性追求的崇高境界，更是彰显出一位富有人文情怀的知识分子的高风亮节。

王惕吾夫妇

众多捐资兴学者中，王惕吾先生（1913—1996）应当大书一笔。他是歌山镇王村光人，毕业于黄埔八期，后旅居台湾。20世纪50年代创办联合报系，成为报业巨子。他身处宝岛，情系桑梓，屡捐巨资建学校、办医院、造图书馆、修路、设奖学基金，总额超过1.78亿元人民币，功德弥高。详见下表。

捐资助学为契机的各类基金会，遍布市内各街道镇乡，有力地推动了教育的发展，也使崇学向善之举蔚然成风。2017年9月，东阳市人民政府授予王惕吾、陈和贵、王本道家族、陈云仙“重教助学模范”称号。

捐资助学，用“真金白银”进一步激发了教师投身教育事业、培养学生成长成才的激情和活力，激发学生奋发向上、锐意图强的信心和毅力，有力地推动了学校的综合改革，破解了教育的部分发展难题。乡情浓烈的乡贤和诸多爱心人士，用他们的义行义举为东阳教育写下了永载史册的宏篇。

王惕吾情系桑梓捐资一览表

年份	金额	对象	用途
1989	100万美元	东阳中学、巍山中学(后增加巍山镇中、吴宁一中)	王惕吾奖学金,至2022年,已颁发33届,累计28452人次获奖,发放奖学金逾1968万元
1989	1326315美元	赴美留学东阳籍子弟	奖学助学合计50人
1990	1000万港币	王村光村	建村小学、幼儿园,和通村公路
1990、1992	300万元港币、200万元人民币	巍山镇初中	新建校园
1990	55万美元	东阳中学	新建体育馆
1995	800万元人民币	东阳中学	新建教学楼
1993	价值500万元新台币的图书	东阳中学图书馆	补充藏书
1993	3万美元	东阳市聋哑学校	改善教学条件
1994	800万元人民币	东阳市图书馆	新建馆舍
1994	价值125万元新台币的图书	东阳图书馆	补充藏书2292册
1996	180万元人民币	巍山中学	新建图书馆
1995	100万元人民币	浙江医科大学	东阳医生培训费
1992—1994	24万美元	浙江农业大学	680名农村农民技术员培训费

城乡学校展新颜

过去的学校，大部分设址于祠堂寺庙。就城区来说，东阳中学设址于新安寺，抗战胜利后曾一度设址南门外南岑吴大宗祠；东阳二中先设址于西门外褒忠祠、西岳殿，后设址于外托张氏宗祠；吴宁一校设址于下梓城巷东眷韦氏宗祠；吴宁二校设址于岘西杜氏大宗祠，其址迄今未变。

无论城乡，校址设于祠堂寺庙较为普遍。据1962年调查，该年还留有新中国成立前旧校舍13.32万平方米，破漏危房杂陈。新建的校舍，限于财力，也大多以平房为主。这样的情形一直持续到20世纪80年代初。教育局计财科的资金列支上，学校危房修理或改造必占一大块。

改革开放以来，随着对教育的日益重视，对校舍改造和建设的力度不断加大。到20世纪80年代后期，许多学校都消灭了危房旧房。

进入新世纪，教育投入的规模空前，新建、改建、扩建、搬迁的学校比比皆是。

截至2022年底，东阳市有公办民办普通高中14所，职业高中3所，初中37所，小学74所，幼儿园156所，下文提及的学校，在284所学校中，不过窥豹一斑而已。党的十八大以来，政府对教育的投入总额，是新中国成立以来前60年总和的5倍多。1949—2009年政府对教育投入总额为33.6亿元，2010—2022年为172.3亿元，其中2012年开始年教育经费总投入超过10亿元，2017年开始超过20亿元，2021年教育决算支出达24.6亿元。生均经费接近2万元。2016年以来的7年间，校舍建设总投资28.7亿元，建筑总面积55.1万平方米，总占地面积58.4万平方米。可以说，各地的公办学校，是当地最靓丽的公共建筑。旧貌难觅，新容迭现，富丽堂皇，是城乡学校的共同特点。建筑硬件上超越以往，内部设施也史无前例，而教学管理、创新意识、师生素质等方面也更上层楼，东阳教育正昂首疾驰，快马加鞭，创造新的辉煌。

东阳中学，2003年8月，学校整体搬至东阳江畔之学士北路1号。占地18.4万平方米，建筑面积8.2万平方米。该校1995年被首批认定为14所省一级重点中学之一。全国人大原常委会副委员长、科学泰斗、教育宗师严济慈，中共三大代表、北伐名将金佛庄，台湾联合报系创建人、著名实业家王惕吾，中国环流器一号的主要设计者李正武，中国科学院院士王伏雄、金玉玕、潘建伟，中国工程院院士徐更光、潘德炉，江南笛王赵松庭，河北省委原书记张云川，上海复星高科技集团董事长郭广昌，“中国十大科学之星”之一陆朝阳等均为东中校友。

东阳中学

东阳二中，前身是1928年政界名流潘公展、吴开先等创办的“上海私立君毅中学”，1999年画水高中并入，2016年8月搬迁至博士路100号。占地15.1万平方米，建筑面积2.9万平方米。中共二十届中央委员、四川省省长黄强，第十四届全国政协常委陆桂华，中国工程院院士潘德炉和任其龙，“全国三八红旗手”许湘君，著名作家、原《体育报》社长鲁光等都是东阳二中校友。

东阳二中

巍山高中，前身为北麓中学，位于巍山镇环清西路63号。占地9.4万平方米，建筑面积4.3万平方米。少将赵渭忠、胡世浩、蔡明、赵新和陈跃良，中科院院士麻生明，中国工程院院士郑津洋，加拿大皇家科学院院士李杏放，新西兰皇家科学院首席科学家应旦阳，浙江省委原常委、浙江省公安厅原厅长斯大孝，浙江省原副省长卢文舸，浙江农林大学党委书记沈满洪等均为其校友。

巍山高中

其他如以脱胎于忠清书院的湖溪高中、“南强”闻名的南马高中、由东白书院演变而来的吴宁一校、1964年创办的吴宁一中以及2000年创办的东阳外国语学校等也颇有声誉。

南马高级中学

东阳市职业教育中心学校

东阳市职业教育中心学校，地处东阳市城东冯家楼，省道嵊义线公路边，占地300亩，建筑面积达8万多平方米。创办于1982年，1996年被评为首批国家级重点职业学校，2005年成为中央财政支持的建筑技术实训基地。

东阳市教师进修学校

吴宁一中

横店一中

南马镇中

东阳市外国语小学

江北中心小学

巍山镇中心小学

马宅镇中心小学

东阳市实验幼儿园

画水镇中心幼儿园

后　记

歌山画水，地美、物美、人美，“三乡一城”最美。《歌山画水最东阳》一书经过一年多的努力，现在终于顺利成书出版了。市政协文史委于2022年7月启动编撰工作，得到了社会各界的大力支持。张忠鸣、单昌瑜、陈美华、吴立梅、朱榕贵、金柏松、华柯、陆国强等负责文字编撰，并提供相应图片；陈林旭、周晓刚、陈新阳等提供了不少精美图片，横店影视文化产业集聚区管委会、财政局、教育局、住建局、市场监管局（木雕红木局）、档案馆、融媒体中心以及横店集团、中国木雕博物馆、木雕小镇等部门单位提供了大量资料图片，在此一并表示感谢。此外，陈齐金、张伟孝、陈云干、吕雄心、楼天良、沈兵、李民中、王九成、何红兵、曾毓琳、黄振刚等诸多人士对书籍的编撰提出了意见，篇幅所限，不再一一列举。书中的个别图片，由于是机构提供，一时难以辨明，无法联系到拍摄作者，在此表示衷心感谢。由于时间仓促、水平有限，难免挂一漏万，难以兼容并包，存在诸多不足之处，敬请读者方家批评指正。

编者

2023年9月

图书在版编目（CIP）数据

歌山画水最东阳. 1，教育之乡 / 东阳市政协文史和学习委员会编. -- 杭州 : 西泠印社出版社，2023.9
ISBN 978-7-5508-4267-0

Ⅰ. ①歌… Ⅱ. ①东… Ⅲ. ①地方文化—东阳②地方教育—教育事业—概况—东阳 Ⅳ. ①G127.554 ②G527.554

中国国家版本馆CIP数据核字(2023)第172538号

歌山画水最东阳

东阳市政协文史和学习委员会 编

责任编辑：叶　涵
责任校对：徐　岫　曹　卓　吴乐文　刘玉立
责任出版：冯斌强
装帧设计：王　欣
出版发行：西泠印社出版社
地　　址：浙江省杭州市西湖文化广场E区32号5楼
（邮编：310014，电话：0571-87243279）
经　　销：全国新华书店
排版印刷：东阳市传媒集团有限公司
开　　本：787mm×1092mm　1/16
印　　张：36.5
字　　数：530千
印　　数：0001—5000
书　　号：ISBN 978-7-5508-4267-0
版　　次：2023年9月第1版　2023年9月第1次印刷
定　　价：512.00元（全四册）

版权所有，侵权必究。如有印装质量问题，请与印刷厂联系。

歌山画水最东阳

建筑之乡

GESHAN HUASHUI
ZUI DONGYANG
JIANZHU ZHI XIANG

东阳市政协文史和学习委员会 编

西泠印社出版社

《歌山画水最东阳》编辑委员会

主　任　方宪文

副主任　黄阳明　冯　润

委　员　胡　心　张忠鸣　朱国强　史　莹

主　编　张忠鸣

副主编　单昌瑜　陈美华　吴立梅　朱榕贵

　　　　金柏松　华　柯　陆国强

序

“歌山歌山歌歌歌山，画水画水画画画水。”现代著名诗人田间这样赞美东阳。歌山、画水，这两个充满诗情画意的地名，成了最美东阳的代名词。

东阳地处“浙江之心”，史称“婺之望县”，山清水秀，风光旖旎，形胜之美，甲于他邦。东白山会稽之巅、浙中屋脊，云蒸霞蔚，巍峨耸立；东阳江钱江之源、母亲之河，携手南江，浩荡西行。屏岩探奇，落鹤寻幽，三都遣怀，双岘思古。唐代刘禹锡诗云：“东阳本是佳山水，何况曾经沈隐侯。”

东阳出的最多的就是两种人：一种是“读书侬”，通过读书改变自己的命运，在广阔天地施展抱负；一种是“出门侬”，怀揣精湛手艺走南闯北，在大江南北留下杰作无数。这两种人从骨子里都是带“最”的，干就要干到最好，干也能干到最好。他们秉承着“崇文重教、精工善艺、大气包容、创新图强”的人文精神，造就了誉满天下的“三乡一城”金名片。

“教育之乡”——文脉磅礴，英才辈出。东阳自古有“兴学重教、勤耕苦读”的传统，宋元时期书院林立，名彦云集，朱熹、陈亮、吕祖谦等在此讲学论道，著书立说。明朝宋濂《送东阳马生序》劝学励志，传诵至今。历代有状元五位，进士三百。1989年《人民日报》载《百名博士汇一市，千位教授同故乡》，而今更呈“十百千万”之盛况。

“建筑之乡”——营造技艺，神工天巧。南宋以来，形成以建筑工匠为核心、以传统手工艺人为主体的“东阳帮”，创造了独特的东阳民居营造体系。而今东阳建筑企业遍布海内外，建筑业总产值、特级资质企业数、创鲁班奖工程数等指标均为全国县（市、区）第一。

“工艺美术之乡”——木雕竹编，冠绝天下。东阳是“世界木雕之都”，现有亚太手工艺大师3人，中国工艺美术大师11人，省工艺美术大师60人。红木家具产业依托与东阳木雕工艺的有机融合，在行业中独树一帜，声名远播。“买红木到东阳、装中式找东阳”品牌影响力全面升级。

“影视文化名城”——点石成金，蜚声中外。横店影视城是全球规模最大的影视拍摄基地，集聚影视企业1800余家，拥有30多个大型实景基地和130余座高科技大型室内摄影棚，全国1/4的电影、1/3的电视剧、2/3的古装剧出自东阳，被誉为“东方好莱坞”，是国家5A级旅游景区。目前正向着建设横店国际影视文化创新中心的目标迈进。

《歌山画水最东阳》一书，记录的是东阳“三乡一城”的故事，弘扬的是东阳“最”文化精神。不管您是在外求学拼搏的东阳游子，还是来东阳投资兴业的新东阳人，或是来东阳旅游观光的四方宾朋，当您打开此书，读着赓续千年的三乡文化，领略横店影视城的美景盛貌，一定能真切感受到东阳的独特魅力。一年好景君须记，最是橙黄橘绿时。在新时代的当下，正是最美好的年景。祝愿东阳这座古老的城市蒸蒸日上，焕发勃勃生机，书写更加美好的明天。

是为序。

2023年9月

前言

传奇“东阳帮”，展现了浙韵建筑的魅力
神奇肃雍堂，演绎了“江南故宫”的精彩

马头墙

过去，你若不在东阳人造的房子里工作，

未来，你也许就在东阳人造的房子里生活。

东阳建筑，源远流长，从金衢盆地上山文化到数字建筑装配建房，绵延上万年。

东阳建筑，如影随形，从青藏高原到诗画江南，从长白山下到鹿城三亚，足迹遍大地。

东阳建筑，走向世界，从劳务输出到国际承包商，从非洲国家到一带一路，声誉鹊起。

传奇“东阳帮”，展现了浙韵建筑的魅力，

神奇肃雍堂，演绎了“江南故宫”的精彩。

现代建筑业，一马当先、率马以骥、万马奔腾，跑出了数个全国第一。

东阳，是浙江省人民政府正式命名的“建筑之乡”，

东阳，是中国建筑业协会授予的“中国建筑之乡”。

东阳风貌

东城风采

目录

悠久建筑史

传奇“东阳帮”

闪亮金名片

辉煌建筑业

YOUJIU JIANZHU SHI

悠久建筑史

“建筑是凝固的音乐”。

如果说“三世修个朝南屋”，那么，可以说东阳“建筑之乡”是万年历史长河的水润，是当代驶向彼岸的奋楫。

如果把东阳“建筑之乡”看作一座建筑的话，那么，让我们聆听从窗口飘过来的悠远、美妙的乐章，去感受历史的造化和建筑的魅力。

东阳总部中心

政府命名

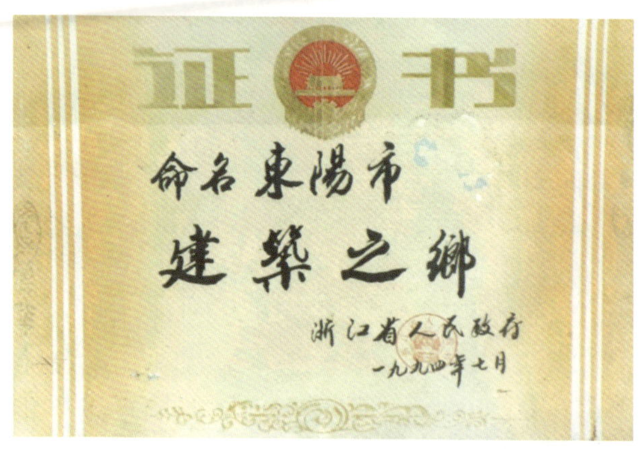

命名证书

首批命名

“东阳本是佳山水，何况曾经沈隐侯……”

这是刘禹锡七言诗中赞美东阳山水的两句诗。唐代东阳县令于兴宗把自己画的《西岘峰寒碧亭图》送给诗人刘禹锡，请他赋诗。刘禹锡接信后慨然赋七言诗《答东阳于令题寒碧图》。

山水有情，造物无意。

东阳人以山中之木为材料，搭建成房子框架，取地里泥土加水，制作成瓦和砖，拿瓦遮盖其上，用砖或土石砌成墙，一座建筑就展现在你面前了。历经数千年的历史长河演绎，东阳人把建筑逐渐做成了产业，做成了传统和优势。

从1994年开始，浙江省开展了县（市）级“建筑之乡”的考核、认定和命名工作。1994年7月7日，浙江省人民政府浙政发【1994】104号文件批准，首批命名东阳市等6县（市）为浙江省县（市）级“建筑之乡”。当年8月6日，浙江省政府授予东阳市“建筑之乡”的牌匾。

这块金光闪闪的牌匾背后，是一连串耀眼的数据：

1993年，东阳市建筑业从业人员达10万人，占全市总人口近七分之一；建安产值11亿元；创省级以上优质工程6项；在上海承接高层24幢，位居浙江省进沪施工县（市）首位；利润总额2028万元。建筑业已成为东阳富民强市的支柱产业。

在浙江乃至全国由政府命名的“建筑之乡”中，东阳的建筑历史最厚重，最绚烂，也最悠远。

"百工"催生

百工，西周时指工奴，泛指手工业工人。东阳素有"百工之乡"之称。历史上家家户户几乎都会做手艺，如伐木工、做鞋工、纺纱工、织布工等，能被人们称为"匠人"的甚多，如木匠、篾匠、泥水匠、打锡匠、雕花匠等，匠作七八十种。百工，语法上的百，虚指多，在东阳却实在多。明成化十八年（1482），就有匠户294户。民国十七年（1928），东阳外出谋生的各类工匠有8.2万人，其中泥木工匠居多，所谓"东阳东阳，泥水木匠"。

1949年5月8日，东阳解放。时隔仅半年，11月20日，东阳建筑工会成立。谋生于杭州、金华等地的建筑工人，成为组建浙江省第一和第三建筑工程公司的主体（《浙江省建筑业志》）。当时，在东阳"百工之乡"中，建筑工匠（包括木雕匠人）已超群出众，在人民当家作主的天下初试锋芒，崭露头角。

版筑泥墙

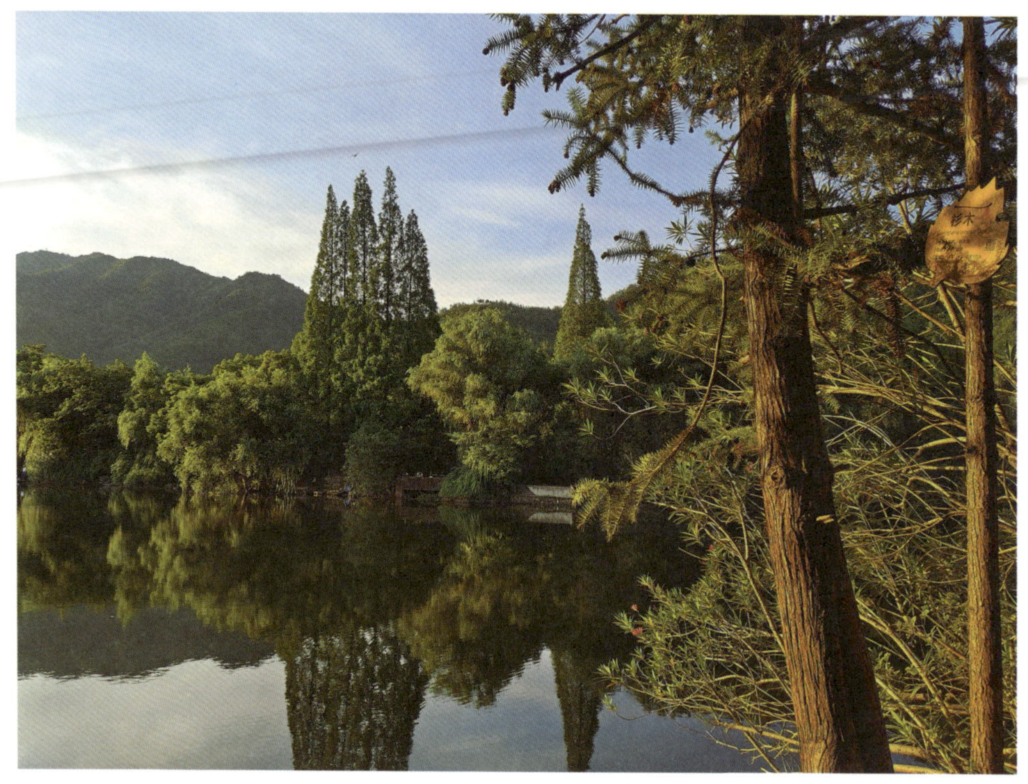

东阳山水

山水养育

“勤耕、俭朴、学艺、求技，可谓东阳人的特有品格。”当年，全国人大常委会副委员长严济慈满怀深情地赞美家乡人。他熟悉家乡的山山水水，“地处浙中丘陵，山多地少，加之南北两江旱涝迭起，百姓时为衣食所苦”。因而，东阳人学手艺，当工匠“奋发求生”。东阳，面积1747平方千米，地形为“三山夹两盆，两盆涵两江”。在田地贫瘠却山水丰茂的自然环境面前，聪明的东阳人闯出了做建筑这条生存之路。利用茂盛的山林取材，借道丰沛的江水运料。学做家具，学造房子，在做家具、造房子中增长技艺。身怀技艺后，或陆路或水路，穿街走巷，远涉他乡。清代时，东阳水运已相当发达。歌山、湖溪、麻车埠船运可直达杭州。到杭州就进入了京杭大运河。

传统铸就

古代建筑现场

建筑，已渗透到东阳人的血液里，流传下来；

建筑，已植入到东阳人的脑子中，挥之不去。

千钱万贯，不如手艺防身。历时万年，无论沧桑巨变，朝代更替，建筑都在东阳这块土地上生生不息，绵延不绝。

历史上，几乎家家户户以有做建筑的“出门佬”感到有面子。有手艺能干木匠泥水活，就可以养家糊口，且生活会比一般人过得好些。在这种建筑氛围的潜移默化下，父传子，兄带弟，亲戚帮亲戚，同乡带同乡，搞建筑的人越来越多。至今，东阳还有兄弟几个都在同一个建筑公司或分别办建筑公司的；有家族几代人做建筑的，成为建筑世家；子承父业，“建二代”就更多了。

东阳，还出现了建筑名乡村。巍山镇、歌山镇是建筑名镇，歌山林头村多数村民在做建筑。

建筑焊工

教育影响

“霉干菜”“土布衫”，是过去东阳学子“勤读、苦学”最生动形象的写照。

历史上，儒家“学而优则仕”的思想一直影响着东阳人。南宋，大批北方士族迁入东阳，给东阳开启了兴学重教之风。但人口骤增，地方还是那么大的地方，田地还是原来那么贫瘠，要摆脱困境，最好的出路是读书入仕。而大多数百姓子弟或读不起书，或不会读书。但他们羡慕读书人，敬重教书人。退而求其次学手艺，建筑是最好的出路。师傅多，不是近亲就是远亲，总有亲戚做泥水木工；门槛低，相比其他手艺容易学；净身学，省下置办工具钱；急救饥，有活就能吃东家。……教育与建筑的关系，在东阳到现在还那么相互影响着。建筑企业家慷慨捐资助学办学，学校开辟建筑课程。歌山建设集团创办了琴岚幼儿园，中天建设集团创办了中天中学。广厦建设职业技术大学是培养建筑人才的高校。

东阳市有了广厦建设职业技术大学后，建筑职工的培养有了三条途径：传统的师傅带徒弟、职工岗位培训和高校教育。这不仅拓宽了建筑职工的教育路子，大大提高了建筑职工的教育水平，也为建筑业培养了具有更高理论层次的人才。

古代“崇文兴教”场景

央视新闻播报的卢宅牛腿

木雕添彩

木雕是古建筑上开出的奇葩。

说到木雕与建筑的关系，古建筑牛腿的演变就是个缩影。唐宋以后，贫困的人家，房屋檐柱上的斜撑是简单的木棍讲究实用。生活稍有改善的人家，斜撑以简单弧形为美。而东阳本地富豪和宋都南迁时北方移居东阳的士族，购田产，建房子，想着法儿花钱炫富。那时，可炫富的东西稀少，就花大钱，在保证斜撑实用的同时，摸索着展示斜撑的美感，斜撑就逐渐演变成了现在我们所看到的牛腿。就这样，木雕在古建筑上开出了隔扇、雕梁、雀替、琴枋等一朵朵奇葩。

屋上有雕，雕中有屋。

木雕提高了建筑的审美价值，建筑使木雕有了更多的用武之地。泥木工匠和木雕匠人，相互配合、相互协作、相互促进，在“百工之乡”携手同行，在他们身后留下了一座座有东阳特色印记的古民居，在他们的未来迎来了建筑业的振兴，建筑业成了东阳市的支柱产业。

清·九狮戏球檐檩

历史悠久

金衢盆地的上山文化

上山文化，把我们熟知的河姆渡文化、良渚文化的中国五千年文明史，一下子拓展了数千年，改写了中国文明史甚至世界文明史。

在深埋地下的上山遗址中，有3排“万年柱洞”。每排11个柱洞，直径分别在40至50厘米，深度约为70至90厘米。3排柱洞，形成了长11米、宽6米的矩阵。专家称其为“柱洞”，是因为它们很可能是木结构建筑的遗迹。在河姆渡遗址的干栏式建筑中，也有类似的柱洞，很可能与上山的“万年柱洞”一脉相承。这就意味着，上山人可能已经拥有木结构的地面建筑，告别了穴居生活，建起了“远古中华第一村”。

上山文化起步的第一个脚印就刚好落在金衢盆地上，而在东阳江北的老鹰山遗址中，考古专家发现老鹰山遗址古物属于上山文化。这样，东阳建筑的历史就从木结构的房子出来，带着万年稻米香，从这里启程了。

东阳老鹰山遗址夹炭陶片中含着烧焦的稻壳

良渚文化时期的建筑

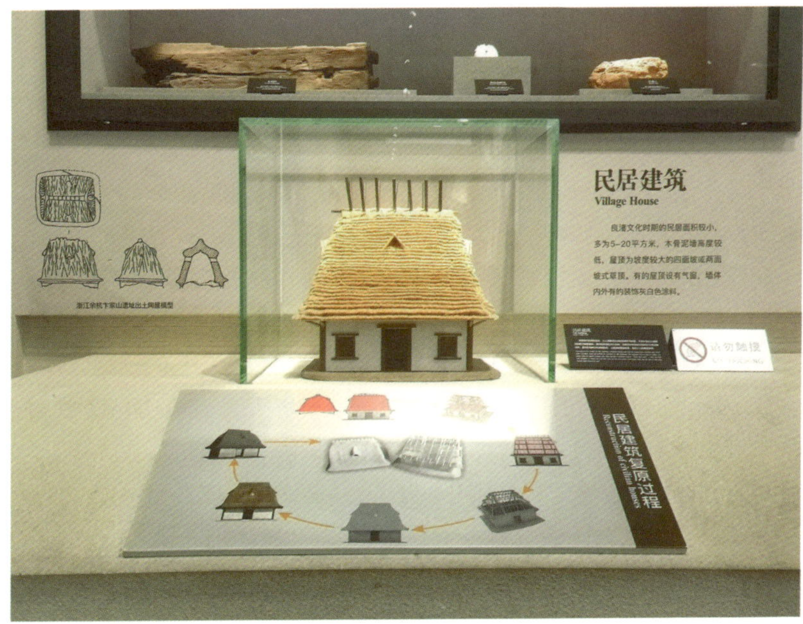

建筑模型

良渚文化，距今5300—4300年，木作技术已非常成熟，大型建筑构件的制作水平十分高超，各种工艺精湛，应用广泛。

良渚文化的建筑主要分为两种：一种是建在台基上的宫殿建筑，另一种是建在平地上的民居建筑。其屋顶结构有二面坡、四面坡等，四面坡等级更高。房屋采用木架结构，屋顶铺盖茅草，墙体一般先用树枝编起，然后在篱笆墙的内外抹上泥巴，有的墙体内外装饰灰白色涂料。

依据同时期房屋遗迹、出土陶屋顶及刻画房屋符号数据，采用计算机三维推测绘图并建模复原：使用纸浆模拟泥土台地，四壁用木板涂抹白粉，制作木骨泥墙结构，屋顶采用榫卯或麻绳固定，上面捆绑覆盖草席，最后又分层覆盖茅草。

从上山文化木结构建筑开始到良渚文化榫卯结构的成熟，至今榫卯结构仍是东阳古建筑企业用于木结构连接和固定的最佳方式。

唐代都督堰和冯家楼

都督堰和冯家楼，在对建筑惜字如金的史书上，能有记载已难能可贵。屈指可数的文字，留下了盛世大唐东阳建筑的缩影。

都督堰，位于南江畔禹山北麓。东阳横店夏历墅人厉文才（606—683），唐贞观元年（627）任道州刺史，擢容州刺史兼都督，统领岭南五管（包括今广东、广西、海南等地）之政。厉文才无心高官厚禄，辞官归乡后，发现乡邻农田缺水，捐资筑堰开渠，使千亩农田受益。百姓感恩，称此堰为“都督堰”。元代文学家柳贯曾作《都督堰碑记》。都督堰遗存有石砌涵洞，高2.5米，宽1米多，历经1300多年不倒，当时东阳建筑的石砌墙体技艺已相当成熟。

厉文才辞官归乡卜居天马山下（岘山分支），所建宅第“室宇精华，林园大盛”。大约130年后，厉文才之孙厉乾耀（翰林学士）等兄弟六人将厉文才住宅捐赠为法华寺后，法华寺修建装饰成“长梁巨栋，凌空而构架；飞禽巨兽，雕姿而刻饰”，开辟了东阳本地建筑在木构件上雕刻装饰的先河。

冯家楼，唐代东阳冯高楼村冯宿（767—836）、冯定兄弟两人的宅第，规模宏大，装饰精美，有诗为证：“高楼画栏耀人目，其下步廊几半里。”冯宿在唐贞元八年（792）与韩愈同登“龙虎榜”进士。次年，任剑南东川节度使，修建城郭，兴修水利，避免涪水毁民舍，建树颇多。冯宿为官关心民舍建城郭，故里光宗耀祖造高楼，对建筑颇为用心。可以说冯宿是东阳最早在外搞建筑的人。

古建筑一角

南宋皇城和北京故宫

北京故宫

东阳建筑声誉鹊起，惊动朝廷。

宋都南迁，绍兴十二年（1142），十月诏修临安城。当时东阳建筑工匠已小有名气，应诏参建。

同时期，东阳建筑工匠走出家乡，投身浙江省内“上八府”的婺州、衢州、严州（今建德）、处州（今丽水），“下三府”的杭州、嘉兴、湖州，以及安徽、江苏、江西等省的民居、寺庙、祠宇等的建设，所到之处，有口皆碑。

到明朝洪武年间（1368—1398），赴南京营造官舍。东阳南岑吴宗祥（1371—1435）为千夫长，率民夫1000余人抵南京营造官舍（《南岑吴氏宗谱》）。“民夫艰苦乏食，多饿死。宗祥因立券告贷两万贯，籴粮济饥”，坚持营造。

清代嘉庆、道光年间（1796—1850），朝廷先后两次下诏，征东阳工匠、雕花匠400多人参加北京故宫修缮。

500年后的今天，东阳卢宅营造技艺非遗传承人也到北京故宫修缮。在曾是南宋都城的杭州，中天集团建造了地标性建筑杭州奥体中心主体育场馆。

德寿宫

“江南故宫”肃雍堂

“风纪世家”石牌坊

北有故宫，南有肃雍。

在东阳，有个名字叫肃雍堂的地方，居然与北京故宫相提并论。

从卢宅街南侧五开间照壁开始。跨街后，八字墙分列两旁，石狮对峙。每隔10余米矗立着“风纪世家”“大方伯”等石牌坊，以及“大夫第”砖牌坊，气势恢宏。别具一格的甬道，长120米，宽10米，两转三折，避免直冲。

卢宅肃雍堂古建筑群是江南现存规模最大、保存最完整的明清古建筑群。1988年1月，国务院公布肃雍堂为全国重点文物保护单位。2000年，世界文化遗产基金会公布其为世界百大濒临危险的文化遗址。

卢宅系东阳雅溪卢氏聚居之地。雅溪卢氏源出周姜子牙（吕尚），以食采于卢而得姓。历秦汉至隋唐，诗礼传家，衣冠奕叶。南宋时迁居东阳。明清两朝，人文蔚兴，人才迭出，中进士8人，乡试中举29人，置身仕宦200多人，其中卢仲佃、卢洪珪官至布政使，权重一方。

自明至清，富甲一方的雅溪卢氏，在科举蝉联、政治地位越来越高的情况下，大规模营造与其家族政治、经济、文化地位相适应的宅第建筑。全村布局以大宗祠为中心，肃雍堂、树德堂、世进士第、方伯第、柱史第等建筑群纵深布置，轴线分明，气势轩昂，鳞次栉比，蔚为壮观。园林亭台错落有致，点缀其中。牌坊矗立，标榜功名，褒奖忠孝节义。由于卢宅古建筑群前对笔架山，得林峦之利；后枕东阳江，通舟楫之便；坐落于雅溪中河以西、雅溪西河以东的两水环抱区域，“三峰峙其南，两水环其北”，后有荫地脉、养真气的月塘，寓有“水口收藏积万金”之意，地方风格鲜明。

根据卢格撰写的《肃雍堂记》称，其父卢溶建造肃雍堂本意，有建成本房家庙的意思，“肃，肃敬也，礼之所以立也。雍，雍和也，乐之所由生也”。

主体建筑前后九进，依次建有头门（捷报门）、仪门（国光门）、肃雍堂大厅、肃雍堂后堂（同寿堂）、乐寿堂、世雍堂门楼、世雍堂、世雍堂中堂、世雍堂后楼，纵深长320米，共有厅堂楼屋115间，占地6470平方米，建筑面积3668平方米。高大巍峨，气势昂然。

现存古建筑群有厅堂宅第30余幢。融木雕、砖雕、石雕、彩绘艺术为一体，浑然天成，技艺精湛。牛腿、琴枋、斗拱、隔扇木雕技艺鬼斧神工，美轮美奂，令人目不暇接。

这里，不仅是国内游览胜地，也是影视拍摄的极佳场所，《鸦片战争》《雍正王朝》《海瑞罢官》《天下粮仓》《洪湖赤卫队》等30余部影视片均在此拍摄。

卢宅

张国维纪念馆

明代建筑大师张国维

张国维（1595—1646），字九一，号玉笥，东阳吴宁里托人。明天启二年（1622）进士。二年后任广东番禺县知县。“筑城垣、平盗贼、除豪猾、兴贤才”，深得民心。崇祯七年（1634）任右佥都御史，巡抚应天、安庆等十府，主持兴建繁昌、太湖城垣，浚松江、嘉定、上海、无锡等地河道，修筑吴江、江阴、苏州等地桥拱、塘堰、漕渠。崇祯十五年（1642）升兵部尚书，后兼左佥都御史，总督河道。民甚感恩，在番禺、苏州分别建有“张公祠”。苏州沧浪亭“作师堂”（五百贤士堂）有石刻张国维像，赞其“抚绥十郡，大度渊涵，疏通水利，泽被东南”。2009年，苏州对张公祠进行了修缮。

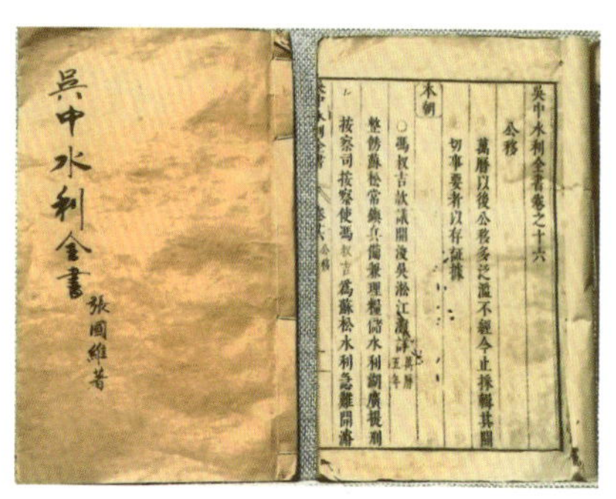

《吴中水利全书》，张国维著

张国维，人们往往关注他以身殉国的气节。到清乾隆四十一年（1776），连乾隆皇帝都敬重他的气节，赠张国维谥号为“忠敏”。张国维还有丰富的筑城垣、浚河道、兴修水利的实践经验，又有鸿篇巨制等身，是我国名副其实的建筑大师。

张国维积自己多年治水经验，著有《吴中水利全书》。《吴中水利全书》二十八卷收入《四库全书》。《四库全书提要》给予其高度评价，称“国维之于水利，实能有所擘画。是书所记皆其阅历之言，与儒者纸上空谈固迥不侔矣”。

建筑不仅仅是高楼大厦，水利工程是建筑的组成部分。而古代的城垣建设，基本上代表了古代建筑方方面面的营造技艺。

张国维主持修建了番禺城垣，兴建了繁昌、太湖城垣。城垣，是中国古代为防卫而建造在城市周围的高峻坚厚的围墙，包括城门、城楼、角楼、马面、瓮城等。城墙外，还要做护城河、桥梁。城垣涉及的营造技艺比一般的古民居要求更高、更全面、更坚固。张国维有丰富的建城垣的实际经验。

史家庄花厅

精雕细琢古建筑

“粉墙黛瓦马头墙，石库台门四合房，碧纱隔扇船篷顶，镂空牛腿浮雕廊”，这是国家文物局专家杜仙洲先生为东阳古建筑写的诗句。

东阳历史上的建筑工匠千千万万，存留下有文字记载的凤毛麟角，遗存下的气势恢宏、精雕细琢、富有特色的民居、宅第、祠宇等古建筑，却让人赏心悦目，流连忘返。

明清时期，以东阳木雕为主要装饰艺术的东阳民居建筑，上到栋梁屋脊、下至柱础地面，无屋不雕，无处不雕，无雕不精。

目前，卢宅等5处古建筑被列为全国重点文物保护单位，8处古建筑被列为浙江省重点文物保护单位，有1300多幢古民居建筑保存尚好，东阳民居跻身中国十二大传统民居之林。2008年，东阳卢宅营造技艺被列入国家级非物质文化遗产代表性项目名录。

这些古建筑，都用木雕装饰装修。从隔扇、牛腿、琴枋、廊轩到柱子、梁枋、雀替等，无处不木雕。精雕细刻，久久为功。不乏“百工牛腿”“百工窗”，还有雕刻用工几年的“千工床”。

在历史发展过程中，东阳古民居建筑其特征逐渐萌芽、显露、突出。不仅在“诗画江南”，与自然环境、人文环境融合，达到“天地人居”四方合一，而且在中国古建筑中，独树一帜。马墙头、牛腿、隔扇“三要素”，就能勾画出东阳古民居的独有风格。

马头墙的发明者

在距离很远的地方，当你看到一座座房子的白墙时，会初步判断前方是一个古村落，当你继续移步前行，看到白墙顶上出现数个高昂的马头轮廓时，不必再靠近，就会深信不疑那是古建筑。

“马头墙”很远就容易被识别，若走近穿越历史寻找源头，很多人会告诉你有明代的《徽郡太守何君德政碑记》为证，马头墙是何歆发明的。何歆曾任徽州知府，字子敬，别号榕溪先生，广东惠州博罗人。徽州地形逼仄，屋宇连绵，且多为木质结构，火患频繁，损失惨重。明弘治十六年（1503）夏天，何歆出任徽州知府。来到徽州后，何歆首先面对的是前任知府们一直解决不了的难题——火患。有一天，徽州又火起，风猛火炽。参与救火的何歆痛心疾首，泪如雨下地说：“某不职，灾必及吾身，毋病吾民焉。”火灾之后的第二天，何歆即召集父老乡亲于庭上：“吾观燔空之势，未有能越墙为患者”，“治墙，其上策也。五家为伍，甓以高垣”。他将这一措施在徽州推行。“视火墙一筑，足以御患于千百载者”。“甓以高垣”称为“火墙”。

马头墙

马头墙

相隔五百多年后的今天，在东阳农村，依然有“火墙”一称。古建筑中屋面以中间横向正脊为界分前后两面坡，左右两面金字墙或与屋面平齐，或高出屋面。金字墙，也叫“火墙”。何歆是徽州“火墙”的发明者，这有碑记为据。然而，是徽州的“火墙”早，还是东阳的“火墙”早？已是无意义之问了。何歆在任三年，离任时为明正德丙寅年（1506），义民为他立碑时，“甓以高垣”仍称为“火墙”，而没有“马头墙”一说。

东阳永泰乡王家庄（今称王庄）于宋景祐五年（1038）所修永泰王氏宗谱中记载：“建正厅三槛，前堂三槛，后楼三槛，东西裙房相齐，高翘马头巍然屹立，涂漆一鲜绚丽夺目。堂名取公嘱之意曰敦睦堂。”即使以修谱的1038年记载有“马头墙”起，也比徽州何歆离任1506年立碑说的“火墙”，要早几百年。或许，敦睦堂的马头墙只是雏形，在当时的东阳又是个例，不具代表性，加上当时交通不便、马头墙比高于屋面一截的“火墙”（卢宅还有现存）仅仅起到美观的作用，而营造技艺难度大，用时和成本都要增加数倍，诸如此类因素，流行起来需要漫长的时间。但毕竟比徽州的早。

由此可见，说何歆是“马头墙”的发明者，还不如说他是徽州“火墙”的发明者更符合历史。但是，这丝毫不影响我们对何歆当官为民，造福一方的敬佩。

牛腿魅力压四方

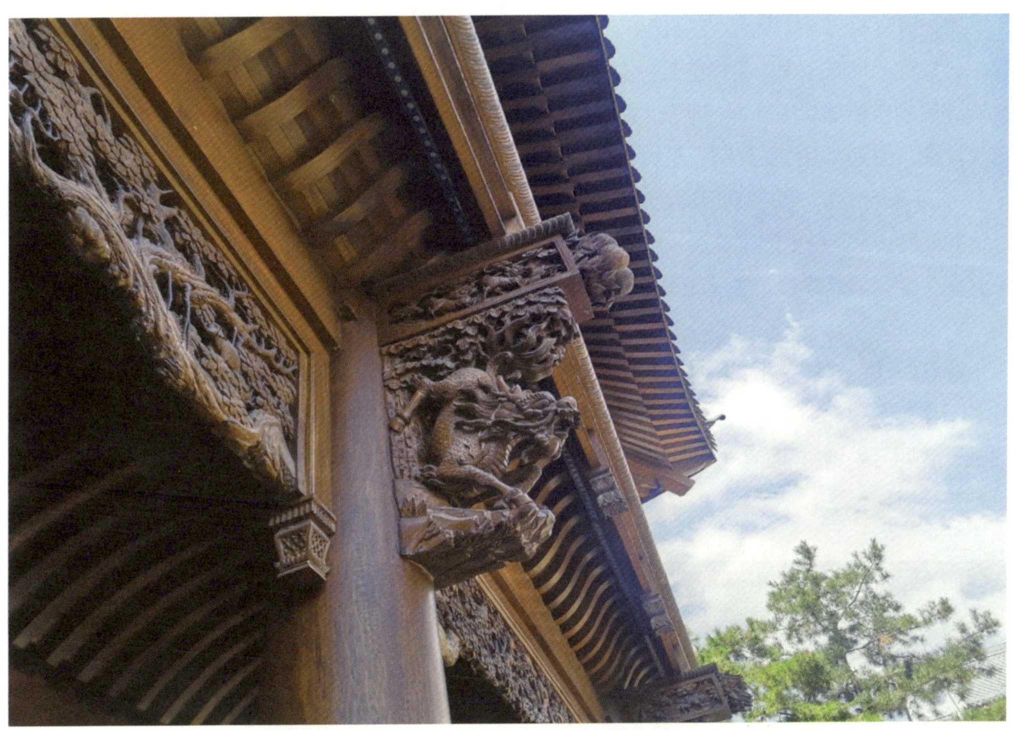

牛腿

牛腿，这里说的不是牛的腿，而是东阳古民居中位于檐柱外侧，用以支撑挑檐的承重构件。牛腿的作用：一是可以延长屋顶的出檐，加大阶沿遮风挡雨的面积；二是将出檐部分的重力通过牛腿传到檐柱上，使建筑稳固。

牛腿，也称“斜撑”，在古建筑中，学名叫“撑拱”。牛腿，最早只是檐柱与屋顶出檐部分之间的一根斜撑着的短木棍，完全是为了支撑挑檐。挑檐、檐柱、斜撑三者构成一个三角形，斜撑是三角形中的弦。东阳工匠很聪明，利用三角形稳固、坚定、耐压的稳定性支撑挑檐。牛腿经过数百年演变，从直型上下同粗发展到弧形上细下粗的斜撑。

唐、宋时期对官员及庶民的住宅有了一定的限制，但还比较粗略宽松。如宋代规定“凡庶人家，不得施五色文采为饰”，不许用飞檐、重拱等。明代对建筑规定更加森严，据《明史·舆服志》记载：藩王称府，官员称宅，庶人称家。住宅大小也受限制。王侯、官员按等级造，庶人只能造“三间五架”。住宅规定成文，弧形的斜撑也有了书面语——“撑拱”。

唐朝时，东阳住宅的“撑拱”已发展到整块形似牛腿的雕花构件。因其形状像牛腿，其支撑力如牛腿般有力，故叫“牛腿”。而我国北方则叫“马腿”。

“撑拱”南方叫“牛腿”，北方称“马腿”，是存在决定意识，意识决定称呼。南方多牛，北方多马。牛和马，都是农耕的伙伴、力量的象征。称“马腿”，叫“牛腿”，如出一辙，都是出于人们对牛、马的喜爱，在檐柱上镶嵌吉祥。

卢宅牛腿

牛腿

牛腿的材料，一般都采用东阳本地产的樟树木、白杨木、柏树木等。雕刻技法运用镂空雕、半圆雕、透空双面雕等多种手法。难度大，花工多。在东阳民居中，一只牛腿的雕刻用工超过一百日的所谓“百工牛腿”，随处可见。雕工精致洗练、玲珑剔透而不伤整体和牢固性。构图饱满大气，层次丰富细腻、图像写实传神，做工精细，格调高雅，栩栩如生，实用性与欣赏性完美结合，独具特色。

牛腿雕刻的题材通常是：狮、象、鹿。而厢屋不能雕刻狮、象、鹿。除这些吉祥动物外，还有故事人物、祯祥花木、亭阁小桥等图案。就像新春写对联一样，把家庭的家族荣耀、福禄寿喜、子孙富贵、美德家风，一切美好的现实和愿望都雕刻到牛腿上。

隔扇船篷美如画

隔扇，是古建筑中的元素之一。它像一幅巨大的山水画，装点着古民居的门面，述说着古民居门的文化。

“隔扇”顾名思义，隔，用于隔离；扇，开关如扇。隔扇安装在古建筑的金柱或檐柱间，下起门槛以上，上至房檩以下，也称隔扇门。主要由隔心、绦环板、裙板三部分组成。作为古代建筑最常用的门扇形式，产生于唐代，风行于宋代，一般用于民间的装修。东阳古民居隔扇门的布局注重与建筑的整体效果相契合，讲究对称美、和谐美，通常为四扇、六扇和八扇。根据开门的不同方向，在每扇门的左边或右边装有门轴，门轴套进上下门臼（俗称上门）后，就可以自如开门了。在需要扩大空间时，隔扇门可随时卸下。

隔扇门的裙板，有的木刻装饰，大多木材平板。绦环板的位置在隔心和裙板的中间，起过渡的作用，高度与人的视线接近，是隔扇装饰的重点部位。精华在隔扇门上部的隔心。隔心是隔扇的主要部分，是安装于隔扇中的仔屉，又称花心、格心、棂心等。由花样的棂格拼成，可通风透光。隔心后面是活动的布帘、糊纸或木板，可挡风遮光。

隔心的图案，主要有直纹、长方形纹、蜂窝纹、回纹、拐子龙纹等，豪门贵族在隔心中还装饰有方形木雕。隔心图案结构精致，排列有序，美轮美奂，四方连续的几何纹样，富有节奏韵律，视觉冲击力强。透过隔心这个框，人们仿佛穿越过漫漫的历史长河，浮想联翩，赞叹不绝。

门面隔扇

隔扇是古建筑之魂。

隔扇在某种意义上代表古建筑文化。现在，许多人把“隔扇”的隔心当作建筑装饰品。在仿古建筑中，好像没有隔心或“隔扇”，就东施效颦，不伦不类了。在家中客厅的墙壁上挂几幅隔心，美观大方，品位高雅，能让蓬荜生辉。正如古人所言“宅以门户为冠带”，门（隔扇）具有展示形象的作用。现在的东阳人同样很重视房屋的门面，不少人用红木做成仿古隔扇。

过年时，“福”字就贴在隔扇上。“样式雷”设计的故宫有很多“隔扇”。在17世纪末年，一个叫雷发达的南方匠人来北京参加营造宫殿的工作，因为技术高超，很快就被提升担任设计工作的样式房掌案。从他开始一共八代直到清朝末年约230年时间，雷氏沿袭样式房掌案，效力皇家建筑设计。主要有故宫、皇陵、圆明园、颐和园等。这个世袭的建筑师家族被称为“样式雷”。“样式雷”以纸板、秫秸、木头为原料，用烙铁熨烫成的建筑模型叫建筑烫样。烫样可层层拆卸，内部结构、门窗位置、家具摆设，一目

隔扇

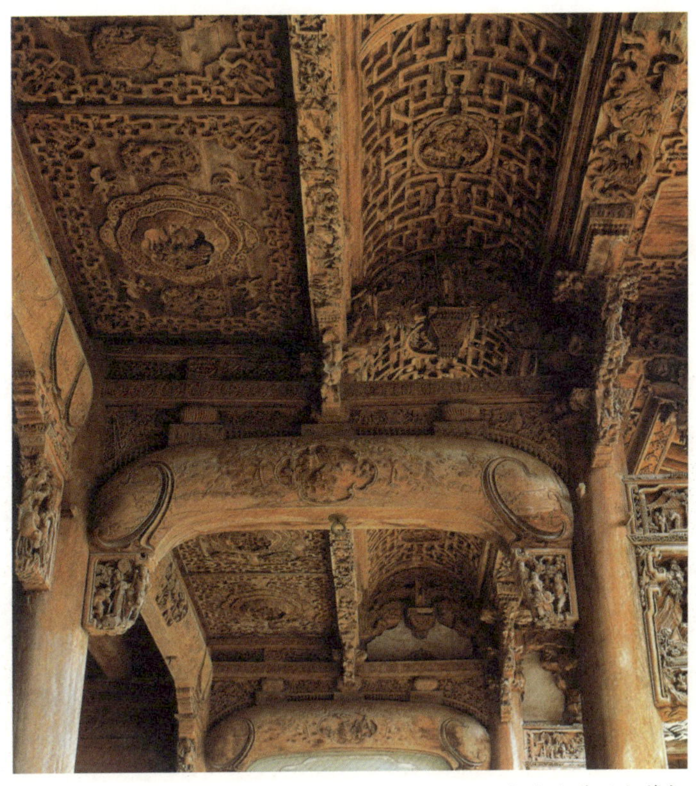

史家庄花厅船篷轩

了然，而且标有尺寸明细。烫样呈皇上御览钦准后，方可施工。更让人惊叹的是“样式雷”家族使用了一种“平格法”，描绘出三维的立体地形。其核心原理与现代的DEM（数字地面高程模型）完全一致。DEM发明于20世纪50年代，而“平格法”早已在中国使用了两千多年。

船篷轩是指廊轩顶部构造弯曲的形式，因其结构如卷棚顶的船篷，故称其船篷轩，也称“翻轩”。东阳马上桥花厅的雕花船篷轩装饰勾云纹。史家庄花厅的廊轩顶采用双顶轩，内侧是平顶天花板装饰，外侧是雕花船篷轩。在同一廊上采用两种不同形式的装饰，是廊轩装饰中最复杂、最豪华的一种形式。

建筑作坊和营造厂

锯树雕塑

进入近代后，外国商人纷纷在中国沿海地区投资办厂。受此影响，东阳一些开明人士开始在各地开设建筑作坊和营造厂。

1920年，东阳石宅村的许文喜在上海开设耶森记建筑作坊，俗称“斧头班”，红极一时。

民国十三年（1924），歌山夏楼村的楼发桂在杭州开设的“楼发记营造厂”，有常工14人。民国二十年（1931），营造工人分大木、锯木、泥水、金钩（阴沟匠）4种，全杭州有3000多人，东阳最多，占32.5%。

此外，杭州还有临时雇用的建筑小工1万人，又以东阳居多。

快速崛起

新中国成立后，1949年11月20日，东阳成立了东阳县建筑工会，当时的建筑工会，就是建筑企业。后更名为东阳县建筑合作社。1959年2月1日，以其为基础成立了地方国营东阳县建筑工程公司。

东阳建筑工匠人数快速增长，除了谋生于杭州、金华等地的建筑工人，参加组建浙江省第一和第三建筑工程公司的外，到1952年全县建筑木匠、泥水匠、石匠、窑匠等“四匠”（不包括雕花匠）已近2.5万人。其中大量工匠充当劳务输出的角色，东阳成了“泥木工的仓库”。

1954年，东阳有400名建筑工匠赴福建参加铁路工程建设。

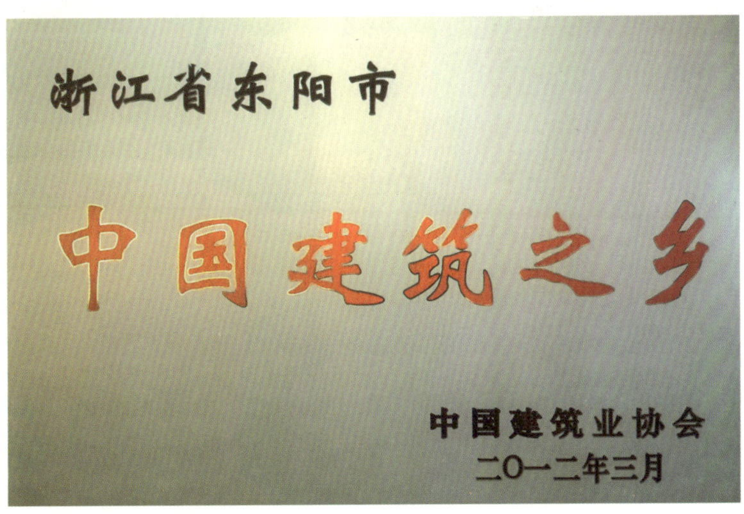

此后，在北京国庆工程、中西部省区“三线建设”等国家重点工程中，东阳建筑工匠大显身手。参加贵州、云南“三线建设”的有2200多人。

1975年，武汉钢铁公司、第二汽车制造厂两个国家重点建设项目要求东阳援建。在短短几个月中，东阳就组建了2050人的援建队伍。

即使“文革”时期，虽然东阳县革命委员会在打击“黑包头”，甚至要求上级判处4名“黑包头”死刑，但各公社依然给搞建筑的农民开外出务工的介绍信，使建筑手艺得以延续。

当生命力如此顽强的东阳建筑之花，遇上改革开放的春天后，定能绽放得更加绚丽多彩。在进京浙江省建筑企业中，东阳市第一个创下“鲁班奖”；

在全国职业本科大学中，广厦建设职业技术大学为第一批学士学位授予单位；

在中国建筑业竞争力百强中，中天建设集团位列民营建筑企业第一；

在全国县（市）级建筑企业中，东阳特级企业数量第一；

在全国县（市）级中，东阳市建筑业产值连续十多年位列第一；

继1994年后，1997年，东阳市又被浙江省人民政府命名为“建筑之乡”；

2012年3月，东阳市被中国建筑业协会授予“中国建筑之乡”称号，被浙江省政府命名为“建筑强市”；

……

中天建设集团承建的海南三亚凤凰岛国际养生度假中心5号楼(鲁班奖)

CHUANQI DONGYANGBANG

传奇“东阳帮”

从“手艺人”到“出门佽”，东阳的建筑工匠，没有打回原形。

从“出门佽”到“东阳帮”，东阳的建筑工匠，开始破茧成蝶，日积月累，形成了独有的东阳古民居建筑体系。

“东阳帮”，是个传奇。

没读过书的“手艺人”，谱写了最精彩的建筑乐章；

没有文化的“出门佽”，积淀了最厚重的建筑文化。

清朝皇帝换代，55年间竟然两次征诏1500千米外的“东阳帮”进宫修缮。想必在那个交通十分不便的朝代，要走上个把月时间。“东阳帮”何技何能如此受宠，给人们留下了无限的想象空间。

卢宅雪景

“东阳帮”历史

《东阳帮》微电影开机仪式

“手艺人”首选出路

“学而优则仕”出自春秋时期的《论语·子张》。这个观念应该此前早就有了，是深入中国人骨髓的传统观念。东阳人也一样，无论贫富，都想读书做官。东阳兴教重学之风为什么会烈于全国?这得益于宋都南迁，南北文化融合，东阳大办书院义塾。东阳书院有30处，在全国名列前茅。婺学创始人吕祖谦最早讲学于东阳友成书院。

然而，读书是读书人的出路。读书出仕，固然能出人头地，光宗耀祖，但其途甚窄，能笑傲考场的寥若晨星。在严苛的考试制度下，大多数人由于家庭负担不起、自己害怕啃书、录取名额有限等因素，在读书的“独木桥”前却步了。而面朝黄土背朝天，食不果腹又不甘心。

东阳山多，靠山吃山。

靠山上的树，劈柴烧饭；靠山上的树，烧炭度寒；靠山上的树，做成工具；靠山上的树，造屋建房。古时候做锄柄刀把、扁担柱子，谁家都会，甚至粗糙的桌椅、猪栏鸡舍也都会。这时候，心灵手巧，愿试会闯的人，不仅干自家的活，还被人家请去帮忙。村里相互帮忙的称“便工”。“便工”形式促进了这些有手艺的人在某个方面更加擅长，分别成为能带徒弟的“木匠老师”“泥水老师”“雕花老师”。

这些木匠、泥水匠、雕花匠等工匠们饭吃东家主人的，还能赚点钱养家，因此被乡邻高看。做手艺人成了除读书之外的首选。

“不会读书，就去学手艺吧！”东阳此风至今犹存，成了一些父母的口头禅。

要么读书，要么学手艺，读书就苦读，学手艺就苦干，两种精神一脉相承。现在东阳不少老一辈的建筑企业家都是学手艺出身，从锯木头、砌砖头等苦活、累活起步。

东阳素有“孝”风。读书，尊师重教；学艺，尊师爱徒。

东阳尊称鲁班为“仙师”。遵循《鲁班经》的有关规制，营造中使用鲁班尺。对师傅，有“一日为师，终身为父”之心；对徒弟，爱如己出，视如儿子。要成为徒弟，需要拜师傅。收不收其为徒弟，还得由师傅决定。收了，就要设香案、点香烛、拜鲁班仙师，举行拜师傅的仪式，宴请“拜师酒”。成了徒弟后，即使师傅爱徒如子，也仍然不改“三年出师、四年半作”的规矩。半作期满，方可出师。出师，也叫满师。满师，要设宴请“满师酒”。出师后，就是名正言顺的“木匠老师”“泥水老师”“雕花老师”，能独立承接业务了。

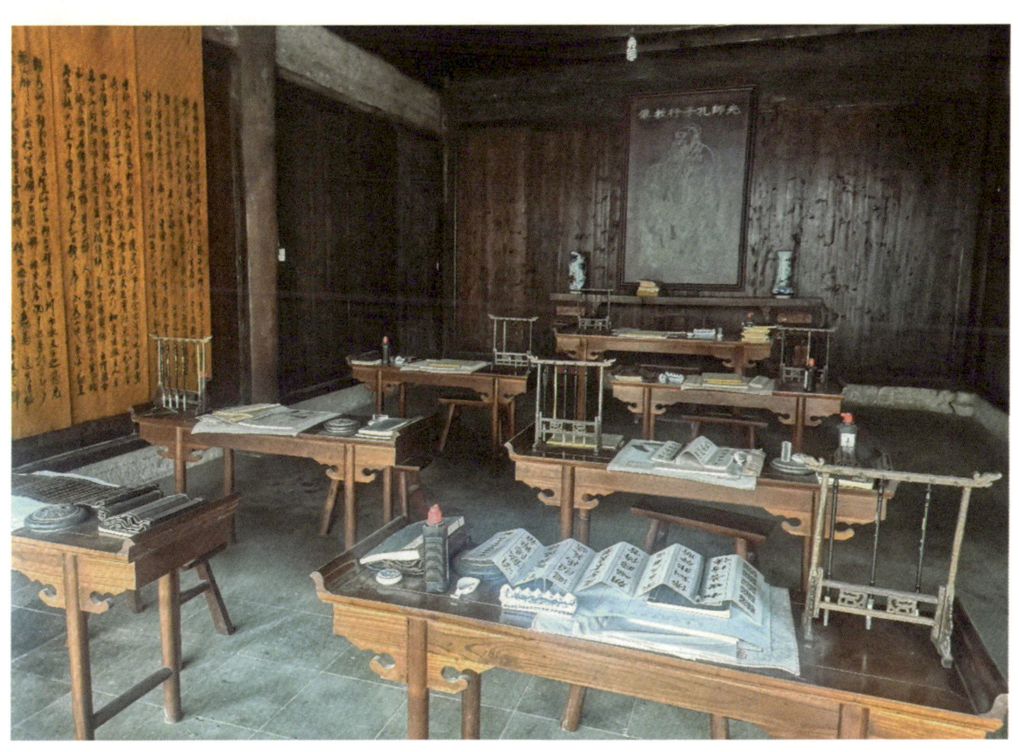

古代学堂

“出门侬”走南闯北

东阳民间把只会在家里或自己人面前夸夸其谈，逞能显摆，不敢出门，在外面却战战兢兢，不敢说话，办事能力怂的人，称为“洞里狗”。虽然很形象，但显得损人。因此，我们改称“洞里人”。类似当下流行语“社恐”。

清康熙《新修东阳县志》记载：东阳县官“晋以后率称令”。按官制，万户县县官才可称县令。可见，晋时东阳已达到万户。唐垂拱二年（686），记载有11000户，约5万人。宋室南迁，北方人口大量迁入东阳，东阳人口暴增。南宋宝祐元年（1253）东阳有18万余人。到清道光十六年（1836），据统计有48万余人。土地还是那块土地，人口却翻了几番。吃饭僧多粥少，又想活下去，怎么办？“此地不养人，自有养人处”，木匠、泥水匠、雕花匠等身怀技艺又不怕吃苦的“手艺人”，就走出家门，离开家乡，奔赴他乡寻活干、找饭吃。

有人认为到外面讨饭，也能糊口。干活比讨饭辛苦，为了少吃苦，有的地方整个村、整个乡的人都外出讨饭，甚至一个县中很多人都讨饭，成了“讨饭县”。为什么东阳没有人讨饭？东阳尊师重教，文人讲骨气，“不为五斗米折腰”，这就是东阳人的骨气。

东阳人把这些出门在外的“手艺人”，尊称为“出门侬”。“出门侬”走南闯北，不管路多远，过年总要回家，还要给家里的老人、小孩带点礼物，叫“回乡货”。这让街坊邻居由羡慕到尊敬，并且带动了更多东阳人去做“出门侬”。

东阳“出门侬”图照

“东阳帮”名声响起

在家靠父母，出门靠朋友。

东阳以木匠、泥水匠、雕花匠为主的“出门侬”，孤身出门，家里不放心，自己也心里不踏实，那时交通不便，通信落后，去外地，就像去了另外一个世界，杳无音讯。同时，营造房子这样的活，没有几个帮手是做不成的。因此，“出门侬”往往在两个人以上，也好有个相互照应。

“出门侬”是以亲缘为纽带，以乡土为基础，用造房子做木雕的营造技艺，达到谋生目的的或三五成群，或数十上百，甚至数百成千，走南闯北的东阳人打工团体。

在南宋时期，东阳“出门侬”就被称为“东阳帮”。“东阳帮”名声从此逐渐响起。随着星换斗移，朝代更替，后来“东阳帮”泛指新中国成立前的所有东阳建筑工匠。

“东阳帮”图照

“东阳帮”外出打工一般由领班师傅（俗称“把作师”）组织，他们走出了家门离开了家乡，东阳人仍叫他们“出门侬”。离乡则贵，几乎家家户户都以有“出门侬”为傲。

双肩挑工具，到处找活干。

一把斧头一把锯，哪里有活哪里去。当时外出主要走水路，从东阳江出发，沿钱塘江水系，分赴“下三府”“上八府”等地，并辐射江南江北。“东阳帮”将东阳民居营造的基本风格和技法，融入所到之处的地理环境、风土人情中，在全国各地建造了既有东阳民居体系的特点，又具当地地域特色的民居建筑。

“东阳帮”渐走渐远

当初“东阳帮”走出家乡，走向外地，并不是因为贪慕“鱼米之乡”杭嘉湖、富裕之地古徽州的生活，也不是有“外面的世界很精彩，我想去看看”的闲情，而是生活所逼，一把斧头一把锯，哪里有活哪里去。

《中华博物》记载：“东阳江上源二。北曰太白溪，出浙江东阳县东北东白山，西流至义乌县，合画溪。南曰画溪，出东阳县东南大盆山，西北流，既合北源，称义乌港，亦曰东阳江；西南流经金华县，会武义港，称婺港；又西北至兰溪县，会衢港，折北称兰溪，浙江之上游也。”

沿东阳江从东阳所在的婺州府西行入钱塘江，折而向北，就是繁华的鱼米之乡“下三府”：杭州府、湖州府、嘉兴府；折而向西与西南，就是“上八府”中的严州府、衢州府。历史上的“东阳帮”以杭州府（古临安）为中心而崛起，辐射到杭嘉湖平原。沿着水系，涉水爬山，日夜兼程，先附近找工干，逐渐走远，到了福建、江西、安徽等地。

“东阳帮”出门的水路

北京故宫

“东阳帮”两修故宫

“东阳帮”所到之处，都给当地人留下了人好干活好的印象。“东阳帮”在造房子时，不仅尊重东家主人的意见，而且能发挥东阳人的聪明才智，为东家出点子想办法，把东阳民居建筑与木雕融为一体、在火墙上做马头墙防火又漂亮等成功经验毫不保留地告诉东家。东家很满意，东阳泥水木匠在营造中逐渐形成了东阳民居建筑体系，名声越传越大，传入朝廷。

南宋都城的建设，东阳工匠应诏参建。当时湖畔屋宇如云，御苑名楼竞相辟建。遂有“一色楼台三十里，不知何处觅孤山”之名句。在如此大规模的建设中，东阳工匠大显身手，“东阳帮”的名号随之传开。

明朝洪武年间（1368—1398），东阳工匠1000余人，浩浩荡荡抵南京营造官舍。

清代嘉庆年间（1796—1820）征诏东阳工匠修缮故宫后，道光年间（1821—1850）再次征诏。嘉庆、道光前后共55年，东阳工匠换了几茬，还能得到先后两个皇帝的赏识，靠的是东阳工匠的过硬技术，书写了“东阳帮”的传奇。

▲▶不同特征的马头墙

“东阳帮”技艺

浙韵建筑，东阳技艺。

中国古代有北京四合院、岭南风格、徽派建筑等八大建筑流派。建筑流派是对古代中国一个比较大的区域内具有风格大体相同，影响较大的民居群落的取名，而不是对建造者的冠名。建筑物的属性决定建筑工程竣工交付使用后建造者就退出现场居于幕后，甚至从此默默无闻。古今中外，莫不如此。当然，社会发展到建筑质量终身负责制的今天，已有档可查，而过去少有记载。

“东阳帮”的营造技艺，就是从进入这块平地到长成房子出来，接着进入下一块平地到长成房子出来，在循环往复，周而复始中，传承扬弃，不断纯熟的。“东阳帮”能造出符合主人要求的房子风格。“马头墙”，主人要高翘就做成高翘，要平缓就做成平缓。无论高翘平缓，都做出房子最美的效果，最好的寓意。

东阳木雕装饰房

东阳木雕是中国“四大木雕”流派之一，东阳木雕工艺在古建筑上是最早尝试和广泛应用的。

唐代东阳冯宿、冯定非常重视房屋的美化。以“楼高”“廊长”显示自己位高权重，以房梁、屋栋、楼上楼下栏杆等的绘画美化光宗耀祖。“高楼画栏耀人目，其下步廊几半里”，绘画装饰吹响了木雕装饰建筑的前奏。

唐朝刺史厉文才之孙厉乾耀等兄弟六人将厉刺史府捐赠为寺，“拓旧制，恢新规”，将东阳木雕用于建筑构件上，在长梁巨栋上雕刻飞禽走兽，从而形成“或状若云腾，或势如泉涌”的装饰效果，开辟了东阳本地建筑木构件上雕刻装饰的先河。

明清时期，东阳木雕在建筑上的装饰向精雕细刻的方向发展，清代嘉庆、道光年间（1796—1850），进入精细雕饰的鼎盛时期。东阳工匠、雕花匠400多人遵诏参加故宫修缮，建筑与木雕结合的独特风格已达到最高境界。

东阳古民居中的木雕装饰

精巧木架搭起房

中国木构建筑的基本结构形式，是梁柱网架承托屋顶的框架结构。

相对于北方古建筑所用木料的粗重，东阳古建筑的木料可以说精巧。

木构架结构，屋顶的重量，通过椽、梁，传到木头圆柱，最后到达地面。木梁柱承受了屋顶的全部重量，而墙体不承重，墙壁只起隔断和围护的作用。可以“墙倒屋不塌”。

古木构架

东阳传统民居是木构架承重、外墙不承重的建筑。构件截面尺寸大小、宽高比例合乎力学原理，特别是在构件形状和结构连接上，采用了很多与众不同的科学做法。主要有三：

插柱式抬梁。民居中一些大型公共性建筑，如宗祠、厅堂、寺庙等为了扩大空间，常采取不设楼层天花的“彻上露明造”和“减柱”做法，减柱法一般都把中柱减去，用大梁架于前后大步（金柱）间，承受上部五架负载，《法式》中称之为“五架梁”，东阳人称“大梁”。在五架梁上再立矮柱、梁墩，架小梁（也称二梁、三架梁），梁与柱的结合普遍采用在柱头做馒头榫，把梁头扣压于柱头的做法。东阳传统民居，特别是明中期以后所建民居，是把梁身制成眉月形后两端各做梁头榫，靠近柱端处雕刻成鱼鳃、龙须、木鱼、冬瓜状，连接时把梁头榫插入柱中并加“柱中销”固定，在柱头上端设置花斗，在梁头下方使用雀替（俗称梁下巴）作辅助承托。这种做法既增强了梮架的稳定性，又美化了构件，把平直的五架梁、三架梁都做成了形似檐步的月梁，增进了整个空间的艺术感。这种做法是“东阳帮”的独特工艺，称为“插柱式抬梁”做法。

穿枋泛指纵向两柱间的一种连接构件，分前、后和单步、双步，这里所指的是单步枋，宋代称“劄牵”，有的称“单步梁”，“东阳帮”称之为“小穿枋、上穿枋”。东阳的一般民居都用一块高宽比约为3：1的木方料制作，而大型宗祠、厅堂等彻上露明造建筑的上穿枋都用一块很大的木雕件替代木方料。因雕饰形状题材不同，有的形似大象鼻子，称为“象鼻挂（架）”，有的像弓背的虾，称为“花公（虾之俗称）背”，有的称“倒挂龙”，有的称“老鼠皮叶”（蝙蝠的俗称）。这一奇特构件的采用不仅融入了建筑美学，增进了艺术感，而且对保持两柱头及两桁不产生位移、保持屋面平稳起到很大的作用。这是东阳建筑的一大特征。古建筑专家孙大章先生在其《中国民居研究》中谈到“以东阳民居为代表的浙江大型民居厅堂的单步梁”时说：“这种装饰形式能产生一种弹性和运动感的美学效果，是结构美学的特例。”

东阳营造的又一特征是三销加一牵。三销指“雨伞销”“柱中销”“羊角销”。雨伞销是“东阳帮”工匠独创的组配件，因其两端形似伞状，故称为“雨伞销”。雨伞销用硬木制作，应用于梁枋在柱中的对接，可增强木构梮架的稳定性，提高其抗风、抗震能力。柱中销、羊角销的使用在各地较为普遍，但东阳工匠所用的柱中销、羊角销又与众不同，一般工匠使用的这两种销是一头粗一头细的直销，而东阳工匠所用的这两种销都是三折的弧状，这种销能把榫头拉得更紧固，更有力，且不易自拔；而直销既不可能拉得太紧固，也容易脱落。一牵就是东阳人俗称的“墙牵”，用于外墙与梮架的相互牵制，增强外墙和木构架之间的稳定性。

构件形状和结构连接

典型合院十三间

十三间头

说到“十三间头”，东阳流传着这样一个故事：

我国自唐宋至明清对民居建造有个规定：“庶民庐舍不过三间五架，不许用斗拱、饰彩绘。”若违反是要犯杀头之罪的。为什么东阳民居中有那么多的“十三间头”呢？

宋朝时，有个“山里侬”卖树、卖草药攒了不少钱，想多竖几间屋住得宽畅些，他就想了个对策：先在门前一块田的北边竖三间坐北朝南的楼屋；一年后构接（装修）完毕，他以大儿子的名义靠东边竖了三间坐东朝西的楼屋；构接完毕后，又以小儿子的名义靠西边竖了三间坐西朝东的楼屋。经过五年时间竖了三个“三间头”共九间楼屋，都是合理合法竖的。第六年他把三个“三间头”最外面的墙连接起来成为一个四方院，东北角空地种菜，西北角养牛养猪，前面作明塘、地簟基（晒谷场），并在围墙中央开一个出入的大门。一年后，又将养牛养猪的西北空地竖成两间“披屋”。再过一年，又在东北菜地上竖了二间靠墙不靠屋的独立楼屋用作灶间、堆放杂物。过了年又把西北的两间披屋也改成和东北角一样的两间独立楼屋。不久，又把四间独立楼屋与正、厢“三间头”之间的空隙加盖屋顶，成为弄堂（穿廊），并做了既利通风、采光，又利出入的旁门（弄堂门）。一个“卄”字形走廊的“十三间头”三合院形成了。一直没人来追查他违法。后来，大家都觉得一大家子在这样的三合院里居住，走动方便，下雨下雪天又不用湿鞋，很好。竖屋时就仿效这种做法。现存的“十三间头”或“廿四间头”中，凡外墙是分段砌筑的，不论泥墙、砖墙，都是明代以前竖的，因为它不是一次砌筑的。后来这样做的多了，官府也不过问，到清朝乾隆皇帝时又比以前放松了些，十三间同时竖也不管了。所以，乾隆以后竖的屋，外墙一般都是整体连通的。

这个故事也许是“东阳帮”释放劳累的笑话，也许是带徒熟悉房屋结构的方法。

“十三间头”，东阳典型的古民居合院。比“十三间头”规模大的有“十八间头”“廿四间头”，小的有“十一间头”“九间头”“七间头”“三间头”。

“三间头”是基本单元。东阳民居平面布局以3为本，即“三间头”。在中国传统文化里，3是个吉祥的数字。东阳民居间数的变化，都是在以“三间头”为基本的组合，即：“三间头”+，或一字形、或角尺形、或矩形的组合。因此，欣赏或研究东阳民居时，罗列“数间头”意义并不大。就像现代建筑，数间数，已不计其数。中国古建筑一般只有奇数的开间，没有偶数开间。但东阳古民居也有“十八间头”“廿四间头”，典型的还是“十三间头”。

十三间头

砖雕石雕雕雕相融

木雕、砖雕、石雕都是东阳建筑的装饰。东汉兴平（194—195）前后，东阳已有成熟的青砖烧制技术。砖雕分烧制前雕刻和烧制后雕刻两种。砖雕在东阳民居中主要用于大台门、小台门的门头窗雨罩、台基、照墙、须弥座、透窗、屋脊等处。题材多选鱼、花卉、博古、暗八仙等类的寓意寄情内容。

石雕在东阳古建筑中应用较广泛。宅第民居、宗祠、寺庙、桥梁等都有石雕。大门的门头匾、两边的抱鼓石（门当）、磉盘柱础、须弥座台基、石窗等，以及石狮、牌坊、碑碣、塔、桥、亭等，都有石雕成品或石雕构件。石雕是对石头进行取材、描图、打毛、凿打出图案轮廓，最后细凿雕刻出成品。石砌不同于石雕。石砌是用石头或石片砌成建筑物的石墙。东阳石宅的石片屋给人一种不可多见的石片组合幕墙。

木雕、砖雕、石雕材质不同，相交相融，共同装饰着木构架的建筑。不一样的质感，同样的精彩，同样的华丽。

石雕

砖雕

“黛瓦”精华如诗画

黛瓦

一抔黄土一生情，一轮古瓦一卷史。

古瓦，雅称“黛瓦”，简称瓦。瓦，是鳞片连缀而成的甲，为古建筑遮风挡雨，书写着古建筑的卷卷史书，讲述着古建筑悠远的故事。

远去的“毛草屋”

早在西周（前1046—前771）前期，我国已有瓦。

1976年在陕西岐山凤雏村西周早期遗址中发现瓦的遗存，数量较少。在陕西扶风西周中晚期召陈遗址中发现的瓦的数量就比较多，有的屋顶已全部铺瓦，瓦的质量也有所提高，并且出现了半瓦当。东周春秋时期（前770—前476）瓦被更多使用，在春秋时期遗址中，发现了大量的板瓦、筒瓦以及一部分半瓦当和全瓦当。秦朝时期形成了独立的制陶业，并在工艺上做了许多改进，如改用瓦榫头使瓦间相接更为吻合，取代瓦钉和瓦鼻。同一时期，砖的烧制水平已经达到世界领先水平。秦始皇统一中国后，兴都城、造宫殿、建帝陵，大量用砖。秦始皇举全国之力修建的万里长城，全部由砖块砌筑而成。历经数千年风雨，至今依旧完好。砖和瓦的发展红及千年，“秦砖汉瓦”一词，连目不识丁的妇孺皆知并能脱口而出。

瓦的制作要经泥料处理、成型、干燥和窑烧等步骤。一是泥料处理。选择一块黏土层较厚的田地，进行松土。给松土后的黏土加水并糅混，使其形成匀称的质地，这个糅混的工序一般由耕牛来回反复踩踏完成。二是瓦的成型。把糅混好的黏土切割成一片片长80多厘米、宽约30厘米、厚近1厘米的薄片，将黏土薄片围起贴上瓦模子，与其无缝对接。接着，用平整的小木板沾水刮磨光滑，按瓦的高度切割平整上口后，小心翼翼地收紧瓦模子，使其与外围的黏土薄片分离。这样，一个空心的瓦片圆筒就完成了。三是干燥。瓦片圆筒自然干燥后，将其按瓦模子留痕分成四片瓦。最后，把这些成型的瓦片放入窑中，用柴火烧它几天几夜到通红，封火后冷却出窑的就是常见的瓦。

毛草屋

古瓦聚则合离则散

盖屋顶瓦时，要俯仰相承，瓦瓦咬合，形成一个整体。无论哪片瓦都被视为缺一不可，不要说缺角开裂，即便完好的瓦若离开团队半步，房子也会漏雨，团队就会削减甚至丧失对房屋的保护力。瓦，哪里需要到哪里。马头墙需要就上马头墙，瓦栋需要就充当栋瓦。风雨来时，瓦不忘自己的担当，全身心提防屋漏。好房难过三天漏，漏雨对木结构房屋的危害很大。雨过后，问题不大的，在漏雨处挪移或更替一下瓦片。漏雨严重的，必须准备翻瓦，也就是拿掉破损的瓦片，补充进一批新瓦片，重新盖瓦。

农村的老房子大多盖着相同的瓦，大家叫土瓦或古瓦。以区别于唐朝时广泛应用在皇家建筑上的洋瓦（琉璃瓦）。古瓦由于烧制过程中加水冷却，使黏土中的铁元素不完全氧化而生成低价铁，瓦就成了青灰色。在屋顶上时间一长，慢慢偏向青黑色，因色得名，瓦也有了“黛瓦”的雅称。

古瓦一层层一排排的，鱼鳞一样卧在屋顶。春天的早晨，暖阳下，瓦上烟雾缭绕，朦朦胧胧；严冬的日子，雪融后，“檐冰滴鹅管，屋瓦镂鱼鳞”；下雨时，大珠小珠落瓦上，嘈嘈切切错杂弹。古瓦留下多少陶醉人心的诗情画意。

瓦当和滴水

精华出在瓦尽头。

俯瓦的檐口有瓦当，仰瓦的尽头是滴水。瓦当早于滴水1000多年，不同朝代的瓦当有不同的特点。形状有半圆形、圆形，刻有文字、图案，图文鬼斧神工，精美绝伦。东阳古建筑的瓦当大多是扇形的，有的干脆在檐口的俯瓦上数瓦重叠当瓦当。屋檐上的瓦当，在中国传统建筑中有着重要意义，不仅能保护屋檐的椽头不受风雨侵蚀，而且能起到美化作用。唐朝时，有了滴水。滴水同样保护椽头，并能引导瓦上雨水下流，对墙体也有一定的保护作用。瓦当、滴水都是锦上添花之物，不富裕的人家用不起。瓦当、滴水又是梦想之物，那些文字、图案都寄托着自己的希望。可想而知，明清时期为什么如意形滴水那么流行。

经历数千年沧桑岁月，很多古建筑已湮没在历史的长河中。最早的古建筑能穿越至今让我们看到的，也只有出土的那些瓦片。显然，只有瓦，能为我们记录下古建筑遥远的历史，呵护着古建筑走到今天，并继续呵护着古建筑走向未来。

瓦当和滴水

民居柱础似玉盆

民居柱础

东阳古民居以木构架承重，木构架与墙体相互分离，各成体系，各有各的基础。屋柱基础称柱基，墙体基础称墙基。

墙基露明的又分为须弥座台基和普通台基。墙基，俗称墙脚，因此，砌墙基又叫摆墙脚。须弥座台基，雕刻着花纹图案，又分石须弥座台式和砖须弥座台式，主要用于祠堂、厅堂府第、寺院等建筑。普通台基分为毛石墙基和条石墙基。

柱基，分为普通型和覆盆型两类。普通型和覆盆型的区别是磉盘的形状不同。普通型磉盘是一块与室内地面齐平的正方形石块；覆盆型磉盘中央部位凸起二三寸，形似盆子反扑，故称覆盆型，上面放置柱础。

柱础，东阳方言为“拄子”。拄子不同于柱子。拄，起支撑作用。拄子下面安放的柱础，隔离了柱脚与地面的直接接触，使落地屋柱不受潮湿而腐烂，起到防潮作用。同时，又加强了柱基的承压力。因此，古民居对柱础的使用十分重视。在传统砖木结构建筑中用以负荷和防潮，对防止建筑物塌陷有着不可替代的作用。柱础有鼓型、瓜型、花瓶型、宫灯型、六锤型、须弥座型等多种式样。有的覆盆型磉盘和柱础雕刻着图案和简单线条。明代圆鼓形柱础最大直径位于腹部，形制或为素面，或上下一周各设泡钉，状如乐鼓。也有在柱础顶端凿出榫坑，用以安装有榫头的柱子，如卢宅太和堂的钉鼓形柱础。清代以后，柱础的最大直径逐渐上移，晚清时移至肩部，泡钉装饰渐趋消失，仅在柱础腹部雕刻如意花纹等。嘉庆、道光年间（1796—1850）常见鼓形瓜楞柱础，腹部四周深刻瓜楞纹，也有在瓜面上套刻如意花纹。

柱础，在东阳古建筑中用得最多的是下石塘的德润堂。有近千根屋柱立在柱础上，故被称为“千柱屋”。

"门当户对"有讲究

如果要识别一个从未谋面的陌生军人是文官还是武官，是校级还是将级，他身上的军衔会告诉你。在古建筑中也有一个类似于这样的识别房屋主人的"识别码"。这个"识别码"能在不进主人门、不谋主人面、不查主人简历、不需旁人言语的情况下，告诉你主人的官衔，它就是古建筑大门口的"门当户对"。

门当

门当源于战鼓

古代婚姻讲究“门当户对”。提亲时，会专门去看看这家大门口两侧的“门当”和大门口上方的“户对”。“门当”大小与自家相仿的，“户对”数目与自家相同的，就会觉得是“门当户对”。古建筑构件中留存至今相对较少的是“门当”和“户对”。

门当

“门当”，又叫“抱鼓石”或“石镜”，为鼓圆形石头，摆放在大门外两侧。相传古代将军荣归，常将战鼓置于门前炫耀战功。因战鼓经不起风吹雪压、日晒雨淋，不能长期摆放，后来就用石头做成战鼓的形状，固定在大门外两侧。在古代，只有较大的宅门，才会配有抱鼓石。抱鼓石从门枕石延伸出来，建筑学上为“门枕石”的一部分。古时候的门没有铰链、合页，全靠下面的门枕石和门头上部的一个叫“连楹”的构件来框住门轴，保证门的开关。而在等级森严的封建时期，只有官宦人家的宅门才能安放抱鼓石，普通百姓只能用门枕石。抱鼓石能不能雕刻瑞兽、花卉等吉祥图案等都有森严的等级规矩。根据清张廷玉等所撰的《明史·舆服四》中记载，抱鼓石大致有三种：狮子形、圆形、方形。圆形抱鼓石用在武官家；箱形，也就是方形抱鼓石用在文官家。再进行等级细分：皇族或官府的门前用狮子形的抱鼓石；高级武官家的门前用抱鼓形狮子抱鼓石，低级武官的门前用抱鼓形有兽头的抱鼓石；高级文官的门前用箱形有狮子的抱鼓石，低级文官用箱形有雕饰的抱鼓石；大富豪的门前用箱形无雕饰的抱鼓石，富豪用石制抱鼓石，而普通民宅则只能用木质方门墩或门枕石来代替。

户对必须成双

“户对”，置于门楣上，形似古代妇女头上的发簪，所以又往往被称为门簪。门簪按现在的说法是固定“连楹”的一种销子，后慢慢演变美化。这些与地面平行，与门楣垂直的短柱子长一尺左右，数量取双数，从门楣正中向两边对称排列，有的两个一对，有的四个两对，故名“户对”。形状多种多样，雕刻花卉图案或吉祥文字。一对的常在柱头顶雕刻“吉祥”，一柱一字，两对的也一柱一字雕刻“福禄寿禧”等颂词或四季花卉。圆柱形为文官，四方形、六边形方柱为武官。“户对”数量与官品大小成正比。“户对”一到五品为六个，六到七品为四个，以下阶品只能有两个，普通大户人家也可以有两个。

户对

门当

“门当户对”辨身份

在古建筑中，大门是主人的脸面，因此，古人对大门的装饰相当讲究。“门当”与“户对”是大门处显示主人身份和地位的“LED显示屏”，自然要想方设法使其显眼，精工细雕让其美化。这与我们先人重名气、讲品德、守礼仪的思想是十分吻合的。

台门打开别洞天

大台门，是东阳古民居营造的重要部分。大台门用石条把坚固厚重的木门扇箍起来，因此，也称石库（与“箍”同音）门。大台门是古民居的进户门，台门的规模、形式是显示主人身份或家族社会经济、门第地位的重要标志，甚至是建筑的代名词，如上台门、中台门、下台门、新台门、老台门、七台门、八字台门等，都代表着一个院落或群落的建筑。因此，人们对大台门的建造十分考究。大台门上方的“户对”和两侧的“门当”，是主人身份的“官衔”，大台门的规模和形式要与“门当”“户对”相匹配。

门框上有形似单面坡屋顶，用来挡雨，叫门头。门头不仅具有实用功能，更有装饰作用，它使大台门显得更为华丽。后来，门头的实用功能日益消退，逐渐演变为大台门上显示家境的重要装饰。极致的用砖雕、石雕做成楼房式、牌坊式。

大台门位于建筑中轴线的院墙中央；小台门也称旁门、水门，位于山墙的檐廊部位。大台门除少数是砖砌外，多数采用四件套、六件套、八件套三种石库门。在门框与门头之间，大多有题墨、砖雕或石雕的字匾。门额题字有四字的，也有三字、两字的，大多出自当时的文人墨客名人之手。东阳名家张国维、李品方、吴品珩等人都留下了一些门额书法，引人注目，留人驻足观摩。门额题字，含义深刻，或直抒胸臆，或寄托希望，字字如珠玑，句句是箴言。

台门的材质，有石构、砖构、木构和这几种材质的混合构。砖石混合构并施以砖石混雕的八字墙式门楼、屋宇式门楼、牌坊式门楼显得更气派、更豪华。

台门

“东阳帮”建筑文化

木雕屏风

读不起书、读不好书、不让读书、不想读书的人，为了谋生找出路，才去学手艺，成了“手艺人”。因为他们没有进过学堂读过书，常常被说成“没文化”的人。

正是这些没有读过书的“东阳帮”，谱写了最精彩的东阳建筑的历史。一轮古瓦一卷史。“东阳帮”为他人营造了栖息之所，却没有自己的容身之地；“东阳帮”为我们留下了考证历史的依据，却被史学家们几乎忘记。

史学家们对建筑的普遍失忆，史书鲜有记载，导致了今天对建筑流派等的争议，各有表述。建筑文化历史的一点一滴，除了古建筑本身的印记，靠口口相传到今天。

环境为先

东阳的村落大多是同宗共祖的同姓人聚居，并建有姓氏宗祠、分祠等。村落的建筑布局严谨有序，多以宗祠为中心，向周边发展。东阳人十分重视居住环境，把建筑环境学（俗称“风水”）贯穿于营造的全过程。建造时，村落的整体规划和民居营造，都要请风水先生看风水。风水最早叫“堪舆”，也叫相地。实际上就是对山势、地脉、路向、风生、水起等的综合评估。首先要审“势”观“气”，看山水龙脉走向，看林木植被枯荣。一般选择后有靠山、前有流水、藏风聚水的地方，讲究“天人合一”。多在村落上游修桥栽树，建造庙宇、亭阁，称“村口”。

东阳古建筑对环境的选择近乎苛刻，往往方向偏差几分几寸，都要校正。最理想的模式，就是北高南低、背山面水、左右围护的格局。建筑基址坐北朝南，背后有山，所谓有“靠山”；左右有称为“青龙”“白虎”的低丘环抱，左青龙，右白虎；前方开阔舒展；房前有河流溪水从西向东呈抱状流过，寓护财之意。

不仅选址讲风水，开门的朝向、宽度，踏步的步数，厨房的位置等等，都有讲究。虽然，其中有封建迷信的东西，但重视环境的意识，值得后人学习。

吴宁台的环境

匾额寄情

匾额“孝行纯笃”

走入东阳古建筑，到处可见厅堂上方和台门上方的匾额。文字书写优美，内容琳琅满目，处处折射出文化光芒。

魏晋时代门阀制度后，朝廷封官，民间婚配，注重门当户对。那些仕宦大家在宅院门前立起大柱子，在左为阀，在右为阅，用来榜贴家世和功业。门阀制度消亡后，“阀阅”也不复存在。但人们从不停止托物寄情，标明心志，于是这个功能就由匾额来承担。

由于木制的匾额难耐风雨霉变，石质的、砖烧的匾额就应运而生，有的地方人们干脆直接把字写在大门上方的墙壁上，就成了地道的门户题额，成了古民居的点睛之笔。

题额，语言短小精悍，最少的两个字，最多的四个字，寓意丰富，文采隽永，意趣纷呈，书体端庄秀美，是绽放在古建筑上的又一朵奇葩。内容则因人因地因屋而宜，或语出经典，或表明家世，或追求耕读，或向往善庆，或祈盼福祉，言简意赅，令人百读不厌，过目不忘。如邵飘萍老家紫溪村东十三间头台门题额为“笃学修正”，厅堂洞门题额为“安居”“由正”。“笃学修正”取意于《礼记·中庸》：“博学之，审问之，慎思之，明辨之，笃行之。”强调专心治学，诚实修养。“安居”“由正”则源于《孟子·离娄上》：“仁，人之安宅也：义，人之正路也。”希望人们多怀仁德，坚持走正道。

堂名寓意

九如堂

古民居中的厅堂都有堂名。堂名，语出有典，词富才华，至情至理，足以鞭策世人，教诲后人。各地因家学厚薄、人口多寡、追求目标各异、社情风俗不同等原因，厅堂命名也异彩纷呈，但共同点是言简意赅，字字珠玑。

崇尚礼义，主张中和。如国家级文物保护单位卢宅的主体建筑——肃雍堂，“肃雍”一词语出《诗经·召南·何彼襛矣》：“曷不肃雍，王姬之车。”《肃雍堂记》释之为：“肃，肃敬也，礼之所以立也；雍，雍和也，乐之所由生也。”反映礼乐修身、兼济天下的意蕴。

强调修德，重视养性。称“树德堂”的全市有多处，白坦、画水、卢宅、后溪干等村都有。“树德”一语出自《尚书·泰誓下》：“树德务滋，除恶务本。”推行仁德，施予恩惠，务须广泛充分。

崇尚教育，注重经典。马上桥、古渊头村、东阳城内下梓城巷内分别有一个省级、市级文物保护单位，系清代建筑，厅堂名都叫“一经堂”。中国漫长的封建社会历来强调尊孔读经，主流文化要求学子必读“四书五经”。在科举的道路上往往是一经熟而百经通。尊孔读经，知书达礼，足见厅堂主人的眼光与胸襟。

福在当代，荫及子孙。许多厅堂的创业者对自身的成功表示庆幸与喜悦之情，同时对子孙后代又寄予厚望，希望后代争气，世世代代安康如意，子子孙孙吉祥美好。含有这层意思的厅堂名有巍山的“鼎丰堂”、白坦的“福舆堂”“惜福堂”、紫薇山的“诒燕堂”“开泰堂”、后周的“肇庆堂”。

名人笔墨，书法珍品。东阳人会读书，懂书法，善交往，在许多厅堂堂名的墨迹中可以得到一些佐证：画水村的“三重厅”三个字为明代抗倭名将戚继光题写，白坦的“务本堂”是清代名臣林则徐亲笔，马上桥吕氏花厅门楼题额“孝友和光”乃清末状元、光绪帝师翁同龢墨宝，蔡宅蔡希陶故居“积厚流光”是民国时蒋介石的笔迹。这些历史名人的遗墨丰富了厅堂的文化内涵。

建筑风俗

历史的长河，孕育出“东阳帮”特色明显的建筑风俗。这些风俗都是师傅带徒弟，口口相传，手手相教，沿袭到现在，已经流失了不少。东阳建筑有前面提到过的师傅收徒弟、出师宴等风俗，还有做泥水木匠的规矩，在建筑的整个营造过程中，都有风俗。

奠基仪式：现在的建筑开工时都有，仪式已比较简单。旧时“东阳帮”的仪式比较繁琐。造房前，先请风水先生看地皮，推合年庚八字，择日奠基。民间俗言“三世修个朝南屋”。朝南的房子冬暖夏凉，明亮通风。风水先生用罗盘定好房屋方位朝向，房屋四至打桩定位，用公鸡血淋于地基上。桩子上用红布包起，以志喜庆。一般民房不可朝正南向，要略偏斜。

上梁仪式：上梁仪式很隆重。上梁就是把栋梁提上去安装到两根栋柱上。古民居木构架中，明间正中屋顶脊檩称为栋梁。因为称为栋梁，所以人们特别看重上梁。上梁，要挑好日子，定时辰。遇上先晴，上梁后下雨，就更开心，因为顺应了“风调雨顺”，“细水长流”。要事先在栋梁上张贴“紫微拱照”的红纸大横批，“照”字下四点须写成三点，因新房最忌“火”，三点是水，四点是火，水克火，平安大吉。屋栋柱贴上如“立柱巧遇黄道日，上梁欣逢紫微星”“黄道临门归百福，紫微当户纳千祥”的红纸对联。上梁前先设香案、备供品祭梁，由木匠师傅主持祭天、祭地、祭鲁班仙师。祭毕，泥水木匠一人一头，提梁上栋，吉时一到，安梁入榫，用斧头敲三下，落位后随即爆竹燃放，锣声响起。为对准时辰安梁，往往先在栋柱顶部垫上粽叶，把梁

上梁

放在粽叶上，时辰一到，抽掉粽叶，敲梁入榫即可。安梁毕，泥水木匠提一大箩馒头糕点糖果，开始抛掷，俗称“抛梁”。此时，地上主人家男女四人，拉被单相接，泥水木匠各先抛馒头糕点入被单，谓“先利自家”。然后念《抛梁歌》，向四面八方各抛一对馒头，再视人多处抛掷馒头糕点糖果，馒头抛后要“有剩余”。梁中缠以红绸，两头各挂一对八角锤和一对长粽寓“宗长”之意。粽旁各挂灯笼一盏，红灯高照。梁正中悬挂米筛铜镜、剪刀和尺，谓降妖去魔之用。梁上挂一鸡笼，笼中关一雄鸡，谓雄鸡一唱天下白，寄托日出东方、前程光明之意。有人称此鸡为“千年鸡”，自家一般不宰杀吃用。栋柱旁树一对翠竹，谓之“长生竹”，寓万古长青之意。各柱上都贴有对联。此时，邻家也挂米筛、剪刀、铜镜、尺子，谓之“赛红”。上梁仪式毕，木匠开始钉椽，泥水动手盖瓦。是夜，东家设宴，宴请木匠、泥水匠、帮工、亲友。

如果见过《上梁歌》中的《祭梁歌》《敬梁歌》《抛梁歌》，会被“东阳帮”的文化所震惊、折服。就是背诵呼喊这些歌谣，对于没有读过书的人，也并非易事。口口相传，难免跑冒漏滴，或添油加醋，但从一个侧面反映了“东阳帮”的建筑文化和人们对读书成才、富裕幸福、健康长寿等美好人生的企求和希望。

祭梁歌

手接东家一只鸡，这是一只什么鸡？
天上王母报晓鸡，生得头高尾巴低。
头戴凤冠配彩云，身穿花花五彩衣。
此鸡不是平凡鸡，东家用来抛梁鸡。

敬梁歌

东洋洋来西洋洋，杜康造起好酒酿。
金杯里边桂花香，手托金杯敬太阳。
二杯酒来敬地王，保佑东家财丁旺。
三杯酒来敬大梁，保佑主人福寿长。
敬酒敬到大梁头，荣华富贵好到头。
敬酒敬到大梁尾，富贵荣华好到底。
敬酒敬到大梁中，下代子孙做相公。

抛梁歌

伏兮伏兮，鲁班仙师是哪里人？春秋时期鲁国人。何年何月何时生？仙师生于鲁定公三年岁次甲午六月十三日午时正。小在京城神圣殿，洪湖得道成显灵；墨斗角尺随身带，手推刀斧震雷霆。不用轿接车马迎，腾云驾雾到此间。八洞神仙来踏梁，鲁班先师来抛梁。十全十良，天地开张，鲁班到此大吉大昌。鲁班先师择就吉日落成华堂，有请家主来进财，（问家主）要富还是要贵？（家主答）都要。鲁班赐你一根梁，子子孙孙在朝堂。鲁班赐你一根椽，子孙下代中状元。帝王面前左右相，世代荣华有福享。一对馒头一对红，东家子孙代代红。二对馒头二对红，左右邻舍大家红。三对馒头三对红，亲戚朋友份份红。四对馒头四头红，泥木砖瓦师傅个个红。歌曰：

头对馒头抛被单，先吉先利是东家。
一对馒头抛到东，代代子孙在朝中。
一对馒头抛到南，代代子孙中状元。
一对馒头抛到西，代代子孙穿紫衣。
一对馒头抛到北，荣华富贵万万代。
一对馒头抛到中，下代儿孙福禄丰。
紫微拱照　万事兴隆

抛馒头

建筑谚语

建筑谚语是广泛流传于民间的与建筑有关的言简意赅的短句，反映了劳动人民生活、生产的实践经验，是经过口头传下来的，多数带有韵味，具有鲜明独特的行业性和十足乡土味的地方性。东阳建筑历史悠长，工匠云集，被人称为“泥木工的仓库”，民间留传着丰富多彩的建筑谚语，有的反映行业规矩，艺人操守，有的概括技术技巧，有的说明材料特点，有的强调经营成本等。这些谚语，朗朗上口，生动有趣，充满哲理，是东阳匠人的智慧和汗水的结晶。当然字里句间，也留有时代的烙痕。

在家靠父母，出外靠朋友。

一把斧头一把锯，哪里有活哪里去。

三世修个朝南屋，七世修个街面屋。

背靠来龙山，稳坐大门堂；

谚语

面对笔架山，文脉继世长；

四水汇中央，财源进门堂。

水口树，守风水；本保殿，保平安。

会做不及会算。

千钱万贯，手艺防身。

耳听千遍，不如手过一遍。

木匠斧头一面劈。

木匠拉大锯有来有去。

一块石头砌不成墙，一根木头竖不成房。

三年徒弟，四年半作。

上梁不正下梁歪。

两条腿的凳子站不住脚。

竖百家屋，吃百家饭。

建筑故事

在东阳漫长的建筑历史长河中，曾涌现出一批又一批能工巧匠，留下遍布城乡的一处又一处古建筑，或路桥，或亭台，或民居，或宗祠。无论南乡北乡，还是山区平原，都留传着一个又一个动听的建筑故事。

烈火毁房见人心

郭仁海、郭金海兄弟俩，歌山镇林头村人。生于清光绪初年，卒于民国十七年（1928）前后。自幼家中贫困，温饱难继，郭仁海从小跟随同村人何延继外出学泥水谋生。郭金海跟人学木匠手艺。因为人诚实，勤奋好学，20岁不到，他们便学得了一手好手艺，后到嘉兴做工。因人品好，手艺精，生意应接不暇。等自己有了一定的实力和积蓄，兄弟俩便创办了“郭利记”泥木作坊，自己承建房屋。

光绪二十六年（1900）春，郭金海、郭仁海承包了嘉兴当地著名牧师樊启忠的一幢土木结构别墅。经数月辛勤劳作，房屋即将竣工，谁料一个木工在工棚炒菜时一不小心，火花飞溅到刨花堆上，引起了火灾。一时烈焰腾腾，风助火势，抢救不及，即将竣工的别墅瞬间化为灰烬。

此时，有工匠劝郭金海三十六计走为上计。但遭到了郭金海的严词拒绝，他说我们出门在外谋生，诚信第一，樊牧师辛辛苦苦积攒银两，好不容易建造房子。而我们不小心烧了他的房子，一拍屁股走人，上对不起天地，下对不起良心，更对不起东家，今后我们还怎么做人？我就是砸锅卖铁，也要替他重建好房子。

郭金海把自己的想法告诉了大哥仁海，得到了大哥的支持，于是他留下来把自己所有的积蓄用来给东家造房子。此举一出，在当地传为佳话。因此，建材老板赊材料给他。房东自愿再贴补他部分资金，做工的师傅一个也没有走，欠着工资给他干活。不久新屋落成，工艺精湛，质量上乘，樊牧师非常满意，再三道谢。

此后，“郭利记”营造作坊美名远扬。郭金海根据市场形势，在嘉兴又创办了一家名为郭爱记的泥木作坊，由他单独经营，生意非常兴隆，杭州、湖州、莫干山等地的一些房东和老板也慕名上门请他建造房子。

烈火毁房

卢溶水泡“三脚马”

三脚马

卢溶水泡“三脚马”的故事，要从他智选“把作师”说起。

明朝景泰七年（1456）春，卢宅卢溶要造大厅的消息传遍了南北乡里。想揽活的名师包工头踏破了卢溶家的门槛，都说自己的手艺高强，弄得卢溶不知道相信谁好。

造厅堂是事关世世代代、子子孙孙的大事，工程质量决不能马虎，选择工匠必须优中选优。于是卢溶想了个挑选工匠的妙法。

一天，卢溶通知想接活的工匠都到现场来考试，三天后来听消息。考题科目是：每人现场做一只“三脚马”（木匠用的作业工具）。近百名应试的木匠师傅，个个摩拳擦掌，快手快脚，很快就完成了考试“科目”，并刻上各自的姓名后离去。等应试的木匠师傅都离去以后，卢溶立马叫人把这些“三脚马”全部抛到东驮塘中浸泡。

三天过后，应试的木匠师傅全部到齐，卢溶当众让人将他们所做的“三脚马”从池塘中捞出，同时又让应试者将各自所做的“三脚马”拆开。“主考官”卢溶对每一只“三脚马”都进行了认真仔细的检查。检查结果：只有一只“三脚马”由于榫头、卯孔做得到家，相互交合处严丝合缝，经三天三夜的池塘水浸泡，竟然滴水不进，里面仍旧干燥如初。其他的几乎都被泡胀或沾湿。在场的人和应试者都看在眼里，服在心里，手艺好坏，立见高低。最后，卢溶宣布这位师傅为建造大厅工程的木匠“把作师”。落选的师傅虽觉得这种考试方法有些苛刻，但也无可非议。

乡村到处有古建

在东阳，除卢宅外，还有李宅、蔡宅、官桥、上安恬、白坦、黄田畈、画溪、厦程里等古建村落。

乡贤宅第、商贾居宅、义塾书院、宗族祠宇、宗教寺院等，在东阳城乡星罗棋布，三转两转就能遇见。

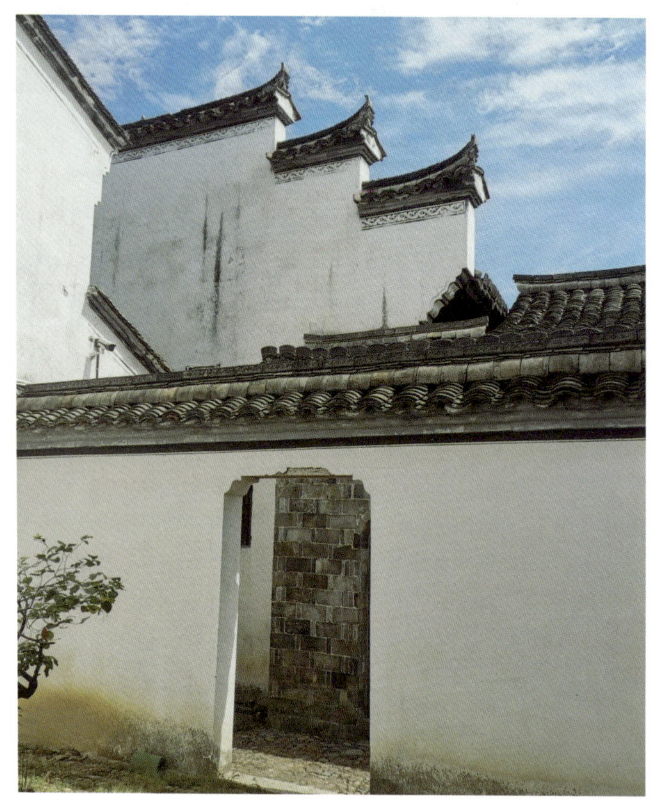

古建筑一角

古建村落

十兄弟居住的古村落——李宅古村落

十个亲兄弟，即使在提倡多子多福的年代，也非常罕见。李宅古村落曾经居住着李氏十兄弟。

在李宅村口，一眼就能看到一个梁柱雕琢精美的标志性建筑——花台门。走进花台门，仿佛走进了李宅的历史。李宅古村落坐落于城东街道，已有600多年历史，系蟾程李氏聚居地。蟾程李氏源于唐宪宗之后，北宋时迁东阳。明朝宣德二年（1427），李沂见蟾程形势宜人，蟹溪绕其间，十二莲花峰环其东，四溪流其间，龙山、马鞍山矗立于南，遂自吴宁桂坡迁居李宅。嗣后开枝散叶，人丁兴旺，渐成为地方望族大姓。

庚楼（文昌阁）造型别致，是一幢用于打更报时，提醒大家防火防盗的建筑。穿过文昌阁，绕过月塘，就能见到主体建筑世尚书门坊、集庆堂和李氏宗祠。这些建筑建于明朝中叶至清朝嘉庆年间，形成了别具特色的李宅村古建筑群。李氏宗祠，清嘉庆时期建筑。前后三进。门楼七间，单檐楼屋，中辟大门，左右置抱鼓石一对。前厅五间，明次之间抬梁式，梢间抬梁式、穿斗式混合，施32根圆青石柱，饰S形夔龙纹牛腿，雕花柱础与鼓形泡钉柱础混合。后堂结构同前厅，施26根抹角方形石柱，饰S形夔龙纹牛腿，覆斗状柱础。前厅的石柱是圆形的，后堂石柱方形，意为“外圆内方”。宗祠里有很多牌匾，建筑内悬挂“怡怡堂”“进士”“理学名宗”等匾额。

现还有小祠堂、棉花厅、兴大堂、高常祠及10多幢胜饰精美、保存完整的十一间、十三间、十五间、廿四间三合院、四合院结构的古民居建筑。

从世尚书门坊到集庆堂主轴两侧建有古民居10幢，东西各5幢，俗称十台。相传由李氏的仁、义、礼、智、信、恭、宽、诚、敏、惠十兄弟居住。走过十台，仿佛看到十兄弟来来往往、进进出出，气派十足，浩浩荡荡，好不壮观。

李宅集庆堂

陈望道的完婚地——蔡宅古村落

陈望道（1891—1977），浙江义乌人。《共产党宣言》首个中文全译本翻译者，中国教育家、语言学家、中国共产党发起组织成员。1930年，陈望道与蔡慕晖在蔡宅古村落蔡希陶故居完婚，开启东阳文明新式婚礼先河。

蔡宅古村落坐落于虎鹿镇，为鹿峰蔡氏聚居地。

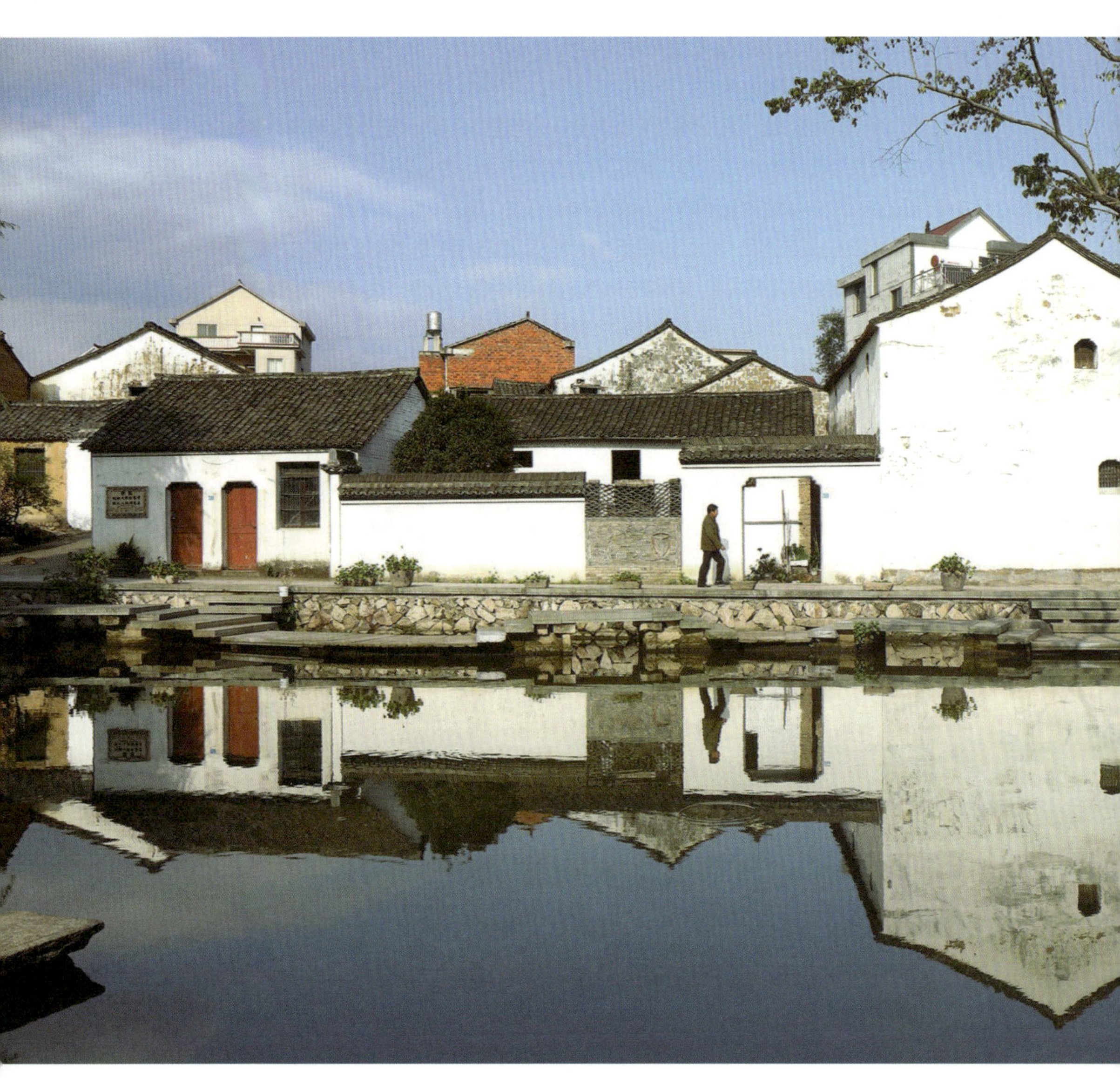

蔡希陶（1911—1981），在这个古村落出生，植物学家。蔡希陶故居，清光绪二十五年（1899）始建，重檐走马楼式十三间三合院。后又在正厅围墙外相向建造十一间三合院，形成气势雄伟的廿四间头四合院。正屋明间楼下开敞，挂“乐顺堂”匾额。施深浮雕锁壳人物故事牛腿，设几何纹门窗。为省级文物保护单位。

蔡宅，宋元至今，宿彦鸿儒，代不乏人，有解元1人、举人2人、钦赐举人4人、入仕文武官员50多人，近现代则有创东阳最早自治小学的蔡汝霖、著名植物学家蔡希陶等。村内古建筑密布，现存明清时期古建筑近百幢，其中名人故居5幢、宗祠厅堂18幢、规模较大的古民居30余幢，多呈三合院、四合院布局，依地势发展，与池塘、沟渠有机结合。蔡宅古建筑群是东阳最大的古建筑群之一，已列入第三批中国传统村落名录。

蔡氏宗祠，始建于明中叶，重建于清康熙年间（1662—1722）。前后二进。前立清中叶建造的照壁，五层牌楼式的高大屏风，一字排开，多处施砖雕，每层有翘角，压栋砖、瓦当上的线条雕饰精美，有飞龙行云、花卉等。照壁雕饰精湛，颇有气势。整座建筑保存完整，用材粗硕，梁枋柱檩均饰彩绘，融木雕、砖雕、彩绘艺术于一体。

蔡忠笏故居，抗日将军蔡忠笏曾在此居住，民国十七年（1928）建。原为“廿四间头”，现存“十三间头”，砖木结构，重檐二层，正厅、厢房皆施格子门窗。山墙设四级翘角马头。青砖黛瓦，古色古香，风格粗犷。围墙内外施壁画14幅，有山水、人物、书法等。左厢山墙外侧台门上书“秋雨锄经”，围墙外辟小花园，朝东北向设八字形翘角马头台门一座。

玉树堂，清乾隆时期（1736—1795）建筑，三合院布局。传主人曾出仕苏州，故有苏式建筑装修特点。正屋三间，重檐楼屋，楼下开敞，设天花，施镂空雕锁壳夔龙牛腿。左右厢房均置女儿墙，辟圆形洞门与砖砌格子花窗。门窗饰几何纹。院墙饰水墨壁画。建筑完整，设计独特，雕刻精细。

此外，还有永贞堂、华萼堂、润德堂、涵玉堂、元盛堂、听春雨楼、上街头十三间、四维堂、光裕堂、玉振堂、大份厅、怡怡堂、永慎堂等古民居建筑存世。

蔡宅一景

乡贤宅第

邵飘萍陈列馆

一代报人邵飘萍故居

邵飘萍故居坐落于南市街道紫溪村。邵飘萍（1886—1926），原名镜清，后改为振清，字飘萍，民国时期著名报人。1918年10月，独资创办《京报》，受聘为北京大学新闻研究会导师。1919年，到北大“五三晚会”发表演说，疾呼：“救亡图存，奋起抗争!”

因遭通缉，再次流亡日本。回国后，复办《京报》，任社长。1925年春，经李大钊、罗章龙介绍，加入中国共产党。《京报》在讨伐北洋军阀中影响很大。邵飘萍是杰出的无产阶级新闻战士，中国新闻理论的开拓者、奠基人。因发表文章揭露反动军阀统治的种种黑暗而被杀害。毛主席亲自批文追认其为革命烈士。

邵飘萍出生于紫溪村的御史厅，该建筑重建于清晚期，坐东朝西，为厢屋三层，硬山顶二层，穿斗结构，面阔12米，进深8.8米，明间中开两扇福扇门，前檐柱间砌有槛墙，槛墙上设直棂式窗，结构简单，鼓形柱础。屋前3米处有一口八角形的石井，曾养育着一代报人的成长。迎面是新建的邵飘萍故居陈列馆，值得观瞻。

邵飘萍雕像

全国人大常委会副委员长严济慈故居

严济慈（1900—1996），横店镇人。物理学家、教育家、社会活动家。南京高等师范学校和东南大学毕业，后赴法国巴黎大学读书，获数理硕士学位、国家科学博士学位。1927年回国后，任北平研究院物理研究所所长等职，当选中央研究院院士。1949年后当选中国科学院院士，任中国科协副主席及名誉主席，中国科技大学教授、校长等，为第六、第七届全国人大常委会副委员长。

严济慈故居位于横店镇米塘社区下湖严小区，由两幢独立院落建筑组成，一前一后相距不过三四十米。其出生地三合院，西南朝向，由5间正屋和南北厢房各2间组成，硬山重檐楼房，正屋八架前单后双步廊，用五柱穿斗式构架，厢房五架穿斗式构架，系父亲严树培继承的祖产，始建于清末，建造者为其在后岑山经营“惠元堂”中药铺子的曾祖父，后因祖父析产而分得其中的东头正屋一间，另有版筑土屋一间半。1935年，又建造了一幢四合院。

四合院坐西北朝东南，前后两进，共计16间4弄。正中大门，门楣上方石刻“客星昭耀”。传说严家远祖严光（字子陵），是东汉隐士，与汉光武帝过从甚密，曾同榻而眠，睡熟中把脚伸在汉光武帝的肚子上，第二天太史上奏，说“客犯帝座甚急”，光武帝笑答：“朕与故人严子陵共卧耳。”客宿共卧、福星高照，严氏后人就将“客星第”作为严氏堂号。此处题写“客星昭耀”，寓意深长。

2012年5月，严济慈自己成了一颗“星”。经国际天文学联合会小天体命名委员会同意，一颗国际永久编号第10611号的小行星被正式命名为“严济慈星”。

严济慈故居

商贾居宅

“雪舫蒋”火腿蒋雪舫故居

金华火腿出东阳，东阳火腿出上蒋。

民间传诵的这一俗语道出了上蒋“雪舫蒋”火腿在中国的影响力。“雪舫蒋”火腿是我国火腿行业唯一集中国名牌、中国驰名商标、中华老字号于一体的百年老品牌。

“雪舫蒋”火腿创始人蒋雪舫（1841—1926），名梦昌，字雪舫。14岁跟随叔父学习腌制火腿。18岁独立建起制腿作坊，博采众长，以产自本地的精多肥少、肉质细嫩的金华“两头乌”优良猪种后腿为原料，采用一套独特的火腿腌制配方和工艺生产火腿，命名为“雪舫蒋”火腿。香味独特，回味无穷，火腿让人垂涎欲滴。清光绪三十一年（1905），“雪舫蒋”火腿在德国莱比锡万国博览会上获金奖。

蒋雪舫故居位于歌山镇上蒋村，建于清末，建筑有两幢，分建于道路两侧，呈南北并列状。蒋雪舫故居南边一幢，坐西朝东，十五间头，是典型的三合院。院墙高耸，正门宽敞。门额上题有“桐生茂豫”4个大字。重檐两层楼，明间堂屋，五柱穿斗式构架。大房两边各3间洞头屋，走廊设龙虎门，呈“廿”字形布局，可直通南北。堂屋和大房搁栅较为密集，搁栅两边密密麻麻钉有很多用来悬挂火腿的竹钉，仅堂屋就可挂50多只。东南角有一圆口古井，是当年蒋雪舫用来清洗腌制火腿之水。

蒋雪舫故居

马上桥花厅

坐落于湖溪镇马上桥村，为全国重点文物保护单位。

清嘉庆至道光年间（1796—1850），商人吕富进建造“一经堂”，俗称“花厅”。牌坊前后四进，坐北朝南，占地面积2000平方米，共有房屋44间。全宅平面布局呈“且”字形，由门楼、正厅、中堂、后堂加左右厢楼构成纵深的四合院，既相对独立，又互为贯通。

门楼院落为倒座式九间头三合院。单檐穿斗构架二层楼房，明间敞开作大门通道，正面开八字台门，门洞上方有“锦丽绮章”石匾。门楼与前院之间设院墙，院墙门额题“孝友和光”，由翁同龢书写。正厅为敞厅，三开间，九架前轩后双步，屏门后设厅托。明间抬梁构架，次间山缝设中柱，抬梁与穿斗混合。穿枋下及后檐墙内侧磨砖贴面，构成几何形图样。山墙前廊部位左右设洞门，洞门上方置有石匾，石雕花框内雕有“培兰”“植桂”大字。正厅楣上悬挂着3块大匾，中匾“一经堂”贴金大字，两旁大匾为“经魁”“贡元”。两边有贴金柱联：“东鲁雅言诗书执礼；两京明昭孝悌力田。”栋柱的楹联为：“恹先无别业帷兹武绩文名留于儿孙世守；启后有良模只此农耕士读承些宗祖家风。”

门厅、正厅及厢楼的梁枋、斗拱、牛腿、雀替、轩等构件，全用多层次镂空木雕装饰。厢楼门窗多用细木榫卯拼兜各种回纹图案，配以镂空木雕、深浅浮雕，疏密有致。所雕题材为人物故事、锦山秀水、花草虫鱼、飞禽走兽，无不栩栩如生。连接三进的檐梁、柱梁、步梁下面全是立体浮雕，特别是中间梁有30厘米厚的立体浮雕十狮图，其中有两只大狮各显舞姿，张口伸舌在抱绣球，绣球是圆体中空，内藏活动滚珠；双狮上面各有大小彩练幼狮4只，姿态各异。正厅侧壁用磨砖拼花砌成，各进山墙均饰以多级马头，把花厅衬托得更为庄严华丽。中堂明间隔扇门花心镶嵌木刻诗文。

一经堂花厅中壁前案几两旁竖立着高2米的木制雕花灯台。正厅屋栋下悬挂精致、华丽的大堂灯，灯内一次可点燃36支蜡烛。三间正厅挂有珠灯、料丝灯、明角灯、红纱灯8对，两边厢房挂有4对灯，形状有6棱、8棱、圆球形等。还有众多的檐口子灯。连同厅前门楼与后堂灯，一次需点蜡烛10公斤。

整座建筑结构和谐对称紧凑，融木雕、石雕、砖雕、堆塑、油漆、绘画、建筑艺术于一体，表现出当时建筑工匠的高超技艺，令人目不暇接，叹为观止。近年来，国内外古建筑专家多批前来考察研究，并已摄制电影、电视。

马上桥花厅外景

牌坊路亭

“方岳重臣”坊

牌坊为门洞式纪念性建筑物。主要为木、石、砖坊，或木石、砖石混合坊，或朴实雄健，或精巧华丽。可分为四类，一类为功德坊，用于褒扬功德、显示官位功名、彰扬科举成就，其目的既是为了光宗耀祖，也是为了激励后学。一类为节烈坊，用于表彰忠臣及孝子，旌表妇女贞节，宣扬忠孝节义，维护封建伦理；一类为标志坊，往往建于宅第之前，与门墙门楼相结合，既作牌楼又作大门，也有与照壁合二为一的；一类为豪门望族、忠臣烈士墓葬前的墓坊。

历史上，东阳牌坊较多。旧民谣曾有“东阳牌坊九十九”之说。东阳牌坊，上下近千年，此建彼圮，难有确数。据考证先后有120多座。最早的出现于唐代立于岘山下的“大方伯”坊，为厉文才所立。清代咸丰年间（1851—1861）建造牌坊已近尾声。卢宅从卢干、卢森、卢楫立的“同胞三凤”坊，卢格立的“凤纪世家”坊到卢睿立的“都宪”坊，有18座之多。功德坊“方岳重臣”为卢洪珪所立。现遗存的已屈指可数。

路亭又称凉亭，中国传统木结构单体建筑之一。建筑在路旁、桥头等供行人乘凉、避雨、休息的小亭子。造型轻巧，用材不拘，布设灵活，也被广泛应用在园林建筑这中。

路亭

义塾书院

白云书院

八华书院

宗族祠宇

宗祠

宗祠

宗教寺院

南寺塔

灵应寺

古建筑活“见证”

联合国教科文组织《保护文物建筑及历史地段的国际宪章》说：“世世代代人民的历史文物建筑，包含着从过去的岁月传下来的信息，是人民千百年传统的活见证。”东阳古建筑，用其独特的语言诠释着东阳人的基因和传统。

卢宅、李宅、蔡宅等6个古村落，因历史原因损毁严重，规模已缩小很

多。东阳民居，有1300多幢在第三次不可移动文物普查中登记在册，分布在市区和乡村。历史稍久的村庄，几乎村村都有古建筑。

全市18个乡镇街道中，古民居数量最少的乡都有14幢。鲜有集中成片，多为散落乡村；少有简易，多为精致。

李宅，李氏祖居甘肃，明朝时迁入东阳。明末，李宅引进了周、吴、赵、虞、卢等姓氏到村里居住。李宅随之人口陡增、规模扩大。宋室南迁，大批北方士族迁入东阳，与东阳人你来我往、和睦相处。东阳人的大气包容，让新迁入者能很快融入。东阳人开阔的胸襟、开放的视

肃雍堂

古民居

野、“开拓创新”、“兼容并包”的基因一直沿袭未变。

唐代任剑南东川节度使的冯宿与兄弟冯定在冯高楼建高楼，明末兵部尚书张国维在吴宁里托为庆贺母亲八十大寿建造“九如堂”（张府厅），等等。他们事业上勇于争先，建树颇丰，同时忠孝尽责，把在家乡建房当作一生中光宗耀祖的大事。经商致富的也如此。湖溪罗青村申屠品兰四兄弟，做皮货、药材等生意，在家建造了四和堂。即使普通的泥水木匠，无论出门打工多远，都心系家乡。在外有钱没钱，回家过年。确实无法回家了，也要捎个信带点年货回家。

达官贵人、乡贤商贾、姓氏长老都各自在村里或找地方建房。厉文才辞官回乡后，离开夏厉墅重新选址，“相地之宜”，“以筑安居”于城南。坚苦自立，敢为人先，不怕艰苦，不亦步亦趋，你在哪个地方建房我就跟到哪，也不依赖父母的房子，而是依靠自己的力量立足社会，敢作敢为、自强不息、发奋图强。卢宅卢氏后裔没有坐享接榀加屋卢宅的福荫，而是分散衍居于东阳后周、桐坑、井头后、藕荷塘、乔庄、陈宅街等20多地。“坚苦自立”“敢为人先”的精神，在东阳人身上打下了“胎记”。

古民居

SHANLIANG JINMINPIAN

闪亮金名片

一个民工，一个使者。

一个塔吊，一个广告。

一座建筑，一座丰碑。

外界大多是从一支支由东阳市走出来的穿梭于大江南北的建筑大军中，从一座座由东阳人建造起来的矗立于全国各地的建筑产品上，开始认识东阳的。

建筑，就是东阳对外的一张金名片。

海天建设集团承建的北京理工大学中心教学楼工程是浙江省进京施工企业获得的第一个“鲁班奖”

改革创新加快发展

探索灵活的经营路子

逢山开路，遇水搭桥。

无论山高水远，都没能挡住东阳建筑企业前进的步子。东阳有一千家建筑企业，就有一千条经营路子。每条路子，都是自我探索走出来的，每条路子都不可复制，每条路子都独一无二。

早在1987年，东阳县千祥区的6个乡级工程队用股份合作制的办法，进行所有制改革，组建“东阳千祥建筑工程有限公司”，这是浙江省集体建筑企业中首家实现股份合作制的企业。

20世纪末，由国家建设部推荐的“浙江广厦”股票A股3500万股在上海证券交易所公开发行，并于4月15日挂牌上市，开启全国建筑业股票上市之先河。

东阳二建公司成为浙江省首家在北京独立承包工程的企业。浙江建筑业志永远记着1998这一年。

建筑不停，建筑企业探索生存赢利之道，永远在路上。

大桥夜景

改革适应的管理体制

东阳市建筑业管理局原办公大楼

东阳市委、市政府根据上级机构改革的要求，从有利于东阳建筑业发展的实际出发，采取相应的管理体制改革。

1986年4月，改革开放后的东阳建筑队伍，如雨后春笋般破土而出，为了加强管理，设立了东阳县建筑工程管理局。

1990年6月，为加强建筑业管理，发挥优势，进一步加快东阳建筑业发展步伐，东阳市建筑工程管理局归口市城乡建设委员会，属企业性质，为市政府工作部门，经费从建筑工程管理费中开支。

1996年6月，将东阳市建筑业管理局提升为正局级事业单位。

为开拓市外建筑市场，还在上海、杭州、宁波、温州设立办事处。在2002年国家机关进行第二次机构改革时，依然保留东阳市建筑业管理局。成为全省为数不多的拥有建筑业管理局的县（市）。

2019年1月，东阳市机关机构改革，优化市住房和城乡建设局，加挂市建筑业管理局牌子。

机构改革不断深化，东阳市委、市政府对建筑业的重视程度始终不变。近年来，突出为建筑企业服务的职能，设立了东阳市建筑业发展服务中心。

崛起最强的民营建企

中天控股集团有限公司在2022年9月中国民营企业500强中，位列建筑业民营企业第一位，是名副其实的全国最强的民营建筑企业。

在行业市场下行的2022年，中天控股集团按照“稳盘、转型、风控”的总体思路，守住了发展的基本面，完成产值与销售1536亿元，位列“中国企业500强”第194位、“中国民营企业500强”第59位、“中国承包商80强”第6位。

中天深化改制后，稳步实施自己的发展规划。中天“工程服务”板块以房屋建筑、交通市政及基础设施建设等为核心业务领域，以为客户提供一站式、一体化服务为目标，持续深化“每建必优”，坚持区域深耕，提升技术能级，推动项目提质增效，升级新建造方式，打造行业先进生产力。中天建设集团、中天西北建设投资集团、中天华南建设投资集团、中天北京建设投资集团、中天交通建设投资集团、中天海外建设投资有限公司、中天设计集团、产业链子公司等产业单元，各有侧重，各司其职，致力于保持大土木工程领域民营企业领先地位，在工业化、数字化、绿色化方面形成核心技术优势和先进建造水平。

荣誉证书

中天建设集团有限公司

在创建鲁班奖工程中贡献突出，授予创建鲁班奖工程突出贡献单位称号。

特发此证。

中国建筑业协会
二〇一七年十一月

时代印记的《东阳建筑》

《东阳建筑》创刊于1985年4月，有国家正式内部刊号，系全国首家县级建筑业期刊。后由国家建设部副部长叶如棠题写刊名。该刊发表的论文，曾一度被浙江省高级职称评委认可。《东阳建筑》被全国不少建筑业主管部门订阅。

两年一次的东阳建筑系统文艺汇演，同样是20世纪90年代东阳建筑让人回味的色彩斑斓的一幕。建筑工人自己演自己，建筑企业请明星来演出。规格档次之高，明星出演之众，堪比中央电视台的春节联欢晚会。

不是每一次谢幕后，都会有掌声。

改革也如此，有成功，也会有失败；有晨钟，也会有暮鼓。随着特定的历史条件的变化，并不是非此即彼，非成即败。《东阳建筑》是一段历史的印记。历史和后来发展的实践证明：只有从东阳建筑业实际出发的改革，才能成功。

《东阳建筑》杂志

全国建筑业改革与发展研讨大会

面向21世纪，中国建筑业如何深化改革，加快发展步伐，许多新情况、新问题值得建筑界研究和探讨。1996年11月12日，“全国建筑业改革与发展研讨大会”在东阳影剧院召开，国家建设部副部长谭庆琏，建设部总工程师、建筑业司司长姚兵，中国建筑业协会会长廉仲、常务副会长谭克文，浙江省人大常委会副主任孔祥有，省长助理李长江等出席。

国家建设部领导指出：东阳建筑业在全国知名的29个“建筑之乡”中，处于领先地位，正因为如此，国家建设部邀请全国建筑业的管理行家、专家教授汇聚东阳，研讨全国建筑业的改革与发展思路。

东阳建筑界，在这次研讨大会上，提交了5篇论文，其中《试论建筑业的“可持续发展”》荣获一等奖。

这次盛会，对东阳建筑业乃至整个东阳经济和社会的发展具有非常重大的意义。

会上发布了《东阳市建筑业发展战略纲要》。该纲要是东阳建筑业跨世纪发展的长远规划。国家建设部领导希望东阳能在三个月内拿出纲要，为全国提供样板。东阳市委先后三次召开书记碰头会，研究组建写作班子，在拟定写作班子负责人人选时三易其人，重视程度可见一斑。

1996年11月14日，在全国建筑业改革与发展研讨大会期间，东阳市委、市政府邀请部分与会专家学者对《东阳市建筑业发展战略纲要》进行认证。来自国家建设部、中国建筑业协会、国务院发展研究中心、国家计委投资研究所、东南大学、省建设厅、金华建设局的领导和专家，对《纲要》进行了详细认证，并提出了许多宝贵建议。

国家建设部领导和专家学者对《东阳市建筑业发展战略纲要》评价很高，认为“其气魄宏大、目标明确、措施有力”，给全国建筑业提供了很好的范本。

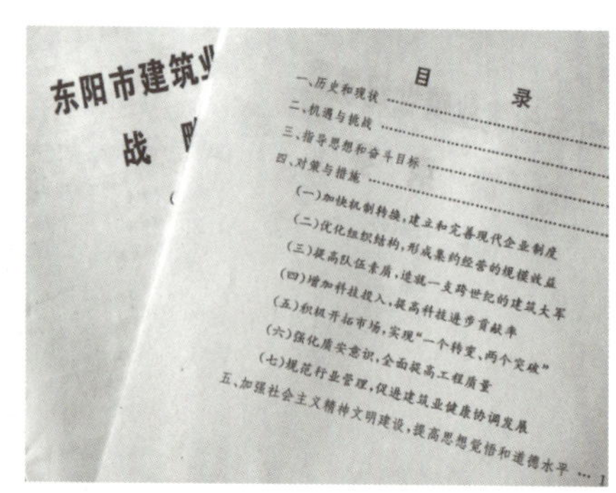

发展纲要

大会现场

建筑科技与产业发展论坛

2020年元旦，“建筑科技与产业发展论坛”作为“第二届世界东阳人发展大会”的分会，在横店隆重举行。这是一次东阳建筑与国内高校携手，建筑实践者与建筑理论家合作，共同关注建筑科技、一起共商产业发展的大会。

在科学技术快速发展的当今社会，建筑企业面临着许多新情况、新问题、新挑战，需要寻找发展的突破口。

本次论坛，中国建筑业协会王铁宏会长和两位工程院院士到会指导，可以说又是一次中国建筑业的巅峰论坛。各位建筑业的专家围绕“建筑科技发展趋势”这一主题，对未来建筑业发展趋势进行了深入的研讨交流，这对推动东阳建筑产业转型升级、健康发展具有十分重要的意义。

第二届世界东阳人发展大会“建筑科技与产业发展论坛”现场

亚运会主体场馆

亚运场馆展精彩

2023年，第19届亚运会在杭州举办。东阳建筑企业在亚运会的场馆建设中，充分展现了“建筑之乡”的风采。中天集团为杭州亚运会建设了形象最美、质量最优的2023年杭州亚运会的主场馆。

杭州奥体中心主体育场工程位于钱塘江南岸的杭州奥体博览城，工程总建筑面积为138774平方米，主体育场地上六层，地下一层，建筑高度59.4米，主体育场看台为钢筋混凝土框架剪力墙结构，罩棚为空间管桁架+弦支单层网壳钢结构体系，结构设计使用年限为100年。该工程是一座拥有8万多观众席的特级、特大型体育场，地下1层为设备用房，1层为体育赛事功能区，2层以上为观众看台。金属屋面系统主要由28片大花瓣和27片小花瓣组成。室内室外功能齐全、造型独特，是杭州地标性建筑和省、市重点工程。

这个亚运会项目，工程难度大、技术含量高、质量要求严，在施工中创建了国家级工法1项、省级工法3项、发明与实用新型专利多达15项。获中国建设工程“鲁班奖”、中国钢结构金奖、国家工程建设QC成果发表二等奖、浙江省建设科学技术三等奖（百年混凝土）、全国建筑装饰行业科技示范工程。

赋新古建工作站

老树春深更著花。

在东阳发展的各个时期，特别是改革开放后的40多年，东阳古建筑文化被赋予了不同内涵，却始终以特有的东阳建筑精神激励着东阳建筑业乃至整个东阳经济和社会前行。可以说，东阳建筑业的发展过程就是东阳古建筑文化的一个不断传承和创新的过程。

浙江东阳传统工艺工作站，是全国唯一一家以传统民居营造技艺学术研究、专家交流、高校学生实训、古建工匠培训、古建筑保护修缮、新农村规划设计为主要任务的工作站。国家文化和旅游部领导对工作站的选站和建设都非常重视，各地争取建站的积极性很高，2017年，最终“花落东阳”。浙江东阳雄心营造技艺有限公司，成为驻站合作企业，担任工作站负责人。

几年来，工作站依托公司平台，围绕工作目标，广泛凝聚各方力量，共同搭建研究和实践基地，积极探索传统民居营造技艺在古建筑保护修缮和乡村振兴中的现代应用、创新和发展。先后与同济大学、东南大学等高校和科研单位合作，高校在工作站设立研究和培训基地，已有数百名本科生和研究生到此学习研究。

工作站积极开展传统营造技艺国际对话研究活动，接待了挪威、意大利、日本等10多个国家与地区建筑学者的来访，有力地扩大了中国传统营造技艺在国际上的影响。

古建筑的修缮和新建是东阳建筑的祖传技艺。东阳有最强的古建筑施工队伍。善于在继承中发展，在发展中创新，在创新中继承。修旧如旧，形似神似，赋新非遗。杭州灵隐寺的五百罗汉堂和雷峰塔重建出自东阳木雕古建园林公司之手，泰顺廊桥“三条桥”是东阳雄心营造公司修建，磐安玉山古茶场、宁波城隍庙由东阳文物修缮公司承接修缮。

东阳传统营造的现代发展，生机勃发，新枝繁茂。

建筑企业异彩纷呈

浙韵建筑，东阳传统。

东阳建筑业已经形成了中天建设集团一马当先，海天建设集团、歌山建设集团、广厦建设集团、东阳三建公司、新东阳建设集团、天祥建设集团等特级企业率马以骥，数百家一、二、三级建筑企业万马奔腾的波澜壮阔、气势磅礴的局面。

广角再广也有限，万马奔腾取几景。

八骏图

中天建设集团

集团办公大楼

“真心缔造美好家园”是楼永良董事长倡导的公司理念。

中天建设集团有限公司，是中天控股集团的核心产业集团，以房屋建筑、基础设施建设等工程服务为主要经营业务，致力于把握工业化、绿色化和数字化发展趋势，打造行业先进水平。集团经营地域覆盖国内二十多个省、直辖市、自治区，海外业务已拓展到非洲、东盟及南亚等地。

围绕“建筑科技领先型的现代工程服务商”定位，倡导“每建必优、品质为先”的理念，共创出“鲁班奖”29项，国家级奖项235项。荣获“创建鲁班奖工程突出贡献奖（金奖）”、中华人民共和国成立70周年“功勋企业”、首届“浙江省政府质量奖”。承建200米以上的超高层建筑30多座。杭州阿里中心、北京国际中心、湖北省人民医院、广州长隆酒店、中国人寿大厦、海南三亚凤凰岛等一大批标志性工程遍布全国。

为实现技术赋能，打造中天全产业链的核心技术优势，中天成立了包括1家新建造研究总院、1个院士工作站、2个校企联合研究中心、1个重点企业研究院、4家省级企业技术中心、8个专业研究所、17个技术设计中心等多层次、高能级的技术平台。专注建筑工业化、绿色建造、数字建造、光伏一体化等领域，积极开展中天新建筑体系研究应用和标杆示范项目建设，获得专利、工法、标准等技术成果2400余项。

作为最早涉足装配式建造的企业之一，中天建设已在全国布局17个新型建筑工业化基地，产业覆盖PC构件、ALC、商砼、石膏砂浆、铝合金模板、模具加工、防护屏等。2017年，荣获首批国家级“装配式建筑产业基地”称号；2021年，获浙江省住建厅颁发的“浙江省建筑产业化现代化示范企业”称号。

海天建设集团

集团办公大楼

海天建设集团有限公司是一家集房屋建筑、基础设施建设、房产开发、金融投资、酒店餐饮、商贸建材等多种经营于一体的综合性大型企业。目前，集团旗下已拥有13家全资或控股子公司和20多个分公司，市场区域覆盖全国大部分省市自治区及阿联酋、泰国等海外地区。

公司创建于1975年，2006年改制成为民营股份制企业。公司始终坚持“以人为本、诚信为先、质量至上、开拓创新、持续发展”的经营理念，与时俱进，追求卓越。年建安总产值从2005年的不到13亿元发展到2022年的130多亿元。公司是一个快速发展、健康成长的企业，先后被评为“中国民营企业五百强”“中国建筑业企业竞争力百强”“浙江省百强企业”“浙江省建筑强企”“浙江省进京进沪施工先进企业”等。在四川抗震救灾中荣立“集体一等功”。

公司以一个个精雕细琢的精品工程、一张张用户满意的社会答卷回报社会。面对未来，海天人怀揣着梦想，满怀信心再度远航，以“立足浙江、面向全国、走向世界”的雄阔姿态，开拓前行，驶向光辉灿烂的美好明天！

歌山建设集团

豪迈如歌，诺重如山。

这是歌山建设集团的企业精神。歌山建设创始于1964年，经过半个多世纪的“稳经营，长发展”，已拥有行业全面资质，具备工程总承包能力和全产业链服务能力，业务遍布浙江、山西、天津、陕西、江苏、河南、广西等20多个省区市，完成了一系列大体量、高层次、大跨度、高标准、精装饰的高端住宅、甲级写字楼、企业总部、医疗卫生设施、文化体育设施、工业厂房、市政基础设施、环保绿化等标杆建筑产品。

公司是中国民营企业500强、浙江省民营企业100强、中国承包商企业80强，全国优秀施工企业、全国建筑业先进企业。以“诚建品质、创造卓越”为使命，坚持践行“市场就是现场、现场就是市场”的管理理念，推行标准化、精细化、数字化管理模式，不断提升建筑品质。创出“鲁班奖”“国家优质工程奖”“中国钢结构金奖”“钱江杯”“海河杯”等国家、省、地（市）级优质工程300多项，国家、省、地（市）级文明标准化工地500多项。

秉承“豪迈如歌、诺重如山”的企业精神，歌山建设集团不断打造“高品质、低成本、超预期”的核心竞争优势，持续为客户、社会创造价值，贡献优质产品和服务，推进高质量转型发展，奋力实现“百年歌山”的宏伟梦想。

集团办公大楼

广厦建设集团

广厦建设集团有限责任公司，是国家建设部推荐的全国建筑业首家上市公司，是广厦控股集团有限公司直属的大型民营建筑企业集团。

广厦建设为房屋建筑工程特级资质施工企业，建筑施工技术力量雄厚，专业设备先进，在行业中较早地取得了对外经营权。下辖广厦一建、安徽、西安、贵州、天津、山西、河南等30余家分公司，经营市场广阔，业务遍及全国大部分省、市、自治区，在阿尔及利亚、阿联酋等海外地区建有分支机构和业务基地。

广厦建设拥有省级企业技术中心，已获国家级工法，主编国家标准，完成省级技术研究项目，获得专利和QC成果近百项。

广厦建设以“立足大建设、开辟大市场、构筑大基地、经营大项目”为经营战略，以科技为动力，以资产为纽带，以创新为手段，力创世界性的“广厦”品牌。历年累计创国优、省优、市优工程500多项，曾被建设部授予创鲁班奖工程特别荣誉企业。企业曾荣获“全国优秀施工企业”称号、中华人民共和国成立70周年“功勋企业”等荣誉。

集团办公大楼

东阳三建

浙江省东阳第三建筑工程有限公司是一家规范化股份制民营企业，前身是成立于20世纪70年代初的东阳县城关修建社，1985年4月改称东阳三建。拥有国家房屋建筑工程施工总承包特级、建筑行业（建筑工程）设计甲级等资质。

公司拥有对外独立经营权，先后拓展了阿尔及利亚、马来西亚、柬埔寨等国市场，取得了突出业绩，并赢得了广泛赞誉，是全国对外承包工程业务新签合同额、完成营业额双百强企业之一，连续多年入选美国《工程新闻纪录（ENR）》“全球最大250家国际承包商”榜单，2021年为全球第184名。荣获“浙江省对外承包工程十强企业”。

注重品牌建设，积极创优创标化。历年来，公司获得“鲁班奖”7项，“国家优质工程奖”2项，“全国建筑安全奖”及“全国安全文明标准化工地”等30余项，“钱江杯”“白玉兰杯”等省、地、市优质工程奖300余项。

公司先后荣获“全国先进建筑施工企业”“全国优秀施工企业”“全国工程建设质量管理优秀企业”“全国建筑企业一百强”“浙江省建筑强企”“浙江省先进外经企业”等称号。

公司办公大楼

新东阳建设集团

集团办公大楼

新东阳建设成立于2005年。十几年来，稳步向前，发展迅速，成为一家集房屋建筑、工程设计、市政公用、装饰装修、建筑劳务、房产开发、建材贸易以及建筑设计、海外施工为一体的大型综合性集团公司。具有房屋建筑工程施工总承包特级、建筑行业设计甲级、装修装饰一级等资质，下辖9个全资专业公司、10大区域建设公司，年施工能力在100多万平方米。

“以质量求生存，以品牌创声誉，以诚信拓市场”是公司始终坚持的经营方针，工程质量合格率及合同履约率达100%，并先后创出了百余项省、地、市级“优质工程”和“文明标准化工地”，参建的广西柳州妇幼保健院门诊保健综合楼被评为“鲁班奖”工程，柳州儿童医院被评为“国家优质工程奖”。

新东阳建设连续被评为“全国优秀施工企业”“全国工程质量管理先进单位”“全国建筑文化建设示范企业”，浙江省“先进建筑业企业”“出省施工优秀企业”。

新东阳建设集团执行董事长卢大伟，曾在建筑高手如林、市场竞争激烈的大上海，十二年连续创下14只“白玉兰杯”，成为上海乃至全国建筑界的传奇。

天祥建设集团

天祥建设集团股份有限公司具有国家建筑工程总承包特级资质。天祥建设集团一直积极探究新型施工方式，并取得了突破性的进展。作为集团从事建筑工业化和绿色建筑体系研发及产业化的高新技术企业——广州容联建筑科技有限公司，曾入选广州市创新创业领军团队，2020年被认定为广东省博士工作站。公司具有强大的科研与产业能力，以PI体系为核心，形成装配式PI建筑体系、装配式装修体系、PI-D装饰结构一体化体系、地铁PI-U体系、综合管廊PI-T体系、建筑新材料、消能减震、PI智能设备研发于一体的建筑工业化全过程产品体系，为建筑工业化提供专业、系统的一站式综合解决方案。

未来，公司将以PI体系为核心，通过与“互联网+”、大数据、BIM、区块链、智能化相结合，实现信息传递的全数据化，使建筑设计、结构设计、机电、装修、楼宇智能化等实现全链条工业化，成为智能建造全链条数字解决方案提供商。

集团办公大楼

利越集团

集团办公大楼

修桥铺路百世利，而今迈步从头越。

利越集团做路做桥，做出了名气，是浙江省有名的路桥专业企业。承建320国道珊瑚沙至金家岭段，是浙江省高速公路的开路先锋。利越集团，前身为浙江省东阳市路桥建筑工程有限公司，成立于1991年。随着公司不断发展，公司规模越来越大，拥有公路工程施工总承包一级、公路路基工程专业承包一级、公路路面工程专业承包一级、桥梁工程专业承包一级、隧道工程专业承包一级资质，城市及道路照明、试验检测等专业资质门类齐全。

30多年来，公司始终坚持“团结、拼搏、开拓、奋进”的企业精神，秉承“诚信经营、互惠双赢、服务客户”的经营理念，以诚信承接工程，用质量赢得市场，先后承建了一大批国家和省市重点工程，是东阳市最早承接跨海大桥的企业。荣获“国家优质工程银质奖”“华东地区优质工程奖”“安济杯”“海河杯”“钱江杯”等优质工程奖多项。

艰苦创业，不辍耕耘。公司先后被评为“全国建筑业优秀企业”“浙江省优秀民营企业”“浙江省建筑业诚信企业”。勤劳聪慧的利越人正为实现“百年利越”的宏伟目标修桥铺路、勠力前行。

浙江省东阳木雕古建园林有限公司

浙江省东阳木雕古建园林工程有限公司是具有国家古建筑工程一级、建筑装饰装修工程一级、文物保护工程一级、建筑工程总承包三级、机电设备安装工程三级施工资质的综合型企业。连续多年被评为“浙江省建筑业先进企业”、“重合同、守信用”单位、“金华市建筑业先进企业”、东阳市“建筑业龙头企业”“十强企业”。

公司本着“建一项工程，树一座丰碑，与新老用户结善缘，为华夏文明做奉献”的理念，创下无数优质工程。上海宝山寺移地重建项目、普陀山观音法界正法讲寺中轴线古建项目等2项工程获“鲁班奖”参建奖，杭州灵隐寺五百罗汉堂等3项工程获“中国建筑装饰金奖”，杭州雷峰塔景区获“国家优质工程银质奖”。

公司办公大楼

浙江筑工科技有限公司

公司办公大楼

浙江筑工科技有限公司成立于2016年，地处浙江省东阳市经济开发区长松岗功能区，用地面积250亩，一期用地面积约150亩，二期用地面积约100亩，运营成熟后，可实现年产值10亿元，税收5000万元。

公司成立了“浙江省筑工科技装配式建筑高新技术企业研究开发中心”，通过与高校、强企进行产学研合作等方式，研发立项了多个装配式创新成果，提高了公司的核心技术实力。与三一筑工共同研发推广全装配SPCS空腔结构体系。

公司先后被认定为国家高新技术企业、浙江省建筑工业化产业基地、浙江省高新技术企业研究开发中心、浙江省“专精特新”中小企业。

在外东阳人的“7特级”

东阳有7家特级建筑企业，东阳人在杭州、宁波、天津等地还创办了浙江城建建设集团、浙江昆仑建设集团、宁波欣捷建设、天一建设集团、浙江新华建设等7家特级建筑企业。他们不仅建筑做得有声有色，而且离乡不忘家乡，有的在家乡创办企业，有的捐助家乡教育事业，有的帮助家乡新农村建设，为东阳“建筑之乡”增光添彩。

繁星熠熠

精品工程灿若繁星

那个“鲁班奖”的小金人，无论在阳光满洒的白天，还是在夜阑人静的夜晚，总是放射出神秘而诱人的光芒。

她就像月亮，周围布满了“钱江杯”“白玉兰杯”“长城杯”等大大小小的无数星星。

在东阳灿若繁星的精品工程里，我们摘取数颗。

频频举“杯”

中天建设集团，在建筑市场上频频举“杯”，已创下“鲁班奖”29项，被授予“创建鲁班奖工程突出贡献单位”称号。

郑州绿地广场（郑州会展宾馆）地处郑州市郑东新区CBD核心区中央轴心，东临郑州国际会展中心，西临河南省艺术中心，北临美丽的如意湖，总建筑面积24万平方米，共65层（含地下4层），总高度280米，为超高层建筑，总投资22亿元。由中天建设集团总承包施工。该工程是集商业、办公、超五星级酒店和观光旅游为一体的多功能综合性地标建筑，是河南省的重点工程。

郑州绿地广场外形呈塔状，各部分组合对称、平衡，既很好地融入了周边环境，又展现出挺拔的身姿，设计方案独具一格，具有显明的地域特色，显示出中原大地深厚的文化底蕴。在结构、幕墙等设施上，采用了绿色、节能、可循环的建筑设计，使得建筑兼具现代气息，外观上清新而华丽。

该工程先后荣获“2014—2015年度中国建设工程“鲁班奖”“河南当代最美建筑”“改革开放40年百项经典工程”等荣誉。

郑州绿地广场

沪上夺“杯”

葛洲坝大厦

海天建设集团承建的葛洲坝大厦工程，位于上海市浦东新区源深路1088号，工程总造价44518万元，总建筑面积62838平方米（其中地下17961平方米），基础为钻孔灌注桩结合筏板基础，主体为混凝土核心筒框架结构。地下3层，地上主楼26层，建筑总高度120米；裙楼5层，高度24米。大厦西侧紧邻世纪大道，向南遥望上海科技馆和世纪公园，是一座生态化、智能化的地标性高档写字楼。

海天建设集团创建“鲁班奖”有着光荣的历史。承建的北京理工大学教学楼项目获“鲁班奖”，为浙江省在京施工企业第一个大奖。

银行的“鲁班奖”

歌山建设集团承建的金华银行财富大厦是金华市重点民生工程，是金华市行政服务中心和金华银行总部的办公大楼。工程位于双龙南路与丹溪路交叉口，框架-剪力墙结构，建筑面积 93298 平方米，地上 26 层，地下 2 层，建筑高度 99.9米。工程设计新颖、造型美观，体现金华“婺州”文化元素，功能齐全，分区合理，绿色、环保、节能。该工程技术含量高，施工中推广应用了“建筑业10项新技术”中的8大项18个子项，形成省级工法1项、实用新型专利3项，被评为“浙江省建筑业新技术应用示范工程”、“浙江省建筑业绿色施工示范工程”、“鲁班奖”工程。

财富大厦

五金的“鲁班奖”

五金城会展中心

广厦建设集团承建的中国科技五金城会展中心工程位于浙江永康市，总用地面积16.6万平方米，建筑面积16.16万平方米，总投资7.6亿元。会展中心由序厅、五个展区及办证楼组成，各功能区经通廊车道有机衔接。

永康五金城会展中心体量大，施工难点多。大空间工程的施工危险性较大，主体结构异形混凝土梁柱一体构件复杂程度高，双塔楼大跨度双向外悬挑结构施工和序厅正立面独特的倒锥体造型施工技术含量高。

工程先后获得全国交通建设系统“工人先锋号”“全国建筑工程装饰奖”“中国安装之星”“鲁班奖”工程等荣誉。

医院的“鲁班奖”

浙江省东阳第三建筑工程有限公司承建了九江市中医院南院一期工程。该工程为框剪结构，地下2层，地上20层，裙房6层，建筑面积71431平方米，建筑高度94.2米。以门急诊、医技、住院等医疗功能为单元划分楼层，通过设立各大功能模块，局部复廊设置医疗区，使空间使用功能更加明确，创造了高效的内部医疗环境。

工程建筑造型复杂，有弧形幕墙安装、弧形走廊、弧形管线排列等大量弧形、异形构件，施工难度大，技术要求高，经过技术攻关，精心施工，荣获“鲁班奖”工程。

东阳三建承建的东阳市供电局电力调度大楼项目，是东阳市域内第一个“鲁班奖”工程。

九江市中医院南院

钢构的“鲁班奖”

中国人寿大厦

中天建设集团承建的中国人寿大厦工程，位于杭州CBD核心区块钱江新城，紧临市民中心，是浙江省重点金融产业项目。

整个工程设计新颖、造型独特，已成为钱江新城金融中心的标志性建筑。总建筑面积418610平方米，建筑高度190米。

项目形成创新技术4项、省部级工法3项、国家发明与实用新型专利15项、QC成果6项，科技创新达到国内领先水平。

工程基坑开挖达62万立方米，深度为28.5米，是浙江省首个深度最深、面积最大的基坑工程，采用地下连续墙加四道内支撑围护，超厚、超大混凝土底板厚度达3.5米。

工程主要难点有超高层主体和结构复杂的大空间内切斜立面、斜切钢柱直径大节点复杂、石材玻璃幕墙立面多变、安装工程系统多且复杂等，全过程采用BIM技术与深化设计，确保质量一次成优。

2667根钻孔灌注桩，经检测符合要求；混凝土结构内实外光，节点精准；各项隐蔽工程验收及时，全部达标，工程获浙江省“优质结构工程”、“中国钢结构金奖”、“鲁班奖”。

全木的“鲁班奖”

东阳木雕古建园林工程有限公司承建了上海宝山寺移地重建项目（2006—2010年）。该项目位于上海市宝山区罗店镇罗溪路518号，总建筑面积为11858平方米。基础均为钢筋混凝土结构，大雄宝殿、佛堂、药师殿、山门主体为全木结构单层，天王殿、钟鼓楼、藏经阁、伽蓝殿主体为全木结构二层，建筑高度分别为13.708米、15.88米，僧寮为框架结构，地下室1层，地上3层，建筑高度为18.56米。

该工程于2011年获上海市“白玉兰杯”优质工程奖、国家“鲁班奖”参建奖。

上海宝山寺

高速的国优

利越集团有限公司承建的国道112线高速公路天津东段工程，，合同价2.37亿元，工期20个月。设计为双向八车道高速公路，本标段为全桥工程，主桥为永定河泛区特大桥，全长2117米，桥梁自西向东依次经过北辰区双街镇，终点位于武清六合村界内。

该项目工程量较大且技术含量高，施工难度大。永定河泛区特大桥预制有40米箱梁48片，最大重量161吨，对箱梁的预制、移梁、提梁、运梁及架梁均有很高要求。公司组织技术攻关，克服了一个个难题。工程荣获“国家优质工程银质奖”，得到了社会各界的高度评价。

高速公路天津东段

“罗哲文奖”

东阳市文物建筑修缮有限公司承建的卢宅明清建筑群工程获“罗哲文奖”（十大古建工程）

"全国市政金杯示范工程"

浙江佳和建设有限公司承建的温岭市西环路三期一标段工程被评为"全国市政金杯示范工程"

浙江省优秀园林工程金奖

广厦东阳古建园林工程有限公司承建的福州清凉山公园工程被评为“浙江省优秀园林工程金奖”

装饰“东阳风”

建筑装饰的“东阳风”，就是在现代建筑装饰中，把现代装饰的时尚元素与传统的东阳木雕技艺元素相结合，用创新的手法展现出来的具有东阳特色的一种装饰风格。这种装饰风格还在不断创新，东阳木雕古建园林工程有限公司发明的柱子装饰和照明灯具都已获得国家专利。

北京人民大会堂浙江厅、外交部、故宫博物院、国家博物馆、杭州雷峰塔景区、无锡灵山梵宫、杭州灵隐寺五百罗汉堂等都留下了东阳装饰的印迹。杭州 G20 峰会主会场，“东阳风”魅力无限，惊艳中外。“鲁班奖”杭州奥体中心主体育场馆项目，同时获得“全国建筑装饰行业科技示范工程”“浙江省优秀装饰工程”等荣誉。

“东阳风”的装饰

建得“乡”内亦精彩

东阳轻轨

建筑，是东阳对外的一张金名片。可以说，建筑也是东阳的一个代名词。建筑业是东阳的传统产业、形象产业。一个城市的形象在一定程度上取决于其产业、产品的形象。建筑业与教育、木雕竹编工艺、影视文化一起搭起了东阳“三乡一城”城市形象的框架。

通过东阳建筑这张金名片，我们走出了东阳、走向了全国、走向了世界；通过东阳建筑这张名片，我们促成了思想解放，促活了横向合作，促进了招商引资；通过东阳建筑这张名片，我们做强了建筑，做新了农村，做富了农民。

“建筑之乡”乡内乡外都要香，建得“乡“内亦精彩。

近几年来，东阳市委、市政府十分重视市域内的风貌打造。以“智慧城区、智慧之芯”为主题的东阳行政中心城市新区风貌区等5个风貌样板区建设让东阳焕然一新。城市品位迅速提升，村镇建设日新月异。

横店镇景区化

东阳横店这个无中生有的影视城，快有30年了。1995年底，谢晋导演为迎接香港回归而筹备《鸦片战争》拍摄。东阳企业家徐文荣费尽心思，与谢晋合作。谢晋对场景的要求很高。而场景广州街的建造，对“建筑之乡”的东阳来说，只要有蓝图，就能变事实。影片中广州街的建造历时半年，就成了形似神似的实景地了。此后的秦王宫、明清宫、清明上河图等，旨仿古如古。

从一条广州街到一座影视城，建筑的神奇，让人惊叹。

谈影视，离不开横店。国家乡村振兴局公布了第一批全国“一县一品”特色文化艺术典型案例，横店镇影视文化产业入选文旅融合类经典案例。

近几年，横店镇树立“镇区景区化、景区全域化”理念，像做景区一样开发镇区、建设镇区、美化镇区，共筑开放大横店全域旅游区。同时，加快与东阳城区的“一体化”。目前，横店正着力构建“一纵一横三环”的镇区路网体系和“航空+高铁+轻轨+高速+快速路”的五位一体交通网络，使美丽环境转化为发展经济的引擎。

现在，横店镇有接踵而来的剧组，有星罗棋布的影视工作室，有全国磁性材料龙头企业，一个镇出了9家上市公司。

横店夜景

花园村城市化

全村是花园，花园是小城。

花园村，是浙江省小城市培育的试点，是国家文化和旅游部授予的首批“中国十大优秀国际乡村旅游目的地”之一。

当你走近花园村，城市的韵味扑面而来。高楼拔地而起，摩天轮转盘耀眼夺目，吉祥湖波光潋滟，博物馆展览馆一应俱全，市场商场发达，医院规模堪比县市，幼儿园达到省一级，还有花园外国语学校和花园高级中学，村民住房规划整齐舒适漂亮，村民很自豪：“城市有的我们都有，城市没有的我们也有。”作为全国首个“村域小城市”培育试点的花园村，正在打造高标准的“智慧花园”和未来乡村。

在花园村党委书记、村委会主任，花园集团董事长兼总裁邵钦祥的带领下，花园集团快速发展，彻底改变了花园村的面貌，促进了花园村的全面小康建设。2022年，花园村实现营业收入655亿元，拥有个私工商户达2950家，村民人均年收入达16.5万元。花园村倡导的“以工强村、以商兴村、全面振兴、共同富裕”的花园之路已引起社会各界的关注，被上级领导誉为“浙江第一村”和“中国农村现代化的榜样”。

2019年12月，花园村成为浙江省唯一的乡村振兴综合改革试点后，围绕6大体系、21个方面和53项改革任务，成立了由东阳市委直接领导下的花园联合党委；建立了全国首个村级市政管理委员会，下设7部门。村便民服务中心可办理606项村级代办事项，实现了村民“办事不出村”。花园村连续多年名列“中国名村综合影响力300佳”前三名，2021年首次跃升为全国第二。

花园村景

寀卢村新三农

寀卢风景

金秋丰收日，五谷丰登时。

2022年9月23日上午，以“庆丰收、迎盛会”为主题的2022年中国农民丰收节浙江主场活动在东阳寀卢村隆重举行。本次活动中，寀卢充分展现了新农村、新农业、新农民的形象。

20多年前，寀卢村书记从村民缺乏劳动力用水稻撒直播的懒办法取得收成一事，引导农民实行“六个统一”，即：品种、机耕、植保、收割、收费、管理。当地记者写了《实行农机规模服务是推进土地规模经营的有效途径》的调查报告，提出“社会化规模服务”。在“适度规模经营”的大环境下，东阳市领导大胆肯定，批示、完善、推广了寀卢做法，形成了“寀卢经验”。浙江全省开始学习“寀卢经验”。

不忘来时的路，走好今天的路。进入新时代，寀卢村加强党建引领，提高村民素质。加快村里基础设施建设，美化村容村貌，积极创新生产经营模式，推动农业生产绿色化、标准化、智慧化，建设充满生机、美丽富饶的共享田园。发展壮大集体经济，走出了一条富有特色的共创共富之路，村民幸福指数不断提升。

HUIHUANG JIANZHUYE

辉煌建筑业

生命不止，建筑不息。

东阳建筑业是传统产业、品牌产业、共富产业、万年产业。全市20万人从事建筑业，东阳建筑公司的工地带动就业人员500万人以上。东阳人把建筑业对全市的贡献概括为“三个最”：致富带动力最强，居民人均纯收入的60%来自建筑业；资源占用率最小，建筑业税收80%以上是市外施工项目产生的；经济关联度最广，反映在城乡居民金融机构存款余额中60%来自建筑业。建筑业增加值对全市GDP的贡献率保持在10%以上，税收占地方财政总收入的三分之一。建筑业总产值、纳税总额、特级企业数三项指标均为全国县（市）级第一。

建筑业总部

政府重视 精心打造

建筑业是东阳的传统产业、富民产业、品牌产业。东阳市委、市政府从改革开放初期把建筑业定位成东阳经济的支柱产业起，近50年来，领导换了一届又一届，但每届领导都十分重视建筑业的发展。市“四套班子”都有联系建筑业的领导。

东阳市委、市政府根据国内国际建筑市场的情况和东阳的实际，隔几年就会适时出台支持、扶持建筑业发展的政策文件。2021 年东阳市出台的《关于进一步促进建筑业持续健康发展的若干意见》，提出了四个方面12 项具体政策措施，可以概况为三个“更加”：一是更加聚焦科技创新的作用，二是更加注重为企业减负，三是更加突出营造产业发展良好环境。为了进一步推动建筑企业加强工程管理、打造品质工程，提升东阳建筑业的整体影响力，次年又出台了《关于给予

建筑工程创优夺杯奖励的实施意见》。该意见最显著的特点就是奖励力度是有史以来最大的，奖励金额也是金华地区最高的。

东阳市政府每年都要作出命名建企航母等先进单位的决定。2022年度中天建设集团、海天建设集团、歌山建设集团为建企航母，浙江新东阳建设集团、东阳三建公司等21家分别为房建、非房建、专业承包、生产、服务等建筑业龙头企业，浙江万霖、浙江大地交通等19家为建筑业重点培育企业，3家境外施工示范企业。

东阳市委、市政府的政策措施，有力地推动了建筑业的快速、健康发展。2022年，东阳建筑从业人员20万，建筑业总产值1433.4亿元，税收42.3亿元。

政府重视，部门服务到位。东阳市建筑业主管部门的服务窗口“建筑业店小二服务中心”，获2022年度浙江省住房和城乡建设系统“红旗窗口”。栽下梧桐树，引得凤凰来。营商环境的优化，吸引了建筑企业的回归。

东阳正奋进在充满光荣和梦想的新征程上，东阳市委、市政府深入建筑业调查研究、审时度势，认为建筑业正面临着许多新情况、新问题，机遇与挑战并存，困难与希望同在。

领导重视、调查研究、把准方向、砥砺前行，是东阳建筑快速发展的成功秘籍。在新征程、新情况、新问题、新挑战面前，东阳建筑一定会审时度势，牢牢把握未来建筑业的发展趋势，继续走在全国建筑业的前列。

企业资质 大展优势

承建的高层建筑

一个地方建筑业实力强不强，很大程度上体现在特级资质的建筑企业数量上。建筑企业资质等级既是对建筑企业规模、技术力量、承接能力等综合实力的衡量标准，也是企业承接工程项目的投标门槛。

东阳有中天建设、海天建设、歌山建设、广厦建设、东阳三建、新东阳建设、天祥建设7家特级资质建筑企业。

东阳有一级资质企业72家。利越集团属省内不多的公路工程施工总承包一级企业。

东阳建筑企业专业资质优势逐步突出。公路、桥梁、古建修缮、市政公用、园林等专业公司在省内外颇有知名度。隧道、钢结构、消防、石油化工、矿山、爆破、环保、试验检测等专项资质门类齐全。2022年，全市有260家资质建筑企业。

工程质量 奖杯林立

奖杯如山林立，奖状层层叠叠。

“鲁班奖”是我国建设工程质量最高奖，代表了我国当前工程建设质量的最高水平，被誉为“中国建筑界的奥斯卡”，成为国家级优质工程的标志和企业信誉的象征。

2022年，东阳新增“鲁班奖”3只，累计达50只。中天建设集团先后创建29只鲁班奖，获“创建鲁班奖工程突出贡献奖（金奖）”殊荣。海天建设集团、歌山建设集团、广厦建设集团、东阳三建公司、新东阳建设集团等特级建筑企业都为东阳建筑业争创“鲁班奖”立下了汗马功劳。许多一级建筑企业也瞄准“鲁班奖”。浙江金立建设初战告捷，承建的金华科技文化广场获“鲁班奖”。东阳木雕古建园林公司创下了木结构工程“鲁班奖”。利越集团承建的国道122线高速公路天津东段，荣获“国家优质工程银质奖”。东阳文物修缮公司承建的卢宅明清建筑群工程项目获“罗哲文奖”。全市荣获“中国建筑工程装饰奖”“中国安装之星”“中国钢结构金奖”等国家级专业奖项数10项。获北京“长城杯”、上海“白玉兰杯”、陕西“长安杯”、浙江“钱江杯”等省级工程质量奖不计其数。

东阳建筑企业把创杯当作队伍来管理。既非常重视培养优秀人才，又十分注重提高队伍的整体素质。东阳建筑企业承建的项目，工程质量值得放心。

企业荣誉室

两个市场 一起开拓

中天建设集团承建的泰国曼谷叁聘贰住宅楼

在东阳建筑业总产值中，省外产值占建筑企业总产值约75%。外省产值中，产值超50亿元的有广东省、江苏省、湖北省、天津市，四地合计产值占全部省外产值约36.4%。东阳建筑遍布全国各地。

在深层扎根，稳步扩展国内建筑市场的同时，东阳建筑业牢牢把握“一带一路”机遇，实施“走出去”战略。在海外市场布局上，中天建设集团以发展中的非洲市场和东南亚市场为重点，在稳固阿尔及利亚等传统市场的基础上，新开拓了斯里兰卡、马尔代夫、泰国、柬埔寨、马来西亚和贝宁等市场，成为“浙江本土民营企业跨国经营30强”。东阳三建，早在1989年就走出国门，赴俄罗斯、塞拉利昂等国家进行外派劳务分包。1999年，获对外承包工程经营资格。深耕阿尔及利亚，成为可以在阿尔及利亚享受议标资格的15家中资企业之一，是唯一一家获得该资格的民营企业。

全市拥有对外经营权的10家建筑企业，紧紧抓住“一带一路”发展机遇，加快走出国门的步伐，抢占国际建筑市场。

东阳三建承建的阿尔及利亚穆斯达嘎内姆税务楼

科创园区 风正起时

为加快建筑业科技发展，推动建筑业工业化，近年来，东阳市着手规划建设建筑科技产业园。建筑科技产业园项目将打造集科技研发、科技展示、科技孵化、产业生产、产业平台、产业配套等一体的建筑科技示范园区。

东阳市以建筑科技产业园为平台，以东阳市建筑优势企业为重点，积极招引新技术、新材料等与建筑前沿技术相关联的生产加工项目入驻，着力打造一批以优势建筑商品为核心、贯通上下游的产业集群，补全和拉长建筑产业链，得到了企业的积极响

施工中

应。作为建筑科技产业园的首个入驻项目，中天钢结构装配式基地项目顺利落地。项目占地212亩，总投资10亿元，用于装配式钢结构建筑的研发、生产和施工。

在开展建筑科技产业园实体建设的同时，东阳市十分重视建筑产业大脑和智慧建筑建设。

2022年以来，为加快推进建筑产业数字化改革，东阳市谋划打造建筑产业大脑，并已列出了“三张清单”、总体框架、应用场景等。

东阳市建筑业一直走在全国各县（市）的前列。建筑产业大脑建设，同样要走在全国前列。为加快建筑产业大脑形成，推进数字化公共数据平台建设，东阳建筑业主管部门深入建筑企业，了解企业对建筑产业大脑的需求，倾听企业呼声，找准切口，做深做透，以构建切合企业实际需要的东阳“建筑产业大脑”，从而更好地帮助、服务企业稳健发展。

引入市场化建设机制，积极与企业、成熟的应用平台等合作，形成共创共建共享的良好态势。根据前期谋划，建筑产业大脑围绕工程建设全生命期数字化管理需求，包含劳务资源服务、建筑材料服务、建筑机械租赁服务、数字法务服务、智慧工地监管等应用场景。

一个数字建筑、绿色建筑、智慧建筑的浪潮正一浪高过一浪奔腾向前。

建筑工业化 走在前列

2022年，东阳市连续第二年获浙江省建筑工业化优秀县（市、区）。

东阳市在大力推进建筑工业化中，强化政府引导，夯实工业化发展基础，制定了建筑工业化总体发展目标。重点抓好源头管控，在国有建设用地出让建设条件中明确绿色建筑等级和装配式建筑要求。在新材料“万亩千亿”产业平台规划3500亩土地，用于支持建筑工业化、新型建材、建筑装备等建筑上下游产业发展，目前已建成投产的筑工科技装配式PC构件产能达10万立方米，筑工科技二期混凝土预制构件生产基地、中天钢结构生产基地也已开工建设。

2022年，东阳市新开工装配式建筑面积167.18万平方米，完成既有公共建筑节能改造面积3.11万平方米，可再生能源建筑应用面积145.79万平方米，实现新建民用建筑一星级以上绿色建筑全覆盖，创二星级以上绿色建筑20个，各项指标均超额完成目标任务。

装备式建筑构件

高质量发展 势头强劲

党的二十大把高质量发展明确作为全面建设社会主义现代化国家的首要任务，进一步凸显了发展质量的全局和长远意义。

2010年，东阳市建安产值1017.9亿元，成为全国首个产值超千亿的县（市），此后连续10多年名列全国县（市）首位。东阳市委、市政府认为不能再简单地以生产总值增长率论英雄，要看到长期处于粗放经营、劳动密集型的建筑企业，更需要突破瓶颈，走高质量的发展之路。

为加快转变发展方式，更多依靠创新驱动，推动质量变革、效率变革、动力变革、施工变革，提高发展的质量和水平，东阳市加大建筑人才的培养和培训力度，提高建筑队伍素质；建设建筑科技产业园，树立新发展理念，配套和拉长建筑产业链，打造新的经济增长极。

提高工程建设机械化、智能化水平。培养智能建造工程师，推广应用建筑机器人和智能施工设备，加快推进东阳建筑工业化、数字化、绿色化，推动建筑业高质量发展。

中天建设集团承建的杭州市紫之隧道（紫金港路—之江路）一标段（鲁班奖）

文明之花 开遍全国

建一个项目，留一方口碑。

这是东阳建筑企业的真实写照。东阳建筑业重视工地现场管理、文明施工、绿色建筑，用心打造“景观化”工地，尽力保持周边居民正常的、舒适的、安宁的工作和生活环境。

八方有民文明施工，一方有难倾力相助。

2008年“5·12”汶川大地震发生后，东阳建筑系统以大爱和无畏的精神，积极参与抗震救灾活动，踊跃为灾区捐款捐物。据不完全统计，建筑系统累计募捐财物价值超过2000万元，交纳“特殊党费”22.2万元。与此同时，中天建设、海天建设、东阳三建、歌山建设4家特级企业代表金华市组织大量人力、物力、财力远赴四川省青川县参与援建过渡安置房，完成过渡房6297套，在我省各参建地市中率先提前完成任务。

东阳建筑企业在实现自我发展的同时，不忘承担社会责任，以实际行动体现了强烈的社会责任意识。防疫抗灾、扶难济困、捐资教育事业、设立奖学基金、建设希望小学等，已成为东阳建筑企业的自觉行动。

2020年当新冠疫情发生后，东阳建筑系统企业不分大小，纷纷捐款捐物，助力抗击打赢“抗疫攻坚战”。中天控股集团以中天爱心慈善基金会名义向武汉市红十字会捐赠500万元、向杭州市红十字会捐赠500万元、向东阳市人民医院捐赠100万元——共计1100万元，用于抗击病毒及疫情防治工作，助力一线医护人员顽强应战。2022年度中天《公益慈善报告》，是中天连续第十六年发布的公益“绿皮书”。中天控股集团在公益慈善方面的各类捐赠已超6亿元。作为全国文明单位、中国优秀企业公民，中天控股集团已三获“中华慈善奖企业”。

2021年12月，绍兴新冠疫情严峻，歌山集团300余套价值400万元的移动方舱火速赶赴支援。

东阳建筑企业是装配机，是播种机。装配起万丈高楼，播种下文明之花。

文明之花处处绽放，开遍全国。

中天建设集团承建的杭州奥体中心主体育场馆（鲁班奖）

浙江金立建设承建的金华科技文化广场（鲁班奖）

万丈高楼平地起，一砖一瓦皆根基。

过去，东阳人民用一砖一瓦打下了东阳建筑这座万丈高楼的坚实根基；未来，我们更需要用一砖一瓦筑起东阳建筑这座高楼大厦。我们所处的时代机遇与挑战并存，困难与希望同在。万丈高楼，以往砌筑的都是基础，往后面临的“高、大、难”（高质量、大环境、难突破）比项目的“高、大、难”攻坚任务更重、更伟大，我们坚信有市委、市政府的正确领导、审时决策，建筑企业家的踔厉奋斗、坚苦自立，20万建筑大军的勠力同心、自强不息、奋斗拼搏，东阳建筑业的明天一定会更加绚烂、更加辉煌！

江滨夜景

后　记

歌山画水，地美、物美、人美，“三乡一城”最美。《歌山画水最东阳》一书经过一年多的努力，现在终于顺利成书出版了。市政协文史委于2022年7月启动编撰工作，得到了社会各界的大力支持。张忠鸣、单昌瑜、陈美华、吴立梅、朱榕贵、金柏松、华柯、陆国强等负责文字编撰，并提供相应图片；陈林旭、周晓刚、陈新阳等提供了不少精美图片，横店影视文化产业集聚区管委会、财政局、教育局、住建局、市场监管局（木雕红木局）、档案馆、融媒体中心以及横店集团、中国木雕博物馆、木雕小镇等部门单位提供了大量资料图片，在此一并表示感谢。此外，陈齐金、张伟孝、陈云干、吕雄心、楼天良、沈兵、李民中、王九成、何红兵、曾毓琳、黄振刚等诸多人士对书籍的编撰提出了意见，篇幅所限，不再一一列举。书中的个别图片，由于是机构提供，一时难以辨明，无法联系到拍摄作者，在此表示衷心感谢。由于时间仓促、水平有限，难免挂一漏万，难以兼容并包，存在诸多不足之处，敬请读者方家批评指正。

编者

2023年9月

图书在版编目（CIP）数据

歌山画水最东阳. 2，建筑之乡 / 东阳市政协文史和学习委员会编. -- 杭州 : 西泠印社出版社，2023.9
ISBN 978-7-5508-4267-0

Ⅰ. ①歌… Ⅱ. ①东… Ⅲ. ①地方文化－东阳②建筑文化－概况－东阳 Ⅳ. ①G127.554②TU-092.955.4

中国国家版本馆CIP数据核字(2023)第171736号

歌山画水最东阳

工艺美术之乡

GESHAN HUASHUI ZUI DONGYANG

GONGYI MEISHU ZHI XIANG

东阳市政协文史和学习委员会 编

西泠印社出版社

《歌山画水最东阳》编辑委员会

主　任　方宪文
副主任　黄阳明　冯　涧
委　员　胡　心　张忠鸣　朱国强　史　莹

主　编　张忠鸣
副主编　单昌瑜　陈美华　吴立梅　朱榕贵
　　　　金柏松　华　柯　陆国强

序

“歌山歌山歌歌歌山，画水画水画画画水。”现代著名诗人田间这样赞美东阳。歌山、画水，这两个充满诗情画意的地名，成了最美东阳的代名词。

东阳地处“浙江之心”，史称“婺之望县”，山清水秀，风光旖旎，形胜之美，甲于他邦。东白山会稽之巅、浙中屋脊，云蒸霞蔚，巍峨耸立；东阳江钱江之源、母亲之河，携手南江，浩荡西行。屏岩探奇，落鹤寻幽，三都遣怀，双岘思古。唐代刘禹锡诗云：“东阳本是佳山水，何况曾经沈隐侯。”

东阳出的最多的就是两种人：一种是“读书侬”，通过读书改变自己的命运，在广阔天地施展抱负；一种是“出门侬”，怀揣精湛手艺走南闯北，在大江南北留下杰作无数。这两种人从骨子里都是带“最”的，干就要干到最好，干也能干到最好。他们秉承着“崇文重教、精工善艺、大气包容、创新图强”的人文精神，造就了誉满天下的“三乡一城”金名片。

“教育之乡”——文脉磅礴，英才辈出。东阳自古有“兴学重教、勤耕苦读”的传统，宋元时期书院林立，名彦云集，朱熹、陈亮、吕祖谦等在此讲学论道，著书立说。明朝宋濂《送东阳马生序》劝学励志，传诵至今。历代有状元五位，进士三百。1989年《人民日报》载《百名博士汇一市，千位教授同故乡》，而今更呈“十百千万”之盛况。

“建筑之乡”——营造技艺，神工天巧。南宋以来，形成以建筑工匠为核心、以传统手工艺人为主体的“东阳帮”，创造了独特的东阳民居营造体系。而今东阳建筑企业遍布海内外，建筑业总产值、特级资质企业数、创鲁班奖工程数等指标均为全国县（市、区）第一。

“工艺美术之乡”——木雕竹编，冠绝天下。东阳是“世界木雕之都”，现有亚太手工艺大师3人，中国工艺美术大师11人，省工艺美术大师60人。红木家具产业依托与东阳木雕工艺的有机融合，在行业中独树一帜，声名远播。“买红木到东阳、装中式找东阳”品牌影响力全面升级。

“影视文化名城”——点石成金，蜚声中外。横店影视城是全球规模最大的影视拍摄基地，集聚影视企业1800余家，拥有30多个大型实景基地和130余座高科技大型室内摄影棚，全国1/4的电影、1/3的电视剧、2/3的古装剧出自东阳，被誉为“东方好莱坞”，是国家5A级旅游景区。目前正向着建设横店国际影视文化创新中心的目标迈进。

《歌山画水最东阳》一书，记录的是东阳“三乡一城”的故事，弘扬的是东阳“最”文化精神。不管您是在外求学拼搏的东阳游子，还是来东阳投资兴业的新东阳人，或是来东阳旅游观光的四方宾朋，当您打开此书，读着赓续千年的三乡文化，领略横店影视城的美景盛貌，一定能真切感受到东阳的独特魅力。一年好景君须记，最是橙黄橘绿时。在新时代的当下，正是最美好的年景。祝愿东阳这座古老的城市蒸蒸日上，焕发勃勃生机，书写更加美好的明天。

是为序。

2023年9月

前　言

工，巧饰也。小至毫厘间栩栩如生的人间百态，大到千万顷气势恢宏的雕梁画栋，历史为我们留下的种种奇观，皆由万千巧工所造。生活在东阳这片土地上的族群是一批爱美之人，他们把工上升到艺，他们将日常谋生的工匠行为，提升为表达情感与才艺的工艺创作之路。生活在东阳这片土地上的族群是一批创造美之人，他们用木雕装饰建筑、家具的美，用竹编编织生活器具的美。1995年，东阳被文化部命名为“中国民间艺术之乡”。这座浙中小城的工艺美术得到了全中国的赞誉。2014年，世界手工艺理事会授予了东阳“世界木雕之都”的称号，这座浙中小城的木雕艺术得到了全世界的认可。

今天，由木雕衍生出的建筑装饰、家具制造、陈设摆件、材料加工等现代手工业已经成为东阳的支柱产业之一。传承千年的精湛技艺，在新时代又焕发出了耀眼的光芒。中国木雕城、中国木雕博物馆和木雕小镇等先后建成。新一代东阳工匠与千年之前那个雕刻阿难罗汉像的匠人，隔着时空，共同承担着传承文化的历史使命。匠心终将以相似却不尽相同的面貌在东阳世代相传。

在每一个崭新的时代，勤劳的东阳人都在找寻着新的出路：有的执着于刻刀中精致细节的呈现，有的化作穿梭岁月的书香，有的演绎闪光灯下多彩的人生，有的实现振兴家乡的梦想……于是，不断挑战极致、不断追求完美的工艺文化，成为从古至今的东阳人在世间留下的印记。

匠人构造着东阳的过去、现在与未来，匠心雕琢出一座永恒璀璨的工艺美术之乡。

目录

盛世重光

QIAN NIAN HUA ZHANG

千年华章

东阳木雕，工艺奇葩，百工精华。她是远古的守望，先祖的荣耀，后人的骄傲。巡游那千年的艺术长廊，那是一部神奇的长卷，那是奔腾流淌的血脉，那是一曲凝固的音乐，那是一缕让人梦魂牵绕的遐想，那是让世界惊艳的华章。

东阳城区

旷古遗韵

1963年4月23日晚，狂风暴雨席卷东阳，东阳城南始建于北宋的南寺塔轰然倒塌。在倒塌现场，考古专家清理出了文物170余件，这其中不乏用材考究、造型精美的镇塔之宝。然而，一尊仅有十几厘米长，看似毫不起眼的木雕罗汉像，却吸引了在场所有专家的目光。经考证，这尊木雕像的年代可追溯至五代末、北宋初，是现存最早、保存最为完整的东阳木雕。一位未曾留名的东阳匠人，以谦卑虔诚的匠心造就了这尊阿难罗汉像。

五代木雕罗汉像

尘封千年之后，我们得以从中窥见东阳木雕的早期风格——造型古雅端庄，线条精准，生机流淌，元气淋漓。它的身上浸润着东方美学思想，以线造型，以型传神，气韵生动。它的出土为研究1000多年前顶尖的中国木雕技艺提供了极为珍贵的史料。1995年5月7日，朱家潜等四位文物专家一致认定了这尊罗汉像在中国手工艺史上的重要地位，阿难罗汉像被评为国家一级文物。如今，这尊罗汉像成为镇馆之宝被珍藏在中国木雕博物馆中，静静地向世人诉说着“世界木雕之都”的滥觞，展示着早在唐宋之交，就在华夏大地上冠绝群雄的东阳工艺。宋代，当雕版印刷术达到鼎盛之时，东阳又涌现出一批手艺卓绝的工匠。多部东阳匠人所镌之宋代版书籍成为中国出版史上的珍品。现在仍有东阳人雕刻的《荀子》等书流传至日本，被奉为珍宝。

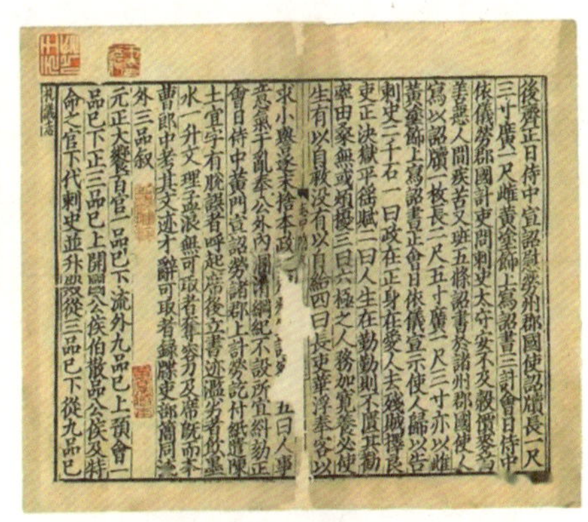

後齊正日侍中宣詔慰勞州郡國使詔牘長一尺三寸廣一尺雌黃塗飾上寫詔書三計會日侍中依儀勞郡國計吏問刺史太守安不及穀價麥苗善惡人間疾苦又班五條詔書於諸州郡國使人寫以詔牘一枚長二尺五寸廣一尺三寸亦以雌黃塗飾上寫詔書正會日依儀宣示使人歸以告刺史二千石一曰政在正身在愛人去殘賊擇良吏正決獄平徭賦二曰人生在勤勤則不匱其勸率田桑無或煩擾三曰六極之人務加寬養必使生有以自救沒有以自給四曰長吏華浮奉客以求小譽逐末捨本政[illegible]五曰人事意氣干亂奉公外内[illegible]綱紀不設所宜糾劾正會日侍中黃門宣詔勞諸郡上計勞訖付紙遣陳土宜字有脫誤者呼起席後立書迹濫劣者飲墨水一升文理孟浪無可取者奪容刀及席既而本曹郎中考其文迹才辭可取者錄牒吏部簡同流外三品敘

元正大饗百官一品已下流外九品已上預會一品已下正三品已上開國公侯伯散品公侯及特命之官下代刺史並升殿從三品已下從九品已

雕版印刷

到了明清两代，木雕艺术与建筑、家具相结合，更使得东阳木雕进入鼎盛期。到清代中期，仅在北京紫禁城从事雕刻的东阳木工艺人就有400多名，宫中木雕雕饰，大多出自东阳艺人之手。300年后，北京人民大会堂、国家博物馆、国家党史展览馆等国家重要场馆的装饰同样留下了东阳木雕艺人的印迹。特别是故宫的修缮、龙椅的复制都离不开东阳人的工艺。1980年，在香港发展的东阳木雕大师张明尧，去中国台北故宫从事雕刻，复制慈禧太后座椅、龙凤屏风，雕刻作品竣工展出，受到普遍赞赏。从2005年到2008年，东阳竹编大师何福礼三进故宫，历时三年，用濒临失传的“竹丝镶嵌”和“竹簧雕刻”技艺，最终修复了故宫最精美的建筑之一——倦勤斋。2005年至2007年，木雕大师黄小明为北京故宫皇极殿完美复制乾隆宝座。从五代至今，已过千年，东阳木雕的美，东阳工艺的精，从不落败于时光。

黄小明复制乾隆宝座

百工工艺

在雕花之外，东阳发展出以泥水、木工、竹编为主的百工队伍，这座城市成为名副其实的“百工之乡”。根据民国二十一年（1932）统计，东阳工匠有60多种，36行72当齐全。民国十七年（1928），浙江大学农学院赴东阳调查队统计，当年东阳外出刨食的“出门侬”82473人，平均每户人家0.7人。民国二十年（1931），在上海的东阳手艺工匠成立“东阳旅沪同乡会”，有会员1万多人。东阳百工最多的是泥水匠、木匠、雕花匠。2018年，东阳市有138项各级非物质文化遗产代表性项目，其中传统美术18项，传统技艺58项。其中比较有代表性的传统美术、传统技艺有东阳砖雕、东阳石雕、东阳锡艺、东阳中国结、东阳米塑、东阳棕艺、蓝印花布、面塑、泥塑、印花雕版、雕花凿等。东阳人始终坚守一种精益求精的态度，这种态度成就了东阳人精湛的手工技艺，塑造着“工艺美术之乡”的灵魂。

蓝印花布

锡器

中国结

竹雕

东阳工匠设计建造的江南古村落，充分利用当地有利地质和气候条件，借景为虚，造景为实，修建道路、桥梁、书院、牌坊、祠堂、楼阁，环境优美至善，具体入微，具有淳朴、敦厚的乡土气息，是那个时代中国最美丽的乡村。东阳工匠设计建造的宅院民居与宗祠府邸，以东阳木雕装饰为主体，融石雕、砖雕、堆雕、竹编等装饰艺术为一炉，构成了一幅具有中国意韵的画，形成了独具儒家文化特色的民居建筑体系，是那个时代中国最美丽的建筑。在能工巧匠辈出的东阳，如果要找出一座能代表东阳传统民居最典型的建筑，则非卢宅莫属。卢宅是东阳的名门望族卢氏的宅邸。从公元1456年始建，到清康熙年间（1662—1722）全部完成。200多年的岁月里，卢氏一族在这里陆续兴建了许多规模宏大的宅第，最终形成了这个比较完整的建筑群。因为在中国木雕建筑史上的重要地位，卢宅也被誉为“民间故宫”。

卢宅

卢宅古建筑各具特色，或宏敞肃穆如肃雍堂，或高大巍峨如树德堂，或小巧精制如东吟堂，堪称东阳厅堂建筑的博物馆。卢宅的府第厅堂院落重重，规模宏大，建筑用材粗壮，雕饰华丽，融东阳木雕、石雕、砖雕及彩绘艺术于一体，尤以木雕艺术最为精湛，梁枋、斗拱、雀替、门窗格扇，美仑美奂。在表现方法上，或简练粗放、浑厚拙朴，或细腻精致、玲珑剔透。精镂细刻着的内容、丰富的艺术形象，通过空间形态、视觉效果而产生美感。建筑中的木雕把日常生活中所见的鱼虫花草、飞禽走兽等，用寓意、谐音、比兴、象征等艺术手法寄情于物，托物言志，表达了对美好生活的向往。建筑中还雕刻大量的回纹、锦纹、夔纹、藤纹、龟纹及其他几何纹等纹饰，使整体建筑空间呈现出华丽神奇的氛围。

卢宅代表了东阳民居各历史时期的建筑风格和细节变化，也是东阳乡土生活的直接见证和物化形式。明清以来，卢宅聚落成为当地社会文化变迁的缩影和见证，是古代建筑、社会、民俗、工艺美术等各学科不可多得的研究范本。

明清两代，东阳手艺人身怀绝技，以木匠、泥水匠为核心，集结多种营造工种，抱团闯天下。这群人走出东阳，影响了浙江、安徽、江西等南方数省的建筑风格，成为大家口中的“东阳帮”。这是一种被东阳人称为“阶沿”的木构架，一直都是东阳建筑的风格之一，然而在明清时期却成了徽派建筑的代表特征。不仅如此，美观大方的清水木雕、具有防火效用的马头墙，也都来自于东阳传统民居。经专家考证，最早的徽派建筑都是“东阳帮”远走他乡，按照东阳工艺、东阳民居的建筑模式建造而成的。白墙青瓦间，人们可能不再记得这是一代东阳人指尖的芳菲，但人们总能记得他们留下的美。

徽派建筑

1996年，谢晋与徐文荣在广州街拍摄基地

如果说古代东阳百工技艺谱写了“北有故宫，南有肃雍”（“肃雍”即卢宅“肃雍堂”）江南古民居的神话，那么当代东阳百工技艺则创造了“无中生有，店乃一城”（即横店影视城）的奇迹。

坐落于东阳的横店影视城是全球规模最大的影视拍摄基地，每年接待数百个剧组，吸引数千万的游客，创造着数百亿元的营收，被媒体誉为“中国好莱坞”。今天的人们恐怕不会想到，仅仅数十年前，横店还是一个贫穷落后的小乡镇，当地村民一直在寻找让自己富足的道路。1995年12月，东阳迎来了一位特别的客人——著名导演谢晋。为了拍摄香港回归献礼片《鸦片战争》，谢晋走遍全国，四处选景，慕名前来卢宅，这里古香古色的建筑令他十分满意，于是决定在此拍摄一些内景戏。但此时的谢晋

最头痛的是电影中晚清的广州和香港仍然不知在哪里取景，这也是整部电影最主要的场景。听闻谢晋的到来，时年60岁的东阳企业家徐文荣决定邀请谢晋来横店参观，并主动承担了为剧组造景的任务，这也成为东阳产业转型的一个契机。而要完成这一任务并非易事，施工要求极严，工期极短，3个月要建成100多间精良的房子，几乎是一桩不可能完成的任务。幸而东阳是盛产能工巧匠的“百工之乡”，上百个工程队同时开工，3个月的通宵达旦后，广州街拔地而起。1996年8月，《鸦片战争》在横店隆重开机。随着鸦片战争的热映，横店影视城一炮走红。

如果没有谢晋的电影，横店可能就会与一座影视之都失之交臂。如果没有传承千年的工匠精神、工艺文化，东阳不可能搭上文化产业的这列快车。天时、地利、人和，让横店影视城走上了一条独一无二的发展道路。2016年，一座按 1：1比例仿建的圆明新园在横店竣工，这是属于全体东阳人的一个梦想，既向全世界重现中华工艺的大美，也以东阳匠心承担一份对历史的责任。

圆明新园

一双神奇的手

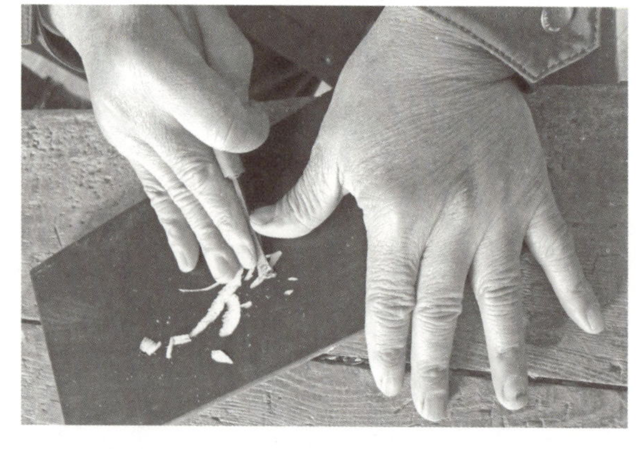

1982年，冯文土随浙江中日友好代表团赴日本静冈县，当众表演阴雕技艺，信手以刀代笔雕成壁挂《霸王别姬》，观者无不称奇，一位日本雕刻师说："看你这双手和我一样普通，却能雕出如此优美的作品，请允许我握一下您的手。"日本新闻界赞他有"一双神奇的手"。

木雕大师杜云松同样有"一双神奇的手"，当面持刀对人雕琢，为好友楼玉龙和父母雕圆雕肖像。他不用图案，手起刀落，凿木如泥，迅速成型。作品如活人再世，神态逼真，超群绝伦。

马富进也拥有一双神奇的手。1929年，他制作的竹编作品《魁星点斗》，在西湖博览会上展出，轰动一时。《西湖博览会总报告书》称："一魁星独足立于鳌头上，作活跃点斗之势，头部，耳、口、鼻俱全。四肢部，手指、脚趾一一分清，上身袒露，下身着盔甲。胸部背部，均表现股肉凸凹之状，飘带飞舞，骨立筋张，全身皆是竹丝编成，不假他材……竹编人物妙到如此，诚所未见，竹制品中绝无可伦比者。"马富进因此被授予该届西湖博览会"竹编状元"奖匾。

中国竹工艺大师何福礼毕生从事竹编，他那双神奇的手掌握着千余种竹编技法。20世纪80年代，由他主持编织的大型竹编《九龙壁》融合了150余种技法，其中的"鳞形编织撮花""反穿圆孔六丝"等技法为他独创。《九龙壁》曾荣获中国工艺美术百花奖金杯奖，被列为国家工艺美术珍品。

九龙壁

在人多地少、地瘠人灵的东阳，大多数人的生存之道是学手艺，选择复杂、细致的工艺，拿起瓦刀、雕刀，编起竹丝、席草……于是，木头与竹片便摆脱了平庸，拥有了灵魂，拥有了生命，它们犹如一首首经典的动人歌谣回荡在东阳大地上。“不是不堪为器用，都缘良匠未留心。”匠人的高明之处在于精雕细琢、匠心独运，化普通为瑰丽，变腐朽为神奇。同样的一根木头或者竹片，到了东阳人手里，就有了新的生命，顷刻间便能化作一朵云、一枝莲、一抹朝阳，装点世界，映衬万物。在东阳工艺美术百花园中，东阳人用一双神奇的手培养了两朵奇葩——木雕和竹编。

传统的东阳木雕分大、中、小三种。大型的主要用于庙宇、厅楼舞台顶、梁柱等;中型的主要是床、柜、橱、桌椅、屏风等明面的刻制;小型的大多是陈设品，有盒、盆、挂屏、文房用具，也有圆雕的人物、花鸟、动物等。大部分产品既是实用品，又是艺术品。平凿、圆凿、雕刀、三角凿……无论是什么刀具，在东阳手艺人手里都挥洒自如。樟木、枫木、椴木、松木、花梨木……无论是什么木材，在东阳手艺人手里都削木如泥。薄浮雕、镂空雕、圆雕、半雕、阴雕……无论是什么雕技，在东阳手艺人手里都是熟能生巧。吉祥动物、多种花木、风流人物……无论是什么图案，在东阳手艺人手里都栩栩如生。设计、打坯、修光、装配……无论是什么流程，在东阳手艺人手里都一气呵成。

木雕刀具

古往今来，东阳人那双神奇的手摸索出了挑压、串丝、弹花、插筋等方法，削制的竹篾薄如纸，细如发，柔如蚕丝，最细者一寸之内可并列150根篾丝。千变万化的编织技法堪称神奇，竹编工艺十分精湛，既有篮、盆、盘、盒、壁挂等日常用品，也有一些带有动物、景观、人物等图案的竹编艺术品，深受人们的喜爱。到了明清时期，东阳竹编已形成高超的技艺和独特的风格。据清康熙《东阳县志》记载，“笙竹软可作细篾器，旧以充贡”。这说明东阳竹编得到了达官显贵的青睐，被钦点为清廷贡品。

竹编工艺品上至送往京城的贡品，下到寻常百姓的日常生活用品，可分为人物工艺品、动物工艺品、器皿、陈设品、家具、灯具、文具、浴具、花具、装饰品、竹丝镶嵌（竹木结合）工艺品、竹编书画艺术品、竹艺园林建筑、竹艺室内外装饰、竹编墙纸、竹根雕、留青雕等25大类。

东阳人就是用这样一双神奇的手雕琢生活的美，编织生活的梦。

竹编器具

陆光正从艺60年东阳木雕大展

老树新花

2017年12月28日，中国国家博物馆迎来了一场木雕特展，尤其引人注目的是一幅长20.8米、高3.08米的木雕巨作中国梦。这次展览是东阳木雕非物质文化遗产传承人陆光正从艺60年纪念展。陆光正从艺的这60年，正是东阳木雕从低谷再上巅峰的60年。20世纪80年代，在改革开放的浪潮中，很多东阳人远走他乡，凭借手工技艺谋求更好的生活，而陆光正却选择留在家乡发展。他凭借木雕壁挂《三战白骨精》《三打祝家庄》，在全国木雕技术大赛上一举夺冠，轰动了中国木雕界。在自己的艺术造诣日趋成熟的同时，

和许多东阳木雕匠人一样，陆光正希望传承千年的木雕艺术，能够借助时代的发展转化成经济效益，为并不富裕的家乡带来一些变化。改革开放为陆光正实现梦想提供了契机。他担任东阳木雕总厂厂长，提出了“发扬木雕、建筑两个传统优势，开拓国内、国外两个市场”的思路，开始了大刀阔斧的改革，厂里成立了宫殿、厅堂、园林等建筑专业团队，并在国内外大规模承接工艺装饰业务。此后，从灵山梵宫到人民大会堂，从APEC 到上海世博会，国内多个重要场所和盛会，都留下了东阳匠人一刀刀雕琢的心血。在见证了东阳木雕近40年来的变革和复兴后，陆光正明显地感觉到东阳木雕产业的春天到来了。

2016年，全球瞩目的G20峰会在杭州举办，主会场的设计是主办方工作的一大中心任务。在参考了历届中国举办的国际盛会后，主办方被东阳木雕大气恢宏的风格所吸引，于是陆光正被任命为这次会议木雕装饰的总设计师。主会场会议厅的装饰桌椅、背景、屏风中的木雕作品，全部是来自东阳的杰作。最令人惊叹的是陆光正与他的助手们耗时数月创作的作品《锦绣中华》和《中华二十景》。这些作品综合运用镂空雕、半圆雕、浮雕等技法，是多种木雕工艺的融合创新，而且数量之多、体量之大，堪称当时国内木雕工艺品之最。布达拉宫、莫高窟、故宫等独具中国特色的名胜古迹，在灵巧的东阳木雕中定格，展现在了全世界人民的眼前。

生活流淌着时代的活水，是取之不尽、用之不竭的创作源泉。不传承东阳木雕经典就不会有创新，没有创新则不可能发展。雕刻当随时代，从古民居装饰到现代建筑装饰；从十里红妆到红木家具；从古老体、画工体到现代体；从浅浮雕、深浮雕到多层叠雕；从人们喜闻乐见的历史故事、山水风景题材到反映重大政治、现实生活的题材，东阳大师在传统基础上革新创造，不断推动东阳木雕的发展。

中国梦

越是民族的，就越是世界的

工艺美术之可贵，在于它风格上多姿多彩，品质上唯我独有、唯我独精。我国的工艺美术有着自己的技术体系和造物哲学，在世界上以技艺精湛、民族风格独特而享有崇高声誉。东阳木雕是国家级非物质文化遗产代表，其价值取向、美学理念乃至雕刻题材、构图原理等皆源自中国传统文化，具有深厚的中华传统文化底蕴，是一种健康的、进步的、具有教育意义的文化艺术。这种传统文化属性决定了其文化功能上的民族性、开放性和适用性。东阳木雕还具有十分明显的地域特色，其平面浮雕为主的雕刻技法、清淡素雅的雕刻用材加上“白木雕”表面处理手段，构成了东阳木雕的技艺体系和地域特色，并在此基础上形成了构图设计饱满、层次丰富细腻、图像生动传神、做工精雕细刻、格调清秀淡雅、实用与欣赏完美结合的独具一格的艺术风格体系。东阳木雕的地域特色与东阳特定地域文化、民俗风情和资源条件具有密不可分的历史渊源，是东阳“三乡文化”的物化载体。这种地域特色和艺术风格形成了其文化形态上的唯一性，是其他木雕流派无法比拟的。

清末民初（20世纪初）是东阳木雕走向现代化的重要转型期。东阳木雕开始由产品变为商品，生产方式也由上门加工转为工厂生产，逐步走上了商品化和产业化的道路。1896年，杭州协和医院的英国人梅方伯开设了东阳木雕商品生产的第一个专业厂家“仁艺厂”。民国时期，东阳木雕亦设厂于香港、新加坡等地。东阳木雕所产工艺品和箱柜家具成为备受西方人喜爱的东方工艺精品，远销英、美、荷兰及东南亚等地，东阳木雕开始从中国走向世界。

港九藝術雕刻傢俬柚木檯商會出版特刊
奉賀
雕刻木器古色古香
技工精練設計大方
華賢美麗世界名揚
前途遠景燦爛輝光
法國政府商務專員拜士祝賀

法国政府商务专员拜士题词

中华人民共和国成立之后，国家重视手工艺人的劳动，工艺美术品大量出口，曾行销世界170多个国家和地区，不仅换回了大量外汇，而且向外输出了我们灿烂的民族文化，给各国人民以美好的印象。1956年，中国工艺美术出国展览在波兰举行，报纸以显著地位评赞我国工艺美术的制作技艺为“奇迹”。观众欣赏了东阳木雕竹编等精编细雕的展品后说：“只有中国人纤巧灵活的手，才可以创制这样优美精致的作品。”妇女们看到竹编花篮，就爱不释手，一个妇女甚至在意见簿上写下：“如果我能在市场上买到中国花篮，提着在马路上走，那是我莫大的幸运。”当时不少妇女要求买，但展品不能出售。在德国展出时，观众人山人海。他们参观后说：“过去我们对中国完全不了解，看了中国的工艺美术展览会，才知道中国人是世界上最聪明的优秀民族。”

东阳竹编花篮

1981年，东阳手工艺人在国外创作了东阳木雕史上气魄宏伟、规模最大的作品。新加坡总统李光耀为董宫酒家剪彩时说：“这里的木雕装饰，是我知道的全国最好的工艺装饰。”这套巨型木雕装饰在新加坡安装开放后，反应强烈。东阳木雕厂陆续收到客户和世界各国游客的许多来信。董宫酒家董事长来信说：“新加坡董宫木壁雕刻非常精彩，博得好评。从董宫壁雕获高度评价后，可望其他大旅馆、大餐厅也会相应选用。”一位意大利客商住在董宫酒家时来信说：“这是一个豪华的饭店，特别是你们的雕刻。中国的木雕艺术使得饭店增加了光彩。”另有新加坡客商来厂时说：“你们的雕刻让董宫酒家产生了很大的轰动，使董宫酒家赢得了很大的盈利。”这位客商还说：“置身于董宫酒家，宛如走进了一座雄伟、瑰丽的艺术宫殿……”

新加坡董宫酒家

东阳木雕竹编既是外销工艺品，又是展品，更是礼品。1957年，吕加水、吕玉文创作的木雕作品《和平颂》，由浙江省人民政府赠送给来华访问的苏联领导人伏罗希洛夫。1959年，东阳木雕厂为庆祝国庆10周年生产了700件国家的展品、礼品，还有北京人民大会堂装饰品。1972年，木雕作品《梅》《菊》《荷》《牡丹》四块大条屏，被浙江省革命委员会作为礼品赠送给美国总统尼克松。1997年，浙江省人民政府赠送给香港特别行政区的礼品是东阳木雕落地屏《航归》。

《航归》

传播木雕文化

《东阳工匠和企业家》

1972年，在美国哥伦比亚大学攻读博士学位的顾尤勤，于一个偶然的机会发现木雕厂的艺人们仅用几把雕刀，横一刀竖一刀，来回几下，就能将眼前的木头变成风格各异的梅兰竹菊，或美丽的仙女，惟妙惟肖，栩栩如生，不禁着迷。于是，他找到这家木雕厂的东阳籍老板，要求进厂当学徒。老板因顾尤勤是美国人，担心他吃不得苦且工资要求可能会很高而婉言拒绝。但顾尤勤对东阳木雕技艺一见钟情，最后竟以不要任何工资而且给老板的儿子一周教三个半天英语的条件，换取了进木雕厂当学徒的许可。这位严谨的美国人认为，要了解中国木雕工艺的生产，就得亲自体验木雕艺人的生活。就这样，顾尤勤在木雕厂打了一年的工，除了逐一钻研打坯、雕刻、刀修理等技术外，干得最多的是修理木雕家具的“老虎脚”。“老虎脚”是指家具中以老虎为图形雕刻而成的柜脚、桌脚、椅子脚、床脚等。一年时间，他修了8000多只“老虎脚”，手掌长满了老茧，以至于在多年以后，连做梦都在修“老虎脚”。辛苦付出的回报是两年后顾尤勤回到美国，撰写的博士论文《中国工艺美术的进化》得到了导师的好评。1980年，顾尤勤的《香港的木雕艺人》一书由英国剑桥大学出版社出版。1986年、1988年顾尤勤先后考察东阳木雕，于1998年出版《东阳工匠和企业家》。顾尤勤这位迷上东阳木雕的美国学者，盛赞东阳木雕技艺精湛，工匠辈出。他向世界传播了中华木雕文化。

中华人民共和国成立后，各级党委、政府高度重视东阳木雕，组织专家、学者和艺人们出版著作史料，如《东阳木雕》（上海人民美术出版社，1958年）、《东阳木雕技艺》（周鲁兵、张咸镇、冯文土编，浙江科学技术出版社，1984年）、《东阳木雕工艺论文集》（王佩民编，中国国际广播出版社，1991年）、《东阳木雕艺术》（旭文、陆光正、冯文土编，上海书画出版社，1994年）、《东阳木雕》（华德韩著，浙江摄影出版社，2000年）、《中国东阳木雕》（华德韩著，浙江摄影出版社，2001年）、《冯文土东阳木雕艺术》（冯文土著，天津人民美术出版社，2007年）、《明清时期东阳木雕装饰艺术研究》（张伟孝著，上海交通大学出版社，2017年）、《东阳木雕文化志》（金柏松编著，百花洲文艺出版社，2021年）等，以传承、传播木雕文化。这些著作、史料从不同角度对东阳木雕的历史、现状、工艺、技法、品类、作品、艺人、流派等进行了全方位的发掘整理和理论总结，具有较高的学术史料价值，为东阳木雕的研究和传承发展做出了贡献。1961年，浙江电影制片厂拍摄纪录片《工艺美术生产》，介绍东阳木雕的工艺过程。1981年6月，北京科学教育电影制品厂拍摄纪录片《东阳木雕》，宣传木雕文化。1995年，浙江东阳木雕总厂投资拍摄的11集电视连续剧《雕花王》，引起全国反响。

木雕著作

学校是传承知识、传播文化的重要阵地。1993年，东阳市技术学校开设木雕专业，2009年与东阳市聋哑学校联合开设了工艺木雕专业。2008年，浙江广厦建设职业技术大学开设“木雕设计与制作”专业大专班。2009年开始与东阳技术学校、嵊州职业教育中心等6所学校合作开设“3+2”人才培养。2012年开设招收木雕设计与制作专业成人大专班。2018年与刚果（布）合作开办省内首个“雕刻艺术与设计国际班”。2020年设置工艺美术本科专业，下设木雕艺术、家具设计、工艺品设计三个专业方向。2022年6月，浙江广厦建设职业技术大学木雕小镇校区雕塑学院建设工程启动，该学院占地1320亩，总投资59亿元。

2020年浙江广厦建设职业技术学院升格为浙江广厦建设职业技术大学

2022年6月11日，第17个文化和自然遗产日，一场特殊的拜师仪式在东阳中国木雕博物馆举行。国家级非物质文化遗产代表性传承人陆光正向6位来自非洲刚果（布）的留学生授师徒帖，将其正式收为徒弟。远在15000公里外的非洲大陆，也感受到了东阳木雕文化的迷人魅力。

拜师仪式

QUN XING CUI CAN

群星璀璨

艺术源于生活，高手在民间。从徒工到师傅，从工艺王国“封皇拜相”到工艺领域推优评先，从佚名的工匠到著名的大师，高光的背后是无数的至暗时刻，成功的背后是无数次失败，风光鲜亮的背后是挫折磨难、艰难困苦。如今，东阳从事工艺美术者超过10万人，获得工艺美术专业技术职称的艺人1540人。有228人获得工艺美术大师荣誉称号，其中国家级工艺美术大师11人，浙江省工艺美术大师60人，金华市工艺美术大师157人。东阳工艺美术的星空可谓群星璀璨，照亮了东阳大地，引领着东阳工艺美术走向远方。

东阳国家级工艺美术大师合影

封皇拜相——民国大家

雕花皇帝、雕花状元、雕花宰相、雕花榜眼，这是民国时期木雕业界对业内翘楚的美誉。木雕艺人封皇拜相，典出何处？有说同行相誉的，有说1922年杭州“仁艺厂”比赛产生的，众说纷纭。直到最近，有学者在采访刘明火长孙86岁的刘指跃老人后，结合杜云松“1924年参加浙江省实业厅三雕比试，获第二名”的史料记述，基本弄清其来龙去脉。

20世纪20年代，东阳木雕高手云集杭州。1924年，浙江省实业厅组织浙江“三雕”比试，同为“仁艺厂”把作师的杜云松和刘明火参加。杜云松雕了一只引吭高歌的鹅，威风八面。刘明火雕了一只 “春江水暖鸭先知”的鸭，神采奕奕。大家一致公认这两件作品最好。在决定名次时，让评委们犯了难，有人出了个馊主意，说鹅、鸭都喜欢水，就让它们下水比比吧。于是将这两件作品放到水面漂流，鹅的脖子长，重心高，鸭的脖子短，重心低，漂在水面上，鸭子当然比鹅更稳当，于是评定刘明火第一，杜云松第二。东阳雕花匠包揽前二，轰动杭城，同行老乡就以“雕花皇帝”“雕花状元”恭奉他们。刘明火为此非常惶恐，因为无论从年龄还是综合技艺水平、行业地位来说，杜云松都排在他的前面，于是他恳求大家把“雕花皇帝”的美誉让给杜云松。当时黄紫金和楼水明都不在杭州。黄紫金1914年至1918年曾经和杜云松在“仁艺厂”共事，杜、刘、黄是当时业内三巨头，而且十分要好。楼水明1922年初曾到“仁艺厂”工作三个月，是崭露头角的年轻新秀。后来，“仁艺厂”的同仁参考比赛结果排出了“雕花皇帝”杜云松、“雕花状元”刘明火、“雕花宰相”黄紫金、“雕花榜眼”楼水明的封号名次，并逐渐在业内传开，东阳的艺人从此撑起了一个“雕花王国”。

1944年刘明火英年早逝，逐渐淡出人们的视野。1956年前后，担任浙江省工艺美术研究所副所长、中国美术家协会浙江分会副主席的东阳木雕艺人马凤棠，将名声日隆的楼水明改称为“雕花状元”，杜云松、黄紫金、楼水明，成为新的三巨头。

封皇拜相，风流雅趣。篾匠状元，典出匾额。

1915年巴拿马万国商品博览会东阳木雕获金奖

“篾匠状元”马富进

马富进

马富进（1860—1933），曾名马府君，东阳市佐村谷岱（溪南）村人。11岁学艺，先后拜马炳彩、马桂章为师。17岁自开作坊，出售篾丝书箱（考篮），供不应求。民国三年（1914），被县习艺所和设在兰溪的浙江省习艺所聘为教师。擅长劈篾，有“天下头把篾刀”的美誉。善融百艺入竹编，他不仅在竹编、竹雕、翻簧技艺上达到了炉火纯青的境地，而且诗词、戏曲、书法、绘画、铜锡镶嵌等无所不通；提篮、考篮、果盒、窗帘、轿篷、宫灯样样拿手，从编织图案到雕刻镶嵌乃至书画装饰均见功见艺，造诣极深。

东阳北乡流传着许多马富进的传奇。最为动人的是“竹编酒杯”和“拿不下的银元”的故事：

一说马富进为某大户人家把作篾匠活，东家嫌其花在篾丝制作上的功夫太多，面露不悦。马富进也不解释，偷偷地剖了一些特细篾丝，晚上将篾丝含在嘴里泡软，以篾丝紧编法编成8只酒杯。完工宴上，马富进拿出酒杯，众人赞叹。马富进拿起酒壶将酒斟满篾丝酒杯，不见杯底湿痕，酒过三巡，始终不漏，东家惊喜不已。

又说他为清朝翰林李品芳（咸丰皇帝老师）的儿子李福简制作的一对三层托篮，构思奇妙，编织精巧别致，雕刻玲珑剔透，篾丝细如发，篾片薄如纸，篮边编有人物花鸟、飞禽走兽，绕上铜丝走线，提用时会跳动，匠心独具，妙趣横生。篮的配件雕刻玲珑，工和艺珠联璧合。据说有位老妇见提篮上的银元就伸手去拿，手触提篮才知是竹编图案。这对托篮于1952年由浙江省文化局送北京展出，后为北京故宫博物院收藏。

马富进老家谷岱村曾有一个戏台，台柱两边的楹联“云想衣裳花想容，春风拂槛露华浓”就是马富进用竹篾编织的，联边配以云彩花卉图案（这应该是东阳竹编最早的平面书画竹编作品了）。逢年过节，戏台演戏，观者对竹篾楹联赞不绝口。

马富进的竹编工艺构思奇巧，有许多独到之处。他1906年编制的一只提篮，不仅编织精细绝伦，色彩古雅富丽，而且在八角形的篮盖上还用细如发丝的篾丝编出字画，篮柄雕有双龙戏珠、凤穿牡丹的图案，篮底的脚夹外侧雕有八宝图案，小小一只提篮集编、雕、绘、嵌的工艺于一体，令人折腰叹服。据说，有人想用一个雕刻精美的大橱交换该提篮。又如马富进以松鼠偷葡萄为题材制作的胡椒竹管，形似手电筒，手按开关，松鼠口即喷出胡椒粉。

马富进的女儿嫁在歌山镇象湖塘村，马富进晚年曾经在女儿家养病休养半年多，象湖塘村的老人都知道马富进有一根自己设计制作的藤手杖，杖干空心，下端装铜制旱烟嘴，上端雕一尊斜卧静思的铁拐李，铁拐李撑头的右手腕上挂一只竹编小花篮，篮内装有竹编的糕点礼品，也可装烟丝火柴。杖的上端还可做香烟嘴，对着铁拐李的嘴可吸旱烟，一物多用，令人称奇。

马富进在诗、书、画、雕塑方面也卓有成就。有一年村中演戏，每日要按剧目更换台上的对联。某天，马富进自告奋勇要作一副对联，负责对联的秀才特点《铁关图》为题意。此戏写的是明崇祯皇帝自缢煤山，八旗进京称帝的故事。马富进略加思忖，一挥而就。上联是：一索悬梁空日月；下联是：八马过关定乾坤；横额：清明时节。对联切情达意。只读三年书的工匠，竟有如此文才，令秀才们敬佩得五体投地。马富进的书法也远近闻名，村人婚丧乔迁写对，稻桶水车号字都来请他，祠堂庙宇也有他的墨迹。一次本村水口庙开光，他从外地回来，看到佛像塑得不好，当即敲掉重塑。由他塑成的佛像，庄严逼真，栩栩如生。他还喜音律，善婺剧，笙、箫、笛，生、旦、净、丑，无所不会。

1929年西湖博览会上，马富进的《魁星点斗》轰动一时，组委会特制“篾匠状元”匾额嘉奖。可惜，这块牌匾1962年毁于火灾。

马富进六角翻簧竹刻小饭篮　1925年

一代宗师郭金局

郭金局（约1871—1919），谱名仁慈，乳名金局，又名金轴，字爱周，号宝珊，别号石洞山人、佩卿，湖溪郭宅村人。自幼聪颖过人，工米塑。国画造诣深厚，工笔花鸟、写意人物皆能，尤擅锦鸡牡丹。清末民初郭宅方佩香的字、郭宝珊的画珠联璧合，很有名气，题画折扇一把，收取润笔费大洋二元。师从堂叔凤熙，以木雕知名，也是砖雕高手。1915年，精雕微型八仙一组，聚拢仅占一掌之地，常藏于长衫口袋把玩。该作品获得1915年美国“巴拿马万国博览会”奖项，喜报悬于郭氏宗祠。

郭金局主要在兰溪、金华等浙西地区行雕。1898年把作兰溪姚村齐政堂，齐门楼砖雕门神人物和狮子古朴威武，为砖雕极品。1915年把作兰溪姚村慎德堂、衍德堂等三幢民居，创意瑰丽，气势雄浑。

郭金局，因国画功底深厚，木雕中汲取了中国书画精髓。因雕塑造型能力强，融入佛像雕塑韵味，人物雕刻立体传神。他和徒弟杜云松为“东阳木雕革新派先祖”。

国画《五伦图》　郭金局作

郭金局木雕作品《运动会》

“雕花皇帝”杜云松

杜云松

杜云松（1884—1960），谱名志唐，字云松，湖溪后山店村人。14岁师从郭金局学艺。年轻时在杭州及附近行雕，因其技艺超群，被同行誉为“雕花皇帝”。1937年回东阳。他为人忠厚，聪慧过人，喜读历史文学名著，熟谙神话典故。其作品立意新颖，造型逼真，斧凿成形迅速，线条流畅；精雕细刻，力求尽善尽美。他技艺超群，不泥古守旧，善融国画艺术于传统雕法，使东阳本雕在传统的“雕花体”基础上演变出“画工体”，被誉为“画工体”的开山鼻祖。他雕刻时，全神贯注，手巧胜天神，刀走似龙蛇，变化奇异，软硬兼备。他甚至不用勾画图案，当面持刀雕琢《楼玉龙父亲》等雕像，形神兼备，令人叫绝。1954年，他召集流散的艺人组建“楼店木雕小组”，成为东阳木雕总厂的主要创始人。1957年12月，他当选为中华全国合作总社委员会委员。他被列入全国工艺美术名艺人史册，名列第六。他创作的《梁红玉击鼓抗金》，获中央美院华东分院创作设计一等奖。

杜云松木雕花鸟作品

巍山《鼎丰堂》木雕 杜云松作品

“雕花状元”刘明火

刘明火（1888—1941），谱名明焕，字其文，号章亭。南溪梨坑村人。上过六年私塾。14岁拜本村“东狗”为师学艺。先奔波于昌化、富阳等地揽活，1922年前后在杭州仁艺厂行雕，和杜云松同为把作师傅。离开仁艺厂后赴上海，被王盛记老板聘为把作师。1927年到分水县担任城隍庙修建的雕饰把作师，三年竣工，声誉大振。1937年回东阳杨溪村的十八间头把作雕饰。1939年，义乌佛堂儒商吴茂棋在大文头35号建造四合院“吴棋记”十八间民居，其中《柴耕渔乐》《骑狮女将》两对主牛腿和西南角转角牛腿为其操刀。

刘氏技术全面，擅长人物山水，更专于仿画谱雕刻，似摹非摹，别出心裁，也是一位擅长画工体的高手。他雕刻得心应手，坯雕带旋，线条流畅，画面活泼浪漫，讨人喜欢。20世纪20年代，因其技艺超群，被同行誉为“雕花状元”。

刘明火《桃花源图》琴枋

“雕花宰相”、浙江省工艺美术名艺人黄紫金

黄紫金

黄紫金（1895—1981），名立京，字紫金，号志今。湖溪镇黄大户村人。1905年随父学艺。1914年起在杭州仁艺厂、余杭、临平、嘉兴等地行雕。1918年至1949年绝大部分时间在东阳、义乌行雕，1954年参与组建“楼店木雕小组”，为东阳木雕总厂创始人之一，是木雕总厂设计创作组的主创人员之一，20世纪五六十年代该厂的绝大多数图稿出自其手。

黄紫金人生坎坷，虽然只读过三个月的书，却一生痴迷于东阳木雕，自小看戏学画成习惯，细心揣摩名家画谱，《吴友如画宝》等国画烂熟于心，勤于写生，善于观察，出手快，功效高，技艺超群，为东阳木雕“画工体”顶尖高手。他的作品构图疏朗简洁，线条老辣精准，刀到意到，潇洒大气。20世纪20年代，因其技艺超群，被同行誉为“雕花宰相”。

他担任了第一届浙江省政协委员，东阳县第一、二届政协委员，是1962年经浙江省人民委员会批准享受高级知识分子同等副食品特供待遇的全省19位“浙江省工艺美术名艺人”之一。

黄紫金作品

“雕花榜眼”、中国工艺美术大师楼水明

楼水明

楼水明（1898—1983），横店镇横店村人。9岁上私塾，16岁拜吴纯标为师，到萧山、临浦学艺，1916年起先后到萧山安仁、塘栖、湖州袁家汇、杭州伍公山、长安行雕。1922年2—5月间在杭州仁艺厂行雕。1922年到上海行雕。1926年在上海自开工场。1941年回乡。1945年到上海行雕。1948年赴香港华安公司，被聘为把作师傅。1956年2月回乡，加入东阳木雕总厂。

楼水明阅历丰富，视野开阔，吸收中国书画构图、透视线条、皴法等技艺精华并将其应用于东阳木雕，作品立体通透。他擅长西式木雕家具造型设计，是东阳木雕总厂出口家具造型的主要设计人员。20世纪20年代，因其技艺高超，被同行誉为“雕花榜眼”，20世纪50年代改称“雕花状元”。

楼水明为人谦逊和善，敬业勤奋，为培养木雕新人不遗余力。“文化大革命”两派恶斗，将木雕新秀陆光正打发到竹编车间打杂，作为师傅的楼水明心急如焚，跑到县革命委员会负责人办公室苦苦哀求，说到动情处泪流满面，竟然下跪请求不要糟蹋人才。

楼水明是浙江省第二、三届人大代表，全国第五届人大代表。东阳县第五届政协委员会副主席。1978年被授予“中国工艺美术家”（中国工艺美术大师）荣誉称号和省“劳动模范”荣誉称号。是1962年经浙江省人民委员会批准享受高级知识分子同等副食品特供待遇的全省19位“浙江省工艺美术名艺人”之一。

楼水明木雕作品《沙家浜》

浙江省美术家协会副主席马凤棠

马凤棠

马凤棠（1914—2001），横店镇厦厉墅村人。10岁去上海胞兄马凤郁作坊学雕花，1928年赴香港行雕，1939年回乡。抗战胜利后又赴上海行雕。1950年到中央美院华东分院工作，1958年任浙江美术学院民间美术系副主任。1962年调省民间工艺美术研究所，任副所长。1972年调杭州园林管理局园林设计院。历任中国美术家协会理事、中国美术家协会浙江分会副主席。先后三次负责杭州灵隐寺修复的技术工作。长期从事木雕研究、教学与创作，熟知东阳木雕的历史传统和技艺，思路开阔，题材广泛。

马凤棠木雕作品《林则徐禁烟》

浙江省工艺美术名艺人卢连水

卢连水

卢连水（1884—1961），原名钟照，字远明，号连水。城东宲卢村人。读过三年私塾。16岁随父学木雕，五年脱颖而出，在本地行雕。1908年起在杭州、钱塘、上海、杭州仁艺厂、上海王盛记、香港艺华盛等地行雕，并被聘为把作师。1938年底徒步返乡。1944年至1949年在上海、香港、杭州行雕。1954年3月参加筹建“楼店木雕小组”，乃东阳木雕总厂创始人之一。

由其把作的史家庄叶姓花厅，为清末民初的东阳木雕建筑雕饰代表作。卢连水为第二届省政协委员，是1962年经浙江省人民委员会批准享受高级知识分子同等副食品特供待遇的19位“浙江省工艺美术名艺人”之一。

卢连水木雕作品《三顾茅庐》

浙江省工艺美术名艺人吕加水

吕加水

吕加水（1894—1979）,湖溪镇西堆村人。读过三年书。1907年拜清潭李财福为师，到诸暨学木雕。1912年开始在嵊县龙头街口、西乡、东前街行雕。1925年到上海徐家汇吕章品工场行雕。1929年到嵊县等地行雕。1945年9月至1946年7月到上海北四川路郭岩福处行雕。1956年参加上湖乡木雕生产合作社，为东阳木雕总厂元老级艺人。

吕加水13岁学艺，23岁即带徒弟做包头，把作多项建筑装饰。1936年承包上虞县曹娥庙雕饰工程，该庙以精雕细刻、肃穆端庄而被誉为“江南第一庙”。吕加水专长花鸟，被誉为“花鸟专家”，是1962年经浙江省人民委员会批准享受高级知识分子同等副食品特供待遇的全省19位“浙江省工艺美术名艺人”之一。

吕加水作品《百鸟朝凤》

浙江省工艺美术名艺人厉守铭

厉守铭

厉守铭（1914—1978），横店镇夏厉墅村人。读过5年私塾。13岁拜李集敖为师，到寿昌等地学雕花；15岁师从厉守清，到兰溪等地学木雕。1927年起先后在寿昌、武义、上海、诸暨等地行雕。1954年3月参加“楼店木雕小组”，为东阳木雕总厂创始人之一。

厉守铭擅长制作毛坯，凿头清晰，线条流畅，人物造型洒脱，体态丰满，为同行所推崇。他是1962年经浙江省人民委员会批准享受高级知识分子同等副食品特供待遇的全省19位“浙江省工艺美术名艺人”之一。

厉守铭木雕作品《海棠诗社》

“八县盖”金君成

金君成

金君成（1891—1965）,字云山。画水镇洪塘里山村人。读过3年私塾。1905年到汤溪许章福门下学艺，出师后，一直落脚于许章福门店，同时在汤溪、兰溪一带行雕。1931年至1949年，落脚在义乌佛堂王同垚（尧）小木店，同时在义乌和东阳画水镇一带行雕。1956年2月加入东阳木雕总厂。

金君成技艺精湛，擅长人物“圆铃”（圆雕）雕刻。他植根传统厚积薄发，自辟新格，人物牛腿神韵兼备，威武雄壮，神采飞扬，是东阳木雕“雕花体”的杰出艺人。金君成在汤溪、兰溪一带很有名气，人称“八县盖”（盖为最高、封顶的意思，意为金华8县最厉害的）。

1962年7月，根据省人民委员会批准全省19位工艺美术名艺人享受高级知识分子同等副食品特供待遇的文件精神，县人民委员会下文给金君成等7位“东阳工艺美术名艺人”以“二等”副食品特供待遇。

金君成木雕《和合二仙》

推优评先——当代大师

中华人民共和国成立以来，由于党委、政府对工艺美术的关怀重视，采取了“保护、发展、提高”的方针，在旧社会里一向被轻视为雕虫小技的民间艺术被珍视为宝贵的民族遗产，工艺美术事业形成了百花齐放、欣欣向荣的局面。东阳木雕也和其他工艺美术一样获得了空前发展和不断提高。在发祥地的东阳和木雕艺人较集中的上海、杭州，先后成立了木雕生产组织，并很快得到了成长和壮大。生产不断发展，产值连年成倍增长，产品基本上由出口贸易部门包销。从此，艺人们政治上翻了身，有的艺人得到了优厚的政治待遇，当选为各级人大代表、政协委员、全国美协会员、上海美协理事等；技艺上得到了培养，有的艺人由政府保送到美术学院学习和研究，有的为政府吸收加入了工艺美术研究所，浙江美术学院还开设了东阳木雕专业班培养新生力量；生活上得到了可靠的保障和不断的改善，从而获得了精神愉快、心情舒畅地从事生产创作的良好环境，推动了木雕艺术的向前发展。

改革开放，特别是进入21世纪以来，党委、政府坚持以人为本，着力于人才培养，将木雕、竹编列入紧缺工种目录，设立专项基金，对龙头骨干企业实施奖励，对参加展览的摊位费、工艺美术大师带徒、木雕工技师给予补贴，建立以职称晋升、技能等级认定和技能比武为主要抓手的人才激励机制。1987年至2022年7月底，东阳市获得工艺美术专业技术职称的艺人1540人。其中：正高级工艺美术师5人、高级工艺美术师97人、工艺美术师383人。

2008年至2022年，东阳市举办木雕工技能培训（比赛）16期，4350多人次参加，1116人通过培训考核取得木雕工国家职业技能等级证书，其中高级技师55人、技师254人。

组织木雕艺人参加本市以外的木雕工技能比赛22次，7人获国家人力资源和社会保障部授予的“全国技术能手”称号。

2017年中国技能大赛——“明堂红木杯”全国家具（红木雕刻）职业技能竞赛总决赛

2019年中国技能大赛——第二届全国家具雕刻职业技能竞赛浙江东阳分赛区

2020年全国行业职业技能竞赛——第四届全国家具职业技能竞赛总决赛

2014年起，东阳市组织了35期手工木工、 家具设计师职业技能等级培训及认定。

2008年、2012年、2016年，陆光正、冯文土、吴初伟先后被世界手工艺理事会亚太分会授予“亚太地区手工艺大师”荣誉称号。

2018年，黄学敏、卢光华、何福礼被国际竹藤组织授予“亚太地区竹工艺大师”荣誉称号。

1979年至2022年底，东阳市先后有228人获得各级工艺美术大师荣誉称号，其中国家级工艺美术大师11人，浙江省工艺美术大师60人，金华市工艺美术大师157人。在上海、北京、广东创业的东阳木雕艺人包天伟、傅军民、李中庆被当地推荐评为中国工艺美术大师。

东阳市各级工艺美术大师人数分类统计表（截至2022年底）

（单位：人）

级别＼品类	木雕	竹编	竹雕	家具	其他	合计
国家级	9	2	/	/	/	11
省级	46	7	4	3	/	60
金华市级	117	9	8	8	15	157
合计	172	18	12	11	15	228

2021年全国行业职业技能竞赛——第五届全国家具职业技能竞赛浙江东阳赛区选拔赛

陆光正，第二届中国工艺美术大师，首届亚太地区手工艺大师。

陆光正

1945年生，画水镇岭下村人。2006年被认定为首批国家级非物质文化遗产项目东阳木雕代表性传承人。2016年12月获国务院政府特殊津贴专家证书。2017年2月，获国家人力资源和社会保障部授予的“国家级高技能人才领军人物”称号。他匠心六十年，用一支笔、一把刀，含阴抱阳，推奇致平，构建了一个精彩纷呈的木雕艺术世界，他是中国木雕界的泰斗和领航人。他的作品远销俄罗斯、德国、法国、美国、新加坡等20多个国家和地区。香港回归时浙江省人民政府的赠品《航归》、人民大会堂浙江厅的《锦绣西湖》、北京APEC会议中心的《锦绣中华》和《燕京八景》、杭州G20峰会主会场木雕背景和《中华20景》，中国国家博物馆的“楠木厅”装饰、中国木雕博物馆内部装饰、无锡灵山梵宫的木雕装饰等作品吸引了世界目光。

陆光正国画作品

陆光正作品云龙花瓶

冯文土，第三届中国工艺美术大师，第二届亚太地区手工艺大师。

冯文土

冯文土国画作品

1944年生，画水镇黄田畈村人。他学习艺术刻苦，基础扎实，功底深厚，专业雕刻技术娴熟，是树皮雕、半圆雕技法的创始人。共创作设计400多件（套）作品，如：《原野颂》《百马图》《华夏雄风》《四季歌》《雄风》《雄霸天下》等，20世纪80年代以来参与设计并指导钓鱼台国宾馆、新加坡董宫酒家、联邦德国波恩中国酒家、杭州楼外楼等国内外重大木雕室内装饰工程。他率先从理论和实践上对东阳木雕的雕刻技艺进行归纳总结，阐明了十三种雕刻技法各自的特点和适用范围。与人合著《东阳木雕技艺》，为同行称赞。

冯文土树皮雕《山泉》

吴初伟，第四届中国工艺美术大师，第三届亚太地区手工艺大师。

吴初伟

1946年生，横店镇良渡吴宅人。国家级非物质文化遗产项目东阳木雕代表性传承人。以精湛的雕刻技法，完美的设计理念，深厚的文化底蕴，演绎东阳木雕艺术。论文《略论古建筑修缮的几要素》于1988年获浙江省工艺美术学会优秀奖。擅长东阳木雕传统技艺和仿古园林建筑及修复装饰。融汇各类雕刻技法，创作了近500件木雕作品，风格迥异，饮誉中外。木雕台屏《烟雨红船》《春恋》《哪吒闹海》《曹操赠袍》被国家选为国礼。《曹操赠袍》于1993年获中国首届礼品设计大奖赛最佳制作奖，2002年馈赠给美国国务卿鲍威尔并获得高度赞赏。

吴初伟作品《曹操赠袍》

吴初伟作品《中国共产党的梦想起航地》

姚正华（1944—2014），第五届中国工艺美术大师。

姚正华

湖溪镇大塘村人。历任东阳市工艺美术研究所所长、东阳市工艺美术工业公司经理、东阳市正华木雕研究院院长。

1958年进东阳木雕技校（木雕总厂），1978年分配到东阳竹编工艺厂，任设计室主任。后调至市工艺美术工业公司（研究所）。20世纪末创办正华木雕研究院，专注于木雕精品的创作，为东阳木雕走向精品化、高档化起到引领、推动作用。其作品在各级工艺美术品大展、大赛中获得奖项50多个。

姚正华作品《高原练武》

卢光华，第五届中国工艺美术大师，亚太地区竹工艺大师。

卢光华

1948年生，六石街道北后周人，出身于竹编世家。1967年毕业于东阳中学，曾任初中语文教师，后来务农学艺。先师从祖父、父亲，后与同龄大舅卢解胜共研竹艺。开创并完善平面竹编书画技艺，将细如丝、光如绸、薄如绢、透如纱、美如锦的精细平面竹编工艺融合应用到中国书法、绘画的表现之中，其作品既保持中国书画神韵，又体现传统竹编工艺特色，成为极具文化内涵和民族特色的竹工艺精品。他的《兰亭序》《清明上河图》等产品都被中国竹子博物馆收藏。他是中国竹工艺大师，浙江省非物质文化遗产项目东阳竹编代表性传承人。

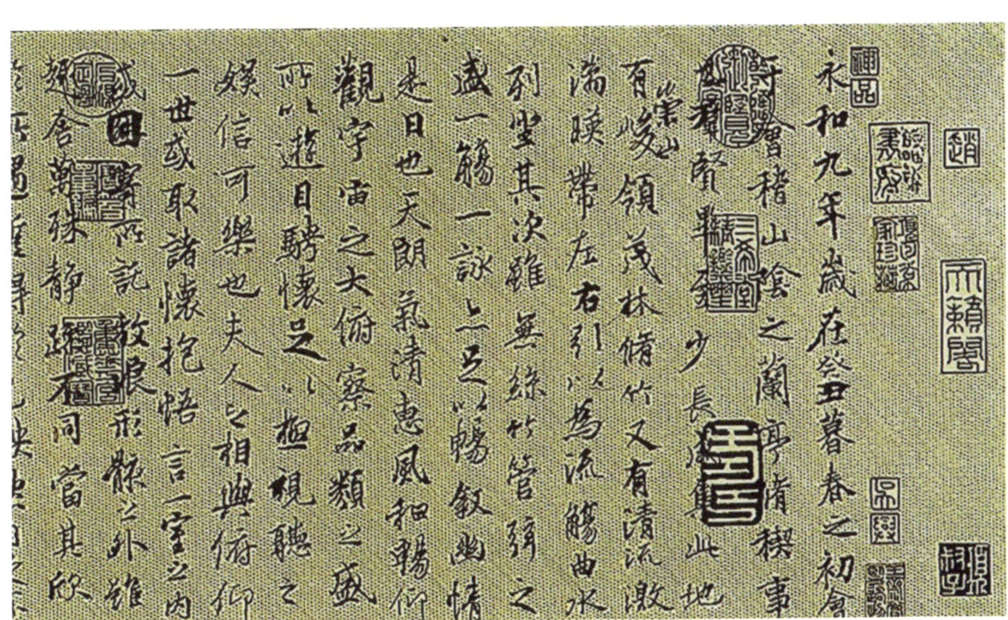

卢光华竹编作品《兰亭序》局部

何福礼，第六届中国工艺美术大师，亚太地区竹工艺大师。

何福礼

1944年出生于义乌。14岁进厂学艺。作品讲究立体造型，巧妙运用竹编技法表现作品质感，造型优美，色彩典雅，编织精细，技法多样，1997年何福礼为庆祝香港回归而特制的2500米长的巨型龙灯，由香港特首董建华亲手点睛开眼，获当年吉尼斯世界纪录奖牌。2005年，何福礼三次应考，攻克竹丝镶嵌和在国内几近绝迹的“反簧”技术难关，八次赴北京修缮故宫博物院中最精美最豪华的建筑之一——乾隆皇帝御书房倦勤斋的竹编部分，使其恢复历史原貌。他是中国竹工艺大师，国家级非物质文化遗产项目东阳竹编代表性传承人。

何福礼竹编作品《海螺》

徐经彬（1939—2017），第六届中国工艺美术大师。

徐经彬

南市街道文祥村人。浙江省非物质文化遗产东阳木雕代表性传承人。14岁随父从艺，1958年加入东阳木雕总厂，1978年分配到东阳竹编工艺厂，1984年任厂长。1991年任浙江经纬玩具工艺品有限公司董事长兼总经理。1999年自主创业，成立东阳市从余工艺品有限公司，并设立徐经彬大师工作室。融东阳木雕与竹编工艺于一炉，开发竹木结构工艺壁画系列新产品，如《乡趣》《农家》《乡情》等。钟情于家乡的江南美景，创作出江南民俗风情系列作品 。“一种火烧板木雕的制作工艺”获得国家发明专利，创新了火烧板拼雕技艺。其中火烧板拼雕技艺作品有《古越风情》。2010年出版“工艺弄潮”丛书《我的艺术人生》《艺海碎语》《徐经彬木雕作品集》等。

徐经彬木雕作品《乡趣》

黄小明，第六届中国工艺美术大师。

黄小明

黄小明壁挂作品《祥》

1965年生，千祥镇隔塘村人。国家级非物质文化遗产项目东阳木雕代表性传承人。专注木雕艺术的创作与研究，开创“速写木雕”，画面显得飘逸灵动；独创“超写实木雕”，以细腻逼真的质感，增强了造型立体感；设计“竹简式木雕”，彰显了人文气质与古典情境，在杭州雷峰塔亮相即受到高度评价;创新的“取景框木雕”，扩大了木雕艺术的景深，丰富了表现形式。作品曾获国家级、省级金奖银奖，数十件作品被中国国家博物馆等机构收藏。复制乾隆蟠龙宝座，雕有上千条姿态各异的龙。先后参与杭州雷峰塔的内部装饰、G20杭州峰会主会场、国宾馆宴会厅、萧山机场专用候机楼等场所的木雕装饰，让东阳木雕惊艳世界。设计并制作普陀山观音圣坛、南京牛首山佛顶宫、九华山大愿文化园内部装饰，让佛教文化绽放异彩。还参与昆明翠湖宾馆、即墨古城建筑、北京饭店等室内装饰，融中西手法于一炉，整体和谐，令饭店雍容大气而又明快亮丽。

徐土龙，第七届中国工艺美术大师。

徐土龙

1944年生，东阳江镇浦川村人。浙江省非物质文化遗产项目东阳木雕代表性传承人。1958年进入东阳木雕技校，曾经担任东阳木雕总厂主管生产和经营的副厂长，2013年成立东阳市徐土龙创作室。擅长东阳木雕花卉雕刻，其花卉雕刻突出气韵神态，以瓣肥叶厚的艺术特点表现盛世气象，被公认为东阳木雕花卉雕刻顶尖人物。四条屏《梅兰竹菊》2011年获中国（北京） 礼品交易会暨国务政务礼品大师精品展金奖，现被中国工艺美术大师博物馆收藏。山水落地屏《泉声伴三友》获2017年第十八届中国工艺美术大师作品暨手工艺精品博览会金奖。双面雕圆台屏《百鸟朝凤》获2011年“盛世天工”中国木雕艺术展金奖，被中国国家博物馆收藏。

徐土龙作品台屏《月月红》

施德泉（1964—2018），第七届中国工艺美术大师。

施德泉

东阳江镇黄埔村人。2018年3月获全国轻工行业劳动模范称号。1980年拜师学艺，1986年创办东阳市东艺工艺品有限公司（施德泉红木），擅长木雕佛像佛具、古建筑营造装饰，潜心于东阳木雕古典红木家具的设计制作和传统工艺的传承创新。其作品在各级工艺美术品大展、大赛中获得奖项近30个。

施德泉佛龛描金作品《观音图》

包天伟，第七届中国工艺美术大师。

包天伟

1966年生，南马镇金院村人。20世纪80年代，他只身闯荡上海，22岁就成功当选上海木工木雕工会组织部部长，成为当时木雕同业工会的领军人物。改革开放初，包天伟去广州、宁波学习红木家具制作，1995年回东阳创办红木家具厂。1998年到上海创办“艺尊轩”红木家具公司。他的木雕，注重将现代建筑、自然景观和传统意象等多重元素进行同体刻画。2021年参加北京中国红木家具文化博览会的屏风《祖国万岁》就是将黄山松柏、黄河大瀑、天安门、世博、奥运等诸元素融合的范例。

包天伟作品《祖国万岁》

傅军民，第八届中国工艺美术大师。

傅军民

1971年生于东阳木雕世家，自幼钟情于中国传统文化及明清古典红木家具艺术，深谙红木榫卯结构和木雕工艺，后在浙江大学和清华大学进修绘画艺术。傅军民对明清家具文化有独到的见解，于2001年创办了北京宣明典居古典家具公司。将东阳木雕的精巧细腻和京作的雄浑厚重有机融合，秉承“器以载道”的理念，传承中国传统家具文化；融合现代时尚理念，赋予了家具独特的个性表现和美学价值。2014年又创立了当代新中式品牌“平仄”。其作品漂洋过海，多次参加国际家具展，获得好评。2021年获“京工巧匠”荣誉称号。

傅军民紫檀百宝嵌首饰盒作品《芙蓉白鹭图》

李中庆，第八届中国工艺美术大师。

李中庆

1964年生，湖溪镇清潭村人。17岁开始跟随师傅学习木雕手艺，1991年，李中庆到潮州一家木雕厂工作。他将东阳和潮州两大艺术流派融合起来，创立了“东潮木雕艺术流派”，将雕刻主体以35度至45度角斜立于底板的独特雕刻技术应用于实践，并带领自己的团队完成了潮州广济桥上亭台楼阁的木饰构件木雕制作和安装，为广济桥的成功修复做出一定贡献。他先后被授予广东省“南粤工匠”、广东省五一劳动奖章、全国五一劳动奖章和全国劳动模范等荣誉称号，是正高级工艺美术师。其作品《清明上河图》获世博会金奖，大型木雕《百美图》获上海2010中国工艺美术大师精品展金奖。

李中庆作品《清明上河图》(局部)

黄学敏，亚太地区竹工艺大师，中国传统工艺美术大师。

黄学敏

1957年5月生于竹编世家，东阳市千祥镇人。高级工艺美术师、中国工艺美术学会竹工艺专业委员会主任、中国林学会竹子分会副理事长、浙江省工艺美术行业协会竹工艺专业委员会主任。原东阳竹编工艺厂厂长兼党委书记，现为东阳市黄家竹编工艺研究院院长兼总设计师。参加了全国大赛、大展，共获得特等奖3个、金奖21个、银奖6个。《八角提篮》被中国国家博物馆收藏，《白鹤圆提篮》《长八方提篮》《圆形宝鼎》等被浙江省博物馆收藏。

西施　王昭君　貂蝉　杨贵妃

黄学敏竹编作品《四大美女》

GUI FU SHEN GONG
鬼斧神工

树的精魂，沉睡了千年，一把锋利的斧，一支闪着亮光的凿，将它唤醒。东阳木雕在大师铁笔挥舞中灵动，在匠心独运中萌发，在雕与琢中飘然出世。雕梁画栋讲述着曾经的辉煌，十里红妆守望着新娘的梦想，花鸟虫鱼寄托着美好的愿望，台屏陈设绽放着智慧的光芒。“技可进乎道，艺可通乎神。”东阳木雕竹编鬼斧神工，红木家具精致典雅。木雕、竹编、红木家具作品中，蕴含着造型美、神态美、气韵美、文化美。这些艺术作品是人类美和爱的颂歌，是人类道德思想与心灵智慧的光芒，是艺术大师用生命培育出来、流传给后人的精神食粮。

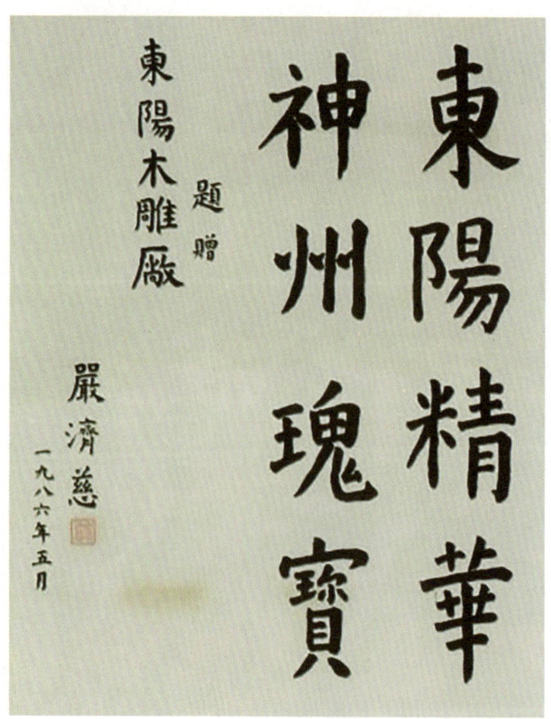

严济慈题词

雕花　古建筑上最浪漫的气质

中国的美，无处不在，在雕梁画栋、恢弘大气的皇宫，在曲折幽深、素净淡雅的园林，在青砖灰瓦、雕刻精美的民宅。

中国古人素来喜爱运用雕刻，将对美好生活的期盼与祝福，通过每一处细致深入的刻画，把它们恰到好处地展现出来。那些随处可见的木雕、石雕、砖雕，共同构成了一幅具有中国意韵的画，将千家万户的动人故事娓娓道来……

雕花

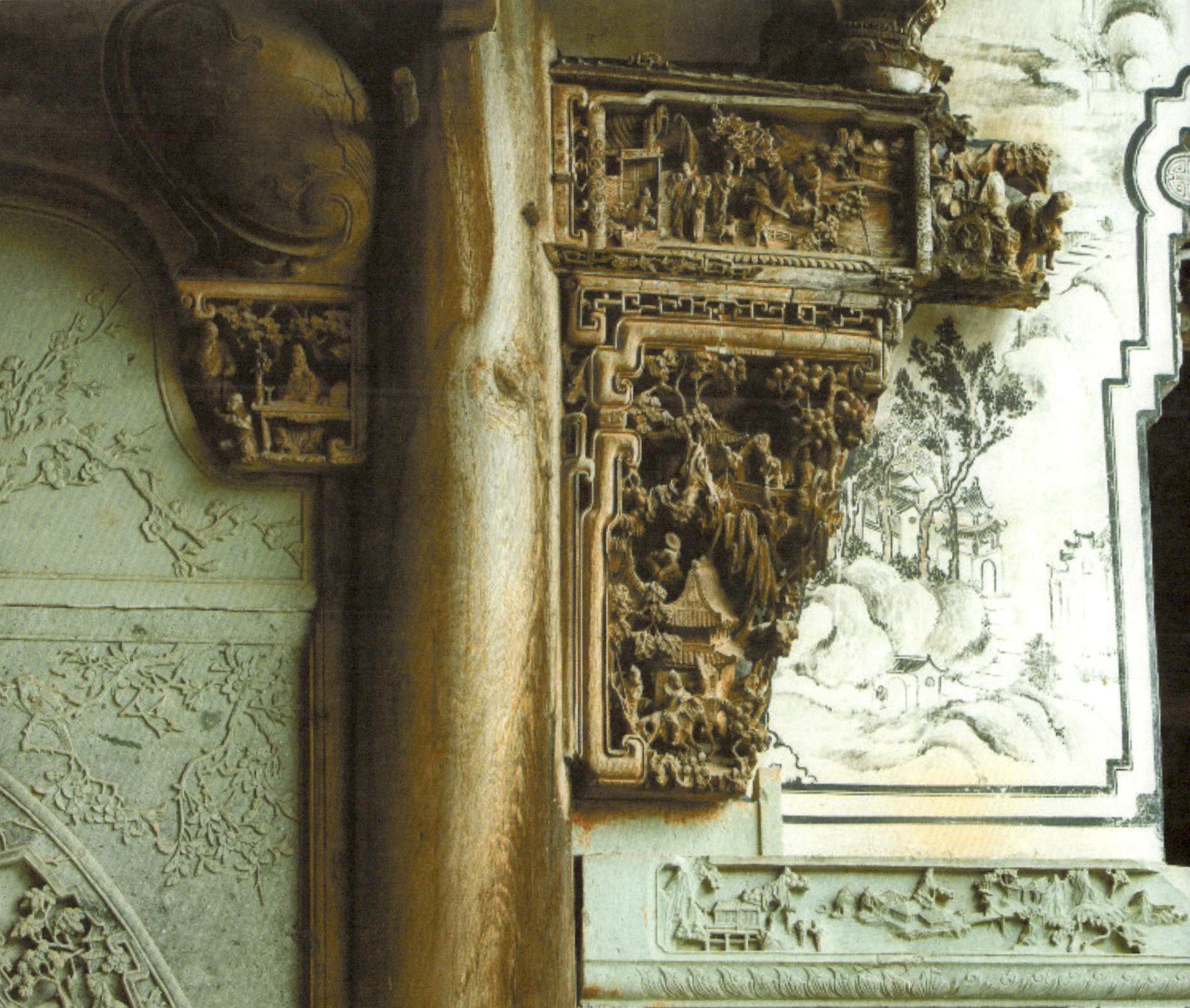

古人云："无刻不成屋，有刻斯为贵。"雕刻，是一种中国民间工艺，工匠们在木石砖瓦上雕以图案、花纹，雕刻方法复杂多样，风格古典而清雅，为中国建筑增添了一道独特的风景线。每当你步入其中，就会发现：最让人惊艳的往往是那些寻常生活中被精心雕刻的一木一石、一砖一瓦。

东阳1800年历史长河中，三山夹两盆的土地上，分散着一座座宏伟而又精致的建筑群，这就是远近闻名、享誉于世的东阳古民居。东阳古民居现保存有1300多幢，其中5处全国重点文物保护单位，8处浙江省重点文物保护单位。它们是我国明清时期民居的典型代表。

“粉墙黛瓦马头墙，镂空牛腿浮雕廊。阴刻雀替龙须梁，风景人物雕满堂。”这是中国古建筑专家杜仙洲先生赞美东阳古民居的诗篇，也是对古民居中东阳木雕的礼赞。

东阳民居有着独特的古朴风格，其雕刻装饰也极富情趣和寓意，讲究对称美、均衡美及波浪美，常给人一种宁静平稳又生动传神的感受。

走进一座座东阳的民居大院，犹如走进一座座民间木雕艺术博物馆。

首先跃入眼帘的便是那些精美的雕刻，所见之处布满了出神入化的雕刻精品，它们风华绝代，底蕴深厚，变化无穷，向世人述说着一个个美丽的故事。

许宅熏风自南小院

民居典范——一经堂

位于湖溪镇马上桥村，又名“吕氏花厅”，梁背置斗拱，施重拱。梁头、斗拱、枋、檩均刻上花纹、线脚。牛腿、雀替、厢楼门窗的木雕采用圆雕、透雕技法，画面为神话传说、花草动物等。特别是正厅前廊顶部，镂空雕的山水、楼阁、人物、牛腿，高浮雕的狮子、蝙蝠、檐檩，圆雕群狮戏球荷包梁、锁壳纹榫卯相连的船篷轩，都是东阳木雕鼎盛时期的经典之作。

吕氏花厅

一经堂

戏曲百科——慎德堂

慎德堂位于虎鹿镇夏程里村，建于清嘉庆年间（1796—1820），集清中期戏曲木雕之大全，雕刻精美，木雕装饰主题内容为戏剧故事情节，画面丰富，有《双贵图》《送凤冠》《麦里藏金》《木兰从军》《岳飞挂帅》《三英战吕布》《草船借箭》《铁冠图》《宝莲灯》等200多块戏曲故事花板。

慎德堂

戏曲故事花板

德润堂中堂东首“太师少师”牛腿

千柱落地——德润堂

德润堂位于六石下石塘村，建于清嘉庆年间（1796—1820）。德润堂木雕雕饰精湛技艺，题材丰富。其中最为传奇的是堂屋的两只狮子牛腿。“太师少师”在左（东首），“狮子戏球”在右（西首）。相传这幢房子是楼兰太婆卖豆腐赚钱建造的，工匠们为表示对她的尊敬，故将母狮子放在左首。

德润堂

史家庄花厅

民国遗风——史家庄花厅

位于巍山镇史家庄，花厅于1909年开始建造，1912年建成，是东阳木雕由简入繁的巅峰之作。雕饰由著名艺人卢连水把作，穷极豪奢，无木不雕，被誉为“雕刻艺术博物苑”。

郭金局木雕牛腿

每次看到东阳的建筑，心里总是有一种莫名的悸动，青墙黛瓦、檐角斗拱、马头墙，与风景构成了一幅绝美的江南山水画卷。东阳建筑内部追求精巧华丽、工整典雅，大凡在梁坊、雀替、桩托、轩昂、柱撑、门窗、隔心、挂屏、檐栏、床架、几案和其他家具上的雕刻部件都要镌刻雕镂，风格新颖别致、充满雅趣，装饰极富美感。富丽而雅致，错综而和谐，多样而统一。它既不是多余的附加品，又不失木雕独具的艺术风格，在建筑物中起着调节整个建筑美的作用。东阳木雕主要是用于建筑物和家庭用具上的装饰，宅院内的屏风、窗楹、栏柱，日常使用的床、桌、椅和文房用具上均可一睹木雕的风采。

琴枋

东阳木雕的题材广泛，有人物、山水、花卉、禽兽、虫鱼及各种吉祥图案等，与砖雕和石雕相比，木雕显得更精致，房子里的每一个角落都能让人叹为观止。

正厅前廊上的屋架装饰是木雕装饰集中的一个部分。这上面的牛腿、琴枋及琴枋上的几、棋、升、斗是一进门就引人注目的正面部分，雕刻也就极为讲究。琴枋的形体是较完整的画面，大都刻以历史故事的题材，几、拱、升、斗则以各种花鸟纹样串连成造型较为复杂的装饰物。

郭金局木雕牛腿

琴枋

冬瓜梁是东阳民居中最有特色的构件，其他地区少有。冬瓜梁下装有雀替。

雀替

桁梁上的雕饰也是十分突出的：如骑门梁、西都梁上一般就雕刻动态多样、栩栩如生的《九狮图》《双狮图》等，一般采用浮雕与圆雕相结合的表现方法，显得更为玲珑生动。

桁梁

梁弄间还雕刻各种造型、各种纹样的雕饰物加以穿连，衬托着精致的顶面装饰各种夔纹形的格花反轩，构结成瑰丽鲜艳、纹彩夺目的前廊装饰的整体。

平顶

而门窗装饰则一般采用雕刻精致的薄浮雕和图案味浓厚的穿花、格花等表现方法，风趣、秀丽、雅致。

门窗

门窗锁腰板

门窗锁腰板

门窗锁腰板

石雕

石雕

石雕

东阳石雕质地坚硬，防雨防潮，主要运用于建筑外部空间以及建筑承重部分。石雕题材受材料限制，不及砖雕、木雕复杂，主要是动植物形象、博古纹样和书法。

雕刻丰富的石牌坊、风采动人的石狮子、玲珑剔透的石漏窗……无不展现了东阳石雕技艺的精湛。卢宅牌坊群，为明清时期东阳石雕艺术的代表作。

砖雕是由质地坚细的青灰砖经过精致的雕镂而形成的建筑装饰，广泛用于门楼、门套、门楣、屋檐、屋顶等处，使建筑物显得典雅、庄重。

砖雕

卢宅牌坊群

世间三雕的美丽离不开工匠们的用心，他们将传统的文化信念和人世情怀，都凝聚在大院里的每一个雕件上，谱写出不负光阴不负卿的匠心追求。而这些经年累月、俯仰可见的作品，也在这一方天地里，熏陶着一代又一代人的高尚情操和修养。

走进一座精雕细琢、深邃富丽的大院，就像走进一段古老而悠远的时光之中，即使足不出户，也能置身于生活情趣里面，感受到那无穷广阔、栩栩如生的世界。

蔡宅

木雕装饰　现代建筑彰显民族特色

“木雕装饰很好，同现代化建筑很协调，这才是我们民族的特色。”1985年12月，中央领导同志视察由东阳木雕厂木雕装饰的上海宾馆宴会厅时，高兴地说。胡乔木题词“美不胜收”，贺敬之题词“天上人间”。东阳木雕创新的一个重要方向是坚持民族特色，发展木雕装饰，在工艺改革中勇于创新，努力开拓。自20世纪80年代起，东阳木雕艺人开始从传统功能性构件雕饰到现代大空间、大跨度覆盖式雕饰转变。从新加坡董宫酒家、上海饭店到杭州雷峰塔，从北京人民大会堂浙江厅、2016杭州G20峰会主会场到2017厦门金砖峰会主会场、2018上海合作组织青岛峰会主会场等官方场所，以无锡灵山梵宫的成功为标志，完美地解决了东阳木雕与现代建筑的适应性问题，将木雕文化与建筑文化成功结合。

北京人民大会堂浙江厅

2016杭州G20峰会主会场

2017厦门金砖峰会主会场

2018上海合作组织青岛峰会主会场

北京APEC会议主会场

佛教圣地——无锡灵山梵宫

梵宫建筑面积7万余平方米。塔厅垂直高65米，最大跨度35米。总装饰面积1.5万平方米，绘制图稿1.1万余张，耗用木材2400多立方米，1600多名东阳木雕技工历时14个月完成，创造了许多个东阳木雕之最，是有史以来最大的东阳木雕单体装饰工程。2009年3月，灵山梵宫正式向第二届世界佛教论坛亮出她的华美与璀璨，来自世界各地的高僧大德惊叹于其将佛教文化演绎得淋漓尽致，令人目不暇接、回味无穷。当时的国家宗教事务局局长叶小文称赞其为“传承和弘扬佛教文化的传世之作”，国家旅游局局长邵琪伟赞叹“绝对是建筑与文化的精品”。

无锡灵山梵宫

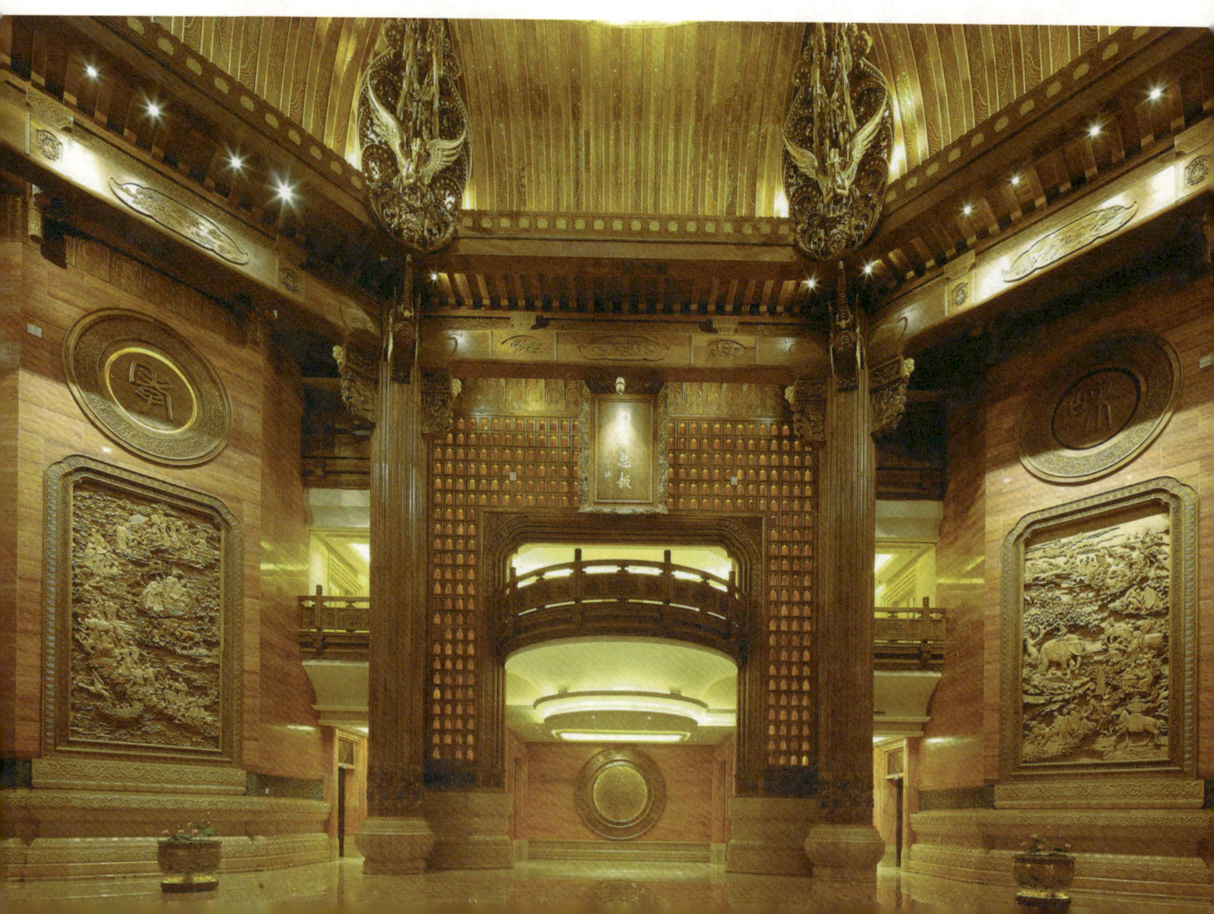

孙子文化园兵圣宫

兵学宫殿——孙子文化园兵圣宫

兵圣宫采用上圆下方形式，寓“天圆地方”。穹顶造型脱胎于传统的“鸡笼结顶”形制。中庭墙面饰有《运筹帷幄》《严阵击敌》《身先士卒》《王师凯旋》四幅壁画，每幅高11.5米，宽7.4米，形制宏大，色泽厚重，讲述孙子兵法故事，成就了中国传统文化园区的典范之作。

古典高雅——三亚海棠湾凯宾斯基酒店装饰

宴会厅采用传统的雕刻技术，将红木木雕融合在现代典雅的灯光艺术中，诠释了古典高雅的工艺之美。陆光正创作室承接了大堂和国玺厅装饰。大堂穹顶高 23 米。国玺厅为直径 31 米的圆形建筑。

凯宾斯基酒店国玺厅

凯宾斯基酒店大堂

佛顶宫内

佛顶宫内部木雕装饰

牛首烟岚——牛首山佛顶宫及八大灵塔

黄小明为南京牛首山佛顶宫创作的木雕装饰，用东阳木雕营造出“咫尺西天”的大乘胜境，有机融合传统手工艺文化与佛教符号，以东阳木雕的艺术之美对话佛教的精神之美，使观赏者在感受视觉震撼的同时，也得到了心灵的净化。

大愿如愿——安徽九华山大愿文化园

黄小明设计的九华山大愿文化园内部装饰，运用各种木雕艺术语言，精妙阐述了地藏菩萨的大愿文化，是中国四大佛教名山中的现代设计典范，被誉为“雕刀下的梵唱”。

安徽九华山大愿文化园内部木雕装饰

九华山大愿文化园

雕刻装饰　日用器具锦上添花

东阳橱、柜、桌、椅等日用器具上的装饰雕刻，是从各别的整个形体需要出发，细心经营，适当结合，因此在这些日用品上的雕刻与整个形体互为呼应，相得益彰，更为完美。

十里红妆红遍江南

明清以来，东阳的雕花家具长盛不衰。东阳男人一辈子以传宗接代为头等大事，“竖屋”（造房子）、接亲（娶媳妇）、嫁囡是最大的“事业”。生儿子得准备造房子分家。生女儿，不等女儿长大，就得盘算做嫁妆，为女儿出嫁不惜工本，少则半年，多则几年，早早地雇请木匠和雕花匠雕制家具。女儿出嫁当天，一大早将嫁妆摆放到院子里，谓之“摆嫁资”，男方发嫁妆的队伍一字长龙，走街串巷，浩浩荡荡，号称“十里红”。财主豪门的“千工床”，民间嫁女的“摆嫁资”“十里红嫁妆”，均彰显了东阳匠人的“巧夺天工”。

东阳中国木雕博物馆内的十里红妆实景

民国时期杜云松雕制的千工花床

清中期民间“嫁资”《十二月花神》大橱

孙科夫妇、宋美龄等都曾购买过东阳木雕雕刻家具

1915年，在美国旧金山举办的巴拿马万国博览会上，杭州仁艺厂的东阳木雕相架、书箱获最高等级的“大奖章”，室内陈设木雕工艺品获“金质奖章”。20世纪30年代，孙科夫妇、宋美龄等都购买过东阳木雕雕刻家具，港督送给英国女王伊丽莎白二世的结婚贺礼——满地雕樟木箱出自东阳木雕名家楼水明之手。东阳木雕总厂的《百鸟朝凤》套二花箱获1979年浙江省优质产品奖；满地雕樟木箱先后获1980年全国轻工业优质产品奖、1982年全国樟木箱产品质量评比第一名、1982年第二届中国工艺美术百花奖银杯奖等殊荣。

《西游记》题材啤酒柜

圆形套六咖啡台

东阳红木家具飞入寻常百姓家

东阳木雕雕刻家具从传统的“十里红”雕刻家具，到出口外销“雕刻木器”，再到20世纪末古典红木家具产业的兴起，凤凰涅槃。东阳成为中国红木家具主产地之一。

荣鼎轩无缝红木家具 雀悦沙发组合

大东家荣华沙发 密雕分色工艺

陈设摆件　艺术欣赏品

纯欣赏的陈设摆件类作品有较高的艺术性，从事此类雕刻的艺人都有相当雕刻艺术修养。20世纪20年代，杭州、上海的雕刻木器厂家开始设计创作小型壁挂、插屏外销，批量很小。中华人民共和国成立之初，木雕艺人开始创作以参加展会为主的陈设欣赏类作品。改革开放后，国富民强，盛世艺术，壁挂、台屏和落地屏为主的陈设欣赏艺术品成为艺人们竞技献艺的主要平台，东阳木雕进入精品创作和艺术创新的繁荣期。到2020年，东阳木雕参加各类展会评奖177次，3305件作品获奖，其中金（特）奖99件，银奖1146件。

壁挂　《人民公社》东阳木雕厂创作

台屏《沈括》楼水明作

冯文土木雕作品《全世界人民团结起来》

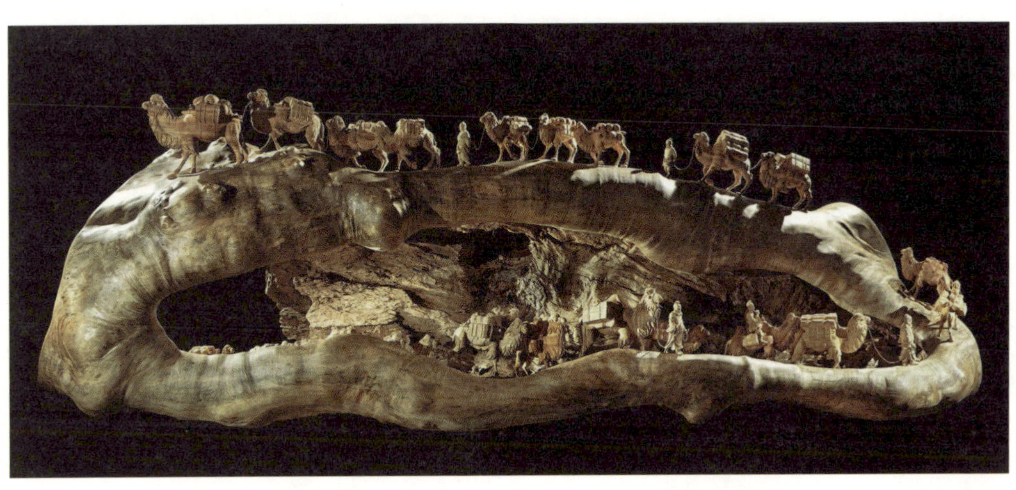

黄小明木雕作品《永恒的丝路》

徐土龙木雕作品《茨坪时光》

随着经济的高速发展，以大型落地屏和大型壁挂为主的陈设欣赏品进入政府大楼、博物馆、宫殿庙宇、地标性楼堂馆所。如北京人民大会堂浙江厅、中南海紫光阁、故宫博物院、国家博物馆、杭州雷峰塔、广东省委会议室、重庆人民大会堂、驻香港部队驻地、韩国张宝皋纪念馆、2014北京APEC峰会主会场北京雁栖湖国际会议中心、2016杭州G20峰会主会场、2018上海合作组织青岛峰会主会场青岛奥帆基地、2018中国国际进口博览会上海国家会展中心等。

1999年，东阳木雕集团为山东曲阜孔子研究院创作的大型东阳木雕壁挂《山高水长》，高20米，宽10米，为目前为止中国木雕雕饰面积最大的作品。

2020年，为迎接中国共产党建党100周年，陆光正创作室联合中央美院、清华美院、中国美院的雕塑艺术家，共同完成了《百年伟业》组雕。组雕由《峥嵘岁月稠》《建立新中国》《春天的故事》《共筑中国梦》四幅落地屏组成，每幅宽7.1米，高3.1米，厚1.1米。落地屏以舞台艺术表现形态为样式，以东阳木雕平面浮雕为背景，立体圆雕人物为主角，精选建党百年以来的关键节点、关键事件，展现中国共产党波澜壮阔的百年风云。

2012年，东阳市政府组织30余位工艺美术大师集体创作的大型组雕《成就》，通过《春天放歌》《小岗手印》《市场经济》《乡村新曲》《雪域天路》《鱼水情深》《高峡平湖》《世博盛会》《拥抱海洋》《神九问天》10件长5.19米、高2.9米的落地屏，组成展示改革开放成就的历史长卷，是目前为止体量最大、参加设计制作人数最多的落地屏组雕。

《成就·春天放歌》 集体创作

《百年伟业·峥嵘岁月稠》 陆光正等作

东阳竹编精彩纷呈

东阳竹编是东阳“三乡文化”最具物化的代表作之一，具有独特的地域特色。其艺术特色，可以概括为“立体精细”四个字。“立体”者，相对于以平面图案见长的清淡雅致的四川瓷胎贡扇画帘竹编，东阳竹编以立体的人物、动物、器皿类工艺品为强项，构图生动逼真，造型惟妙惟肖，肌肉脉络毕现，笑靥憨态可掬。“精细”者，相对于以宽篾弹花插筋工艺（改良竹编）见长的粗犷大气的福建竹编，东阳竹编精编细织，手工剖篾细如发丝，柔如蚕丝。

东阳传统工艺竹编以挈盒、挈篮、托篮、担篮、提篮、拜帖盒、书箱等定亲、走亲戚、书房和女红用具最为精致。

清代翰林李品芳（1793—1876）的儿子李福简和义乌进士朱一新（1846—1894）的儿子为儿女亲家，1908年，朱家聘请东阳竹编高手制作一对担篮，非常精细。后请著名漆塑艺人徐嘉德油漆，三个月才完工。该作品构思奇妙，编织精巧别致，雕刻玲珑剔透，工和艺珠联璧合，后为北京故宫博物院收藏。

明代篾丝箱

担篮（1908年）

马富进《八角翻簧风竹挈篮》 1906年作

1915年2月，马富进的作品《魁星点斗》在巴拿马万国商品博览会上获奖。同年8月，竹编《花篮》在浙江展览会上获三等奖。1929年西湖博览会上，马富进的《魁星点斗》轰动一时。《西湖博览会总报告书》还赞扬"东阳许美辉所制的细篾篮，非常精致，亦是能人"。

东阳市工艺精品馆（中国木雕博物馆）收藏马富进作品三件，其中《八角翻簧风竹挈篮》和《八角漆画人物挈篮》，均为八角造型，提梁和底圈雕刻有精美的纹饰图案，漆朱描金，和谐匀称，大气庄重，上下盖圈严丝合缝，精细异常。《八角翻簧风竹挈篮》作于1906年，最大直径43厘米，高26厘米，盖板有翻簧风竹图案和落款，风竹潇洒凌风，落"时在丙午　马富进作"（丙午年即1906年）款。书法功底深厚，龙飞凤舞，潇洒飘逸。《八角漆画人物挈篮》最大直径42厘米，高29厘米，盖板为人物漆画。这两只挈盒无论从造型到工艺乃至书画，都可称为工艺竹编的经典传世精品。

创作于1992年的《渔翁》，由蔡平义设计，是雕塑艺术与东阳竹编技艺完美结合的代表作，东阳竹编人物类的里程碑式的杰作，作品创意取自江南乡土题材，造型生动大气，神态惟妙惟肖，肌肉脉络毕现。

《渔翁》

平面书画竹编台屏《兰阁雅集》 卢光华作

卢光华将平面书画编织技艺进行了全面的创新提升，将平面书画编织技艺和中国书画艺术、家具（框架）制作、书画装裱技艺结合，成为东阳竹编一个新的品类。

《关爱》 何福礼作

《吉祥宝鼎》 黄学敏作

到2020年底，东阳竹编在各级工艺美术展会上共有446件作品获得奖项，其中特等奖15件，金奖179件。

中国木雕博物馆

中国木雕博物馆承载木雕艺术的灵魂。中国木雕博物馆是第一座全面展示中国木雕文化和艺术的专业博物馆。建筑面积2.6万平方米，各类藏品7000余件。展示生活记忆，荟萃大师风采，大观世界木雕，品味竹木情韵。

地标建筑——“世界木雕之都”牌坊

位于中国木雕博物馆正门前面，长、宽各15米，高12米，采用12柱围楼式歇山顶结构，融合了诸多中国传统建筑的文化元素，饰以精雕细刻的东阳木雕，彰显了中国木雕文化的魅力，和中国木雕博物馆的展示主题互为映衬，相得益彰。特别值得细细观摩品味的是牌楼外侧四周楸枋上的12幅《三十六行百子图》，四大八小12幅作品总共雕刻有100个孩童百工劳作的场景，百子闹春，人丁兴旺；三十六行，行行出状元。

中国木雕博物馆

博物馆之序厅

恢弘大气——序厅

序厅作为博物馆的起始空间，1900平方米的大型空间，以高度凝练和宽敞的空间结构语言表现出木雕装饰艺术，让观众迅速进入中国木雕文化博大精深的氛围之中。九个天顶用简洁的矩形造型，斗拱上下各饰以一圈连枝草纹图案，梁底挂落装饰了《松鹤延年》双面透空雕作品，仙鹤展翅，祥云漠漠，仙气氤氲。挂落上部的大梁上镶嵌有出自东阳木雕大师之手的描绘中华大地著名景点的48幅山水佳作。

靓丽震撼——中庭

中庭是整个木雕博物馆空间的重中之重，延续序厅的设计手法，天顶中央由传统藻井造型简化改进而来，建筑面积2500多平方米，16米超高垂直空间，在现代高科技灯光配合下气势恢宏、令人震撼；汉白玉柱头承载了牛腿、雀替等建筑构件，相接于雕花横梁，近1.7米高的巨大牛腿是天顶与下部空间的过渡衔接，突出了高空的尺度和体量感。二层廊道内侧饰以四段式倒悬式围栏，36幅世界各地的著名景点山水风景佳作镶嵌其中，加上格子挂落和连枝花草纹图案，整体视觉效果沉稳厚重。底层四面墙面装饰有东阳木雕国家级工艺美术大师创作的《歌山画水》《人文东阳》《百工东阳》《影视东阳》《锦绣东阳》五幅巨型落地屏（立屏），将东阳“三乡文化”和影视城横空出世的奇迹娓娓道来，博大精深的东阳木雕技艺让人叹为观止。

博物馆之中庭

刀木春秋——中国木雕历史展厅

历史厅总面积2000平方米，纵向梳理了中国木雕8000多年的发展脉络，自原始社会至明清，分为“刳木伊始”“攻木为业”“浮雕细琢”“登峰造极”四个阶段，遴选了各时期经典木雕文物作品，呈现出丰厚的历史底蕴与悠久的工艺传承。

博物馆展厅一角

博物馆展厅一角

雕花世界——中国木雕与社会生活展厅

生活厅总面积2100平方米，横向剖析木雕在传统生活中的方方面面。从宫廷到民间，从公共场所到私家宅院，营造异彩纷呈、巧夺天工的雕花世界。

博物馆展厅一角

博物馆内的建筑屋架结构与雕刻

大师集萃——中国木雕大师展厅

大师厅总面积2000平方米，荟萃了中国工艺美术大师、中国木雕艺术大师等当代木雕大师的顶尖力作，反映当代中国木雕的最高艺术水平，展现新时期中国木雕的传承发展之路。展厅中还对国内安徽、福建、广东、山西等地的著名木雕流派作了介绍。馆展作品每一件都是工艺美术珍品。

大师厅序厅

大师厅

洋洋大观——世界木雕展厅

世界厅总面积1600平方米。以“洋洋大观”为主题，精选非洲、美洲、欧洲、亚洲、大洋洲等世界各地风格特异、技艺卓绝的木雕代表作品，让人领略世界木雕风格，促进世界木雕行业的交流。

世界厅

世界厅一角

匠心竹韵——中国竹工艺展厅

竹艺厅简述竹刻、竹编、竹根雕等竹工艺的历史，展品包括传统及现代工艺精品。竹艺厅总面积1227平方米。以“匠心竹韵”为主题，陈列《香炉阁》《渔翁》《九龙壁》等现代竹工艺稀世精品，让人领略竹木情缘。

竹艺厅

修齐治平——小家训，大规矩

家训馆总面积1400平方米，以精品木雕家训文字文物为展品，分“诗礼传家”“家成业就”“风纪世家”“八德讲堂”“家传户诵”五大板块。

家训馆序厅

家训馆《齐家有道》

SHENG SHI CHONG GUANG

盛世重光

东阳木雕是盛世之花，盛世之光。

清代自康熙经雍正至乾隆的130多年形成了中华民族历史上又一个辉煌的盛世。东阳的木雕艺术经过盛世时期的孕育酝酿，在清朝中叶后形成高峰，闪现出耀人的光芒。

改革开放后，伴随着中华民族伟大复兴的进程，东阳木雕再次迎来了盛世。如今的东阳，木雕红木产业兴旺发达，市场规模宏大，木雕小镇、木雕城拔地而起，中国木雕博物馆闪亮登场。沐浴着朝阳，东阳的工艺事业重现耀人光芒。

2019年东博会

薪火相传

一方故土两江水，一班匠人闯南北。以木、竹为根基，“百工之乡”的东阳人，吸收千百年天地灵气、日月精华，以精湛的技艺，从容走天下。

从杭州仁艺厂到东阳木雕总厂

1896年，杭州协和医院的英国人梅方伯，招东阳木雕艺人在羊市街元帅庙开设“仁艺厂”，这是东阳木雕商品生产的第一个专业厂。标志着东阳木雕从农村上门加工生产到城市工厂生产、从小农经济到市场经济的转变。1920年，上海“仁昌木器古董店”开业。随后，有上海“王盛记雕刻木器店”、上海“原利雕刻木器厂”等二三十家厂店、作坊开业，从业者大都为东阳木雕艺人。“雕花皇帝”杜云松、“雕花宰相”黄紫金、“雕花状元”楼水明等木雕艺人不仅把在工厂练就的精湛技艺带回东阳，而且把先进的生产方式、企业管理理念带回东阳，成为东阳木雕总厂的创始人。

1954年3月，“楼店木雕小组”成立。1956年，南马等四个木雕小组并入楼店木雕小组，木雕小组升格为上湖乡木雕生产合作社。1958年，上湖、巍山两个厂和竹编厂合并，成立东阳县木雕竹编工艺合作工厂。

木雕总厂和艺海公园

1987年组建的“浙江省东阳木雕总厂”，是全国轻工工业中型（二级）企业、浙江省自营进出口单位。1954年至1988年，木雕总厂累计出口值7838.85万元人民币，占这一时期浙江省二轻工业总出口额的39.58%。计划经济年代，东阳木雕总厂一枝独秀，成为东阳木雕生产和技艺传承的大本营。1965年，木雕总厂派出员工到41个公社发展木雕、竹编初级产品外加工点，培养木雕新生力量。金华地区工交办公室1978年第二期《工交简报》：木雕总厂“1965年底开始将木雕的半成品和竹编的中级产品扩散到41个公社、133个社队企业加工，并逐步整顿、巩固、提高。十三年来共付给社队企业加工费6925414元，平均每年532724元”。1972年外加工点28个，从业451人；1973年外加工点45个，从业900多人；1974年外加工点57个，从业1600多人；1976年外加工点65个，从业1625人。东阳木雕厂创作了大量的优秀作品参加全国和世界性展出，曾先后选派数十名木雕艺人到日本、蒙古、加拿大、阿尔巴尼亚等国作木雕技艺表演和传授。北京人民大会堂、钓鱼台国宾馆、中南海西花厅及中国驻蒙古、苏联、阿尔巴尼亚的大使馆、饭店等数百项著名工程，都留下了东阳木雕建筑装饰的杰作。

1986年5月30日，全国人大常委会副委员长严济慈（前右二）参观东阳木雕厂

木雕总厂曾经是一朵蒲公英放飞美丽的梦想，木雕总厂曾经是一只老母鸡孵化出一群小鸡，木雕总厂是孙悟空拔一丛毛一吹幻化出无数孙猴子。它是东阳二轻工业的长子，现代木雕人才培养的摇篮。从杜云松、黄紫金、楼水明到陆光正、冯文土等，再到黄小明、陆挺丰等，木雕技艺薪火相传。从仁艺厂到木雕总厂，从木雕总厂到木雕小镇、木雕城，木雕企业精神薪火相传。

中国工艺美术大师楼水明授艺

如果说中华人民共和国成立初期，计划经济让东阳木雕薪火相传，那么改革开放后，市场经济让东阳木雕星火燎原。

木雕企业春风吹又生

20世纪80年代，从木雕总厂外加工点（社队企业）发展起来的乡镇企业和个体户、家庭作坊开始大量出现，部分木雕总厂职工离厂创业或南下广东、福建打工。1990年前后，广东中山市就集聚了5000多位东阳木雕艺人。

1988年底，东阳木雕企业发展到86家，家庭作坊400多家。1998年，木雕企业发展到130多家，个体户、作坊、门店上千家，从业人员超过2万。2005年，全市木雕企业约200家。

2006年以后，以工艺美术大师为核心的企业（工作室）成为市场竞争的主力。承接了一批国内地标性建筑的雕饰和陈饰布展，如无锡灵山梵宫，由陆光正创作室接单，10多位工艺美术大师、10多家企业、1600多名艺人参与。

2018年底，东阳市内工商注册登记的木雕企业399家，个体工商户1259家。具备古建园林经营资质的建筑企业60家，其中以古建维修为主业的10多家。

黄小明新东阳木雕

国祥红木厂

红木企业如火如荼

经济活动的背后是文化。传承千年的工艺文化之火，一旦碰上时代之薪，很快就形成燎原之势。

1988年，大联村张国强到广州、中山等地家具厂做油漆工。张国强聪明好学，从学徒做到厂长，1995年回家乡在东永二线边创办国祥红木家具厂。第一年招收10个工人，就做成产值40万，除去上交税收9000元，赚了10万元。

张国强是上万东阳手艺人中的一员，他们绝大部分在重要技术、管理岗位上挑大梁，不但为当地经济发展做贡献，自己也在商品经济大潮中得到锻炼，学到现代管理的知识。他们掏到“第一桶金”后，开始回家乡办企业。而他们瞄准的正是家具市场的新贵和宠儿——红木家具。随着人民生活水平迅速提高，红木家具引领时尚，又具收藏价值，还能保值，人们争相购买。

斯时，东阳特别是南马一带的木线业，本可谓夕阳西下，许多眼光敏锐的木线企业主，开始转头做红木家具。一时，东阳红木家具如雨后春笋般涌现出来。2010年，东永一线、东永二线两侧全是新建的前店后厂的家具厂，光南马镇就有红木企业300多家。

东阳木雕与红木家具不断融合，形成了独具特色的木雕红木产业。东阳成为中国古典红木家具的主产地之一。2010年，东阳有红木家具企业1068家，木雕工艺品、古典园林、建筑雕饰企业200多家。2013年，东阳红木家具企业超过3000家。

中信红木：做中国人信赖的红木家具

连续12度蝉联“东阳红木家具行业龙头企业”。浙江中信红木家具有限公司（以下简称“中信红木”）延续东阳木雕的匠艺传承，在继承传统家具精髓的基础上，融合现代生活品味，不断开拓创新，创始人李忠信26年来深耕红木，将“诚信、品质、创新、共赢”的核心价值观，付之于企业发展的始终，以匠心精神对待每一件产品，用龙头企业阐释大国品牌的民族文化与匠心传承。

中信红木董事长李忠信

美国纽约时代广场

中信红木发展至今已在全国建立起300多家品牌专卖店；2005年、2013年两度进驻北京人民大会堂，入选杭州G20峰会、世界军人运动会，无锡灵山梵宫、山西凤临阁、河南少林寺、上海龙舟游轮等；2022年，入选杭州国家版本馆。

中信红木以最严苛的标准，在时代中匠造精品家具，先后获得“浙江省名牌产品”、“东阳市市长质量奖”、“浙江制造”品字标认证、“浙江省优秀工业产品”，13度蝉联“中国红木家具十大影响力品牌”。

2021年，在行业中首开高铁冠名先例，让国人见证了中信红木的飞速发展；被国家民委及民族企业家联合会共同推荐登上美国纽约时代广场，在世界的舞台上推广中式家具。

在高速发展的过程中，中信红木秉承龙头企业崇高的使命，在发展之路上不断探索，大胆创新，为红木家具行业树立了榜样标杆：最早在业内执行100%零白皮要求，独创业内“九大标准”；牵头起草《红木家具表面涂覆水性木器涂料施工技术规范》国家团体标准；启动“国家高新技术企业”的项目申报。同时布局红木行业的工业4.0革命，建立数控机加工中心，更多以智能化生产代替人工，开创红木产业大脑工程，引领红木行业不断向前发展。

中信红木高铁冠名

明堂家居：中式生活美学新体验

明堂红木董事长张向荣

东阳市明堂红木家具有限公司，创立于1998年。秉持“明明白白做事，堂堂正正为人”的精神理念，明堂家居成为当代中国红木的代言人，并获得“国家林业局标准化示范企业”“国家林业重点龙头企业”等多个国家级荣誉。

当代造办处，8年15次代言中国红木

2016年9月，G20杭州峰会在中国杭州举行，中国特色、中国风格和中国气派的主会场向全世界展示了中式空间和中式家具的气派和魅力。作为主会场家具供应商的明堂家居，第一次在世界舞台，代言中国红木。

在此后的8年间，明堂家居先后成为厦门金砖五国峰会、上海进博会、武汉军运会、中亚峰会、成都大运会等国家重大峰会及活动的家具供应商，服务国家版本馆、普陀山观音法界等众多政府工程。这为明堂家居拓展境外市场夯实了品牌基础，也为中式生活美学的对外传播提供了更大可能。

整家生活，极致中式生活美学体验

从业30余年，创立品牌20余年，对中式家具的工艺，对中式空间的提升，对中式生活美学的理解，明堂家居积累了许多实战经验，创始人张向荣坚信“文化自信是最基本、最深沉、最持久的力量”。

2023年，明堂家居提出“整家”概念，从美器、美屋、美好三方面打造中式生活美学家居；全面发力“明堂斗方”系列产品；优化资源分配方式，从“1+2+7”调整为“2+3+5”；从交付赋能、文化赋能、设计赋能、营销赋能、服务赋能、品牌赋能各个方面进行深化和破局，打造场景多元化、全案设计、一站式置家全面包围的新生态战略。

值得一提的是，“明堂斗方”旗下的小木屋系列，以各种小尺度空间组合成富有归属感的生活空间，具有实用性和乐趣性，实现了中式生活和科技乐趣的极致融合，成为当代中式生活的新选择。

明堂家居中式生活美学体验

卓木王1983——让世界看见东方美

“卓木越千年，王来兴万家。”以人民大会堂特选定制品牌而让行业仰视的东阳市木雕红木家居产业龙头企业、东阳市政府质量奖获得者——浙江卓木王家具有限公司，坐落在拥有100亩园林式工厂的杜山庄。卓木王这个中式高定创领品牌，也以拥有新理念、好作品而闻名遐迩、享誉中华。

卓木王董事长杜承三（右）、总裁杜长江（左）

卓木王董事长杜承三出生在中华木作世家。作为“雕花皇帝”杜云松的宗族后人，他17岁拜知名工艺大师学习东阳木雕，1983年创立卓木王红木家具有限公司，是中国红木艺术大师、中国传统工艺大师，中国红木家具行业终身贡献成就奖获得者。

卓木王总裁杜长江，17岁考取北京化工大学，后留学英国获得硕士学位，回国后成为著名跨国公司中年轻的CEO。2012年，他欣然接受了父亲杜承三的邀请，回企业担任领军人。他带着对中国传统文化的热爱，带着广阔的国际视野和创新理念，以新思维与新创见，将时尚与经典、东方与西方、场景与体验应用于中式生活方式的打造，提出“传承不泥古，创新不离中”的品牌理念，以“让世界看见东方美”为品牌愿景，开创了“中式精致生活大家居”这一全新的商业模式，掀起了红木界的“文艺复兴”。

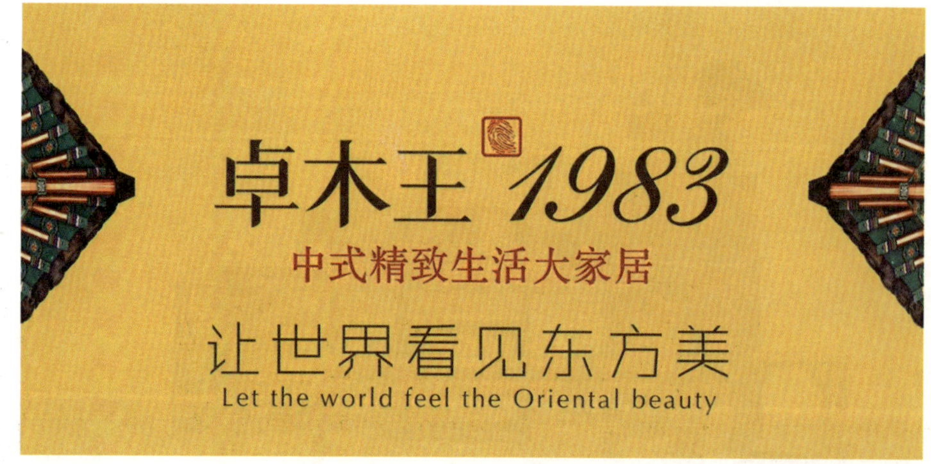

从长江舰完美修复献礼党的生日到省运会火炬的精心制作，从代表中国红木亮相国际艺博会到中式高定知名品牌，从浙江制造到中国轻工百强企业，从中华木作世家到人民大会堂特选定制品牌，从中国作品到世界舞台，卓木王将传承做到极致，用创新引领未来。

2018年，卓木王成立了中式精致生活研究院，国内外著名的艺术学者、设计名家、美学大师成为研究院的特聘研究员；2020年，卓木王打造了中国唯一的中式整装博物馆，四大艺术分馆，280个中式高定空间，免费向全球开放。

“让世界看见东方美”，这一理想正在照进现实。

卓木王中式精致生活

再看2022年度东阳市木雕红木家具骨干企业：

苏阳红：红木品质至上，整装缔造中式家具

东阳市苏阳红红木家具有限公司坐落在有“东方好莱坞”之称的横店镇。苏阳红以“专业缅花，缅花专家”为定位优势，以“古典、新古典、新中式、中式红木整装、高端私人定制”五大板块组成丰富产品体系，牢牢擎起品牌化发展大旗。它奋发向前，建造上万平方米展厅，十万平方米生产工厂，三百余家专卖店遍布全国各地；十四年奋楫扬帆，苏阳红专注传统家具制作，不仅把握中式家具与空间综合呈现的法则，还与时俱进推出“中式整木营造”。其涉及平层、别墅、古建等多方面的户型建设，可以为消费者提供各种场景下的中式居所。专业的团队，完善的流程，优质的服务，从针对性的设计方案，到复杂的施工落地，苏阳红用心为消费者提供一站式解决方案，让消费者用得放心，住得安心。

大清翰林：我们只做精品

大清翰林品牌成立于2007年，一直奉行“我们只做精品”理念，“东作”风格，“精雕”流派，成为国内高端红木家具中的领军品牌。走进大清翰林，就如进入艺术殿堂，“一闲庭”品茗休闲，“翰林学堂”修学立德。黄花梨馆、紫檀馆、明式馆、精雕馆，不同艺术风格的空间设计，满足了不同客户的审美和需求。到大清翰林，邂逅“十年制一器，五年造一物”的旷世之作。家居艺术在此得到了完美的呈现。

吴腾飞大师于2019被浙江省政府评为“万人计划”传统工艺领军人物。中央电视台一套大型纪录片《记住乡愁》、中央电视台四套《流行无限》等多档文化栏目都对大清翰林进行了深入的采访和报道。大清翰林吸引了无数红木爱好者的造访，成为到东阳买红木和文化旅游之时的必到场所，是东阳宣传红木文化艺术的一张金名片。

吴腾飞于2019年创立“上汐”当代中国家具品牌，传承创新，掀开当代中国家具发展的新篇章。

大清翰林精雕作品

陆鑫堂红木：国标红酸枝，健康好家具

陆鑫堂红木生产喜迎红家具，以水代替油漆做稀释剂的水性漆涂饰工艺，为整个行业带来全新的健康尝试，避免了生产过程和成品家具释放有毒刺鼻气体，令作业车间和家居环境焕然一新，具备不含甲醛、更加环保、透底明晰、纹理优美等优点。耗时三年，率先将红木家具水性漆工艺“磨练”成熟，成为东阳红木家具行业“油改水”领先企业。

2022年，喜迎红红木超4万平方米自主工厂投入使用，所有工序工艺得到优质的飞跃，比如在选材、烘干、刮磨三个重点环节，严格甄选无虫眼、无烂疤、木纹优美流畅的用材，木料烘干到含水率达特定数值又不开裂变形，刮磨一丝不苟、平整光滑。正因此，喜迎红家具荣获“腾讯家居红木红酸枝优选品牌”“金华市消费者信得过单位”等荣誉。

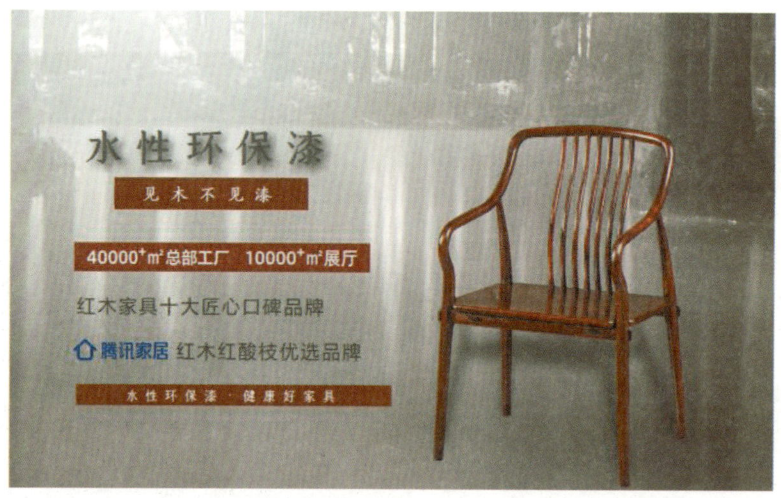

御乾堂宫廷红木：好品质铸就好品牌

以御器之贵，复乾清之风，登大雅之堂。东阳市御乾堂宫廷红木家具有限公司创办于2007年，专业生产大红酸枝、小叶紫檀精品家具。因“选材精良、做工精细、雕刻精美”受到行业专家的肯定，受到消费者的好评。

在2017年11月举行的首届全国红木雕刻大赛总决赛中，御乾堂红木雕刻选手获得最高奖“工匠之星·金奖”；2020年，在全国家具制作大赛中，御乾堂红木木工选手又获得了第二名的好成绩。

为了传承和弘扬中国传统家具文化，御乾堂红木从江苏、山东、河北、北京、山西等十多个传统家具产区，收集了上千件榫卯结构构件、纹饰件、铜饰件、木工工具等，创建了全国品种最多、类目最全的“中国传统家具制作工艺陈列馆”。

御乾堂宫廷红木董事长马海军

旭东红木：弘扬中国紫檀文化

从1988年创立横店旭东仿古家具厂，到升级改制成立东阳旭东工艺品有限公司，到斥资建立浙江紫檀博物馆，再到走出东阳在杭州建立中国大运河紫檀博物馆，三次转型企业都取得了完美成功。

大运河紫檀博物馆2022年开馆，位于浙江杭州拱墅区桥西历史文化街区，毗邻京杭大运河。紫檀宫专注于中国古典家具的创新、木作文化及紫檀文化的保护研究和传承。目前，旭东红木开始营造中式好空间，向高端全屋整装定制发展。承接并完美交付了国基大厅、西湖游船等多个高端私人别墅项目。

2012年，由旭东红木独家赞助的红木巨片《紫檀王》于央视八套黄金强档首播，这是国内第一部以红木为题材的电视剧。以紫檀为媒，传承古典家具文化，肩负时代大国匠心，担当企业家的社会责任。

新明红木：中国红木家具十大品牌

东阳市新明红木家具有限公司由张新民先生1995年2月创建。是一家集研发、设计、生产、销售于一体的国内大型专业生产红木家具的综合型企业。也是一家融红木家具制造，古建、寺庙、中式大院等设计与装修一体化的大型企业。经过25年的持续发展，到今天已经成为目前国内红木行业规模最大的企业之一。公司占地面积70亩，拥有生产车间面积12万多平方米，展馆面积1.5万多平方米，行政、办公、会议、仓储面积2.8万多平方米。公司目前设有6个艺术展馆：大红酸枝馆、专卖店形象馆、古典建筑艺术馆、新产品发布馆、酸枝精品馆等。员工总人数500余名，产值3.8亿。新明红木是中国红木家具十大品牌、红木家具知名品牌、浙江省名牌产品、北京人民大会堂选用产品。

恒达木业：中国人的轻奢家居

东阳市恒达木业有限公司自1990年创立至今，历经三十余载的匠心沉淀与不断进取，已发展成为了一家集家具研发、专业生产、顶级红木定制、原木整装、全案设计、软装配套、品牌服务于一体的多元化、综合型的家具企业。产品风格涵盖了现代轻奢、新中式、明式经典等主流风格。

素创家居，中国高端家居品牌，专注于大宅、合院、会所，大平层高端家居整体方案解决者。2023年，素创家居全新推出“创领时尚轻奢与明式经典混搭空间”概念，专将高端自主原创设计的轻奢家具与明式经典红木家具进行混搭融合，形成多元化居住空间，成为未来高端住宅混合空间搭配的一大趋势。

素创家居擅长于将东西方美学与东方审美融会贯通，同时，不断从生活中提取灵感，让每一件家具都承载着艺术的“高贵感”，不减生活气息，美学与功能兼具，奢华与舒适共存，打造出高质感的家居氛围。

素创家居

隆威红木：以信造物

东阳市隆威工艺品有限公司成立于2008年，是一家集设计、生产、销售为一体红木家具有限公司。用材以国标、非国标木材为主，经先进的设备及机械，蒸、脱脂、烘干、定型等多道工序处理，精雕细琢而成，款式新颖。珍惜大自然来之不易的馈赠。木材烘干控制含水量；开料讲究木纹之间的搭配；雕刻生动富有灵性；安装厘毫不差；打磨光滑自然；天然蜂蜡环保、健康，每一道工序都严格把关。使得每一件家具都是一个艺术品，每一套家具都有一个故事！

“人无信不立，业无信不兴”，隆威红木，以信造物。

隆威红木红木家具

雅典红木家具：雅于心 典于行

2013年10月，由雅典红木设计制作的50余套精品分别陈列在杭州江南会会所7幢古建筑里。而无论是以“八仙过海”“唐宋八大家”等为载体的《诗礼传家》系列，还是以“和谐盛世，春满华堂”为主题的《盛世中堂》，每一件作品都装点着悠悠华夏文化，传递出浓郁的传统文化哲理。简洁大方的展览设计更是完美地体现了明清两代中式家居典型场景，与西湖的青山绿水相互掩映，更与会所独有的书道、茶道、琴道、花道、香道相得益彰，既可品鉴中式红木家具的韵味，又可体验中式家居文化的风雅。

雅典红木家具厂董事长包海深，自2001年在南马花园创办雅典红木家具厂以来，以文化家具为己任，让每一件家具烙上深深的文化印记。雅典红木为社会各界名流会所制造家具，如浙江大学休闲馆、杭州香积寺、温州妙果寺等，好评如潮。

2013年，雅典红木江南会·中式居住文化体验

浪人工艺：拥抱闲适生活，悠享浪漫人生

休闲编藤桌椅

浙江浪人工艺品股份有限公司成立于2002年11月，是一家集研发、生产、销售、自营进出口为一体的综合生产企业。先后获得浙江省科技型中小企业、浙江名牌产品、浙江知名商号荣誉称号。公司主要生产户外休闲编藤桌椅系列，产品远销欧美：如德国、波兰、以色列、美国、法国、意大利、巴西、智利、芬兰等国家。

2022年，以东阳木雕竹编、红木家具为龙头的工艺美术行业已经形成集木材交易、产品设计、加工制作和市场销售为一体的完整产业链，实现全产业链总产值713.93亿元，10万余人从事工艺行业。全市有木雕工作室、红木家具制造、仿古门窗等木制品企业1600余家，木材交易市场3个（东阳木材交易中心和南马、横店木材交易市场），大型家具交易市场3个（中国木雕城、东阳红木家具市场、花园红木家具城）。

东阳木雕小镇

东阳木雕小镇，位于东阳经济开发区，规划面积2.9平方公里，以大师艺术品高端定制、红木家具、古建营造、木材交易为产业核心，打造“大师之家，传承之殿、产业之园、创新之所”四大品牌。2016年1月列入浙江省第二批历史经典产业特色小镇创建名单。2019年木雕小镇创3A景区，小镇客厅、青绿园、石马溪公园先后建成，游人可漫游大隐于市的生活美学之中，博览竹韵木语。2020年11月命名为浙江省第四批省级特色小镇。

小镇客厅　小镇客厅是木雕小镇的门户，总占地面积约42亩，投资6600余万元，于2020年5月正式投入使用，整体由小镇广场、游客中心、主展厅、配套服务及办公区五大区块组成。主展厅共有三层，总展示面积约5000平方米，一楼可了解木雕小镇及东阳木雕文化，二楼可了解东阳“三乡一城”及东阳工业经济发展，三楼设置了小镇未来规划的VR体验区，为大家带来更多的互动体验。其集观展、休闲、教育、娱乐、购物为一体，可在此了解东阳木雕的发展历程，领略东阳竹编、古建营造、建筑装饰、红木家具的精彩。

小镇客厅

木雕小镇

实训基地

实训基地 建设实训基地大楼一期、二期，打造集木文化展览、创意手工艺术临展、人才实训三大功能为一体的综合性省级研学实训基地。已吸引了国内外10万余名中小学生和清华大学、浙江大学等高等院校及外国留学生等6000余名大学生来小镇开展研学、实训活动，探索出一条中小学生研学+大学生实训实习+木雕工技能培训的传承之路。依托工艺美术大师核心资源，通过校企合作创新现代学徒制度，构建产教融合新模式，与各大院校签约合作，成立雕刻艺术设计专业产学研合作基地，为传统木雕行业培育专业人才队伍。

研学、实训活动

大师馆

大师馆　小镇已经入驻亚太地区手工艺大师3人（占全国1/20），中国工艺美术大师6人（占全省1/8），浙江省工艺美术大师24人，其中国家级非遗代表性传承人5人，省级非遗代表性传承人5人。26个大师艺术馆荟萃一镇。按照“前店后坊”的功能布局，粉墙黛瓦马头墙大四合院建筑结构，成为彰显东阳古民居建筑文化精华的建筑群。大师创作于此，亦生活于此，成为小镇“原住民”。大师云集，执刻刀为魂，人文荟萃的文脉和传承，是历久弥新的符号。

上汐·当代中国家具

上汐馆

木雕红木产业园　建成综合性木材交易中心和全省首家木材专营保税仓，引入省级木雕红木家具产品技术鉴定中心，吸引集聚了木雕红木相关企业280余家。努力推动产业从传统“家具”到现代“家居”的迭代升级，形成了以大师高端定制、红木家具、古建园林工程、木材保税交易为核心的特色产业，构建了“一条龙”全产业链。

广厦大学木雕小镇校区

艺术高地　占地1320亩的广厦大学木雕小镇校区已经全面启动，争取2024年6月完成一期主体工程建设。文化传承体验中心、公共文化广场、陆光正木雕艺术馆、雪岛美术馆、石刻博物馆等项目和创AAAA文化旅游景区工作陆续展开。

2023年8月10日，2023（中国·东阳）中国雕塑产业发展大会暨全国高校毕业生优秀雕塑作品展在东阳木雕小镇盛大启幕。展览作品包含雕塑、公共艺术、造型设计相关专业方向，题材涵盖对传统文化精神的传承、对当代生活现状的关注、对专业造型艺术语言的探索三大方面。

中国雕塑产业发展大会

高校毕业生优秀雕塑作品

造物奇市

造物奇市 小镇深入挖掘和整合文旅资源，以“百工之乡，万物来潮”为主题打造“木雕小镇造物奇市”市集品牌，并定期举办系列活动，汇聚木雕、竹编、木梳、棕编、拓印、铜艺、陶瓷等多种非遗文创产品，线上曝光量超百万，线下集结100多家优质摊位，单期市集游客量近5万人次，是探索提升文旅消费能级、推动文化优势转化为发展优势的成功尝试。

木雕红木市场

东阳木雕红木产业快速发展，形成了东阳经济开发区、横店镇、南马镇三大产业基地，成为东阳主导产业之一。与此同时，东阳中国木雕城、东阳红木家具市场、南马花园红木家具城等交易市场应运而生。全市现有木雕红木家具专卖市场170万余平方米，已成为全国乃至全球最大的木制品销售集散地。东阳木雕红木家具产、供、销体系日趋完善，产业链基本形成。

东阳中国木雕城

坐落于东阳市世贸大道，是中国木制工艺品和木雕（红木）家具集散中心。由东阳市政府联合复星集团、富春控股集团、新光控股集团、横店集团东磁有限公司、阿里巴巴、美特斯邦威集团、杉杉集团七大浙商共同打造。市场占地近1000亩，建筑面积120余万平方米，拥有商铺10000余间。汇集全国各地的厂家3000余家，展示、销售产品数十万种。

木雕城先后被评为国家AAAA级旅游景区、中国百强商品市场、浙江省五星级文明规范市场及浙江省文化产业发展“122”工程首批重点文化企业等，是一座国风文化商旅文综合体。传承与创新在这里汇聚，文化与生活在这里共融。她带您找回流逝在历史长河中的国学文化，领略岁月变迁中的风俗传统，感受东方美学刻画而成的雅致空间。

木艺文化馆

木艺文化馆 木艺文化馆面积约为24万平方米，馆内产品包罗万象，是红木家具、木根雕、茶香道、文房字画、古玩、玉石瓷器、佛像佛具、刺绣、竹藤工艺品产业聚集地。通过文化经营、文化深入、文化推动，让传承成为潮流。

红木家具电商馆

红木家具电商馆 红木家具电商馆面积约20万平方米，是众多红木家具企业和品牌进一步扩展市场的首选之地和优良载体。红木家具电商馆已成为东阳地区高端的红木家具聚集地和电商产业生态区。目前，有东阳电商直播基地、全知道直播生态城等区域性电商直播领军企业强势入驻，利用电商直播团队为红木家具头部商户赋能，使之成为“线上+线下”双向驱动发展的产业链条。

国风美学设计生活馆

国风美学设计生活馆　国风美学设计生活馆面积约5万平方米，是一个以木为主，融合木文化、竹文化、酒文化、禅文化、陶文化、茶文化、石文化、衣文化等国艺多经文化的国风产业集散地。入驻了百余位市级、省级、国家级乃至亚太级以上工艺美术大师，集中展示全国最高端的木雕、根雕、竹雕、竹编及国风元素相关衍生产品。以“东方生活美学”为理念，将传统与现代的东方美学相融合，助推国风文化产业蓬勃发展。

国际会展中心

国际会展中心　东阳中国木雕城国际会展中心是举办各种展览和活动的最佳场所，是各类大型展会的主会场。设4个展厅，共16000平方米，另设1300个停车位。国际会展中心已成为东阳的“城市会客厅”，是世界工艺文化节、中国红木家具展览会、中国木雕竹编工艺美术博览会的主会场，对东阳市会展经济的发展起到“催化”作用，完善了城市功能，提升了东阳城市品牌和美誉度。

东阳电商直播基地

东曦会馆 作为“中国现代家居生活创新中心”的东曦会馆是一个可以欣赏和体验中国仕人文化、艺术以及西方名仕雅致生活的东方美学空间。“中国工艺美术大师交流中心”也落户于此，更多的工艺美术大师在这里交流，更多的木雕文化在这里交融，思维在交融中碰撞，技艺在碰撞中升华。

东阳电商直播基地 2020年9月，东阳市人民政府、抖音电商及东家文化创意产业集团联合打造长三角地区首批木艺、文玩抖音电商直播基地。基地致力于为广大入驻商户提供抖音电商带货一体化解决方案，不断筛选和引进合格合规的商家入驻抖音电商直播平台，一对一提供专业性运营培训、流量推广、全网品牌推广等服务。借助电商新力量，全力以赴做强直播经济主体，打造独具特色的历史文化产业新标杆，为东阳木雕、红木及木艺文玩产业的发展，寻找新的方向，实现新的增长。

红星美凯龙 作为东阳中国木雕城的现代家居馆，面积达20万平方米，以追求现代美学与传统木艺相结合为宗旨，以传承作为发展的血脉，融合当代设计美学，以国艺为原点，跨界打造一个极简主义至上的现代家居馆。打造一个以家居、木雕等为主的东方美学演绎空间，带动商贸流通产业，助推城市商业发展与繁荣。

红星美凯龙代家居馆

东阳红木家具市场

东阳红木家具市场是浙江博嘉阳光家居有限公司投资、管理的专业红木市场，成立于2008年，是东阳最早成立的的红木家具专业市场。总营业面积10万平方米；入驻红木品牌150多家，年年红、大清翰林、明堂红木、中信红木等国内知名品牌，东阳市十大龙头企业、红木家具行业知名企业悉数入驻市场。精品、名企汇聚，为打造“高、精、专”的市场品牌形象奠定了基础。

市场携手南京林业大学木材科学研究中心，率先在市场中建立材质鉴定专业服务机构，市场内100%厂商参与材质认定，100%保障消费者权益，2012年被中国家具协会授予“中国红木家具规范经营示范市场”。

东阳红木家具市场

加盟商签约仪式

作为“中国红木家具规范经营示范市场”“中国红木古典家具理事会常务副理事长单位”“浙江省家具行业协会副理事长单位”“浙江省四星级文明规范市场”“东阳市红木家具行业协会会长单位”，市场在国内业界拥有良好的知名度和美誉度，已成功承办9届全国红木经销商大会、5届华东地区红木家具采购交易会、4届中国红木大会及2届中国（东阳）木雕红木家具交易博览会、6届东作红木文化艺术节等业内最具影响力的专业盛会。创造的经济效益也由几个亿增长至几十个亿，强有力地推动了东阳乃至全国红木家具行业的发展。

经过15年的沉淀，市场连续13年商贸交易额年均逾15亿以上。市场的发展壮大为东作家具的发展注入了新的活力，已然形成了东作红木家具的庞大供应链体系的桥头堡，东作家具以此为起点走进了千家万户，成为21世纪复古潮流下装饰装修的新宠。

华东地区红木家具采购交易会

花园红木家具城

东阳市花园红木家具城坐落于中国十大名村——花园村，是一家集零售、批发、旅游、休闲于一体的大型红木家具专业市场。市场于2010年12月23日第一期盛大开业，随着去年六期配套市场——花园家居用品市场建成开业，总占地262亩，市场总面积近50万平方米，现有商户2300家品牌进驻。2022年度市场红木产品制造销售商户成交额约146.7亿元；已连续多年以家具类排名第一的成绩上榜。“中国商品市场百强”，家具城汇聚国内千余家红木知名企业，是我国最大的室内红木家具专业市场。

花园红木家具展销会

花园红木家具城 花园红木家具城是按现代市场概念设计，以高星级标准规划建设，是全国最具现代化的红木家具专业市场。市场硬件设施配套齐全，内设计算机网络系统、闭路电视系统、通信系统、大型的停车场、上下客货电梯等设施，并提供“一站式”服务，包括工商、法律、税务、银行、保险、物流、包装、检测中心、花园购等综合服务。十多年以来，市场通过规范市场营运管理制度，积极开展商户骨干会议、开展消防安全知识培训、对市场无证“黄牛”严厉打击，同时还成立市场“商户委员会”，组织商户代表参与到市场管理中来，提高商家主人翁意识。为此，市场获得“2012年国家服务业专项资金”奖励，且先后被评为“最具影响力的红木家具专业市场”“浙江省质量服务信誉AAA级信用企业”“中国红木家具优秀企业”“消费者满意AAA级市场”“浙江省五星级文明规范市场”等荣誉称号。

2023年，经销商会议

经销商会议 花园红木家具城在提升市场红木家具品质的基础上，以“销”带“产”，推动本地区红木家具生产及相关企业的健康持续发展，带动红木产业的产品升级换代，拉长产业链，从而扩大“中国红木家具第一村”的影响力，提升“花园红木”的知名度。

红木长廊

红木长廊 “红木家具采购游”作为“魅力乡村，美丽花园”国家AAAA级旅游景区的一条旅游主线，每年可吸引全国各地游客三十多万人次，直接产生旅游收入上千万元，作为独特的旅游特色受到了各级领导的认可和赞赏。

花园红木家具城每年举办盛大的红木家具展销会，向世界展示花园红木文化、工匠精神、大师作品，成交额逐年攀升屡创新高。现在结合了线上“花园购”新零售智慧红木市场，创造的经济效力上亿的增长，强力的推到东阳红木家具行业的发展和壮大。

线上“花园购”

有为政府

人们都说市场是一只无形的手，而政府是一只有形的手。在东阳，政府这只有形的手“该出手时就出手”，轰轰烈烈闯九州。东阳市提出了“十四五”时期培育四大千亿产业的工作目标，即到2025年，规上工业总产值达到1000亿元，省内建筑业产值和建筑业工业化产值达到1000亿元，规上影视企业营收和旅游收入达到1000亿元，木雕家居全产业链产值达到1000亿元。

培育扶持规范提升

为了培育扶持、规范提升东阳的木雕红木产业，东阳市已形成集产业服务、技术研发、质量控制、数字赋能、政策扶持“五位一体”的管理服务体系，即“一局、一院、一中心、一大脑、一系列政策”。

一局：木雕红木家居产业发展局

2016年，东阳市成立木雕红木产业管理办公室（简称木雕红木办）。2017年，在市场监管局增挂木雕红木办牌子。2019年，木雕红木办改为木雕红木家居产业发展局，在市场监管局加挂局牌子，统筹协调全市木雕红木行业相关工作，行使服务、指导、管理、监督的职责。

一院：家具研究院

2018年，挂牌成立东阳家具研究院；2020年，正式获批登记为东阳市家具研究院（以下简称“研究院”）。研究院立足于东阳木雕红木家具优势产业，以开展平台建设、人才引培、理论研究、技术研发、设计研发、成果转化为重点，锚定打造具有全国行业影响力的“创新极”和“助推器”，持续为木雕红木家具产业高质量提供科技战略支撑和转型升级动力。下设发展研究中心、材料研究中心、设计研究中心三个职能部门。东阳家具研究院对标省级重点实验室建设，初步建成了“木材稳定性研究实验室”并连续三年举办“中国的椅子”创新奖等活动，我市已有58件作品获国家级奖项，国内已有22个优秀作品在我市落地转化推向市场。

家具研究院

一中心：国家木雕及红木制品质量检验检测中心

东阳市委、市政府批准设立的事业单位，依法对木雕红木家具类产品进行监督检验、判定、评价，是一家专业公共检验平台。中心技术力量雄厚，拥有一批高素质的专业技术人员，配备国内同行最先进的检测设备，拥有材质鉴定室、力学室、理化室、有毒有害物质检测室等多个专业实验室。具备木雕红木家具产品全项目检测能力，包括家具材质（树种）鉴定、力学性能、理化性能、有毒有害物质限量、家具原辅材料检测等共42项产品和参数。中心承担省、市木雕红木家具及相关产品的监督抽查任务，并作为第三方检测机构接受企业和相关部门的委托检验。检验检测中心已为366家企业提供检验检测、技术指导、标准验证、消费咨询等服务。

检测中心

一大脑：木雕红木产业大脑

全面推动数字化改革，木雕红木产业大脑已初步建成产业大脑底座、红木家具溯源链、展示与文化推广平台。2021年5月，我市开始筹划数字红木建设，2021年底，投资649万元建设数字木雕家居（竹编）行业应用系统一期项目，开发产业大脑底座、产业发展动态评估、红木家具溯源链、展示与文化平台，并列入金华市2022年度数字化改革重点应用。2022年4月，着眼优化全产业链生态、赋能千亿产业，建设数字化、智能化能力中心的需要，谋划木雕红木行业产业大脑，7月份木雕红木行业产业大脑入选全省第二批工业领域行业产业大脑建设名单。同时，迭代优化数字木雕家居（竹编）行业应用系统一期项目，入选金华市数字化改革双月“最佳应用”。目前，根据木雕红木行业产业大脑建设总体方案，已编制大脑一期项目建设方案，提交项目审价和采购。

一系列政策措施

2008年，东阳制定了《东阳市木雕竹编文化产业发展计划》（2008~2015年），明确了整体发展战略与目标。出台了《东阳市木雕红木家具龙头骨干企业培育实施办法》和《东阳市传统工艺美术保护实施细则》等一系列配套政策与措施，对木雕企业在土地、税收、金融、服务、市场等方面进行重点扶持。东阳市大力鼓励企业进行创新和精品创作，对企业在市场培育、品牌建设、工艺创新、人才培训、参展评奖等方面也给予有力的政策支持和资金奖励。

2009年12月，东阳市列入国家传统知识（木雕）知识产权保护试点市。2010年出台了《东阳市国家传统知识知识产权保护试点工作年度推进计划》，不断加强对传统知识资源的传承、开发、利用和保护能力，将资源优势转变为市场竞争优势，提升综合竞争力。

2010年制定了《关于发展规范提升木雕·红木家具产业的若干意见（试行）》，此后又逐年进行修订完善。一方面，从产业集聚、市场布局、技术创新、人才培养、公共平台建设、品牌建设等方面加大行业培育力度；另一方面，也从质量监管、市场秩序维护等方面着手，促进行业的健康可持续发展。

2014年出台了《东阳市木雕·红木家具行业准入指导意见（试行）》，着力解决行业发展中存在的“低、小、散”及质量、安全、环保、诚信等方面问题。2015年，在各家具市场统一推行红木、普通木家具销售标签，明示“一证一书一卡”，规范销售经营行为。

2017年开始，运用“一评一治一引领”，构建产业发展新生态。一评是指效能评定。我市创新开展红木家具行业效能评定工作，规范行业税收，推动税负公平，这项工作得到了省政府分管领导的批示肯定。一治是指环保整治。2018年，我市以中央环保督察为契机，出台了《东阳市木雕红木家具行业环保整治实施方案》，在全市范围开展了“百日整治”行动，开展废气、粉尘、废水治理，后又持续开展家具行业环保整治再提升行动，全市有喷漆工艺的536家企业全部完成“油改水”或设备提升。一引领是指政策引领，激活发展动力。我市先后出台了《关于扶持木雕红木产业发展的若干意见》《专项扶持资金管理办法》等一系列政策，落实扶持奖励资金7800余万元，引导企业合规经营、做强做优。

2021年，东阳市成功注册“东阳红木家具”集体商标，“东阳红木家具”集体商标是东阳红木家具区别于其他产区红木家具的特有标志，是对消费者做出的品质承诺，更是打响“买红木到东阳”“装中式找东阳”区域品牌的重要载体。2023年8月3日，我市召开“东阳红木家具”集体商标、溯源码推广工作部署会，对20家企业颁发了授权证书。

东阳红木家具

DONGYANG HONGMU FURNITURE

大浪淘沙，优胜劣汰，强者恒强。政府扶持优秀诚信企业，使其做大做强，并整治淘汰质量、安全、环保、消防等不合格企业。经过一番大洗牌，红木家具市场理性回归，红木家具企业从近3000家减至1300多家（通过环保验收），其中规上企业47家，龙头骨干企业15家，显示了强大的发展后劲和产能储备。

政府搭台 企业唱戏

政府搭台，企业唱戏。以木雕竹编、红木家具为主导的东阳工艺美术行业一路走来，红红火火的会展经济、技能比武等形式不断助推其创新发展。依托完善的文化基础设施，东阳市通过举办大型会展、节庆活动、技艺比武和高峰论坛，积极推动广大公众对东阳木雕、东阳竹编等手工艺和民间艺术的了解及相关知识普及，促进手工艺创新设计氛围的形成，使东阳成为一座充满活力和浓郁工艺美术氛围的手工艺和民间艺术创意之都。会展节庆和技艺比赛活动不仅成为东阳重要的文化活动品牌，而且对东阳市木雕的发展产生了积极的推动作用，极大地提升了东阳木雕在中国和世界工艺美术行业内的地位与影响。

东博会

从1991年首届工艺美术节到2002中国（东阳）国际木雕节，从2008年到2023年，东阳共举办16届中国（东阳）木雕竹编工艺美术博览会（简称东博会）。

1991年11月16日，东阳市首届工艺美术节开幕式暨东阳商城落成仪式在东阳商城举行，这是东阳首次举全市之力以节庆的形式宣传、推介东阳的工艺美术产品。

1991年东阳市首届工艺美术节

2002年10月22日—30日，“2002中国（东阳）国际木雕节”在卢宅肃雍堂举行。

2008年11月，中国工艺美术学会、东阳市人民政府在东阳中国木雕城举行中国（东阳）木雕竹编工艺美术博览会，以后成为年度一次的展会。为了便于计算届数，将首届工艺美术节作第一届，2002中国（东阳）国际木雕节作第二届。

2008年第3届东博会

2013年第8届东博会

2018年第13届东博会

2019年第14届东博会

2023年6月29日—7月2日，第16届中国（东阳）木雕竹编工艺美术博览会暨第三届中国红木家具展览会在东阳中国木雕城举行。这是在“疫情”过后，东阳举行的首次大型会展活动，除了盛大的开幕式，还开展了第四届亚太地区手工艺大师评审系列活动、第五届全国家具职业技能竞赛总决赛、高校工艺美术人才培养座谈会、中国（东阳）红木家居企业家座谈会、第三届中国（东阳）红木家具产业发展峰会、中国（东阳）工艺美术行业峰会、第四届中国（东阳）香文化峰会、中国（东阳）竹工艺产业发展峰会、主题展览9项活动。

2023年6月29日—7月2日，第16届东博会

工艺美术杭州大展

2012年12月，市政府在杭州和平国际会展中心举办“东阳工艺美术2012杭州大展”。

世界工艺文化节。

2014年10月18—21日，“2014世界工艺文化节暨世界手工艺理事会50周年庆典”在东阳中国木雕文化博览城举行，同时在浙江广厦建设职业学院举行“2014世界工艺文化节国际木雕技艺大赛”，来自中国、英国、美国、挪威、南非、瑞典等20个国家和地区的38位选手参加比赛。

2014世界工艺文化节

中华大师汇

2020年11月，首届“中华大师汇”与第15届中国木雕竹编工艺美术博览会、第2届中国红木家具展览会同步举办。

2020年“中华大师汇”

买红木到东阳 装中式找东阳

从一把椅子到一套红木家具，从家具到家居，从构造生活空间到营造文化空间，东阳努力推动木雕红木产业和建筑业的融合，从传统“家具”到现代“家居”的迭代升级，形成了以大师高端定制、红木家具、古建园林工程、装饰装修为核心的特色产业，构建了“一条龙”全产业链，喊出了“买红木到东阳，装中式找东阳”的响亮口号。

阳光穿透森林，照耀东阳大地，“世界木雕之都”的牌匾熠熠生辉......

大成尚品董事长黄秋奇（左二)录播《午夜说亮话》节目

2016年9月4日，初秋的杭州，钱江潮起，世界的目光聚焦“G20杭州峰会”。而峰会主会场的装修，以及背景木雕《锦绣中华》《中华二十景》及直径21米的会议桌及座椅，均出自东阳木雕艺人之手。借G20东风，此举极大提升了东阳木雕红木家具的知名度、美誉度。9月14日，浙江电视台《午夜说亮话》栏目播出《走进东阳、认识红木》节目，宣传“卖红木到东阳”。

东阳木雕红木的品牌影响力日益扩大。木雕红木制品频频亮相国家内政外事活动场所，北京人民大会堂、北京奥运会开幕式、上海世博会、北京APEC会议、厦门“金砖五国峰会”、上海合作组织青岛峰会、中国国际进口博览会、北京世园会、武汉世界军运会等国家重大内政外事活动场所均有采用东阳木雕装修，也有陈列红木制品。一些著名企业和会所纷纷选用东阳的红木家具，如：阿里巴巴总部、复兴集团总部、江南会等。

2022年10月1日，一条让人眼睛一亮的东阳木雕红木新宣传片在CCTV-13《新闻30分》后播出，这是东阳红木第四年登陆央视。在短短10秒内，围绕木雕之都、匠心制造、融合创新等关键词，向全国观众展示了东阳木雕红木独特的产业地位、工艺品质及文化内涵。

而在此之前，自2018年开始，“世界木雕　东阳红木”广告片已经连续三年登陆央视。2019年4月15日—10月31日，2020年8月3日—2021年2月17日，冠名“东阳红木号”的列车奔驰在京沪杭线、江浙皖线上。“火车一响，黄金万两”。“世界木雕　东阳红木”的标语，穿行在千里铁路钱上，为千家万户知晓。

“东阳红木号”列车

2022年10月1日，是东阳红木家具历史上值得铭记的日子。除了中央电视台、浙江电台交通之声开始全天候滚动播出5秒东阳木雕红木广告宣传语，播出时长150天，“东阳·红木”抖音官方号也于这天正式上线，新一轮“世界木雕　东阳红木”冠名列车也于这天开始运行。东阳红木四面出击，全方位打响“世界木雕，东阳红木”品牌，助推木雕红木产业跨越式发展。

“买红木到东阳，装中式找东阳”，东阳人响亮地喊出了底气十足的口号。

国祥红木整装体验馆

这是东阳工匠设计制造的新中式样板房，东阳的工艺大师给现代建筑安装了一颗“中国心”，并且烙上“东阳印”：把东阳的“三乡文化”浸润到现代建筑上，用东阳木雕装饰现代建筑，用东阳红木家具陈设房间，配以琴棋书画，闻香品茶。这是新中式生活，东阳的工艺大师打造出“诗书传家”的精神空间，打造出“成教化、助人伦”的文化空间。新中式生活是传统中国文化与现代时尚元素在时间长河里的邂逅，以内敛沉稳的传统文化为出发点，融入现代设计语言，为现代空间注入凝练唯美的中国古典情韵。

中信红木新中式生活

中式风格的要点：中国风的构成主要体现于传统家具（多为明清家具为主）、装饰品及黑、红为主的装饰色彩上。室内多采用对称式的布局方式，格调高雅，造型简朴优美，色彩浓重而成熟。中国传统室内陈设包括字画、匾幅、挂屏、盆景、瓷器、古玩、屏风、博古架等，追求一种修身养性的生活境界。而在装饰细节上崇尚自然情趣、花鸟鱼虫等精雕细琢，富于变化，充分体现出中国传统美学精神。

如果说木质建筑寄寓了人们崇尚自然、回归自然的心理需要，表达了阴阳调和的文化取向，那么另一项由木质和人脑完成的艺术——木雕，就是人文与自然相融合的经典。在这里，木雕工艺不仅仅局限于制作摆件，更被运用到了屏风、镂空窗花等传统家居上。从古代的雕梁画栋，到如今的现代演绎，都体现了工艺美术对生活的改造意义，它不仅美观，更符合使用需求。木雕有纹饰，纹饰有寓意，寓意必吉祥。木雕的美，不仅在于木材的贵重，更在于雕工和材料的契合。无论是风景风俗类的梅兰竹菊、百童嬉戏，寓意类的苏武牧羊、凤穿牡丹，还是神话传说类的八仙过海，从无数木雕工艺品的纹饰中，我们能深深感受到传统文学和传统习俗的影子。这就是人文美的体现。将文化、工艺和自然熔铸到一起，这就是古人所倡导的“天人合一”状态。

明堂斗方

陈国华艺术馆生活空间

中式的书画，最能够体现出中国人的艺术涵养，是一种重要的抒情达性的艺术手段。在现代家居装修中，应用中国传统的字画进行装饰，不仅赏心悦目，还可以提升居室的品位，体现居住者的艺术情操。一幅气韵高雅的字画，再配以简约、新中式风格的家具、饰品和几盆绿植，在适宜的光照下，整个居室透露着一种典雅大方的情调。

茶文化在中国的家具文化中，一直以来都扮演着重要的角色。品茶不仅是一种优雅的行为，更是一种陶冶个人情操的休闲方式。中国的茶文化历史悠久。在古代，茶被赋予了深厚的文化内涵和精神寄托，无论是日常的休闲娱乐还是接待宾客，茶都是中国人生活中必不可少的文化现象。一间茶室、一个茶台、一套茶具，闲适雅致，清明淡然，就是对中式生活方式最佳的诠释。

茶道文化

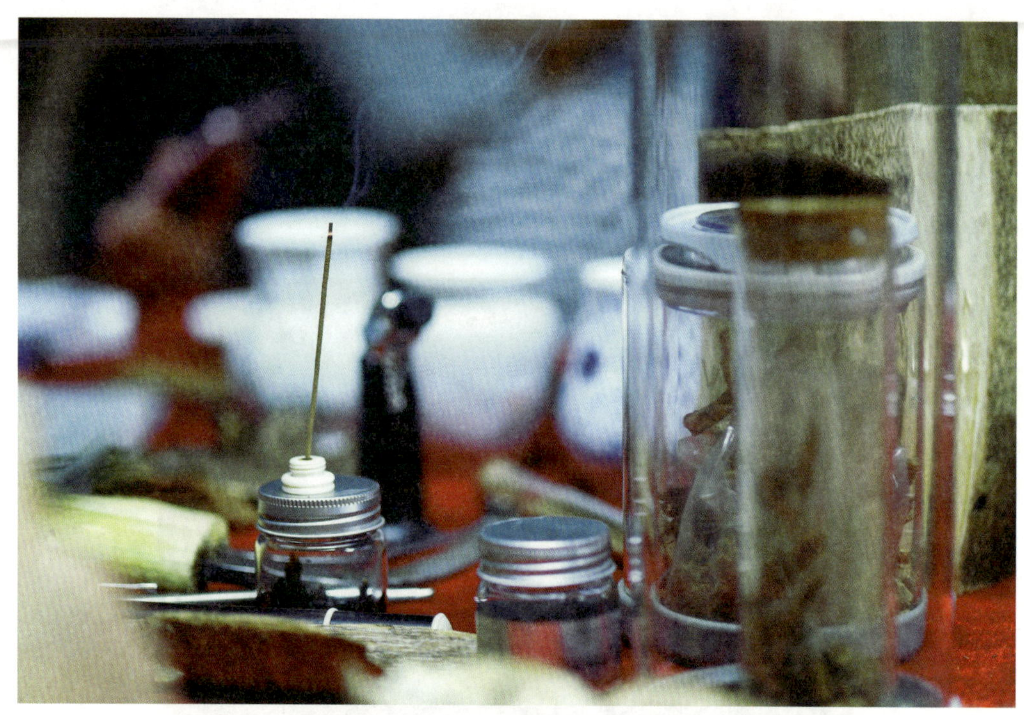

香道文化

焚香品茶读书，自古以来就是一种高雅行为，备受古代文人雅士的欢迎。中式的香道文化源远流长，焚香不仅有助身体健康、提升生活质量，也是一种陶冶情操的优雅方式。不管是在读书、喝茶或者弹琴的时候都可以点上一支沉香线香，让沉香的香韵游走在空气中，在不经意间慢慢深入你的内心。在中式的家居艺术中，燃烧一炉熏香，让袅袅幽香散漫在空间之中，可以让空间的意境更加深远，彰显宁静致远的空间格调。

在经济技术一体化的时代，人们基本的生活需求可以通过新技术和新经济来解决，传统工艺美术的物质生产已不占主流地位。人们之所以仍然需要古典家具、艺术陶瓷、刺绣、漆器、玉雕、木雕……是因为它们与千篇一律的机器造物相比，凝聚着更多的文化积淀和艺术韵味。优秀的工艺美术品是天巧与人工的完美结合，它可以让我们感恩自然、怀念传统，感受人性的温暖。更何况当代工艺美术在继承传统的基础上，顺应时变，不断吸收其他艺术门类的营养，已建立起一种崭新的审美风尚。富贵、高雅、单纯、明快、清新的当代工艺美术品不仅构成了我们身边的现实物质生活环境，同时还不断影响着我们内在的精神世界。

工业化初期，在人们的普遍高效率需求及生产技术进步的推动下，钢筋混凝土得到广泛使用，木材制造似乎在生活中逐渐减少，木质结构建筑留下的只是少数民居和特色建筑。这在当时是无可厚非的，当时的人们享受着混凝土带来的高效快捷，钢材的硬度和产量优势符合当时社会需求。而木文化需要适应这个过程，并做出自己的改进和创新。

当绿色低碳提到社会发展这个高度时，木文化的优势再次展现出来。更重要的一点是，木材所具有的传统气质开始被人们所重新发觉。被冰冷金属和化学工艺包裹的人开始寻求自然的东西。木头温和自然的特质得到了越来越多人的喜爱，它让城市建筑、家居装饰具有生命力和亲和力，使我们的生活环境与自然环境更为协调，对调节当代人的心理压力也有积极作用。从本民族来说，随着国家的强大，开放的新思想也让我们开始用现代的眼光欣赏传统的美，复兴中华文化更让我们在心理上越来越需要本民族文化的支持。

木雕古建园林 卢中一茶室空间

有一首诗写道：“中国，我的钥匙丢了。心灵，苦难的心灵，不愿再流浪了，我想回家。”近代中国，在欧风西雨的侵蚀下，丢失了一些传统建筑、传统家居、传统文化。如今，中华民族伟大复兴的时代到来，呼唤传统文化回归，倡导新中式生活。让木材回归房屋，让木雕回归建筑，让文化回归生活。东阳要找到那把丢失了的“中国钥匙”，打开新中式生活的大门。这是民族的自信、文化的自信！

卓木王 书香致远

恒达木业 素创“清风素影 至简诗意”空间

东阳木雕，盛世之花，盛世荣光。
东阳木雕，富贵之花，门楣耀光。
东阳木雕，联结着建筑与家居，传承着文化和艺术。
东阳木雕，连接着历史和未来，沟通着中国和世界。
东阳工匠打造的是生活空间、文化空间、艺术空间、精神空间。
习近平总书记说：“人民对美好生活的向往，就是我们的奋斗目标。”
东阳的工匠用勤劳的双手不断刻画着对美好生活的向往。
东阳的工艺大师用工艺美术表现出劳动人民对美好生活的向往。

后 记

歌山画水，地美、物美、人美，“三乡一城”最美。《歌山画水最东阳》一书经过一年多的努力，现在终于顺利成书出版了。市政协文史委于2022年7月启动编撰工作，得到了社会各界的大力支持。张忠鸣、单昌瑜、陈美华、吴立梅、朱榕贵、金柏松、华柯、陆国强等负责文字编撰，并提供相应图片；陈林旭、周晓刚、陈新阳等提供了不少精美图片，横店影视文化产业集聚区管委会、财政局、教育局、住建局、市场监管局（木雕红木局）、档案馆、融媒体中心以及横店集团、中国木雕博物馆、木雕小镇等部门单位提供了大量资料图片，在此一并表示感谢。此外，陈齐金、张伟孝、陈云干、吕雄心、楼天良、沈兵、李民中、王九成、何红兵、曾毓琳、黄振刚等诸多人士对书籍的编撰提出了意见，篇幅所限，不再一一列举。书中的个别图片，由于是机构提供，一时难以辨明，无法联系到拍摄作者，在此表示衷心感谢。由于时间仓促、水平有限，难免挂一漏万，难以兼容并包，存在诸多不足之处，敬请读者方家批评指正。

编者

2023年9月

图书在版编目（CIP）数据

歌山画水最东阳. 3, 工艺美术之乡 / 东阳市政协文史和学习委员会编. -- 杭州 : 西泠印社出版社, 2023.9
ISBN 978-7-5508-4267-0

Ⅰ. ①歌… Ⅱ. ①东… Ⅲ. ①地方文化—东阳②工艺美术—文化产业—概况—东阳 Ⅳ. ①G127.554②J52

中国国家版本馆CIP数据核字(2023)第171735号

歌山画水最东阳

影视文化名城

GESHAN HUASHUI ZUI DONGYANG

YINGSHI WENHUA MINGCHEN

东阳市政协文史和学习委员会 编

西泠印社出版社

《歌山画水最东阳》编辑委员会

主　任　方宪文

副主任　黄阳明　冯　涧

委　员　胡　心　张忠鸣　朱国强　史　莹

主　编　张忠鸣

副主编　单昌瑜　陈美华　吴立梅　朱榕贵

金柏松　华　柯　陆国强

序

“歌山歌山歌歌歌山，画水画水画画画水。”现代著名诗人田间这样赞美东阳。歌山、画水，这两个充满诗情画意的地名，成了最美东阳的代名词。

东阳地处“浙江之心”，史称“婺之望县”，山清水秀，风光旖旎，形胜之美，甲于他邦。东白山会稽之巅、浙中屋脊，云蒸霞蔚，巍峨耸立；东阳江钱江之源、母亲之河，携手南江，浩荡西行。屏岩探奇，落鹤寻幽，三都遣怀，双岘思古。唐代刘禹锡诗云：“东阳本是佳山水，何况曾经沈隐侯。”

东阳出的最多的就是两种人：一种是“读书侬”，通过读书改变自己的命运，在广阔天地施展抱负；一种是“出门侬”，怀揣精湛手艺走南闯北，在大江南北留下杰作无数。这两种人从骨子里都是带“最”的，干就要干到最好，干也能干到最好。他们秉承着“崇文重教、精工善艺、大气包容、创新图强”的人文精神，造就了誉满天下的“三乡一城”金名片。

“教育之乡”——文脉磅礴，英才辈出。东阳自古有“兴学重教、勤耕苦读”的传统，宋元时期书院林立，名彦云集，朱熹、陈亮、吕祖谦等在此讲学论道，著书立说。明朝宋濂《送东阳马生序》劝学励志，传诵至今。历代有状元五位，进士三百。1989年《人民日报》载《百名博士汇一市，千位教授同故乡》，而今更呈“十百千万”之盛况。

“建筑之乡”——营造技艺，神工天巧。南宋以来，形成以建筑工匠为核心、以传统手工艺人为主体的“东阳帮”，创造了独特的东阳民居营造体系。而今东阳建筑企业遍布海内外，建筑业总产值、特级资质企业数、创鲁班奖工程数等指标均为全国县（市、区）第一。

“工艺美术之乡”——木雕竹编，冠绝天下。东阳是“世界木雕之都”，现有亚太手工艺大师3人，中国工艺美术大师11人，省工艺美术大师60人。红木家具产业依托与东阳木雕工艺的有机融合，在行业中独树一帜，声名远播。“买红木到东阳、装中式找东阳”品牌影响力全面升级。

“影视文化名城”——点石成金，蜚声中外。横店影视城是全球规模最大的影视拍摄基地，集聚影视企业1800余家，拥有30多个大型实景基地和130余座高科技大型室内摄影棚，全国1/4的电影、1/3的电视剧、2/3的古装剧出自东阳，被誉为“东方好莱坞”，是国家5A级旅游景区。目前正向着建设横店国际影视文化创新中心的目标迈进。

《歌山画水最东阳》一书，记录的是东阳“三乡一城”的故事，弘扬的是东阳“最”文化精神。不管您是在外求学拼搏的东阳游子，还是来东阳投资兴业的新东阳人，或是来东阳旅游观光的四方宾朋，当您打开此书，读着赓续千年的三乡文化，领略横店影视城的美景盛貌，一定能真切感受到东阳的独特魅力。一年好景君须记，最是橙黄橘绿时。在新时代的当下，正是最美好的年景。祝愿东阳这座古老的城市蒸蒸日上，焕发勃勃生机，书写更加美好的明天。

是为序。

2023年9月

前　言

从一个人的求索到一群人的追梦，从一个点的滥觞到一个镇一座城的齐声合唱，影视文化的星星之火，在东阳三乡大地已呈燎原之势。

窥一斑而见全貌，通过横店这个窗口，可以更好地了解东阳影视文化的发展历程。

东阳影视文化起始于横店镇，经历了基地建设期、企业集聚期、省级战略期、高能级平台期四个时期，走出了一条从无到有、从有到大、点石成金、逐梦共富的发展之路。

1996年，横店人为电影《鸦片战争》建造了第一个拍摄基地“广州街”，从此中国影视文化产业的发展进入横店时间；2003年，国家广播电影电视总局批准横店为全国首个国家级影视产业实验区，开启了横店“筑巢引凤”之路；2012年，浙江省委、省政府批准设立浙江省横店影视文化产业实验区，横店影视文化正式升级为省级战略；2019年，浙江省委、省政府批准成立全省唯一的文化产业集聚区——横店影视文化产业集聚区，该集聚区于2020年6月21日正式挂牌成立。

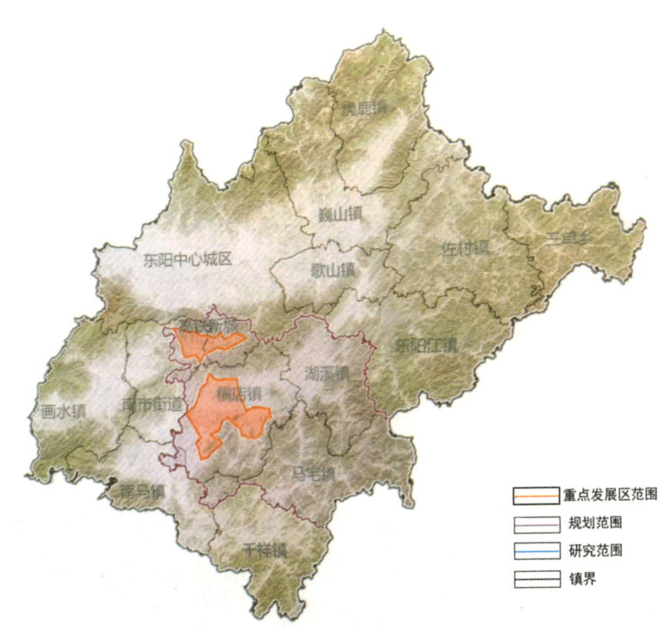

集聚区规划范围

集聚区规划面积365平方千米，涵盖横店、湖溪、马宅等5个镇乡（街道），其中核心区面积136平方千米（横店镇域121平方千米+东阳高铁新城15平方千米）。

横店是东阳影视文化产业的主体、核心及龙头。

横店，拥有全球规模最大的影视实景拍摄基地，被美国《好莱坞报道》杂志称为“中国好莱坞”。自1996年兴建拍摄基地广州街·香港街以来，横店陆续建成秦王宫、清明上河图、明清宫苑等30余个大型实景拍摄基地，130余座摄影棚。

横店，拥有全国最为密集的影视产业集群，吸引了正午阳光、博纳影业、爱奇艺、腾讯视频等1800多家企业入驻，其中全国排名前十的有8家，进入资本市场的有34家。

横店，拥有最完整的影视产业链，覆盖剧本创作、立项审片、拍摄制作、交易发行等全链条，实现“带着创意来，带着片子走”。

横店，拥有最优良的影视产业生态，剧组服务的国家标准出自横店，全国最大的群众演员群体和产业配套工匠群体出自横店，全国最智能、最先进的影视文化产业大脑出自横店，全国最权威的影视产业指数出自横店……

横店风貌

横店已累计接待剧组4000余个，拍摄影视作品80000余部（集），全国四分之一的电影、三分之一的电视剧、三分之二的古装剧均在此拍摄。

横店，拥有中国规模最大的影视旅游主题公园群，占地总面积5万多亩，2010年跨入国家5A级旅游景区行列，2011年接待游客突破千万人次大关，累计接待游客超2亿人次。

在横店，游客不仅可以体验变装拍照，还可以吊上威亚，当一回飞檐走壁的“大侠”，也可以体验演戏的感觉，录制一段以自己为主角的影像。

在横店，一切皆有可能！

历经27载光影逐梦，横店走出了一条具有中国特色、时代特征和浙江特点的文化体制机制改革创新之路。

如今的横店，是国家级文化产业示范园区、全国影视产业示范区、国家级文化和科技融合示范基地、国家旅游科技示范园区、国家级夜间文化和旅游消费集聚区、浙江省文化出口基地，成为文化浙江的金字招牌。

横店的影响力显而易见。它带动了周边影视文化产业的兴起，它促进了浙江省规模化、集群化影视拍摄基地的形成，它推动了浙江省影视文化产业的发展，使浙江省占据了全国影视文化产业发展的高地。

2022年6月，浙江省第十五次党代会作出“建设横店国际影视文化创新中心”的决策部署，东阳影视文化迎来新的重大机遇。

两个月后，《东阳市影视文化产业发展“十四五”规划》《横店影视文化产业集聚区概念规划》新鲜出炉。

《规划》擘画了东阳（横店）影视文化产业的愿景：进一步提升横店作为全国影视文化产业驱动引擎、策源中心、集聚中心和辐射中心的能级，形成1+X的影视文化产业生态，优化东阳影视产业空间布局和功能布局，推动全域化发展，以影视文化产业塑造“影视之都、艺术之城”，把东阳建设成为全国领军、亚洲领先、世界一流的国际影视文化创新中心，建成新时代精神文明高地、国家影视文化业态融合发展先行区、国家影视文化产业高质量发展示范区、国际影视文化交流发展试验区。

如今，一个个政府引导、市场投资运营的影视基地、摄影棚、酒店、民宿在东阳全域应运而生，与影视相关的业态快速发展。

随着全域化、一体化效应日益显现，以横店为主导的全区域布局、全领域覆盖、全方位联动的东阳影视文化产业新格局正逐步构建。

以横店为龙头的东阳影视文化产业，已成为全省万亿级文化产业发展的一面旗帜，在中国影视业改革发展中具有晴雨表、风向标的意义，并逐步向体现中国实力、世界水准的新型影视文化综合新区迈进。

影视，已成为这座城市独一无二的文化名片。

实验区牌匾

目录

中国好莱坞

文旅示范生

共富引领者

ZHONGGUO HAOLAIWU

中国好莱坞

2003年浙江省“两会”期间，习近平同志在参加代表团讨论时强调，横店应加大宣传，树立品牌，发挥优势，打造成中国的“好莱坞”。

遵循习总书记嘱托，20年后，横店交出了怎样的答卷？

自1996年至今，横店建成了跨越中华五千年历史时空、汇聚南北地域特色的30多座影视实景拍摄基地，远可拍夏商两周、春秋战国、秦汉唐宋，近可拍明清民国乃至当代题材，大到历代政治经济文化，小到百姓生活日常，均可实现内外景一体化全场景拍摄；拥有不同等级的摄影棚130多座，推出第三代虚拟拍摄技术——横店LED虚拟数字棚，可满足高精度影视拍摄与制作，以及综艺节目录制、广告宣传、MV 摄制、网络直播、展会展览等需要。

东阳境内丰富的自然景观和各镇乡保留较完好的宗祠、寺宇、古民居群等众多的人文景观，也为影视拍摄提供了重要支撑。

横店圆明新园

环视中国，大于100万平方米的影视园区只有10多家，影棚数量大于10个的园区不足20家。

放眼世界，美国最大的实景拍摄基地——好莱坞环球影城占地212公顷（3100多亩），共有48个摄影棚。横店影视城则占地5万余亩、有130余座摄影棚。2021年，横店影视城接待影视剧组398个，创历史新高。

影视文化名城，东阳实至名归！

2023年5月，浙江省委书记易炼红在考察横店时，鼓励横店加快步伐，勇超好莱坞，为影视产业的高质量发展做出新的更大贡献。

时代在发展，行业在变迁，新时代波澜壮阔的社会图景、建设文化强国的美好愿景，是影视行业创新发展的最大基石与背景。影视行业作为文化产业的重要组成部分，影视作品作为文化的表现形式与重要载体，为繁荣文化贡献影视力量，东阳责无旁贷。

当前，东阳市委市政府和横店集团正在共同努力探索影视文旅产业深度融合，努力推动产业协同一体化高质量发展，力争将横店打造成为全球最强的影视产业基地。

未来，东阳将全面融入区域发展战略，全面融入共建“一带一路”大格局，全面融入全球影视市场，使横店成为具有全球影响力和全国驱动力的智能型国际影视文化创新中心、数智化影视基地。

未来，东阳将全面切入全球影视产业价值链和创新链，确立在全球影视产业体系中的枢纽地位，成为充分彰显中华民族文化自信的力量载体，在全球影视产业版图中形成东方横店、西方好莱坞双峰并峙格局。

东阳影视文化“无中生有”，但并非无本之木、无源之水。

东阳，北为会稽山脉，东部和中部为大盘山脉，仙霞山脉南入，形成三山夹两盆，两盆涵两江的地理格局，枕山带谷天然形胜，点染出“七山一水二分田”的风貌。1万多年前，生活在这里的先民已过着有稻有米、有陶有罐的生活。自东汉末建县，东阳走过了1800多个春秋，并将其隽永醇厚的历史文化砌进古宅之中，雕入梁栋之上，赓续在书声琅琅的校园里。1991年，东阳成为浙江省第一批省级历史文化名城。

东阳没有通江达海的区位优势，东阳人却走南闯北，敢拼善闯。善良、聪慧、进取、开放、包容……构成了东阳人世代相传的文化基因。这些基因，连同“敢为天下先”“无中生有”的创新精神，深藏在东阳人的灵魂之中。历史与文化荟萃，自然与人文交融，培育了“崇文重教、精工善艺、大气包容、创新图强”的东阳人文精神，滋养了一代代艰苦奋斗的东阳儿女。

横店一剧组拍摄现场

横空出世

说影视文化，有一个人不得不提，有一个地方不得不说。

这是一个与影视本无瓜葛的人，却是东阳影视产业的开创者；这是一个与影视素无渊源的地方，却平地崛起了中国最大的影视创作基地。

这个人就是横店集团创始人徐文荣先生。

这个地方就是横店镇。

横店集团创始人徐文荣

习近平总书记曾说，历史，总是在一些特殊年份给人们以汲取智慧、继续前行的力量。

1996年就是这样一个特殊年份。这一年，影视文化在横店横空出世。

1995年12月14日，知名导演谢晋为拍摄迎接香港回归的历史巨片《鸦片战争》，到东阳卢宅选外景。陪同谢晋选景的是时任浙江省电影公司副总经理的赵和平（曾任东阳市委宣传部部长）。在他的推荐下，谢晋来到横店，参观了度假村、文化村、娱乐村等景点。当时，谢晋正为外景基地——广州街建设迟迟未能落地而苦恼，横店集团当家人徐文荣建议谢晋把广州街建在横店，并承诺3个月保证建成，“绝不耽误你一天拍片时间”。

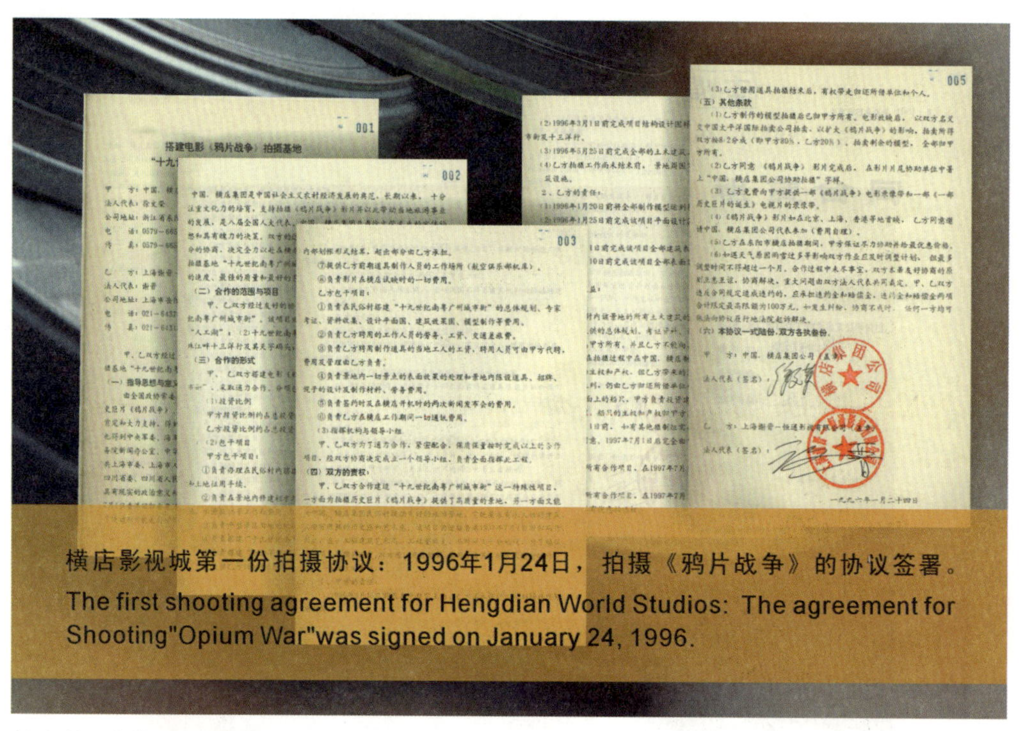

横店影视城第一份拍摄协议：1996年1月24日，拍摄《鸦片战争》的协议签署。
The first shooting agreement for Hengdian World Studios: The agreement for Shooting"Opium War"was signed on January 24, 1996.

横店影视城第一份拍摄协议

广州街其实并不只是一条街，它的正式名称叫19世纪南粤广州城市街景。整个拍摄基地总面积达390亩，建筑面积达6万多平方米，大小建筑物160多座，包括官府、民宅、银楼、茶楼、酒肆、商铺、赌馆、妓院、烟馆在内的体现当时南国风情的人字街，珠江畔十三夷馆、天字码头及市内小河汊等，另外还有3万多平方米的水面。

建设如此浩大的工程，横店有这个条件和能力吗？

徐文荣真心实意想帮助谢晋完成这部历史巨片的拍摄，同时也藏着“私心”：建成影视拍摄基地，以此带动旅游和第三产业发展。

谢晋离开东阳不到一周，徐文荣马上派副手赶到上海与他商谈合作事项，仅用了半天时间就敲定了所有合作事宜。

徐文荣的真诚打动了谢晋。知名导演的手和企业家的手紧紧握在一起。

这是横店与影视的握手!

这一握，横店牢牢地把影视这一朝阳产业抓在手中；这一握，“咿呀”一声，打开了东阳影视文化的大门。

1996年1月24日，搭建历史巨片《鸦片战争》外景基地19世纪南粤广州城市街景签字仪式暨新闻发布会在横店度假村隆重举行。

第二天，横店人就组织了120个施工队入场，日夜奋战到7月底，整个工程基本完成。除去风霜雨雪等恶劣天气的影响，横店人实际只用了3个多月的时间就完成了这项浩大的工程，创造了令人惊叹的“横店速度”。

广州街是根据保存在英国伦敦大英博物馆中的《大清国史诗》铜版画所描绘的古城风貌而建的，这里的每一幢建筑都能寻找到历史根脉。

有一个细节体现横店人的“匠心”。按建设要求，广州街街道上铺设的石板必须用旧石板。负责人派出大量员工到乡村、进荒野遍寻旧石板，终于保证街上的每一块石板都是旧的，是用过的。

谢晋对拍摄基地极为满意。看着自己理想中的场景变成了现实，他非常兴奋。

1996年8月8日，广州街建成开业暨《鸦片战争》开机仪式新闻发布会在横店外景基地举行。12月2日，《鸦片战争》在横店外景基地完成了最后一个镜头的拍摄。1997年7月1日，在香港回归祖国的历史时刻，《鸦片战争》同时在全球公映。

广州街之后，东阳人乘势而上，一个又一个规模更大的影视拍摄基地拔地而起。

搭建19世纪南粤广州城市街景签字仪式暨《鸦片战争》签字仪式新闻发布会上，谢晋（左）与徐文荣（右）握手。

横店早期的文化旅游产业起步后发展却非常艰难。直到谢晋的《鸦片战争》，给了横店历史机遇，成为东阳影视文化旅游产业大发展的突破口。

《鸦片战争》就像“芝麻开门”，横店从此找到了打开宝藏的密码。

1996年，是东阳影视文化发展的分水岭；也是这一年，横店实现了企业文化与影视文化的联姻。

文化，以前所未有的方式，开始在横店展现它的肌肉和力量。

横店集团发展壮大及其沉淀下来的“艰苦创业”精神、永不服输的“拼命三郎”精神（也即横店集团的企业精神），为东阳影视文化的异军突起提供了强大的实力支撑和精神储备。

徐文荣说：“如果没有高科技工业支撑，横店的影视文化旅游产业绝对不可能成功。”

依靠工业反哺影视，横店集团累计投入数百亿元用于影视基地建设，为中国影视文化产业发展做出了重要贡献。

广州街

梦回秦汉

鸦片战争拍摄基地，出道即闪耀。

《鸦片战争》的拍摄和公映，使影视界越来越多的人知道了横店，越来越多的剧组慕名而来。福建电视台带着剧本来了，日本朝日电视台也来了，还有东方卫视、宁波电视台、浙江电视台都先后带着本子到来。

“时来天地皆同力”。1997年，大导演陈凯歌带着筹备了8年之久的历史大片《荆轲刺秦王》，找到徐文荣，希望横店为影片建设主场景——秦王宫。横店人承接了这项工程，他们炸平了8个山头。

经过8个月的连续奋战，一座再现2000多年前建筑风貌的宏伟皇城宫殿，赫然耸立在横店登龙山下。看着自己4年的心血变成了现实，《荆轲刺秦王》的总美工师霍廷霄泪流满面。

秦王宫占地800亩，相当于1270个篮球场那么大，由四海归一殿等27座宫廷建筑组成。整个拍摄基地总建筑面积达11万平方米。

1998年1月5日，《荆轲刺秦王》在四海归一殿举行了开机仪式。6年后，陈凯歌带着《无极》剧组再次踏上了横店的土地。他感慨说，我要用《无极》打开好莱坞的市场，更要带好莱坞的电影人来横店，把横店打造成“东方好莱坞”。

《荆轲刺秦王》海报

秦王宫，让横店一下子打通了梦回秦汉的通道。

横店人敏锐地意识到，影视产业如东升旭日，文化的力量不可阻挡。深度绑定影视，横店这座小镇的产业发展朝着创新和未来奔赴。

秦王宫还没完工，清明上河图、横店老街等拍摄基地又开工了。

明清宫苑、明清民居博览城、九龙谷、合欢谷、华夏文化园、梦幻谷、梦外滩、大智禅寺、屏岩洞府、红军长征博览城、中国革命战争博览城、国防科技园、春秋唐园、圆明新园……昔日的荒山、荒坡、荒滩、荒地变成了一个又一个宏大的影视拍摄基地，形成了从春秋战国至现当代、跨越中华上下五千年的拍摄全场景。

横店影视城拍摄基地分布图

横店一跃成为全球规模最大的影视实景拍摄基地。

罗马不是一天建成的，横店影视城也一样。有的建设过程一波三折，比如圆明新园建设。

建设圆明新园动议于2005年。当年，浙江古籍出版社出版了法国人写的《1860：圆明园大劫难》一书，在国内引起了要不要重建圆明园的大争辩。

主张重建的专家们把重建地点选在了横店。早就想建圆明园部分景观用于影视拍摄的徐文荣立即行动起来，开始前期筹备工作，还专门成立了由国内100多位著名专家组成的专家委员会，作为圆明新园建设的智库和专业指导。

东阳市委市政府也将此项工程作为重大项目给予全力支持，先后三次现场办公，解决相关问题。同时，报经省政府批准，实施了横店镇第三次扩镇，将5个行政村划归到横店镇区域。

各项工作有条不紊地进行。2008年2月，73岁高龄的徐文荣在北京召开新闻通报会，宣布横店将建设圆明新园。

一石激起千重浪，社会上掀起了一轮轩然大波。非理性的指责、非议甚至辱骂随之而来。项目因此搁浅。

徐文荣没有放弃。圆明新园是他人生最大的文化梦想。“技术不成熟不建，资金不到位不建，土地不批准不建”，他时刻准备着机会到来。

2011年10月，党的十七届六中全会作出了深化文化体制改革、推动社会主义文化大发展大繁荣的重大决策。浙江省随后提出了“建设文化强省”的目标。次年，横店影视文化正式升级为省级战略。圆明新园项目很快获批，并被列为浙江省重大产业项目。

2012年6月29日，横店万花园一期（即圆明新园·春苑）、横店老上海滩影视基地、横店通用机场举行集中开工启动仪式。省委书记发来贺信，副省长宣布开工。

2015年，圆明新园·春苑景区试营业；2017年，圆明新园全面建成开放。

徐文荣的梦想终于在其83岁的耄耋之年变为了现实。

圆明新园总占地7000多亩，同其他景区一样，圆明新园用地绝大部分是荒山、荒坡、荒滩、荒水这“四荒地”。不同的是，其他景区建设资金来自横店集团，而圆明新园的建设资金是向社会募集而来的。

徐文荣与横店圆明新园总设计师张先春讨论设计方案

利用“四荒地”建拍摄基地，徐文荣称之为“改造山河工程”。横店山多，荒坡多，如何充分利用荒山、荒坡甚至荒滩、荒水，让它既产生经济效益，又改善生态环境？徐文荣的回答是，用文化来改造荒山，荒山就能变成诱人的宝藏。

圆明新园的成功，再次印证一个道理，横店利用“四荒地”建设人文景观，赋予它文化内涵，这些荒山、荒坡就有了灵气和神韵，就可以实现社会效益和经济效益双丰收。

难能可贵的是，横店的每一个拍摄基地都是按永久建筑建造的，创意为纲、文化为魂，是一件件精美的“艺术品”。

试飞

广州街竣工后，《鸦片战争》总美工师邵瑞刚感叹：“这个拍摄基地不是园林建筑，但比园林更丰富，它就是1840年的广州街，是一件古董，是文物。”2017年全面建成开放的横店圆明新园绝不是北京圆明园的翻版，既尊重历史，最大限度地复原她的美丽，又大胆创新，融合了许多高科技的元素，是一座集中西方优秀造园艺术，融中华文化与世界多元文化于一体的辉煌壮丽的文化乐园。

可以说，整座影视城就是匠心与艺术擦出的火花。这也是横店影视城的灵魂所在、气质所在。

“横漂”梦想

《我是路人甲》海报

2015年7月，尔冬升执导的电影《我是路人甲》在全国上映。影片把目光投向了横店的一个非常特殊的群体——群众演员。他们有一个响亮的名字——“横漂”。

人口集聚带来了新问题，如资源与需求对接不充分，“横漂”权益无法保障，社会秩序不稳定等。横店从行业需求和社会责任出发，主动开发出了一套创新的解决方案。

2003年7月，国内首个演员公会——东阳市横店影视城演员公会成立。

如今，在横店影视城演员公会注册登记的“横漂”演员有超13万人。

演员公会累计向剧组输送群演近800万人次。2023年1月，向在拍剧组输送群演达31512人次。

“横漂”成了横店影视文化产业的活跃生产要素之一。

“横漂”不用漂。演员公会成立以来，以党建为引领，开展具有前瞻性、实践性和岗位适配性的精准培训；借助影视文化大脑，对每名登记在册的“横漂”开展免费的就业指导；每月开放特约演员考核选拔定级机制，扶持“横漂”精英团队和优秀人才；每年举办“横漂”才艺大比拼等活动，为“横漂”提供全方位的服务和生活保障，解决横店演员的奖励激励、技艺提升、生活保障、心理和组织归宿等问题，成为“横漂”温暖的后方，给予他们追梦的力量。

位于横店镇中心的雅堂小区是著名的“横漂村”，常年租住着3000多名来自全国各地的“横漂”。小区内，所有公寓楼都写着公寓名称、户主职责和联系党员的名字及电话等，“横漂”随时都能找到解决问题的人；并建设了横漂广场、横漂食堂、横漂创业中心等硬件设施，为“横漂”营造出家的温馨。

雅堂一景

各级党委、政府也十分关注关心“横漂”。浙江省委宣传部等部门联合出台了《关于扶持“横漂”发展的若干意见》，东阳市委市政府出台《关于做好“横漂”管理服务工作的实施意见（试行）》，每年落实专项资金120万元，开展吸引集聚、培育提升、推荐展示等六大行动，提升“横漂”的获得感和归属感。

2018年第五届横漂才艺大比拼总决赛

在东阳，“横漂”也有党支部。按照“支部建在产业链上”的要求，建立横漂党总支，下辖武行、编导、特约等6个党支部，实现“横漂”党建全覆盖。

在东阳，“横漂”可以登上颁奖舞台的中心。“文荣奖”专门设置了“最佳横漂演员奖”，群众演员与大明星同台领奖。

在东阳，“横漂”可以参评“特殊人才”。2019年，东阳市对当年新评选产生的影视文化产业特殊人才进行表彰，7名“横漂”成为“东阳市影视文化产业特殊人才”。

在东阳，“横漂”可以评职称。2022年12月，东阳市首次针对群众演艺人员开展职称评审，31位“横漂”成了全国最早拥有初级职称的群众演员。

在东阳，一切皆有可能。

当红影星赵丽颖，当初曾是“横漂”一族；电影《西游·降魔篇》中四位大妈，人称“荒野四大美女”，红极一时，她们都有四五年的“横漂”史，其中三人还是地道的横店人；“横漂”胡高峰在横店打拼10多年，从群演到主演，从制片人、监制到浙江省、金华市党代表、“2021年度浙江省社会组织领军人物”，完成人生数次转身……在横店，只要努力，梦想便能成真！

除了“横漂”，常年在横店的道具制景工人、灯光师、马师、录音师、化妆师、武行、烟火师等产业配套基础工种人员达6000余人，基础工种人数位列全国第一；影视美术工匠1000余人，位列全国第一。

精准培育本土影视人才，兼收并蓄外来人才，横店作为国内影视行业人才“蓄水池”的作用越来越凸显，吸引力也越来越强。

浙江横店影视职业学院，是浙江省唯一一所以“影视”为特色，涵盖影视表演、影视制作、影视美术、影视旅游以及影视经济等领域，以培养高素质应用型影视技能人才为主的高职院校。2006年建校，2008年正式面向全国招生，累计毕业生19310人，近80%的毕业生进入影视产业，为影视文化产业提供源源不断的高素质应用型技能人才，为集聚区的人才培养、技术创新和科学研究提供基础性保障。

学校与行业、企业平台共建、资源共享，积极融入编剧、导演、摄影、后期、动画、表演、化妆、服装、道具、制片、营销、发行等影视全产业链的各个环节。师生参与完成影视剧600余部（集），大量师生参与《千古玦尘》《觉醒年代》等影视剧的特约演员、形象设计、摄影、剪辑等工作，着力构建中高职一体化影视人才培养体系，打造与影视龙头基地相匹配的人才教育高地。

不拒众流，方能为江海。横店影视文化产业集聚区正不断向“高端影视人才集聚高地”迈进。

横店鸟瞰

筑巢引凤

枝繁巢暖，有凤来仪。

凤凰非梧桐不栖，非醴泉不饮。为枝繁巢暖引凤来，东阳市横店影视文化产业集聚区充分发挥先发优势、基地优势、政策优势和服务优势，栽“梧桐”、引“醴泉”，共吸引了1830家企业入驻，其中全国排名前十的有8家，进入资本市场的有34家。

2021年，东阳市成功招引影视企业185家，其中包括全国最大的电影发行企业联瑞影业等5家头部影视企业，爱奇艺文娱创意中心、腾讯视频、欢娱影视艺术中心、早拍视频等项目实体落地。

2022年，集聚区继续开展精准招商，新招引企业305家。这一年，集聚区入区企业实现营业收入220.64亿元，税收10.37亿元，其中规模以上影视企业营收迈上百亿新台阶，达到107.78亿元。入区企业票房达到173.5亿元，占全国总票房的57.7%；入区企业出品的《长津湖之水门桥》《峰爆》等38部电影进军海外院线，占全国出口电影总数的46.43%。

景区表演

爱奇艺

东阳爱奇艺影视文化有限公司（简称：爱奇艺）于2019年在横店影视文化产业实验区注册成立，是一家集影视剧投资、制作，海内外发行、宣传为一体的影视文化公司，是国内领先的网络视频播放平台，是国内首家专注于提供免费、高清网络视频服务的大型专业网站。爱奇艺的优质版权视频丰富多元，涵盖了电影、电视剧、综艺、纪录片、动漫、旅游等众多内容形态，同时，爱奇艺拥有强大的自制内容团队，提供最新最全的娱乐内容报道。打造了《狙击手》《中国乒乓之绝地反击》《明日战记》《赘婿》《警察荣誉》《扫黑·决战》《边缘行者》《神探蒲松龄》等作品。

东阳爱奇艺影视有限公司已累计上缴税收2117万元，2020年至2022年累计实现营收20亿元，连续三年高速度增长。

腾讯

腾讯视频于2011年4月正式上线运营，2016年底提出了全新的品牌理念——“不负好时光”，秉承“内容为王，用户为本”的价值观，以更加年轻化、更能引起用户情感共鸣的定位全新亮相，并展现了全新品牌标识。目前，腾讯视频是中国最大的在线视频平台，拥有丰富的优质流行内容和专业的媒体运营能力，是聚合热播影视剧、优质独家出品内容、体育赛事、大事件、新闻资讯等为一体的综合视频内容平台。全平台日均覆盖人数超过2亿。另外在给用户带来优质内容体验的同时，腾讯视频通过整合打通腾讯独有的移动及社交产品体系，进一步升级成为最具互联网属性的新娱乐平台。打造了《庆余年》、《梦华录》、《鬼吹灯》系列、《漫长的季节》等多部热门剧集。

2022年2月25日，浙江东阳企鹅影视传播有限公司成立，注册资本300万元人民币，该公司由上海腾讯企鹅影视文化传播有限公司全资控股。

留白影视

东阳留白影视文化有限公司成立于 2014 年，专注于网剧和电视剧的投资、制作、宣传和发行，目前已经成为互联网影视新军中的头部公司，业务覆盖IP运营、影视制作、艺人经纪、宣传营销、动画制作等产业全环节，是一家致力于优质内容创造和运营的专业公司。2019年底爱奇艺也战略性地入股了留白，估值达到16亿人民币。

经过多年快速发展，公司已形成每年八部以上中大型剧集制作能力，拥有数个跨平台顶级作家和数十个优秀作者的独家或优先代理权，储备IP数百个。代表影视作品有《狂飙》《熟年》《大明丝绢案》《乌云遇皎月》《刑警之海外行动》《天醒之路》《长安十二时辰》《闪光少女》等。

开心麻花

浙江开心麻花影业有限公司成立于2019年1月28日，是北京开心麻花影业有限公司的兄弟公司，同隶属于北京开心麻花娱乐文化传媒股份有限公司。

自2012年开始，开心麻花探索多屏整合发展模式，向影视及网络新媒体产业拓展。公司依托于“开心麻花”品牌，主要致力于喜剧类影视作品的制作和发行。成功推出了电影《独行月球》《这个杀手不太冷静》《超能一家人》《驴得水》《羞羞的铁拳》《西虹市首富》《李茶的姑妈》和喜获金鸡奖提名的《半个喜剧》等系列爆款院线电影，票房口碑双丰收。《独行月球》以31亿元的票房成为2022年暑期档票房冠军。

2019至2022年，公司在东阳累计实现营收近9亿元。未来开心麻花将形成演艺和影业两大主营业务板块，并以其强大的喜剧内容创作实力，向音乐剧、喜剧电影、网络剧、栏目剧、艺人经纪、娱乐营销等多领域拓展，力争成为一家综合重度垂直喜剧内容娱乐公司。

华谊兄弟

华谊兄弟传媒股份有限公司于2004年11月在横店影视产业实验区注册，是目前国内一家将影视娱乐、品牌授权与实景娱乐和互联网娱乐三大业务板块及产业投资实现有效整合的娱乐传媒企业，是业内产业链完整、娱乐资源丰富的公司。在公司统一平台的整体运作下，各业务板块协同发展。于2009年率先登陆创业板，华谊兄弟成为首家获准公开发行股票的娱乐公司。公司成立至今先后注册了6家公司，累计在东阳缴纳税收近30亿元。代表作品有《八佰》《集结号》《流浪地球》《我和我的祖国》等。

博纳影业

博纳影业集团是国内首家从事电影发行业务的民营企业，深耕影视行业多年，不断向产业链上下游延伸，现已成为行业中全产业链布局的电影集团公司。公司的主营业务为电影的投资、发行、院线管理及影院放映。经营多年来，公司的电影产品商业性与艺术性并重，取得了良好的社会效益和经济效益。累计出品影片超过250部，连续10余年每年出品影片数量位列中国民营电影公司前列，累计总票房超过600亿元，票房占比始终位列中国民营电影公司前三名。《十月围城》《龙门飞甲》《桃姐》《明月几时有》《一代宗师》《湄公河行动》《无双》及《地久天长》等影片在中外各大电影节斩获多个奖项，获奖数量在民营电影公司中位居前列。近年来，博纳影业成功探索出了中国主旋律电影的创新表达之路：电影《长津湖》《长津湖之水门桥》《中国医生》《中国机长》《红海行动》《湄公河行动》《智取威虎山》《烈火英雄》等，均取得了社会效益和经济效益双丰收。

正午阳光

东阳正午阳光影视有限公司成立于2011年，是一家具有专业水准的综合性影视机构，拥有一支以制片人侯鸿亮，导演孔笙、李雪、简川訸、孙墨龙、张开宙为创作主体的国内优秀制作团队。制作出品了《琅琊榜》《伪装者》《他来了，请闭眼》《欢乐颂》《如果蜗牛有爱情》《外科风云》《琅琊榜之风起长林》《大江大河》《知否知否应是绿肥红瘦》《都挺好》《我是余欢水》《山海情》《乔家的儿女》《开端》《欢迎光临》等剧。影视行业经验丰富，在项目策划、内容生产、发行营销方面具备超强的运作能力，致力于不断打造真正有文化影响力的作品。

新丽传媒

新丽传媒集团有限公司成立于2007年，主营业务包括电视和网络剧、电影和网络大电影两大板块，旗下拥有一支素质精良的专业化队伍，与中央电视台及全国各省市电视台、网络视频平台、全国电影院线等保持良好的业务合作关系。2018年，新丽传媒加入阅文集团，成为其内容产业链条中的重要一环。成立至今，新丽传媒始终坚持“影视双驱”的发展方向和精品化、多元化、系列化的长期战略布局，在电影板块坚持探索精品喜剧路线，打造更多感动人心、笑中带泪的作品。在影视内容制作方面，持续构建“精品影视内容创作运营平台”，坚持商业与艺术统一，发挥新丽的品牌优势。在题材类型和制片模式的选择上，坚持多元化策略，做到题材不拘一格，原创与IP改编共进。截至2022年12月，公司已投资制作《这个杀手不太冷静》《我和我的父辈》《你好，李焕英》等40余部电影，票房累计超过350亿元。众多影片先后荣获金鸡奖5次、百花奖4次、华表奖6次，包括亚洲电影大奖、东京电影节奖项在内的国内外各大奖项和荣誉70余次。制作播出《人世间》《赘婿》《庆余年》等50余部、2000余集电视剧及网络剧。先后获得“五个一工程奖”1次、飞天奖12次、白玉兰奖19次、金鹰奖9次，其余各大奖项及荣誉100余次。凭借精品化、多元化以及系列化的作品，成功跻身国内头部影视制作发行机构行列。

欢娱影视

东阳欢娱影视文化有限公司于2012年在横店影视产业实验区注册成立，是一家集剧本研发、影视剧投资制作、海内外发行以及艺人经纪、宣传为一体的综合性影视文化公司，在东阳打造了欢娱影视艺术中心，致力于通过影视的形式传播中国文化。先后出品了《传家》《尚食》《当家主母》《延禧攻略》等多部优秀影视剧集。已累计在东阳上缴税收5.78亿元，连续3年获评功勋影视企业。近年来，欢娱影视致力于加快推动中华优秀传统文化的影视化呈现和全球化表达步伐，先后与Netflix、HBO、迪士尼、FOX等海外知名媒体平台建立合作关系，并专门在横店设立戏服服装制作基地——欢娱影视服化道工厂，聘请了京绣、绒花、缂丝等非遗传承人和服化道设计、生产制作人员200余人，生产制作了蕴含非遗元素的精美影视戏服和配饰10000余套（件），多部优秀影视作品出口到120多个国家和地区。通过影视作品向海外观众呈现了中华优秀传统文化的底蕴和魅力，为提升国家文化软实力和中华文化影响力进行了有益的探索。

欢瑞世纪

欢瑞世纪（东阳）影视传媒有限公司成立于2006年，是欢瑞世纪联合股份有限公司的全资子公司，主营业务为影视节目投资、制作、发行和艺人经纪。着眼于年轻的观众市场，出品了《古剑奇谭》《胜女的代价》《盛夏晚晴天》《胜女的代价Ⅱ》《画皮Ⅱ》《盗墓笔记》《青云志》《红酒俏佳人》《大唐荣耀》《听雪楼》等影视剧。拥有《十年一品温如言》《诛仙》《古剑奇谭》《楼兰》《画壁》《失恋阵线联盟》《爱上奶嘴男》等热门题材的影视剧版权。

联瑞影业

浙江联瑞木马文化传媒有限公司成立于2021年8月19日，主要业务包含电影、电视剧、网剧等影视项目的开发、投资、制作、营销等。浙江联瑞木马文化传媒有限公司依靠其丰富的行业资源和专业水平，迅速链接头部创作、制作资源，持续发力于影视作品开发，在成立后的一年左右时间里，已成功完成三部院线电影国产影片的发行：《古董局中局》《四海》《人生大事》；其中《人生大事》在2022年6月24日上映，累计票房达17.12亿元，打破内地票房16项纪录，位居暑期档家庭片票房榜第一、2022年电影票房第四名。

浙江联瑞木马文化传媒有限公司是天津联瑞影业有限公司的全资子公司。天津联瑞影业有限公司及其子公司，是影视领域知名头部企业，出品制作、营销、发行总计90余个项目，每年项目总票房成绩占内地市场份额平均可达11%左右。2021年发行电影14部，票房121.44亿元，占全国市场份额25.8%。近两年出品并主控制作发行《人生大事》《妈妈》《送你一朵小红花》《我的姐姐》，出品发行《暗恋·橘生淮南》《四海》《穿越寒冬拥抱你》等，发行《除暴》《悬崖之上》等，联合出品《你好，李焕英》《金刚川》等。

横店电影城

横店影视

横店影视股份有限公司是2008年经国家广电总局批准组建的全国第二家民营院线。公司依托横店影视文化产业的品牌优势，以资产联结型影院为主导，布局拓展三线及以下城市，闯出了一条独具特色的发展道路。形成涵盖影视投资、制作、发行、放映等业务在内的产业闭环，实现“内容+渠道”全方位发展。2022年出品的电影《送你一朵小红花》、电视剧《问天》，联合出品的电影《我和我的祖国》《我和我的父辈》《峰爆》等5部作品入选中共中央宣传部第十六届精神文明建设“五个一工程”优秀作品奖。

截至2023年6月底，横店影视旗下共拥有503家已开业影院，银幕3154块，覆盖29个省、自治区、直辖市，辐射197个城市，直营影城实现票房收入8.67亿元，位列国内影投公司第二。面对人民日益增长的精神文化需求，横店影视正在加快市场布局，拓展建设优质影院项目，探索构建未来影院生活的空间生态，力争成为具有世界影响力的领军企业，推动精神共富。

项目为王

横店不断着力在基地化建设、产业化集聚、专业化服务、社会化带动、全域化发展、影视化营造等方面下功夫，构建完善的产业服务机制，通过创新政策扶持方式，不断优化营商环境，加大对后期制作、发行、视频平台和游戏、动漫、音乐等影视相关联业态的企业和项目招引力度，完善优化产业链。

横店影视创意城

横店影视创意城项目位于横店镇科兴路东侧，横店影视产业园西南角任宅地块，总用地约50.4亩，总面积约17.2万平方米。项目以具有影视元素的地标建筑为定位，以影视企业经营为核心功能，植入产业研究，影视服务，后期制作，商务会谈，企业办公，内容策划及后期制作，影视创新成果展示交易，高清数字剪辑，数字录音，动画、音乐、游戏制作等多种功能。总投资约10亿元。

横店影视创意城效果图

道具交易城

道具交易城位于横店南江以南任湖田地块。总投资6亿元，建筑面积约20万平方米，建设服装、化妆、道具、机械、灯光、美术等影视产业配套物资交易场所。项目依托横店影视产业集聚优势与供应链资源，打造全国最大的影视道具产业集聚中心与专业市场，推动道具、器材、服装、置景、车辆等影视配套产业高质量集聚。计划于2025年年底完工并投入使用。

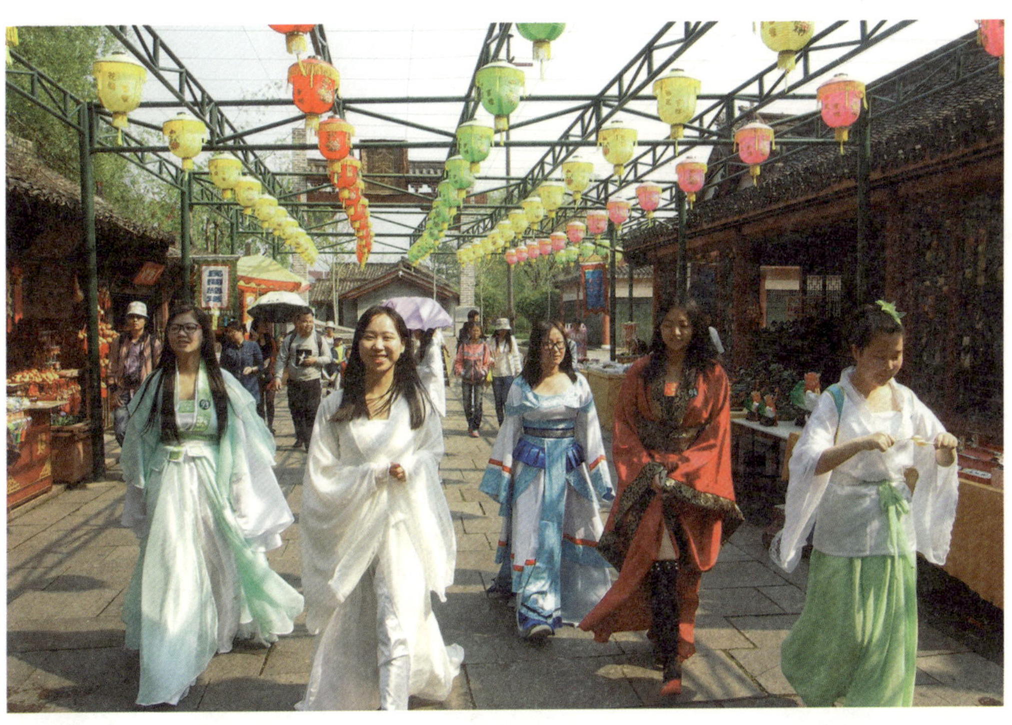

道具城

横店影视产业园

横店影视产业园项目总投资30亿元，总用地面积65.3万平方米，总建筑面积为65.6万平方米，是集剧组拍摄、办公、生活、休闲为一体的影视服务中心。包括建设29个国际标准高科技摄影棚，面积最大的棚为1.2万平方米，为全球面积最大的摄影棚；建设国内最大型新中国成立后至改革开放前时期的现代戏基地，复原了部分具有时代特色的建筑群，弥补了国内现代戏场景拍摄基地的空缺。

横店影视产业园将建成以高科技摄影棚为核心，集现代戏拍摄、后期制作及剧组人员工作生活配套等功能于一体的影视文化产业园区。

除高科技摄影棚和现代景外，横店影视产业园项目还将配备大型后期制作中心、剧组服务中心、宾馆以及道具间、制作间等相关配套设施，为影视企业提供更完善、更专业、更集聚的产业服务。

横店影视产业园摄影棚

剧组演员村

剧组演员村项目地块位于影视实验区以东、影视大道以西地块，项目占地67.5亩，总投资约10亿元，规划建设商务洽谈、会议交流、产业研讨等功能，配套商业等功能， 规划房间数2400间，总建筑面积约16.68万平方米。项目建成后，将为横店影视从业人员提供高质量的商业、住宿等配套服务。

目前已完成了主体70%，争取2023年底前完成主体，2025年完成工程建设并投入使用。

演员村效果图

横店电影学院

横店电影学院位于横店镇，是省重点建设项目，项目资金为横店集团自筹，占地面积约1573.5亩，规划总建筑面积约79.2万平方米，总投资约51.1亿元，按一次规划、分两期实施的原则推进。项目规划建设学院区、影视文化产业区、人才公寓及教师公寓等。其中，学院区规划建设教学楼、工科楼、艺术楼、行政楼、食堂、学生公寓等，总建筑面积约40万平方米，影视文化产业区规划建设酒店、会展中心、影视孵化基地等，总建筑面积约16.16万平方米，人才公寓及教师公寓总建筑面积约22.97万平方米。其中一期建筑面积284528平方米。

目前已完成项目核准的批复，横店集团与上海戏剧学院、英国创意艺术大学完成签约，筹建申报资料已由省政府提交教育部，正在等待教育部和专家反馈整改意见。

电影学院效果图

横店出品

在横店，一大批影视精品如雨后春笋般涌现，给全国观众提供了源源不断的精神食粮，滋养着他们的精神生活。

《流浪地球2》上映第50天，票房正式突破40亿元大关！这是中国影史上第10部40亿元电影。

在上海举行的微博年度盛典——2022“微博之夜”上，《独行月球》《妈妈！》《人生大事》获评“微博年度品质电影”（共4部），《流浪地球2》《万里归途》获评“微博年度影响力电影”（共3部）。

第13届“中国影协杯”年度十佳电影剧作中，《我的姐姐》《人生大事》上榜。此前，这两部作品入围了中国电影金鸡奖、亚洲电影大奖等多个奖项。

2004年至2022年底，横店入区企业作品荣获全国“五个一工程”、金鸡奖、百花奖、华表奖等共131部、273项。一些作品走出国门，在多个国际电影节上展映、获奖。

2023年3月，“横店出品”的影视作品频频出圈。

横店与好剧，相互滋养，彼此成就。

摄影棚

"横店出品"的金字招牌正越擦越亮。

近年来，作为本土影视企业，横店影视全力打造"横店影视出品"品牌，把满足人民文化需求和增强人民精神力量作为创作的出发点和落脚点，推出了一批内容有厚度、思想有深度、情感有浓度的精品力作，以高质量的影视内容为人民提供丰美的精神文化食粮。

2015年，由横店影视出品的动画电影《西游记之大圣归来》，获第十四届精神文明建设"五个一工程"优秀作品奖、第30届中国电影金鸡奖最佳美术片奖、第16届中国电影华表奖优秀故事片奖。

此后，横店影视如同归来的大圣，一路披荆斩棘，努力创作更多叫好又叫座的主旋律影片，讲好中国故事，把中国精神、中国价值、中国力量传递给每位观众。

2022年，入区企业票房达到173.5亿，占总票房的57.7%。入区企业出品的《长津湖之水门桥》《峰爆》等38部电影登陆海外院线，占全国出口电影总数的46.43%。

2022年是"横店出品"的丰收年。

横店影视聚焦现实题材，打磨精品力作，以优质内容唱响文化主旋律。其出品的《万里归途》《妈妈!》《人生大事》三部影片，揽下第三届光影中国荣誉盛典7项荣誉。

第一部以横店集团为原型的影视作品：《农民代表》
The first teleplay with Hengdian Group as prototype: "Farmers' Representative"

由中央电视台影视部、浙江九歌影视艺术有限公司和浙江横店影视产业实验区联合出品的电视剧《农民代表》，于2006年12月7日起在中央电视台综合频道播出。

横店影视出品或联合出品的《人生大事》《妈妈!》《熊出没·重返地球》《我和我的父辈》《独行月球》等影片，共夺得第35届中国电影金鸡奖7项大奖，包揽最佳男主角奖和最佳女主角奖。

横店影视出品的电影《送你一朵小红花》、电视剧《问天》，联合出品的电影《我和我的祖国》《我和我的父辈》《峰爆》等5部作品，荣获中央宣传部精神文明建设“五个一工程”优秀作品奖。

横店影视出品的动画电影《新神榜：杨戬》《熊出没·重返地球》，分列2022年国产动画电影票房冠亚军。前者获第19届中国动漫金龙奖“最佳动画长片奖”金奖、“最佳动画导演奖”，后者获“最佳动画长片奖”铜奖。

2022年度浙产影视作品品位榜11强中，横店影视出品的电影《妈妈!》、电视剧《问天》，联合出品的电影《独行月球》上榜。入选该榜单的电视剧《风起洛阳》《天下长河》《幸福到万家》《传家》《尚食》等，也由入区企业出品或在横店影视城拍摄。

2023年5月23日晚，“奋楫扬帆正当时——第十八届、第十九届中国电影华表奖颁奖典礼”在北京举行，两届评选结果依次揭晓。其中，横店影视旗下浙江横店影业有限公司主投主创的《送你一朵小红花》《你好，李焕英》《我的姐姐》《人生大事》，参与出品的《我和我的祖国》《老师·好》《穿过寒冬拥抱你》《我和我的父辈》《夺冠》《一点就到家》等10部影片共斩获13个奖项。

“横店出品”之所以出彩，究其根本，是因为它们在新时代下，在英雄塑造、情节叙事、工业化水平、商业化运作等方面都跨上了新台阶，实现了对中国电影创作的创新和突破。

第35届中国电影金鸡奖颁奖典礼现场

为了更好地彰显横店出品的影响力，横店还发布了横店指数。

横店指数，由横店影视文化产业集聚区管理委员会、清华大学、浙江工商大学三方联合编制，下设18个一级指标、52个二级指标，从2021年10月起，每季度发布相关报告。横店指数，立足影视文化产业创新发展的前沿实践，多维度数据化评估横店影视文化产业发展现状，以数据化、可视化的方式对横店影视文化产业综合发展状态进行统计分析、研判，通过打造产业数字化产品，勾勒横店影视文化产业发展的阶段性数据画像，进而探寻中国影视文化产业发展的内在规律与未来方向。

横店指数发布会

2023年第一季度，横店指数为101.02点，呈现出稳中向好、逐步复苏的良好态势。

未来，横店影视文化产业集聚区将形成总部经济型、创新孵化型、全产业链服务型影视产业集群，现代影视产业链更加专业完整，产业层次更加丰富，电影工业化体系更加成熟，成为具有国际影响力的影视文化创新中心和全球最强的影视产业基地之一。

影视大脑

随时代起舞，才能与市场共生。

东阳立足影视等特色优势，以数字化改革引领影视行业现代化，不断守正创新，用新技能赋能文旅融合，让科技创新与影视文化相得益彰，以数字技术实现产业流程再造、制度重塑和生态重构，推动产业转型提升。

近年来，横店积极推进5G、人工智能、区块链、虚拟制作等新技术的应用，开发能为企业提供公平有序、高效便捷、精准服务、科学决策、风险防控等五位一体的数字应用平台，云勘景、云制作、云发行已经成为常态。

最具标志性的成果是横店“大脑+未来工厂”数字化生产体系的投入使用。

2021年10月22日，在2021年中国（横店）影视文化产业发展大会上，横店推出了一个全新的数字化产品——横店影视文化产业大脑系统。

横店影视文化产业大脑数字驾驶舱

横店影视文化产业大脑是全国首个贯通影视产业生产制作前中后、全流程、全产业链的数字化应用。可以全面掌握、洞察、分析、研判、预警影视作品、影视人才、影视企业等全产业链的运行状态；依托用户画像和AI建模分析，实现资金、剧本、生产要素等供需智能匹配、政企无缝对接，推进产业要素的高效配置和产业生态的高效协同。

简单而言，横店影视文化产业大脑，可以像股票行情的分析系统一样，反映影视企业经营状况，展示产业发展行情；又可像淘宝买卖交易系统那样，实现影视企业、人才、服化道、版权等展示交易，搭建供需平台；同时，它还有类似卫星云图的预测系统，可以对演员违法犯罪等潜在风险和舆情走势进行预警应对。

产业大脑系统的使用，实现了影视作品从剧本创作到衍生品开发及交易等全产业链的信息化、数字化、工业化，推动产业治理由经验判断向数字智能决策转变。

截至2022年底，影视文化产业大脑已汇聚1.40亿条影视产业相关数据，构建了产业经济分析、产业链强链补链、优秀企业挖掘、影视人才培育、剧组拍摄服务、舆情监测等40个功能模块，辐射了1800多家影视企业、228个影视基地、逾5万名影视相关人员。

与此同时，数字驾驶舱、云勘景、横影通三个子应用也陆续上线。

“云勘景”是指利用VR技术，剧组可以在云端720°全景查看影视拍摄场景，在实地考察前即能直观了解相应场景，并进行预订，节省人力、时间成本，提高影视筹备效率，增加场景复用次数。

“横影通”功能也十分实用，可以在线办理演员招募、通告发布、酒店预约、网上订餐、证件办理、高危作业申请等剧组业务。系统收到剧组服务需求后，自动生成业务信息分发到基地运营部、演员公会、办证中心、酒店、餐馆、消防等相应部门，由各部门在线办理、在线提供服务或配送。

影视文化产业大脑系统重构了原有的管理模式和平台，成效明显：群演参演率提高50%以上，剧组筹备时间缩短30%、拍摄成本降低10%以上，被评为浙江省数字化改革“最佳应用”。

摄影棚数字化改造。在横店影视产业园内，29个高科技摄影棚错落有致，未来工厂指的是用LED搭建背景，取代传统绿幕，运用第三代虚拟拍摄技术，集数字引擎、LED电影级显示、实时摄像机跟踪、动作捕捉、云数据存储及传输等技术于一体，可以节约40%的制作时间和50%的制作成本。

随着“大脑+未来工厂”建设的积极推进，横店依托大数据、云计算、人工智能等新一代信息技术手段，通过技术驱动，搭建高科技影视拍摄、制作产业发展平台，使影视作品实现从剧本创作、剧组筹备、影视拍摄、后期制作、宣传发行、版权交易、衍生品开发及交易等影视全产业链的数字化、标准化、工业化。

小镇雄心

这个小镇的雄心，是在文化产业的基础上，以影视带动旅游，最终让“中国影视文化名城”成为一个代名词。这个小镇想成为好莱坞，让自己成为地图上的红点。

2014年，《时代周报》这样描述横店镇的雄心。

美国《好莱坞报道》周刊曾两次报道横店。1999年8月17日，该周刊对横店影视城进行了专题报道，称横店影视城为“Chinawood”。2008年10月12日，该周刊在报道中称横店这个“中国好莱坞”占地364平方千米，拥有小半个新加坡大小的面积，是世界上最大的外景摄影基地。

The Hollywood Reporter

HIP-HOP SPECIAL ISSUE

THE STREETS ARE WATCHING!

THE SOURCE HIP-HOP MUSIC AWARDS 1999

Eleven years ago, The Source was a simple 1-page newsletter.

THE SOURCE ENTERTAINMENT

WE OWN THE STREETS

COMPANY TOWN

Welcome to Hengdian, the once-obscure market village that has blossomed into the Hollywood of China

The Hollywood Reporter

WEEKLY international edition

Chinawood

Asian back lot takes off

A sleepy agrarian village on the central coast of China has magically transformed itself into a bustling film and television studio. Gene Cooper takes us inside Hengdian, an unlikely Mecca for Hollywood-style productions.

See page 14.

At Deadline

Screen Gems opts to take 'This Woman'

Smith, Redford set to tee it up

Runaway prod'n bill in 'suspense'

Will they stay or will they go?

Ames new WB music czar

Parent of THR will head the Nielsen family

A Hollywood Landmark for over 30 years...

CREST NATIONAL

We Do It All...

《THE HOLLYWOOD REPORTER》1999年8月周刊对横店影视城进行专题报道

"THE HOLLYWOOD REPORTER" August 1999 Weekly made special topic reportage on Hengdian World Studios

《好莱坞报道》周刊报道横店

10多年过去，横店壮志已酬：全国2/3的古装剧出自横店，世界电影之都好莱坞直接称呼横店为“中国好莱坞”，中国影视界代表呼吁“崇德尚艺”的联合倡议叫“横店宣言”，反映中国影视产业晴雨表的数据叫“横店指数”，国内唯一兼容电影电视全类别的综合性行业奖叫“文荣奖”，给群众演员颁发的奖项叫“横漂奖”，等等。横店成了中国影视行业的“风向标”“晴雨表”“领跑者”。

10多年过去，横店依旧雄心万丈。积极探索政策体系和管理机制，先行先试，争做行业示范引领者、标准制定者和综合改革先行者。

先行思维在一次次选择中，成为习惯，成为常态。

横店有雄心，也亮实招。

横店影视城是国内最早拟定系统化服务流程与标准的影视基地之一，经过长期的发展实践，多年的实行、打磨、修订、完善，横店影视城形成了一套成熟的、切实可行的管理体系与服务标准，其主导制定的多项行业标准成为国家标准。

2017年3月1日在全国推行的《影视拍摄基地服务规范》，横店影视城是唯一起草单位，奠定了横店影视城在国内影视拍摄基地的绝对行业领先地位。

2018年7月1日，由横店影视城参与制定的又一项国家标准——《老年旅游服务规范——景区》正式实施。该标准为老年旅游服务领域的首项国家标准，填补了旅游景区服务和老年消费者权益保护的交叉领域规范性技术文件的空白，为老年旅游产业发展提供了突破瓶颈的动力。

2019年4月，由横店影视城作为第一起草单位的《主题公园演艺服务规范》国家标准正式实施。该项标准是中国首个主题公园演艺服务标准。这不仅是对横店影视城在旅游演艺运营管理上的高度认可，更彰显了横店演艺秀品牌在国内旅游界的标杆级地位。

立足优化产业生态，横店影视文化产业集聚区在全国首创7项制度：制订全国首个《关于剧组临时党支部规范化建设的指导意见》，促进党建工作和拍摄工作的有机融合，全面发挥党建引领作用；首创剧组安全生产委员会、第三方安全管理机构、安全生产规范行业标准三项制度，实现影视剧组拍摄安全生产事故“零发生”；出台全国首个《关于建立影视剧组工资支付长效机制的指导意见（试行）》，建立影视剧组工资欠薪治理联席会议制度；在全国率先出台《关于依法保障未成年演艺人员权益的实施意见》，填补行业制度规范空白；在全国率先实现群众演员全参保；在全国率先探索制定影视行业首个消防安全管理规范《影视拍摄场景消防安全火灾风险防范指南》和《影视拍摄场景消防安全检查指引》；在全国率先探索群众演员职称评定。

2022年6月，横店影视城成立了全国首个影视产业律师调解中心，聘请影视“老娘舅”2名，全力探索符合产业特点的律师调解和法律服务规范。

横店一直以高度的政治责任感和历史使命感，推动影视文化产业高质量发展。2021年10月，在中国（横店）影视文化产业发展大会期间，8名文艺工作者代表，向全行业发出“横店宣言”，倡议“做新时代爱党爱国崇德尚艺的文艺工作者”，全面展现了横店作为全国影视行业排头兵的责任担当。

横店引领的不只是文艺界的风清气正，还有更大层面上的文化自信。横店将围绕影视产业与数字技术深度融合，打造全球最强的影视产业基地。

直白地说，横店的雄心便是“影视硅谷”！

2021年10月，8名文艺工作者代表，向全行业发出“横店宣言”。

最懂影视

东阳影视文化的崛起，从来不是一个人、一家企业、一个镇的踽踽独行，而是党委、政府高度重视，社会各界积极响应的“大合唱”，是政府与企业的良性互动。在东阳影视文化的发展过程中政府是最懂影视的。

政府最懂影视，——因地制宜、因时制宜为影视发展建立灵活的机制、体制。

从影视产业实验区到集聚区，从集聚区到国际影视文化创新中心，从省级到国家级，东阳把体制机制优势转化为发展优势，推动横店影视文化产业不断发展。

2003年6月，浙江省委省政府将横店影视城列为文化体制改革试点项目，决定将横店打造成为国家级影视产业实验区；

2003年底，中国首个国家级影视产业实验区——浙江横店影视产业实验区诞生，次年4月正式授牌，承担起探索全国影视产业改革与发展新途径的重任；

2012年，浙江省委省政府批准设立浙江省横店影视文化产业实验区，正式将其上升为省级战略；

2019年，浙江省委省政府批准设立横店影视文化产业集聚区；

2020 年，浙江省“十四五”规划提出“以横店影视文化产业集聚区为龙头打造具有国际影响力的影视文化创新中心”；

2022年，浙江省第十五次党代会又作出“建设横店国际影视文化创新中心”的决策部署。

2023年3月，文化和旅游部正式命名横店影视文化产业集聚区为“国家级文化产业示范园区”。

2020年6月，横店影视文化产业集聚区正式挂牌。这是浙江唯一的省级文化产业集聚区，其制度设计实属少见：集聚区管委会领导班子，由浙江省委宣传部、金华市、东阳市和民营企业——横店集团人员组成。集聚区管委会主动发挥服务与协调职能，创新产业政策、加强行业指导，以政企联动的新机制打造优质服务平台，相继组建影视产业协会、影视文化产业服务中心，为入驻企业提供招商、财务、行政服务，组建产影视产业文联、影视审查中心、东阳市税务局横店影视分局、版权保护中心、品牌指导站等服务机构，提供“保姆式”一条龙服务，从管理体制和运行机制上为影视产业的蓬勃发展提供保障。

政府最懂影视——急影视企业所急，根据产业发展情况及时修改完善扶持政策。

浙江省委、省政府，金华市委、市政府，多次出台专门政策，在用地需求、财税激励、金融配套、人才引进等方面，持续加大扶持力度，推动横店影视文化产业的创新发展。2018年，浙江省委、省政府出台《关于加快推进横店影视文化产业发展的若干意见》，为横店文化产业发展定方向、建机制、保要素；在推动影视文化产业的发展上，东阳更是举全市之力，从财政、金融、人才等方面为产业发展制定、完善政策，做好服务。先后制定出台数十项扶持政策，设立“文化产业发展专项基金”和“影视企业贡献奖”，实行“一企一策”，持续加大对影视企业在投融资、财政奖补等方面的扶持力度。为加快推进横店高质量发展，2020年，东阳市委、市政府专门出台《关于支持横店高质量发展的若干意见》，全力支持横店在影视科技、影视人才、产业发展空间、基础设施、教育医疗、社会治理等方面的能级提升，努力将横店打造成为“中国样板”。

政府有作为，企业有担当。横店集团始终保持敢于创新、勇于担当的精神，免场租、发补贴、减费用，以实际行动助推中国影视文化产业持续发展。在影视制作中，拍摄场租在成本中占比颇大。横店影视城两度推出“零场租”政策。2000年，对国内外所有影视剧组免费提供拍摄场景；2019 年，为支持创作更多的正能量影视作品，宣布对在横店影视城拍摄的现代、当代、科幻题材类型的影视剧组，免费使用摄影棚。对国家重点扶持的影视剧项目、重大

剧组拍摄现场

革命历史题材影视剧、讴歌时代精神的主旋律作品，横店集团还给予“一剧一策”的更大力度支持，鼓励创作出更多的正能量影视精品佳作。“零场租”使横店影视城年让利数亿元，却使影视城成了“集聚洼地”，剧组纷至沓来，随之带来的则是拉动配套产业的收益，有力推动了产业快速发展。

集聚区近年来累计安排园区内企业发展扶持资金7.13亿元，设立各类奖励资金9000万元，提振企业信心。2020年疫情期间，横店影视城主动向“横漂”发放补贴，对剧组减免费用累计达 6000 余万元，帮助影视同行共渡难关。

政府最懂影视——善于“补链”，通过平台建设、项目建设来弥补全产业链的短板和不足，丰富服务内涵，提升服务质量。

2018年7月，全国首个影视产权交易平台——浙江横店影视产权交易中心正式开门营业，产权交易系统同步上线。至此，东阳影视全产业链再添关键一环。横店向产业链最完善、产业要素最集聚、综合服务最齐全的影视全产业链基地又迈进一步。影视产业的一切流程都能在横店“一条龙”完成。至此，影视生产所需要的导演、编剧、演员，拍摄、剪辑、审核、版权交易等流程全部在横店完成。实现了企业“带着钱来，带着钱走”的目标。

横店影视创意城是东阳市委、市政府为横店影视全产业链发展精心谋划的强链补链项目。目前，项目设计方案已基本形成，建成后这里将成为入区企业的总部中心、泛影视中小企业的孵化中心和影视科技的研发中心。。

WENLü SHIFANSHENG

文旅示范生

2023年春节正月初一至初六，横店影视城共接待游客82万人次，创新冠疫情以来的客流新高，荣登春节浙江热门景区首位。

梦幻谷的“宋韵江南　横店灯会”、清明上河图的“宋潮盛世领风华”、广州街·香港街的“恭喜发财　醒狮争霸”、秦王宫的“大秦战鼓迎新春”、梦外滩度假区的“海上洋货节”、明清宫苑的“我在皇宫当驸马”等新春主题活动吸引了全国各地的游客。

文化和旅游融合发展，横店实现产业价值的升级。

明清宫苑车水马龙

从单一影视基地型的观光景区，到以影视为核心内容的主题公园群，再到影视体验度假区，横店影视城20多年的发展历程，也是影视文化和旅游不断融合的过程。文化和旅游以影视衔接在一起，文化在旅游中得以提升，旅游在文化中得以发展，走出了一条文旅融合发展的新路。

2001 年，横店在全国最早提出了“影视为表，旅游为里，文化为魂”的理念，以影视为牵引线，旅游为载重机，文化为核动力，开始了文旅融合的探索。

2020 年 7 月，横店影视城成为浙江省未来景区改革试点，改革转型目标是打造全国最优的影视体验度假目的地。

2021 年，横店影视城被浙江省文化和旅游厅命名为全省首批示范级文化和旅游 IP 之一。

2010 年，横店影视城被评为国家 5A 级旅游景区

作为全国最大的影视主题旅游景区，横店影视城已经沉淀下丰厚、鲜活的影视文化以及其背后所关联的历史文化。

将影视文化与历史文化、民族文化、地域文化相融合，充分利用中华上下五千年的文化精髓，依托影视基地和影视内容不断推陈出新，为游客提供源源不断的新鲜素材和全新体验，观光旅游、休闲度假、文化娱乐三大业态同时发力、并驾齐驱，横店实现了从影视主题观光型旅游目的地向观光、休闲、体验复合型度假目的地的转型，实现了影视文旅互生互促深度融合。

从演艺秀、影视体验产品，到亲子研学项目、文创礼品，可玩、可看、可打卡，充分满足不同人群的需求，横店“潮”意满满。

2010年，横店影视城被评为国家5A级旅游景区。

至2022年底，横店影视城累计接待中外剧组3900多个，累计接待中外游客2亿多人次。

党的二十大报告指出，“坚持以文塑旅、以旅彰文，推进文化和旅游深度融合发展”。2023年，浙江省出台《浙江省文旅深度融合工程实施方案（2023—2027年）》，全面部署文旅产业深度融合发展工作。

横店影视文化与旅游融合发展由此进入一个新的阶段。横店影视城正不断提炼文化主线，深化“影视+”战略，向打造体验最深的“影视体验度假区”迈进。

游人如织

演艺之都

“到横店看秀”已悄然成为众多游人的口头禅。

横店，汇聚了世界旅游演艺精华，打造出一台台经典演艺大戏。

截至目前，横店影视城共开发出不同主题、不同演艺形式的旅游演艺秀120余台，节目几乎囊括了目前中国旅游演艺的所有种类，并且每天都在演出，有“中国旅游演艺之都”的称号。

演艺秀为横店旅游注入了灵魂，也成了横店影视城最早尝试文化和旅游融合的路径。

2002年，横店影视城推出首个演艺秀节目《英雄比剑》，一炮走红，横店影视城影视旅游演艺秀大幕由此徐徐拉开。

《英雄比剑》改编自张艺谋导演的大片《英雄》中“棋亭大战”的经典片段。它将电影《英雄》中的打斗场面浓缩在一台演艺秀中，利用威亚拍摄技术，集声、光、电等影视特效于一体，让观众近距离感受影视文化的魅力，游客赞不绝口。

一场真人秀，带动了秦王宫景区人气飙升。

横店影视城乘势而为，双管齐下，立足影视文化题材和历史文化题材两个方向，开发出大型实景演艺《梦幻太极》《暴雨山洪》《汴梁一梦》、影视特技真人秀《大话飞鸿》《英雄比剑》《八旗马战》、水上特技秀《怒海争风》、动感4D乘骑体验秀《龙帝惊临》等20余台大型节目及众多街头秀。

忽如一夜春风来。在横店影视城的每个景区，都能看到与其历史背景和文化特色相吻合的经典演艺节目，演出人员生动巧妙的表演、精彩绝伦的特效、震撼心灵的故事设定，或震撼，或神奇，或诙谐，让游客行至一个景区就仿佛感受一回穿越，洋溢着快乐与梦幻的色彩。

横店影视城成了时尚与传统交相辉映、现实与穿越相得益彰的梦幻大秀场。

演艺秀系列产品相继推出，特别是以国内首个灾难体验实景演出《暴雨山洪》为代表的一批旅游演艺产品的开发与推出，标志着横店影视城旅游产品已经从单纯的场景观光产品向影视体验主题公园类产品转型。

2007年，横店第一个夜游主题公园“梦幻谷”建成开放，这也是国内第一个大型影视旅游主题公园。同时推出的全球规模最大的火山爆发实景演出《梦幻太极》，成为横店标志性旅游演艺项目。

2011年、2013年，《暴雨山洪》《梦幻太极》先后入选“最具国际影响力的中国十大旅游演出”。也是这一年，横店游客接待量突破1000万人次大关，跻身年接待游客超千万人次的全国主题公园第一方阵。

2018年，《梦幻太极》《龙帝惊临》获评“最佳主题公园演艺”和“主题公园优秀骑乘娱乐项目”。

2021年，横店影视城着重打造影视IP与景区主题深度结合的演艺产品，新推出演艺秀8台，新增和升级制作景区行为秀88个，极大提升了游客的沉浸式游览体验。

在梦外滩景区，游客不仅可以体验《啼笑洋戏》《百老舞汇》等经典舞台剧，还可在街头巷尾、商场门口撞上“街头秀”，随时邂逅身着民国服装、手拿“凶器”的“黑帮小弟”或身姿窈窕的“百乐门舞女”。

跨越时空重现传统文化，正是横店演艺秀独具的魅力。

如今，横店旅游演艺越来越丰富，很多游客千里迢迢奔赴横店，不再仅仅是为了追星，更是为了看秀。

那么，就让我们一起来感受一场场横店演艺秀的精彩吧。

4D电影秀《龙帝惊临》

秦时明月汉时关，《梦回秦汉》将带你见证秦皇汉武修筑长城抗击匈奴的光辉历史，必然会与千古帝君进行一次跨时空的对话。

《汴梁一梦》，画师张择端将为你描摹一个绝世美梦，带你徜徉于宋代的亭台楼阁、勾栏瓦肆，领略精妙绝伦的古彩戏法，细品原汁原味的汴梁风情。宋徽宗与李师师在超炫的高科技舞台上，如梦如幻地演绎着游龙戏凤、华丽凄美的爱情故事，见证一段千古奇缘。

转眼来到明朝，浩大的紫禁城才刚开始修建，这就是大型世纪著名舞台剧《紫禁大典》，艺术化再现明成祖永乐大典、新乾隆万秀大典与中华人民共和国开国大典，品味500多年的历史更迭、风云变幻。

既然来到了明清宫苑，一定要看《清宫秘戏》，导演为你揭开影视特技的神秘面纱，带你体验影视拍摄和表演的奇妙乐趣。

而一场精彩的《八旗马战》，向你展示的是清朝皇家八旗马队的威武雄风。年轻的康熙皇帝敲山震虎，一举平定三藩。

《龙帝惊临》，惊险刺激新体验，穿越到前朝，复活的秦俑、凶恶的巨龙，一段奇幻的旅程，冲击着你的视觉。登上快速变换的动感飞车，感受恐怖追击所带来的刺激和尖叫，在虚实之间，体验一场惊心动魄的快乐之旅。

广州街·香港街，一场渔家婚礼正在举行，你不妨加入迎亲队伍，唱响迎亲曲。即使碰上海盗，你也不用害怕，一代宗师黄飞鸿来了，该出手时就出手。《大话飞鸿》从此流传。

转眼间，海盗们又出现在维多利亚海域，一场精彩的水秀大战《怒海争风》开始了。

要欣赏更多的武打表演，请观看《英雄比剑》，刀光剑影，腾空格斗，再现英雄本色。另一面，杨家将之《笑破天门阵》，则会让你笑破肚皮。

夜幕下的横店同样好戏连连，梦幻谷在暮色中展开梦幻的翅膀，神秘的鼓舞，诡异的祈雨仪式，野性的力量在巨变中攫取上苍的意志，霎时间电闪雷鸣，狂风骤起，山洪暴发，滔天洪水瞬间倾泻而下，《暴雨山洪》给人无尽的激情。

终于，全球最大的火山实景演出《梦幻太极》缓缓拉开帷幕，以太极为导向，表现秘境中的和文化，阐释人与自然、人与万物之间“合则两利、聚则生财、和生万物”的和谐理念。

横店影视城大型演艺秀

实景演出现场

大型实景火山秀《梦幻太极》

《梦幻太极》是全球最大的火山实景演出，以《易经》里的“太极”文化为背景，将春、夏、秋、冬四季的变换轮回作为故事主线，生动体现中国《易经》的“和”文化。运用歌舞、武术、影视特技、舞台机械、水火特效、设备灯光秀等表现手法来展现，是一台可容纳5000名观众观看的室外大型演艺秀。节目中空灵天籁般的乐曲、曼妙婀娜的舞蹈、华美绚烂的服装道具、影视特效与科技灯光的结合，让人身临其境感受火山爆发、远古神话与现代高科技舞美设备的完美融合，呈现了一场壮丽磅礴、唯美宏大的文化盛宴。

大型实景灾难体验秀《暴雨山洪》

沉浸式表演

《暴雨山洪》是一台集中国传统文化和多民族风情于一体的室外大型演艺秀，以古老神秘的傩文化为背景，通过高科技的舞美、特效技术，展现了闪电、飓风、暴雨、山洪等自然现象。360度零距离、多空间、立体式、沉浸式的表演方式，让观众身临其境地感受山洪暴发、暴雨如注的极致体验。

影视特技真人秀《英雄比剑》

《英雄比剑》为横店影视城首个影视特技真人秀表演，根据张艺谋导演的电影《英雄》中棋亭大战的经典片段改编而成。节目采用人工威亚拍摄技术，集声、光、电等影视特效于一体，真实再现了《英雄》人物原型，表演细腻生动，高空威亚、速降等特技和武打动作惊险唯美，让观众深切感受到影视文化的魅力。

特技表演

张生入梦

大型杂技歌舞秀《汴梁一梦》

《汴梁一梦》是一台用现代舞美手段展示古彩戏法和民间杂耍的精彩杂技歌舞秀，讲述了北宋宫廷画师张择端为创作彰显大宋盛世的巨幅画卷《清明上河图》而寻找灵感，在历经梦境与现实后完成这一绝世杰作的故事。节目通过三维场景、机械翻转、镜面幕折射、透视技术、多媒体互动等多种舞台技术来渲染“张生入梦”的奇妙情景，细致入微地描绘了北宋京城汴梁的风土人情和繁华风貌。

影视特技真人秀《大话飞鸿》

《大话飞鸿》是一台大型影视特技真人秀。主要讲述渔家婚庆嫁娶的过程中，海盗抢亲和黄飞鸿行侠仗义的故事。运用了大量的影视特效、影视爆破技术、影视打斗技术、流行网络语、广告语，幽默诙谐，表演生动，场面火爆。

影视特技

表演现场

影视特技真人秀《怒海争风》

《怒海争风》是一台大型影视特技真人秀，以横店拍摄的影视剧为背景，演绎香港慈善捐助会上一帮歹人绑架人质抢走善款，香港警探为解救人质、夺回善款，与坏人斗智斗勇的故事。该秀运用水上摩托艇与飞行器惊险刺激的表演，结合令人震撼的影视爆破特效、水火特效以及演员诙谐幽默的表演，在立体水域表演空间中上演了一场水上争风大战。

行进式沉浸体验秀《走进电影》

体验现场

《走进电影》是集影视、娱乐、互动为一体的多点流动的沉浸式体验秀。以多种艺术形式与电影技术手段相融合，突出游客的沉浸式体验，模糊演员与游客的角色边界，有很强的互动感、参与感。在演艺情节设置上运用音乐+话剧表演+舞蹈+朗诵的形式，再现经典的民国风电影、电视剧情景，如《花样年华》《让子弹飞》《金陵十三钗》《功夫》《霸王别姬》等影视相关题材，并活化为沉浸式表演。通过经典影视的再现，让游客沉浸于电影之中。

大型实景电影秀《紫禁大典》

实景体验

《紫禁大典》是一场表现紫禁城从建成至中华人民共和国成立600多年间历经风霜雪雨，辉煌而悲壮的历史的大型室内实景电影秀。该演出以明、清及新中国成立期间的历史事件为蓝本，采用大型LED显示屏、写实道具、多层帷幔、升降轨道、声光特技等舞台设施，配合演员的真实表演，将在紫禁城三个时代中发生的三个大典演绎成一场气势磅礴的实景体验秀。

特技表演

大型皇家马术特技秀《八旗马战》

《八旗马战》是以清朝康熙皇帝平定三藩为背景的。以吴三桂为首的南方三个藩王假意请旨撤藩，意欲叛乱，但年轻的康熙借八旗骑兵操练之际，威慑吴三桂。整场演出将马术特技、影视表演、影视特技有机结合，让游客在感受历史风刀霜剑的同时，又体会到了马战马术带来的惊险刺激。

多场景沉浸式影视体验秀《百老舞汇》

多场景体验

《百老舞汇》是以全新的表现方式，多场景、全景式，具有3.0时代特征的演艺秀。展现20世纪30年代老上海的风貌，让游客有身临其境的穿越、参与、体验感。采用多层次的多媒体、多台全彩激光，通过与水、雾系统的巧妙结合，营造出夜上海的华丽与炫目，诙谐幽默地展现沉重与血腥的黑帮与市井文化。外籍女郎、空中跳水、花样游泳、花样绸舞在梦幻水舞台、水特效的衬托下，形成了浓郁的上海地域特色，华丽的百老舞汇场景配合环绕9.1音效，给人以强烈的视听震撼，让人沉浸其中。

横店影视城各景区中大型演艺项目表

景 区	节目名称	节目类型
梦幻谷	梦幻太极	大型实景火山秀
梦幻谷	暴雨山洪	大型实景灾难体验秀
梦外滩	百老舞汇	多场景沉浸式影视体验秀
梦外滩	啼笑洋戏	影视戏曲秀
梦外滩	阿拉丁与神灯之沉睡精灵	3D投影互动亲子音乐剧秀
广州街·香港街	走进电影	行进式沉浸体验秀
广州街·香港街	大话飞鸿	影视特技真人秀
广州街·香港街	怒海争风	影视特技真人秀
明清宫苑	紫禁大典	大型实景电影秀
明清宫苑	八旗马战	大型皇家马术特技秀
明清宫苑	清宫秘戏	影视拍摄揭秘秀
明清宫苑	公主大婚	行进式沉浸式体验秀
秦王宫	走进大秦	行进式沉浸式体验秀
秦王宫	英雄比剑	影视特技真人秀
秦王宫	梦回秦汉	多媒体魔幻体验秀
秦王宫	秦王迎宾	影视仪式秀
清明上河图	汴梁一梦	大型杂技歌舞秀
清明上河图	游龙戏凤	多媒体环幕真人秀
清明上河图	我在横店当群演	影视拍摄体验秀
清明上河图	梦回大宋	沉浸式商业演艺
圆明新园	清朝科举	沉浸式体验秀
圆明新园	圆明遗梦	研学剧
圆明新园	天下同乐	民间绝活秀

跑进电影

以“跑进电影，穿越历史”为主题的横店马拉松始于2015年。

充满活力、公众参与度高的“横马”，是目前东阳市规模最大的赛事活动，在满足大众精神需求的同时，也成为有效的影视文化宣传载体。

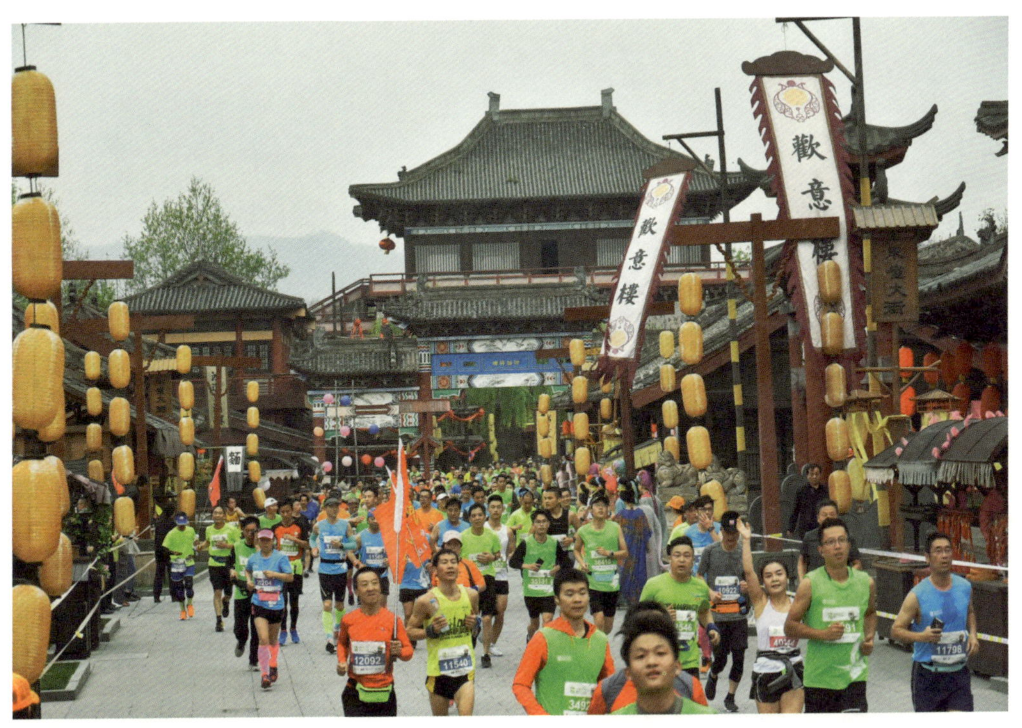

横店马拉松现场

一条赛道越千年，一朝跑过众朝代。“横马”甫一面世，便以极具穿越感的赛道、浓郁的影视文化氛围、热闹休闲的参跑体验，在全国马拉松赛事中脱颖而出，独领风骚，深受国内外跑者的喜爱。

中国马拉松年度报告显示，横店马拉松创办的2015年，全国共举办134场赛事，参赛人次为150万；到了2019年，共举办1828场赛事，覆盖全国31个省区市，参加人次达712万。

从全国范围看，横店马拉松无论规模、层次还是服务水准，都在第一方阵。2015年首届“横马”有1万人参赛，2016年有1.5万人参赛，2017年的规模扩大至2.5万人，随后几年一直保持这一规模，而且场场火爆，被业界誉为“最具成长价值”的马拉松赛事，曾先后荣获浙江省“最受投资人欢迎赛事”“浙江马拉松优秀赛事”“中国田径协会铜牌赛事”“国家体育旅游精品赛事”等多项殊荣。

“横马”将景区、交通干道与影视文化巧妙串联，凭借“最穿越、最撞星、最会玩”的赛事安排，给选手更好的参赛体验。“横马”的赛道始终有这样的魅力，让你宛如行在画中，跑步成了一种愉悦身心的享受。

跑进秦王宫

“最穿越”。“横马”以“跑进电影，穿越历史”为主题，赛道连接了横店的主要街道和横店影视城多个景区，实现移步易景“穿越时空”。

跑友们前脚还跑在大秦气势恢宏的四海归一殿前，一转眼便闯入北宋繁华的汴京街头；上一刻还流连于上海滩的纸醉金迷，不一会儿就陶醉在皇家园林的花红柳绿。赛道上一帧帧穿越的镜头，是“横马”开创与众不同的赛事风格最经典的部分。

如2016横店马拉松赛，从起点到终点沿途穿越或路过国家5A级旅游景区横店影视城的精华景点：广州街·香港街、明清宫苑、明清民居博览城、梦幻谷、秦王宫、清明上河图、华夏文化园、中国首个电影文化主题街区——万盛街等，穿越秦汉，溯回明清，跑进电影，又回归生活。

2018年横店马拉松全程线路，则跑进秦王宫、清明上河图、圆明新园春苑、圆明新园夏苑和明清宫苑等五个景区，选手跑一次“横马”，不仅可以“穿越”上下五千年，感受不同历史朝代建筑的风格，还可以跑在电影中，在各种经典拍摄场景打卡合影。

明星助力“横马”

“最撞星”。“横马”是最容易遇见明星的马拉松赛事，跑马追星两不误，“撞星”率极高是“横马”的一大特色。每届“横马”都有许多明星参与其中，与广大跑友一起快乐奔跑。

2015年，第一位宣布参加首届“横马”的明星是何晟铭。当时，何晟铭在横店参演《生死黎平》。他报名后，剧中两位女主演苏青和郑伊涵也报了名。2017年，有50多位明星与跑友们一起在“横马”赛道上“穿越”，还有《天下长安》《海棠经雨胭脂透》《如懿传》等16个剧组参加。2020年，有200余位明星参与，他们或身体力行体验开跑，或为选手们加油助威。

延期超4个月的2022“中行杯”横店马拉松于2023年3月26日鸣枪开赛，不仅吸引了近2.5万名马拉松爱好者参加，还吸引了正在横店拍戏的60多位演员加入，共有22个剧组来参加这场赛道上的狂欢。

2020年“横马”，时任东阳市委副书记、市长楼琅坚，会同其他领导组成“市长跑团”，参与到了赛事中，身体力行，呼吁全民健身，推动东阳市体育事业蓬勃发展，赢得市民一片叫好声。

“最狂欢”。每年在“横马”举办前夕举行的狂欢活动更成了横店马拉松赛事与无数跑友的约定。

2022年横店马拉松，举行了为期9天的“横马”狂欢周暨非遗“三进”活动。活动创新运用“体育+非遗”旅游新模式，带动市民参与各项体育运动，体验传统文化，感受东阳非遗文化之美。

“横马”开赛前持续一周的非遗老字号集市，为广大市民和各地游客带来了盾牌舞、蔡宅高跷、秋车、大头舞、婺剧折子戏等极具东阳地方特色的非遗民俗，还有东阳烤豆腐、东阳上卢馄饨、东阳沃面、东阳三样贯、东阳干菜肉饼、东阳索粉、东阳梅干菜等东阳本地风味美食供游客品尝。

“横马”开赛前一晚，劲爆的“横马”狂欢电音节强势登陆，多位实力派唱将、说唱歌手献上了精彩演出，唱响“横马”炫动之夜最强音。

“我们一起来相约在这美丽的地方，快乐地奔跑着见证横店的精彩，好客的笑容是横店人民的招牌，横马的风采，跑进电影，穿越历史。”伴随着“横马”主题曲《横马欢迎你》的旋律，“横马”已走过了7年。拥抱浓郁的影视文化，横店马拉松开创了与众不同的赛事主题风格，跑出了文旅融合的加速度，跑出了文旅融合的新赛道、新境界。

“横马”以其愉悦、活力和轻松，塑造着影视文化名城的精神气质。

2023年5月13日，在“味美浙江·百县千碗”名小吃（名点心）挑战赛上，东阳上卢馄饨荣获全省名小吃（名点心）挑战赛馄饨类第一名，东阳沃面入选全省十佳面条，东阳干菜肉饼入选全省十佳饼类。

东阳上卢馄饨

东阳沃面

东阳干菜肉饼

夜游经济

入夜，灯火里的横店活力迸发，霓虹闪烁中，夜的精彩开始上演。别样的影视旅游夜场景、丰富的吃喝玩乐夜经济生态，交织绘就一幅繁荣的夜间画卷。

以“影视”为最大特色的横店影视城，在夜游经济的打造上也充满影视的主题氛围。推出的夜沉浸、夜狂欢、夜休闲等不同体验感的夜产品，满足不同人群的需求。这些产品既独具特色又多元相融，逐步成为横店夜文旅品牌。

2021 年，横店影视城升格为首批国家级夜间文化和旅游消费集聚区。

夜沉浸体验以广州街·香港街为代表。

夜幕降临，流光溢彩的广州街·香港街精彩依旧，走街串巷，宛若一个大片场，演绎着一幕幕经典影视片段。

每天晚上 7 点半，夜间行进式演艺秀《走进电影》准时上演——现场演、现场拍、现场放映，整个度假区都是电影的舞台。台下的人群是观众也是演员，边走边演，边演边拍，像是一个真实的电影世界。

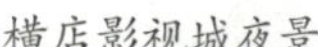

横店影视城夜景

夜间行进式演艺秀《走进电影》

《走进电影》于2020年8月推出，节目整体分为爱情片场、谍战片场、功夫片场、剧中人公社和致敬电影人等五个部分，场景跟随故事转换，观众在行进中感受着经典的电影瞬间，他们既是观看者，也是电影的参与者。

截至目前，《走进电影》已经演出了600多场，为来横店旅游、热爱电影的游客留下了深刻印象。

2022年，浙江日报记者在《夜游横店，体验不一样的影视文旅》中这样描述他们的体验：

拍一部自己出镜的电影需要几步？化妆、道具、服装、置景、摄像、脚本、剪辑……在横店，你只需要一张“广州街·香港街·度假区”的门票。

晚上7时，广州街·香港街·度假区中国电影放映机博物馆门口，聚集了很多游客。这里搭建了一个小型舞台，背景板上写着“走进电影”，一名留着长发、披着马甲、手持喇叭的男子登台，朝人群讲话。

“游客朋友们，欢迎来到广州街·香港街·度假区，我是这次大型行进式演艺秀《走进电影》的导演，接下来，我将带大家体验电影拍摄的全过程，我们今晚一共安排了十几场戏，每个人都可以入戏……现在我们先开始挑选戏份有点重的演员，请大家报名……”

导演话音未落，已经有胆大的游客举起了手，被导演邀上台，一番互动后，免费给换上年代戏装，还有一位游客要演特殊角色，有道具师给他贴上了假胡子、戴上了礼帽。舞台上，一名摄影师扛着摄像机，镜头不时扫过舞台和人群，另一侧的大楼外侧白墙上，已经传出了摄像机实时拍摄的画面，画面拍到谁，哪里就传出笑声和惊呼。

开始拍摄了，我们一大帮游客跟着导演在一个接一个的“片场”转悠，虽然大多数时候只是群众演员，但也体验感十足。比如这一幕谍战片场，在一幢大楼前的台子上，一名扮演汉奸的演员正在讲话，一番介绍词还没说完，就迎来了人群中“狗汉奸”的怒骂，以及一大堆“青菜、白菜、茄子”的洗礼。

这些道具蔬菜是片场道具之一，由工作人员提前发到游客手上，等“剧情”一到，就会有专业演员首先扔出道具，我们这些游客也依样画葫芦，往台上扔“蔬菜”。我拿到手的是一棵塑料青菜，手感轻，也扔不远，只有走到台前，尽力向“狗汉奸”扔过去，可惜还是掉到了台子上。

不止发道具蔬菜，还发三角小旗帜，这是“游行”场景中的道具。一路走来，经典影视剧中的一幕幕在我们身边“深度还原”，感觉太棒了。最后的致敬电影人环节，主办方还将今晚现场拍摄的电影进行放映，看到我们出现在电影的画面里，感觉别有一番滋味。

2018年，横店影视城对广州街·香港街实施了休闲化提升改造，将横店影视城的发祥地——广州街变成了一个大型沉浸式的影视夜片场，闪烁的霓虹灯勾勒出浪漫复古的轮廓，仿佛穿越回了电影中的老广州、老香港，流金岁月，流光溢彩。

如果“成为剧中人”你还不过瘾，那就来影视主题酒店“住在电影里”，感受电影里的生活方式。

广州街·香港街利用21栋建筑中闲置的131个房间，以在横店拍摄的16部具有较高知名度的影视作品为原型，开发了影视主题精品酒店。每一栋都是经典影视场景的再现，让你完全沉浸在剧情中。住进伪装者公馆，体验一次多重身份的刺激快感；走进新月饭店，看看老九门的新旧故事；探寻叶问咏春武馆，寻觅武侠梦……让人真正沉浸在电影中。

在广州街·香港街感受“住在电影里”

梦幻谷是夜狂欢的主舞台。

作为最早开发的夜游主题乐园，梦幻谷利用自身充足的影视资源、艺人资源，以主题游乐、潮玩等为主要元素，策划举办了大量的活动，除现有的30多项水陆游乐设备和两台经典演艺秀之外，每年暑期有备受追捧的“影视嬉水潮玩季”主题活动，推出了动漫嘉年华、水上音乐会、明星见面会等系列内容，引爆了夏夜一场又一场的狂欢盛宴。

梦幻谷

2022年中秋节期间，梦幻谷在原有夜游的基础上，打造了直径长达10米的超级大月亮，并布置了3000余盏各式彩灯。五颜六色的彩灯，熙熙攘攘的人群，如梦似幻。景区还举行了民乐演出、祭月仪式等活动，并推出电视剧《梦华录》同款江南茶点，让游客沉浸式体验夜色之美、灯光之美，欣赏到集夜游、灯光、市井文化等元素于一体的全新景象，过上一个别样的中秋。

梦幻谷超级大月亮

浪漫的外滩，微醺的小酒，诱人的美食，梦外滩的夜休闲适合每一位游客。

梦外滩是以“休闲+美食”为主的夜间城市文化生活街区。2022年，梦外滩在休闲氛围的打造上进行了新升级，整个“黄浦江畔”灯光全面亮化，全新推出网红外滩大排档，加上浙江名点小吃、非遗美食、浙江“百县千碗”美食集市的落地，梦外滩的夜休闲氛围更加凸显。

每周六晚上，梦外滩还会送上夜空中的最美烟花秀，让游客在浪漫中享受美食。每周末夜间也安排了机车之夜、萌娃之夜、白日梦露营、荧光夜跑等多项休闲活动，丰富了周边居民和游客的文化体验，拓展了夜游经济。

2022年元旦起，梦外滩正式试行“主客共享”的新经营模式，免费对金华地区市民开放，成为金华人吃喝玩乐于一体的后花园。

梦外滩的“横店味道”

横店影视城“夜游经济”带动了全城夜游。

万盛街，作为横店目前最繁华、最商业化的一条老街，夜晚灯光璀璨，网红直播、美食叫卖、影视拍摄……这条街像是横店的缩影，体现了横店这个影视小镇浓烈的烟火气；横店影视产业实验区园区内，集购物、休闲、娱乐等多功能为一体，浙中地区最大的影视主题休闲娱乐综合体——梦夜城也24小时不打烊。

万盛街夜景

为了持续推动夜游经济的高质量发展，横店影视城将在夜游中更多融合度假、休闲、美食等业态，创新开发夜间影视文化体验项目，将夜游、夜购、夜娱、夜宿、夜食有机结合，进一步提升沉浸式体验感，形成独属于横店的夜消费特色，努力为游客提供更加多元化的夜间文旅消费体验。

生活，因影视城而更多彩、更丰富。影视基地也真正拓展了人们生活的新空间。

光影为媒

好的景区一定是见物、见人、见未来。

横店较早开始“好的景区”的探索。通过“影视文化+”“未来景区”等新型旅游发展模式，以影视文化为根基，打造多元影视特色文旅产品，推动影视文化与多种娱乐休闲业态深度融合，形成“影视文化+”系列全沉浸、一站式、具有横店特色的产品体系，影视文化与旅游双轮驱动，实现了从“看影视建筑群”到“影视文化体验”的转变。

微电影拍摄现场

“影视文化+”战略就像“影视之光”照亮了文旅融合发展之路，成为融合最好的媒介。依托独特的基地和配套资源，横店影视城成功实现了“见物见人见未来”。游客到旅游景区参与各种活动，最后带走的是一次休闲充电、一种文化体验和一段人生经历。

沉浸体验

影视文化+微电影

屏幕中，影视城在演员们的戏里；荧屏外，普通人也能做一回剧中人。

“微电影拍摄”是横店影视城2016年推出的文化旅游项目，每年有6万人次游客来体验。每位游客都能在电影中变身为另一个自己，体验个性化、差异化的产品，穿越时空走进电影，尽情领略影视文化的神奇魅力。

宫廷剧、抗战剧、年代剧、仙侠剧，几十部剧本可供挑选；导演、灯光、摄影、服装、化妆、道具一应俱全，只待游客“变身”演员，便能开机；帝王将相、贵妃美人、贩夫走卒，你的角色你做主，专业摄制组也可以助你颠倒乾坤、角色反串。面对镜头，不要紧张，就演你自己，在欢声笑语中，一部属于你自己的小电影转眼就完成了。

影视文化+文创

横店影视城文创产品以“横店有礼”为主品牌，围绕“穿越时空的礼物”的文创理念，研发了许多以影视剧、明星等为核心的系列文创衍生品，以横店各大景区及演艺秀为元素的系列周边产品，及以横店周边土特产为主的产品，形成独有的影视 IP 创意主题文创。目前已有“印象横店”系列、“剧中人”系列、“大咖来了”系列等，深受市民和游客的欢迎。

“横店有礼”等系列主题文创产品种类已超1000多种，有力推动了影视文化、历史文化走进当代消费者的生活。

琳琅满目的文创产品

影视文化+体育

除了以“跑进电影，穿越历史”为主题的横店马拉松通过与影视文化的紧密融合，在全国马拉松赛事中独树一帜外，依托横店影视城的品牌优势、产业优势和资源优势，横店影视城运营了众多赛事活动，努力打造中国体育赛事之城。足球、篮球、乒乓球、羽毛球、体操、射箭、冬泳、棋牌、体操、瑜伽、武术、击剑、高尔夫……其中大多数赛事是影响力大或专业性强的高水平赛事活动。2019年，“横店体育”在横店影视城运营了30多项赛事活动。即使在新冠疫情反复的2021年和2022年，分别有20项和15项省级及以上的赛事在横店影视城举行。

开跑

影视文化+泛博物馆群

东阳泛博物馆群建设，正是旅游业“微改造、精提升”与文化产业融合的生动实践。

泛博物馆群是利用各景区原有闲置空间，精心打造的各具特色、呈现景区关联文化的小微专题博物馆群。秉承“泛空间、广运营、慧模式”的理念，充分融合历史文化内涵，文化和旅游在泛博物馆产品中实现了美丽融合。

中国电影放映机博物馆

目前，影视城已建成10个泛博物馆，并入选第一批省级公共文化国际交流基地。

位于广州街·香港街的中国电影放映机博物馆以5个主题展厅、200余件放映机藏品展现电影放映机的前世今生、发展进程及未来展望。

点缀在清明上河图景区中的大宋市井生活博物馆用600余件生活展品生动描绘了宋代市井生活的“衣食住行”，让宋韵风姿跃然眼前。

地处明清宫苑的清宫御膳博物馆围绕“能学、能赏、能吃、能玩”的理念，让游客全方位了解源远流长、多姿多彩的明清御膳历史。

设立在梦外滩景区的海上洋货博物馆则以展现老上海各类艺术品、生活用品和技术产品为要旨，描绘了西风东渐、海上风华、魔都奇珍、洋场曼舞、浮生年华等5个美妙篇章。

此外， 钢琴博物馆、永安里1931 、金华舰等主题独特的博物馆，都成了备受游客欢迎的文旅融合新亮点。

研学活动现场

影视文化+研学

面向中小学生群体，横店影视城充分挖掘现有的文化资源和产业优势，以传统文化、劳动实践等为主题，推动“影视文化+研学”，开发出了影视文化研学、传统文化研学、红色文化研学等多种研学产品，涵盖美学、农学、工学等板块，助力青少年发展，为提升全民科学素质做贡献。如金华市、东阳市两级禁毒办充分发挥景区优势，借助沉浸式场景体验，于2019年开发了“禁毒小勇士”研学项目，在2022年6月又正式上线了“虎门风云”剧本杀项目。无论是中小学生、大学生或是刚踏入职场的青年，都能在这里找到适合自己的游戏，在沉浸式的玩乐中学到禁毒知识。

此外，横店影视城推动“影视文化+会务”发展，打造了宫廷宴、长桌宴、民国宴等主题宴会，让与会人员轻松跨越历史时空；横店影视城还积极创新“影视文化+美食”“影视文化+娱乐”等新型文旅业态，构造全沉浸式消费场景。

而随着剧本杀项目的盛行，横店影视城着力将广州街·香港街度假区打造成为剧本杀基地。目前，这里已涵盖了亲子类、轻沉浸类、大型纯玩类等多种不同类型的剧本杀。新上线的禁毒题材“虎门风云”和明清宫苑推出的恐怖题材“步步惊魂”，吸引了众多剧本杀爱好者。

2023年，横店影视城在文旅融合上又有创新。

4月5日，影视城从宋韵文化角度，在清明上河图景区还原名画《清明上河图》。房屋、道具、陈设等1:1还原画中景致，叫卖、游玩、工作、生活……真人实景，复原宋朝盛世。

人人在画中，穿越游古今。此次名画复活是景区对原有沉浸式玩法的升级。300余位身着古装的演员扮成来往的商队、叫卖的商贩、游街的花魁……按照场景设定行走、叫卖，同时还有多名核心演员在场景中与游客互动，制造戏剧冲突，游客移步换景，置身其中。

横店影视城精心设计了“时空凝固”环节。随着信号声响起，演员扮演的所有角色原地静止，似乎回到《清明上河图》中，只剩游客在画中穿梭打卡；过一会儿，钟声再响起，时间继续流淌，游客瞬间回到大宋市井的繁华场面，和画中人对话、做买卖……享受了更深层次的沉浸式穿越体验。

名画《清明上河图》在横店“复活”

2023年4月7日，浙江省金义东市域轨道交通义东线后通段（体育馆站至明清宫站）开通运营。以清明上河图景区为灵感的金义东轨道交通专列也同期上线，车厢体就是一幅《清明上河图》，给游客带来入画仪式感的同时，也为来横店影视城体验穿越时空的旅行提供了极大的便利。

明清宫站既是义东线东阳段的终点站，也是金华市轨道交通集团重点打造的文旅融合特色站和共建共富示范站。

明清宫站内的影视元素

明清宫站整个布置极具影视特色。站内天花板布满了胶卷状的装饰条，上面是横店景区与影视画面，充满了影视元素；候车座椅采用电影胶盘造型设置，过道壁墙上，提示板、摄影机、吊威亚、组合拍摄等内容一应俱全，电影摄制场景在这里通过立体方式多样呈现。

站点还增加了“流光溢彩的光影记忆”主题艺术墙，通过艺术的手段重构影视作品拍摄现场，乘客走到明清宫虚影前可以倒映出自己的影像，仿佛置身于恢宏的明清宫内，有身临其境之感。

魅力景区

在东阳横店，中华五千年历史以影视拍摄基地的形式修复还原，成为游客慕名前来的旅游景区。一段段岁月印痕再度显现，昨日与今朝、梦想与现实在这方独特的时空里糅合、交融。

在东阳横店，五千年的历史场景，像一幅精美的画卷，以最生动、最直观的方式徐徐呈现。

每一处场景都独一无二。

霸气的秦宫王城、秀气的宋朝汴京、贵气的明清宫殿、潮气的老香港街头、仙气的圆明新园、烟火气的梦外滩，游一遍影视城，等于重温一遍中国历史。

一座影视城，半部华夏史。身在横店，梦回千年！

那么，我们就来一场时空穿越之旅吧。

“五步一楼，十步一阁，廊腰缦回，檐牙高啄”，眼前的秦王宫威严矗立，高耸挺拔，整个建筑群依山而建，与大自然浑然一体，毫无刻意雕琢之感。秦关巍峨，楼阁林立，虽为人造，宛若天开，淋漓尽致地展现出秦始皇并吞六国、一统天下的磅礴气势。秦王宫内有一座华阳台，系燕国王宫；更有展示秦汉时期街肆风貌的“汉街”。在这里，秦汉文化、燕赵建筑高度浓缩；在这里，英雄与枭雄、末世与盛世、梦幻与魔幻、古代与现代的故事，轮番上演，唯一不变的是四海归一的气势，秦王汉武的铁血峥嵘。

秦王宫

秦王宫

秦王宫景区占地面积53.3万平方米，建筑面积达11万平方米，1997年为著名导演陈凯歌拍摄历史巨片《荆轲刺秦王》而建。有雄伟壮观的王宫宝殿27座，主殿“四海归一殿”高达44.8米，面积17169平方米。长2289米、高18米的巍巍城墙与王宫大殿交相辉映，淋漓尽致地表现出秦始皇吞并六国、一统天下的磅礴气势。还有一条长120米、占地面积约1.3万平方米、建筑面积6000平方米的“秦汉街”，充分展示了秦汉时期的街肆风貌。黄尘古道，金戈铁马，燕赵建筑，秦汉文化，在秦王宫得以真实再现。是《荆轲刺秦王》《英雄》《寻秦记》《木乃伊3》《琅琊榜》《芈月传》《兰陵王》《汉武大帝》《陈情令》及《美人心计》等500余部影视剧大片的拍摄地。

《陈情令》剧照

如果说秦王宫是跃马扬戟的铁汉，清明上河图便是风情万种的丽人。

画师张择端五米长卷《清明上河图》在横店的土地上醒来，大宋汴梁的盛世繁华和市井风情、街景和民俗，“活”了起来；物质之韵、风俗之韵、匠心之韵，浓浓宋韵扑面袭来。跨入城门，走上虹桥，登上樊楼，放眼望去，小桥流水，亭台楼阁，烟雨蒙蒙，植被繁茂，平湖倒影，满眼皆是风景。更有豪侠之士替天行道，才子佳人抚琴弄影，众多的传奇人物都被赋予了鲜活的面容。“一朝步入画中，仿佛梦回千年”。沉浸其中，自己就是大宋子民。

清明上河图

清明上河图

清明上河图景区占地面积约40万平方米，1998年11月建成开放。景区以北宋著名画家张择端的巨作《清明上河图》为蓝本，取其神韵，结合北宋时期的社会背景、民俗、民风及宋时的古建特色，按影视拍摄的需要建造而成。景区分为外城、里城和宫城，城中有“汴河”蜿蜒，形成了城外有城、河内有河的独特格局。建有房屋120多幢，桥梁6座，码头3个，画舫2艘，牌坊14座。是《梦华录》《飞天舞》《小李飞刀》《杨门女将》《绝代双娇》《薛丁山》《唐宫燕》《精武英雄》《新版还珠格格》《大话西游之除魔传奇》《知否知否》《步步惊心》《白发魔女传》《花千骨》等1000多部影视大片拍摄地。

明清宫苑

“朱门金殿，绿柳红墙”，转眼从大宋穿越到了明清。

金碧辉煌紫禁城，红墙宫里万重门。明清宫苑以1:1规模呈现北京紫禁城原貌。红墙金瓦，重重叠叠，似乎重叠着两代王朝600年历史；一砖一木一瓦一石，承载着明明暗暗的权力角逐、宫闱之争，诉说着曲曲折折的忠奸是非、爱恨情仇。沿着御道深入，历史上那些我们看不见的画面呼之欲出，活灵活现；而镜头下，新的争斗、新的悲歌、新的欢笑、新的传奇在不断上演。

明清宫苑

明清宫苑景区始建于1998年11月，占地约100万平方米，2005年元旦全面建成开放。它以北京故宫为原型，参照明清时宫廷建筑的手法，以影视城特有的营造方式，仿效唐、宋、元等时期的礼制，又融入了民国年间的建筑风格，荟萃了禁城宫殿、皇家园林、王府衙门、街市庙宇、胡同民宅等各种古建精华，再现了不同历史时期的京都风貌。明清宫苑基本保留了故宫中轴线上的建筑，建有承天门、午门、太和门、太和殿、乾清门、乾清宫、交泰殿、坤宁宫以及神武门。在西路保留了西六宫包括养心殿等在内的大部分建筑，并另建有御花园、箭亭长廊，以及老北京民居区域。东路则改建了包括恭亲王府、公主府在内的王公府邸，可园等北方四合院民居，宫市街等北方街市，广济寺等皇家寺庙等多种类型的场景。是《天下无双》《满城尽带黄金甲》《金枝欲孽》《鹿鼎记》《宫锁心玉》《甄嬛传》《步步惊心》《深宫谍影》《宫锁珠帘》《延禧攻略》《如懿传》《我和我的祖国》《觉醒年代》《1921》《理想照耀中国》等几百部影视大片拍摄地。

走出红墙，宫门之外的横店同样风光无限。

百栋民居古宅，万千秦淮旧梦。明清民居博览城，分为“桃花源”和“秦淮河”两大景系，城内汇聚了浙、皖、赣等省区120多幢明清民居精品。散落各地的古建明珠，在横店拂去了它们蒙受的尘埃，重新闪烁出动人的光彩。民居古朴，秦淮艳丽，淡妆浓抹总相宜。

明清民居博览城

明清民居博览城

明清民居博览城，占地面积60万平方米，2001年开始筹建，2008年10月1日正式全面对外开放。是集古建保护、影视拍摄、旅游观光、艺术展览于一体的综合性影视文化旅游区，也是横店影视城中历史最长、投资最大、内涵最为丰富的景区之一，分为“桃花源”和“秦淮河”两大景系。“桃花源”景系集中了从浙、皖等各地折迁的明、清、民国时期的民居120余幢。因此，该城已被命名为“中国文物保护基金会示范基地”和“中国古民居保护基地”。是《功夫之王》《投名状》《顺娘》《农民代表》《咏春》等百余部影视作品拍摄地。

出博览城，向西南行7千米许，叩开木门，一下子从北京圆明园残骸走到了它最鲜明亮丽的时刻。3月的横店圆明新园，恢宏大气，古色古香，樱花繁盛似雪，杏花灿烂如霞，千花如锦，春意在红墙绿瓦间跳跃，春趣在小桥流水中氤氲，满目诗情画意。在这里，感受到的不再是面对残垣断壁的悲恨和苦闷，而是春水渐长的新鲜味道和不可阻挡的向上生长的力量。

圆明新园

2012年5月工程动工，2017年全面建成开放，占地413万平方米，有春苑、夏苑、秋苑、冬苑，横店圆明新园汲取了北京圆明园盛时精华，按1:1的比例恢复了圆明园全盛时期84%的建筑群，最大程度还原了圆明园的旧时盛况，并创新增加了诸多关联项目和高科技游乐项目，是一座集中西方优秀造园艺术、融中外文化和高科技游乐项目于一体的辉煌壮丽的文化乐园。圆明新园春苑景区是以《圆明园四十景图》为蓝本，以春为主题特色的大型皇家园林。圆明新园春苑是横店圆明新园内面积最大的一个园区，共有45个主题景园，占地267万平方米，其中包括自然森林133万平方米。联合国世界旅游组织曾提出："游美丽中国，首选横店圆明新园"。是"全国首批中小学生研学实践教育基地""浙江省爱国主义教育基地""东阳市廉政文化教育基地"。

圆明新园

此外，无论是“畅游一日，纵观亿年”、集万千文化在一身的华夏文化园，庄严妙像、和乐净土的大智禅寺，还是丹霞洞天、道家仙境的屏岩洞府，走进横店，在静赏与互动中感受人文自然的奇妙与美丽，聆听千百年历史的回响。

华夏文化园

华夏文化园

占地约40万平方米，始建于2003年2月，2007年10月试营业。是由横店集团创始人徐文荣先生创意和总策划，亚太工艺美术大师陆光正先生总设计，以展示中华民族五千年优秀文化为主题的大型综合性旅游观光景区。景区主要由门楼广场、文化广场、历史长廊、四大佛山、鱼乐苑、三教塔、瑶台胜境等景点组成。《夺标》《仙剑奇侠传3》《吴承恩与西游记》《汉宫》《大唐女将樊梨花》《聊斋》《倾城雪》《胭脂扣》、新版《射雕英雄传》和《西游记》等数百部影视作品在此拍摄。

大智禅寺

大智禅寺是一座千年古寺，始建于南朝梁大同年间（535至545），距今已有1400多年的历史，1994年元月移址异地重建，1995年10月18日修复落成。重建后的大智禅寺占地18.7万平方米，已建殿宇面积2万平方米，其主殿大雄宝殿为重檐歇山顶传统建筑风格，飞檐翼角，气势轩昂，殿高45.05米，殿内供奉佛祖圣像高28.88米（含背光），雄健端庄、妙相庄严，为全国室内最高坐佛像。前任中国佛教协会会长赵朴初先生为大智禅寺题写了“释迦塔”“正大光明”“大雄宝殿”等牌匾。《小李飞刀》《绝代双骄》《人间灶王》《苦藤》等数百部影视作品在此拍摄。

大智禅寺

入夜，霓虹闪烁，穿行在广州街·香港街，绚烂的羊城旧貌与香江风韵，两者互为映衬，让人回到过去。时代更迭、新旧交替，赋予这里更多的活力与精彩。

登上梦外滩的老火车，一起开往近现代的岁月。

霓虹笙歌，繁华如梦。梦外滩以20世纪20年代至40年代的老上海为原型，和平饭店、外白渡桥、百老汇大厦、汇丰银行、百乐门、怡和洋行等一幢幢历史风情建筑，让人仿佛置身于老上海十里洋场。

梦外滩度假区

总占地面积33.3万平方米，总建筑面积近40万平方米，总投资约35亿元，整体建设分两期进行。2019年8月试营业。度假区以20世纪20年代至40年代的老上海为主要原型，传神再现了当时的城市风貌，恢复老上海十里洋场的旧时风情，展示老上海独特的融万国建筑于一处的海派风格。是横店影视城为转型成为休闲度假目的地而兴建的新型影视文旅综合体。一期占地面积23.3万平方米，建筑面积20万平方米，建有1949年前老上海年代的街道如南京路、中山路等8条，上海优秀历史建筑如汇丰银行、上海大世界等34幢。是《觉醒年代》《1921》《革命者》《解放》《光荣与梦想》《叛逆者》《长津湖》等多部建党百年献礼片（剧）的拍摄地。

梦外滩度假区

十里洋场并非只有灯红酒绿、声色犬马。

2022年3月，在梦外滩度假区成功建设了永安里1931红色经典传颂地并举办《周恩来在“永安里”场景复原展》，传播红色文化。永安里是周恩来在沪早期革命活动旧址。“永安里”场景复原展，以上海历史记忆、文物史料为基础，讲述了周恩来早年间在“永安里”的故事。

梦外滩度假区红色经典传颂地

走过十里洋场，来到梦外滩的“上海黄浦江岸”船坞，登上“金华舰”，进入舱室，走上甲板，感受这艘我国自主生产的导弹护卫舰的威武雄姿；参观作战室、陈列墙、生活区等，了解“金华舰”的光荣历史和我国海军改革发展的历程，深切体会海军战士坚韧不拔、忠诚爱国的可贵精神。

“金华舰”

是我国自主生产的导弹护卫舰，长103.2米，宽10.8米，于1983年服役，主要担负近海海域的战备巡逻和护渔、护航等任务，2019年退役。退役后，由部队移交金华市人民政府，用于开展爱国主义教育。为了让离开海军战斗序列的“金华舰”在国防教育领域焕发新生，成为爱国主义教育基地，成为爱国拥军、军民团结的重要场所和历史见证，经中央军委批准，“金华舰”由金华市人民政府移交给横店影视城。经过专家考察，横店影视城在梦外滩边的南江段筑起了橡皮坝，建造了1700多平方米的船坞，使“金华舰”如同停靠在码头一般。2021年10月21日，“金华舰”正式落户在东阳横店梦外滩度假区。

“金华舰”雄姿

横店·红军长征博览城

在横店影视城建设中，红色文化从不缺席。

从建设第一个国家级国防教育基地广州街·香港街，到建成中国红军长征博览城、国防科技教育园、中国革命战争博览城，加上原有的金佛庄烈士陵园、邵飘萍纪念馆等，构成了横店规模庞大、主题鲜明、寓教于游的红色旅游城。

横店红色旅游城先后被国家和省市有关部门命名为“国防宣传教育基地”“国防教育基地”“爱国主义教育基地”“全国青少年国防教育活动实践基地”“青少年爱国主义教育示范基地”“廉政文化教育基地”“民兵及青少年教育基地”“党员教育基地”“浙江省青少年红色之旅经典景区”。

横店·红军长征博览城自2004年兴建，历时368天建成，2005年10月1日正式开放。博览城建在约600万平方米荒山地上，各种建筑共计170多幢，总建筑面积4万多平方米。根据中央红军长征所历重要会议、重大事件及重大战役的史实，用翔实的资料、实物陈列展示方式，按长征重要事件发生的先后顺序，以江西瑞金苏维埃政府所在地为发端，按长征顺序再现了长征所历突破封锁线、湘江之战、突破乌江、遵义会议、四渡赤水、彝海结盟、飞夺泸定桥乃至过雪山草地、榜罗镇整编、胜利会师吴起镇等40余处历史场景以及红军长征沿途经过的江河、山川、村寨20多处，浓缩再现了红军艰难曲折的二万五千里长征过程。

基地内建有长征简史馆、罗开富文史馆等专题展馆，邵飘萍纪念馆、龙潜将军馆、甘祖昌将军馆和徐大娘故居等故事馆。有体验长征步行道路约14千米，乘车游览路线10余千米，是集红色旅游、国防教育、民兵训练、团队拓展、休闲娱乐和军事题材影视剧拍摄等多功能于一体的特大型综合园区。

横店·红军长征博览城

横店·中国革命战争博览城

是集红色旅游、传统教育、团队拓展、休闲娱乐以及军事题材影视拍摄等功能于一体的综合性景观。占地面积约33.3万平方米，其中山地占98%以上，投资8000余万元，以复原的遗址建筑与著名军事人物雕塑相结合，浓缩了中国革命与战争历史，是隐藏在绵绵青山中的游览胜地，是对青少年进行知党、爱党、爱国教育的大课堂。

整个景区主要分四大部分。1:1仿建的中共一大至七大会址的党史长廊区；包括延安古城、八路军总部、新四军总部、地道战旧址、地雷战旧址和沙家浜等抗日战争区；包括西柏坡、北京双清别墅旧址等在内的解放战争区；开国将帅图片展馆等。游客可以亲身参与体验，扮演民兵、鬼子、伪军等角色，体验惊险刺激的战争场面；乘坐20世纪30年代老式“火车”，体验当年“铁道游击队”的感觉，可以实地进行录像拍摄，留下自己“抗日战争”时期的独特镜头；可参观开国将帅图片展馆，缅怀1614位开国将帅的丰功伟绩，更可体验亚洲第一的“梦幻飞毯”高科技影院带来的震撼，身临其境，立体感受，腾空飞越，刺激热闹，妙不可言。

横店·中国革命战争博览城

穿行在史诗般的横店影视城，从静态观赏到动态体验，处处值得人咀嚼回味。

GONGFU YINLINGZHE

共富引领者

党的二十大报告指出，“中国式现代化是全体人民共同富裕的现代化”。实现共同富裕，始终是中国共产党矢志不渝的追求。在浙江横店，以横店集团创始人徐文荣为代表的横店人，从20世纪70年代以来，就一直在共同富裕的道路上积极探索，并取得了令人瞩目的成就。徐文荣提出的“共创、共有、共富、共享”理念，多少年来一以贯之，笃行不怠，深刻改变了横店的城镇面貌，居民幸福指数节节攀升，横店镇也成为全国闻名的共富先行区。

农民共同富裕是实现全国共同富裕的最大挑战，直接决定着全国共同富裕目标的实现程度。成立于1975年的横店集团，在近50年的实践探索中，始终扎根东阳横店进行本土创业，坚持使命与价值观引领，以产业带动与集聚为支撑，将企业发展与农民共同致富、城镇化发展紧密结合，走出了一条独具特色的共创共富之路。

横店集团的奋斗史，是一部在国家改革开放政策指引下不断探索共同富裕的实践史。“40多年来，横店集团始终坚持‘多办企业多赚钱，多为百姓办好事’的创业初心，践行‘共创共有共富共享’的社团经济理念，不懈努力，积极探索，使横店农村产业变强、农民更富、农村更美，走出了一条以企业高质量发展带动农村共同富裕之路。”2022年2月7日，在浙江省高质量发展建设共同富裕示范区推进大会上，横店集团控股有限公司董事长、总裁徐永安作为5位发言代表中唯一的企业代表，现场分享了横店集团的共富故事。

横店新貌

小镇新貌

横店旧貌

横店作为浙中小镇，地为丘陵且多山，距离杭州180千米。几十年前，这里还是一片贫瘠之地，除了一条主街道，四处是荒山野岭。想要进出横店，人们得在绵延山路上辗转，行路艰难。横店人多地少，人均可耕作面积不足半亩。老百姓调侃称："抬头望见八面山，薄粥三餐度饥荒，有女不嫁横店郎。"1975年以前，横店镇区总面积39.7平方千米，有39个行政村，2.4万人，农民人均年收入仅75元。在相当长的时间里，横店农民始终在贫困线上挣扎。他们和普通中国农民一样出身贫穷，但不一样的是，他们在今后短短数十年时间里彻底改变了几千年来面朝黄土背朝天的命运……

漫步在今日的横店，土地贫瘠、交通闭塞的穷山村早已不见踪迹，到处是一派生机勃勃、热火朝天的景象。一条条宽阔的街道，一座座横卧的桥梁，一处处影视拍摄基地……如今的横店拥有现代化的机场，花园式的街道，高楼、工业园区、影视基地、医院、学校、银行、酒店等，一应俱全。横店从"穷山村"变成了"幸福城"。"城在山中，水在园中，房在林中，林在草中，人在花中"是当今横店的现实图景。根据中央党校课题组2018年对横店幸福感的调查显示，横店人均住房面积69.41平方米；每百人汽车拥有量29.9辆，居全国首位；横店人"很幸福"和"非常幸福"的比例达到了90%以上，横店居民的总体满意度达到93.5%。

从穷山村到幸福城转变的背后，实际是横店集团多年来不忘初心、牢记使命，始终扎根横店，

通过创办工业吸纳就业，带动当地农民先富起来；大力发展影视文旅创造就业，带动周边共同繁荣共同富裕；主动为百姓办好事，积极助力城镇建设，使横店农村产业变强、农民更富、农村更美。

横店集团是多元化的中国特大型民营企业。历经三次创业，形成了“多元化发展，专业化经营”的发展战略。培育出横店东磁、普洛药业、英洛华、得邦照明、横店影视、南华期货六大产融平台，业务遍及150多个国家和地区，被誉为“世界磁都”“江南药谷”。作为中国影视文化产业的龙头基地，建成全球最大的影视实景拍摄基地，构建从影视基地、影视服务、影视娱乐到院线影城、影视制作、影视教育的产业链，赢得了“中国影视梦工厂”的美誉。

创业至今，横店集团始终秉持集团创始人徐文荣倡导的“共创共有共富共享”理念，扎根于横店，把做最具社会责任心的企业作为自己的使命追求。以工业筑基，影视兴业，实现产业创富，引领区域发展，共建美好家园。在改革开放的进程中，不仅在税收、就业上，还在区域产业的兴起、城市面貌的改变、百姓生活的改善、地方品牌的塑造与辐射上，形成了独特的价值贡献模式。横店先后成为国家小城市综合改革试点、国家影视产业实验区、国家旅游科技示范园区等20多个国家级、省级示范基地（实验区、试点）。

40多年来，横店实现了从一个普通半山区农村到现代城镇的跨越，目前全镇常住人口将近23万，注册“横漂”演员超13万人，建立了城乡一体、区域协调发展体制机制。通过分区域布局影视基地植入产业、支持村集体建设多处物业、边远村在中心区联建物业、政府补助美丽乡村建设等多种形式，实现不同村域的均衡发展，共建横店文明和谐美丽家园。

在“共创共有共富共享”理念的指导下，在横店集团的带动下，当今的横店处处都迸发着“小城市”精气神，继续由镇向城进行着“蝶变”。

横店远景

工业引擎

四学横店

无农不稳，无工不富。改革开放后，许多地方通过工业达到发展经济的目的，取得了不俗的成就。东阳也不例外。东阳乡镇企业异军突起，成为支撑东阳工业经济的主力军。而横店则是其优秀代表。2023年4月，中科磁业在深交所上市，成为东阳的第11家上市公司。东阳的上市公司数量，在金华各县市中位居第一。在这11家上市公司中，横店占了8家。横店东磁公司2022年产值达187亿元，是金华市规模最大的工业企业，连续多年成为东阳第一纳税大户。

从1986年至1992年，在短短数年间，金华市委市政府曾经先后4次组织开展学横店活动。通过召开现场会等方式，鼓励各地大力发展工业，助推经济社会腾飞。各地在学横店时，也注重从实际出发，应地制宜，寻找适合自己的路子，促进本地经济的发展。

学横店现场会

从无到有办丝厂

过上好日子是每一位中国老百姓最为朴素的一种想法，可如何实现它却各有各的路子。俗话讲，“靠山吃山，靠水吃水”。浙江地区自古被誉为“丝绸之府”，丝绸产业是其传统优势产业。横店农民也和其他地方的农民一样，一直以养蚕种桑为业。1975年，横店农民凭借着辛勤劳作，迎来了一个蚕茧丰收年，全镇共有蚕茧上千担。然而，国营丝厂却在停产“闹革命”。好不容易养出的蚕茧卖不出去，愁坏了横店农民。为了解决蚕茧的销路问题，横店公社考虑办丝厂，这不仅能够解决当年蚕茧积压的问题，从根本上解决蚕农的后顾之忧，还有可能在经营中扩大盈利。经过公社多方考察研究，办丝厂的担子压在了徐文荣身上。

1975年4月18日，浙江省第一轻工业局正式下文，批准筹建东阳县横店丝厂。横店人的命运由此开始改变。

不过，在计划经济时代，所有的物资都由国家计划管制，横店丝厂属于社队企业，很难从计划经济的大盘中分一杯羹。一方面，办厂得不到国家资源支持；另一方面，市场销路要靠自己去拓展。在建厂时，蚕茧原料、煤、电、资金、木材、设备、人才等要素都非常欠缺。

为解决资源匮乏的问题，横店人积极寻求杭州新华丝厂在机器设备、人才培养等方面的对口支持。通过10个月连续奋战，逐步解决了资金筹集、建厂材料、机器设备、人员培训等问题，238名农民洗脚上田成为工人。在全省同年批准筹建的16家丝厂中，横店丝厂是最早投产的工厂，且投产第一年就盈利7.6万元，超过全公社农业税的总和。不到5年时间，丝厂的立缫机从40台翻倍到了近百台，扩张为两个厂的规模。

在横店的东阳市丝厂内办有好多工厂

丝厂选剥车间

延伸轻纺产业链

在丝厂顺利发展的时候，东阳北乡也批准成立了一家丝厂。此后，东阳的蚕茧供应不再只给横店丝厂一家，蚕茧供应变得愈加紧张。一场“蚕茧大战”即将爆发。在危机中，横店人敏感捕捉到了新的产业机会。丝厂产品单一，还要受原料市场波动的影响，如果要达到稳健发展的目标，就要采取产业多元发展来防范和抵御风险。为此，横店丝厂内部很快建起了一个纺织车间，并与常熟一家针织厂签订合同，订购20台机器，送去30名工人培训。由于产品适销对路，针织车间很快成为针织厂，按照“老厂办新厂、老厂带新厂”的办法，又衍生出针织二厂、三厂、内衣厂、印染厂、服装厂、丝织厂等，轻纺产业链逐步形成。在创办“厂中厂”的过程中，横店丝厂从一个轻纺厂逐渐衍生出配套产业，形成一条完整的产业链，带动了更多农民成为工人。

针织一条街

在发展轻纺时，主动将针织技术和产品向村联户办企业扩散，派技术骨干指导和帮助更多农民生产，在20世纪80年代由此形成了横店“针织一条街”。在产业带动下，农民的收入大幅提升。同时依托于“针织一条街”，横店针织的总体生产规模迅速扩张，产品档次已经从低档次向高档次提升，从内销产品向外销产品转向，发展更为稳健。

转型高科技产业

20世纪80年代初，乡镇企业迅速发展，轻纺行业成为市场热门。该行业技术含量低，进入门槛低，导致市场竞争越来越激烈。于是，横店开始战略转型，在减少对纺织业投入的同时，探索新的产业。

1980年4月，东磁的前身横店磁性器材厂创办，标志着横店集团从针织轻纺等轻工业向高科技工业转型。磁性器材厂投产的锶磁、钡磁等产品，很快创造了丰厚的盈利。之后，磁性二厂、三厂等纷纷成立，软磁、稀土永磁等成为重要的高科技产品，磁性材料业务很快成为集团的主要产业。在连续品尝到高科技的甜头后，横店在1990年明确提出“非高科技不上”的主导战略思想，并在两年间相继关停租卖了20多家企业，进一步集中资金投入到产业转型中，电气电子、医药健康、新材料等高科技产业版图不断扩大，涌现出一批具有国际竞争力的现代化企业，“世界磁都”“江南药谷”等美名也慢慢传遍天下。1987年，横店镇工业产值达到1.1亿元，成为金华市首个亿元镇。

40多年来，横店坚持把工业化作为解决“三农”问题的突破口，通过持续的产业迭代和转型升级创造和吸纳大量就业，带动农民先富起来。集团同步带动小微企业达到1000多家，让大批农村富余劳动力转身成为工人，横店农民率先实现脱贫致富。

新材料车间

“四共”理念

理念发轫

1988年，全国的乡镇企业曾经经历过一场改革，试行股份制、租赁制和产权拍卖。面对这股潮流，该何去何从，横店面临着选择。

因为发展良好，横店集团被作为东阳市乡镇企业的一面红旗，先试点改革。横店经过十年的发展已经走出了一条适合自己的道路，就是以镇办集体企业为主体，扶持和带动村办、联户办和户办企业共同发展。这条路老百姓都拥护，也有利于横店集团的发展，为什么一定要变？为此召开了一场为期3天的全封闭式厂长以上干部会议，要求3天不准回家，谁也不准请假。会上，每个人都发表了意见。令人惊讶的是，尽管大家都自由发言，但是意见却没有出现太多的分歧，大家都不同意把企业卖给个人，厂长经理们也没有一个人愿意把企业买下来，都表示要走共同富裕之路，走以公有制为主体和高科技、外向型的发展道路。

横店最终没有选择做改制的“出头鸟”。横店集团后来的发展历程也表明，他们的选择似乎是明智的。1991 年，坚持走公有制为主体发展道路的横店集团，实现工业总产值比3年前增长64%，利税翻一番。经过这次“八八”改制风波后，横店的干部职工在思想上变得更加统一，更加坚定了走共同富裕道路的信心。

1992年，在邓小平南方谈话的背景下，股份制改革之风又一次刮到横店。作为优秀企业代表，横店集团再次被动员进行股份制改造。横店集团搞股份制改造，徐文荣紧急召开了领导班子和骨干会议，着重分析了盲目跟随股份制改革可能出现的问题：

一是关系处理非常棘手。横店集团的发展得到很多人的帮助，一旦进行资产量化，四面八方的关系都要来分一杯羹，全满足不可能，不满足又可能要出麻烦。二是企业发展后劲不足。资产量化到个人，就很难集中资金去进行大项目的投资，没有大投资，就没有大发展，企业的长期发展受到限制。三是干部员工思想涣散。一方面，股份制改革可通过直接利益刺激员工，提高员工积极性，可另一方面，如果员工都在计算股权分红，一心追求利益，把心思放在炒股上，而不是科研和生产上，这也不利于企业发展。四是城镇建设受影响。一旦私有化，很少人愿意出资搞公益事业，即便有，力度也会很有限。

改革深化是必经之路，产权明晰也是当务之急。从横店缫丝厂起步，横店集团一直走的是共同致富的道路，这条路老百姓拥护、农民高兴、政府满意，因此股份制改造，横店要走符合自身实际情况的道路。

这些认识的取得，为形成“四共”理念、创立社团所有制奠定了基础。

创立社团所有制

1993年，徐文荣当选了第八届全国人大代表。当年3月，他在北京参加“两会”时碰见了当时的中共浙江省委书记、省人大常委会主任李泽民。徐文荣向李泽民讲了自己的所思所想，汇报了横店的难题。李泽民曾考察过横店，也了解横店集团和徐文荣。在他看来，只要是有利于横店的发展、有利于老百姓共同富裕的事，都可以尝试，他鼓励徐文荣大胆地去尝试。

得到领导的肯定后，10多位全国著名的老中青经济学家和理论工作者，分批考察了解横店，探讨横店产权制度改革。在专家的启发和帮助下，结合横店的发展历程与实际，终于在1993年，提出了独具横店特色的社团产权制度模式。明确了社团经济的宗旨是：共创、共有、共富、共享；特点是：产权共有、政企分开、社团主导、多轮驱动；任务是：用社团经济主导农村经济，用现代工业带动现代农业，按城市文明塑造农村文明，让富裕城镇带动贫困乡镇。自此，横店集团的共富初心有了成熟的理论指引。

横店社团经济企业联合会

横店四共委

横店共创共有共富共享工作委员会（简称横店四共委），是一个社会团体组织，属社团集体性质。2007年，经东阳市人民政府批准设立。

该委员会是联合横店社会力量，协助政府解决“三农”问题，推进城镇化建设、和谐社区建设的工作机构。以共创、共有、共富、共享为宗旨，以“发展文化产业，美化山山水水，造福一方百姓”为己任，大力发展慈善事业，带动百姓富裕，建设美好横店。

经东阳市人民政府批准，横店四共委注册成立，由徐文荣任主席。横店四共委相继设立了横店三农促进会、横店文化产业联合会、浙江横店太阳城旅游股份有限公司、浙江横店圆明新园有限公司、浙江横店文化艺术品集团有限公司、浙江横店文荣慈善基金会等组织机构。

2008年，横店四共委建设了横店华夏文化城、横店红色旅游城、横店生态休闲城，称为横店“新三城”。2010年，横店“新三城”资产（除古民居）、人员全部合并到横店影视城。

2012年，借着党的十八大春风，圆明新园项目正式动工兴建。2015年，横店圆明新园春苑等首期四个大景建成开业。2017年，横店圆明新园春、夏、秋、冬四苑及世界野生动物标本馆、冰雪乐园、御苑珍藏馆等全面完工建成开业。

2019年开始，横店圆明新园租赁给横店影视城经营。

建设新景区新酒店。除了下大力续建好明清宫苑，横店四共委相继领导新建了横店华夏文化园、横店明清民居博览城、横店合欢谷、横店九龙文化博览园、横店红军长征博览城、横店中国革命战争博览城、横店国防科技园、横店长征宾馆、横店花木山庄游乐园、横店八面山休闲城等大型景区和酒店。

建设横店圆明新园。圆明园是历经清朝六代皇帝建设经营的皇家御苑，被誉为“万园之园”，1860年，被英法联军劫掠焚毁。徐文荣主席以一个中国农民的大智大勇，让“万园之园”劫后重生，并且更大、更美、更好玩，使国人扬眉吐气，为后人留下一份宝贵的文化遗产。徐文荣为此倾心收集的文物艺术品，大部分都无偿放进了圆明新园景观内用于布景。

发展收藏文化。以建设圆明新园为契机，创新收藏文化，收集流散民间和海外的中华文物艺术品，收藏品超过20万件，建成“天下农民收藏第一馆”“第二馆”“御苑珍藏馆”等展馆共计300余个。在圆明新园周边创办文物艺术品大市场。

建设基础设施。建设南江引水工程，解决困扰多年的横店居民用水和工厂企业用水问题。打通杨店隧道，解决道路掐脖子问题，为横店旅游交通提供极大便利。建设城乡道路、桥梁等基础设施，加快城乡一体化步伐。

建设“新三农”。横店提出全域旅游+全民旅游思路，在横店圆明新园周边10多个村率先开始新农村建设改造。

文化惠民和慈善事业。在横店综艺大观园内建造多个剧院，由四共委出资请周边省市剧团来免费为横店百姓演出，至今已演出3700多场，观众200多万人次。设立健康咨询服务站，聘请民间医家高手和大医院退休专家，为百姓疑难杂症提供咨询和免费治疗，患者就诊人数近10万，获得百姓口碑和感谢锦旗无数。多年来，横店四共委和横店集团一道，为横店老年人发放生活补贴费，给老年人颁发景区免费旅游卡。

争取政策支持，联合各方力量。紧跟党中央，结合横店实际，在各级党委政府关心支持下，推动设立浙江省影视文化产业实验区和省级产业集聚区，争取优惠扶持政策，为横店发展创造了有利外部环境条件。联合各方力量，凝聚各方共识，协调各方关系，为横店发展创造了有利内部环境条件。

由于造福百姓功勋卓著，不遗余力，横店被中国社会科学院誉为人类理想中的“东方太阳城”。2018年国家权威调查显示，横店农民幸福指数名列全国乃至全世界前茅。

四共的内涵

共创：社团资产是社团全体会员共同劳动的积累，社团经济的发展壮大是社团全体会员共同劳动、共同创造的结果。

共有：社团资产由社团会员共同所有。

共富：通过全体社团会员的共同奋斗，实现共同富裕。

共享：社团全体会员共同享受共同创造的劳动成果，共同享受社团经济的社会保障，共同享受社团经济的荣誉，让社区百姓共享社团经济物质文明、精神文明和生态文明的发展成果。

圆明新园一景

共创是前提，共有是基础，共富是目的，共享是理想和归宿。四共之间，循序渐进，紧密联系，互为依存，高度统一。

横店社团经济，是建立在共同劳动、共同创造基础上的市场型公有制的新实现形式，是我国经济所有制的一个创造，是横店模式、横店之路的核心所在。

四共的核心是共创共富，富有新时代的深刻内涵，在历史长河中，焕发着激情与活力，激励着横店人不断奋进。

三产富民

横店要富在三产上

20世纪90年代中期的横店集团走到了一个十字路口，横店的区位、土地、资源、环境容量等都难以支撑工业的再次飞跃发展，特别是随着集团向高科技行业转型并不断做大，对人才的需求越来越大，对人才能力的要求也越来越高。从1990年初开始，横店集团开始大规模地引进人才，不少国内外技术型人才、管理型人才陆续来到了横店。可是人们一到横店就傻眼了，电话不通，路是泥沙路，住宿条件也极差。彼时落后的横店，其基础条件对人才吸引力实在有限，很多人才看到横店的状况后，无论允诺多高的工资、多好的前景，都选择了离开。

横店的基础设施太差，没有任何文化基础设施的落后山村显然无法满足人才们的生活与文化需求，是人才留不住的关键。因此，集团开始兴建一大批文化娱乐设施，比如五村六馆一陵园。五村之一的度假村，是一座按照三星级标准建设的大型古典园林式宾馆，有6幢庭院式标准客房，1幢独立的总统别墅和34幢各式别墅，村内基础设施完善，能够给人们提供良好的住宿环境。娱乐村内更是有多功能影院、现代化体育馆、国际标准游泳池、网球场和大型儿童游乐场等，闲暇之余，无论是外来人才还是横店本地居民，都可以来此休闲娱乐，感受现代生活。

度假村

这些场所最初是为了满足外来人才的文化与生活需求而建的，却引发了对第三产业的兴趣与思索。在1998年4月召开的“横店集团二次创业研讨会”上，横店集团明确了发展经济的方向定位：工业高科技、影视旅游高水平，依托第三产业致富是主目标。将来横店的富，不是富在工业，而是富在第三产业上。因为第三产业不但能使横店集团继续发展，还能够带动横店所有老百姓富起来。尽管已有很多横店人在集团企业上班赚钱，但集团吸纳不了所有横店人的就业发展。而发展以影视产业为龙头的第三产业，却可以带动文化旅游、商贸、饮食住宿、运输业和其他服务业，充分利用服务业就业门槛低、适应面广的特点，提高横店群众的劳动参与水平，带动更多的百姓共同致富。

此外，在横店办工业，特别是高科技工业，当时已经受到人才、土地、水资源、环境容量等多方面制约。通常情况下，企业在地方上做大做强后将总部迁徙至一二线政治、经济和文化中心城市谋取更多战略性资源。这似乎成为了发迹于小城镇的中国民营企业的规范动作。不少原本没有动力外迁的大企业，在主推总部经济的城市给出极具诱惑力的吸引政策后，也纷纷逃离自己发家的“小地方”。横店在发展过程中，也多次碰到过这样送上门来的诱惑，但是徐文荣和他的企业领导班子一次又一次地抵制住了这些诱惑，因为他们的理念很清楚并且非常坚定，那就是“立足横店，发展横店”。而影视文化产业的发展为集团突破资源环境约束、实现产业转型升级提供了机会。所以，横店集团不但自己企业总部始终不外迁，还大力吸引外出横店人返乡创新创业，共建横店美好未来。

步行街——万盛街

辐射周边：官桥村小竹林影视外景基地

文旅融合文化赋能

影视文化产业的打造离不开独特的自然资源和人文资源的支撑。横店作为浙中小镇，地处多山的丘陵地带，没有奇妙的自然景观。要发展这一产业，必须主动去创造这些支撑资源。机缘巧合的是，著名导演谢晋计划在1995年拍摄历史巨片《鸦片战争》，以迎接香港回归。可由于资金到位难、工程时间紧张等问题，迟迟没能找到合适的拍摄基地，剧组焦急万分。偶然的机缘，谢晋导演听说横店在到处寻找剧组进场搭景，于是抱着试一试的态度来到这个无名之地。徐文荣和谢晋见面后一拍即合。双方约定，由横店集团出资在横店建一条“南粤广州街”，包括120幢房子、一条珠江、一座塔。自此，横店人开始了轰轰烈烈的“造城”行动。基于百工之乡的历史背景，工程进度之迅速令人不可思议。安排了120支工程队同时进山，每支队造一幢房子，日夜不停、风雨无阻。仅3个月时间，建筑面积达6万多平方米的广州街就建设完成，比其他基地的速度快了一倍以上。电影上映后，横店在中国影视圈一炮打响。紧接着，陈凯歌到横店拍摄《荆轲刺秦王》，集团出资1亿元，炸掉5座荒山，历时8个月建成了秦王宫。

虽然剧组陆续进驻，但影视拍摄基地建设投入大，回收周期长，当时国内的影视拍摄基地普遍陷入经营困境。虽然各地都隐约捕捉到了影视基地和旅游之间的关联，但却没能将两者真正联动为一体。1996年，横店影视城接待游客23万人次。2000年，游客数量也只有几十万人次，运营发展举步维艰。数年内投入巨额资金与影视城营收现状的压力，让徐文荣和横店集团决策层面临巨大挑战。为此，他们大胆进行商业模式创新。自2000年起，横店影视城不仅免费建造拍摄场景，而且免收剧组场租费，以此推动横店旅游业发展。

横店独特的盈利模式由此而生，即影视拍摄免费—影视服务稳定获利—旅游服务放大收益。

“零场租”的创新商业模式使得横店每年都能吸引数百个剧组来拍摄。影视拍摄虽是免费开放，但剧组成员在衣食住行上却有很大的消费需求，他们为横店的酒店、餐厅、服装等带来大量的生活服务岗位和收入。更具价值的是，当横店的拍摄场景出现在影视剧中时，为横店影视城进行了有效的、持续的品牌宣传。很多人因此认识了这个偏居山隅的地方，横店影视旅游的知名度一炮打响，吸引全国游客前来旅游。正是从20世纪90年代中后期开始，中国影视业经历了黄金时代，横店影视也借此东风获得了飞速发展。经过专业建设运营，横店影视城被誉为“中国影视梦工厂”，荣获多项“全国之最”，是国内拍摄场景最多、配套设施最全、历史跨度最大、要素最集聚、技术最先进、成本最低的影视拍摄基地。在整个影视生活服务链、旅游服务链上，横店形成集住宿、餐饮、交通、旅游、购物等功能为一体的平台。各种配套服务为其带来了持续的收益。数据显示，2021年，横店影视文化产业年营收211亿元，旅游收入超200亿元，直接创造就业岗位12.3万个，注册“横漂”演员超13万人，集聚影视企业1500多家。

横店民宿

物质富裕精神富有

当前，中国旅游正从“景点旅游”往“全域旅游”演变。过去，人们旅游只注重观光景点，而“全域旅游”是指全方位、全空间的旅游，整个区域的普通居民都要作为经营者或服务者纳入进来，他们的旅游意识和文明素质，也成为人们旅游体验的一部分。所以，“全域旅游”不仅是空间范围的拓展，更是旅游发展综合水平的提升。随着2015年5月横店圆明新园首期四大景区的建成开放，横店集团更是明确提出“要依托横店圆明新园发展‘全民+全域’旅游，提高周边农民收入，推动新农村建设”。

随着影视产业规模不断扩大，横店整个地域包括周边乡镇村民都开始参与影视文化服务。在不断辐射的过程中，越来越多的普通居民成为影视产业的经营者、服务者和受益者。一些村民通过出租道具获得不菲收入，有些居民买轿车做出租生意，有些将自己家改造成民宿，凭厨艺开小饭馆，给剧组、游客们提供衣食住行的同时，通过发展配套服务业，享受了影视文化产业带来的发展红利。一些在外经商、务工的横店人纷纷选择回到家乡，办民宿、做餐饮，依托近年来越来越多的剧组和游客发家致富。

横店集团影视文旅产业的融合发展，全面带动了横店第三产业的繁荣发展。目前横店有各类主题酒店、民宿1500多家，床位2.87万张，餐饮饭店1300余家，农户出租收入达4.38亿元，从事第三产业的劳动力约7.5万人。居民增收渠道大大拓宽，居民收入不断增长，2021年镇域内人均年收入近7万元。在不断提高城乡居民收入水平的同时，通过居民自有房屋出租等财产性收入和村集体福利分红收入、失地农民社会养老保险金、社团经济联合会发放的土地口粮款等收入调节机制，推动缩小收入分配差距，城乡居民收入倍差降至1.34。

大水法喷泉

共富行动

2021年8月，东阳市委市政府印发文件，启动东阳高质量发展建设共同富裕先行市行动方案。

该方案坚持以满足人民群众日益增长的美好生活需要为根本目的，以有效解决城乡差距、收入差距为主攻方向，更加注重向农村、基层倾斜，向困难群众倾斜，着力解决发展不平衡不充分问题和人民群众急难愁盼问题，大力推动共同富裕制度创新、模式创新、实践创新，全面激发人民群众的积极性、主动性、创造性，不断增强人民群众的获得感、幸福感、安全感，到2025年，高质量发展建设共同富裕先行市取得实质性进展，形成一批可复制可推广的阶段性标志性成果，努力成为浙江高质量发展建设共同富裕示范区的县域样本。

1.打造经济强市，不断夯实共同富裕的物质基础，为生活富裕富足提供经济支撑。先进制造业发展体系基本形成，创新动能充分释放，核心竞争力不断提高，高能级新产业平台基本建成，平台承载力和发展辐射力不断增强。传统产业加快转型，产业链中高端产品规模不断扩大，发展质效明显提升。市场化、法治化、国际化的营商环境加快形成，有利于企业创业创新的政务环境、市场环境不断优化，市场主体活力得到有效激发，主要经济指标增幅高于全省平均水平、走在金华前列。

美丽东城

2.打造文化名城，着力厚植共同富裕的精神土壤，为实现精神自信自强提供文化支撑。社会主义核心价值观深入人心，东阳人“勤勇韧能义”五大特质进一步传承发展，向上向善的强大力量不断凝聚。现代化公共文化服务体系逐步建成，高品质文化供给更加丰富。建筑、工艺美术、教育等特色文化优势加快向发展优势转化，国家级影视文化产业先行示范区基本建成，文旅融合持续深化，文化软实力全面提升，基本建成以社会主义核心价值观为引领、传承中华优秀文化、体现时代精神、具有东阳特色的文化名城，成功创建全国文明城市。

3.打造歌画东阳，持续优化共同富裕的社会生态，为实现共同富裕美好生活提供环境支撑。生态环境实现全域美丽，生态环境综合指数明显提升，可持续发展能力持续提升，绿水青山就是金山银山转化通道进一步拓展。社会治理实现协同高效，法治东阳、平安东阳、清廉东阳和数字东阳建设一体推进，风清气正、实干担当的政治生态全面形成。公共服务实现优质均衡，基本形成幼有善育、学有优教、劳有所得、病有良医、老有康养、住有宜居、弱有众扶的美好生活场景，群众获得感幸福感安全感满意度稳步提升。

——创新生态更加优良，努力在全面增强创新动能上走在前列。东阳籍人才优势进一步发挥，以科技创新为核心的全面创新扎实推进，高能级科创体系基本形成，创新生态更加优化，一批具有区域影响力的科技创新中心不断涌现，顶尖人才和科技领军人才数、高新技术企业数、科技型中小企业数实现翻番，R&D经费支出占GDP比重达到3%，基本

建成规模金华领先、重点指数全省前列且具有东阳显著辨识度的科创高地、人才高地。

——发展活力更加充沛，努力在全面增强发展动能上走在前列。数字经济成为经济发展主引擎，产业竞争优势明显提升，规上工业总产值、省内建筑业及建筑工业产值、影视文旅产业总收入以及木雕家具全产业链产值均突破1000亿元，数字经济核心产业增加值占GDP比重达到16.7%，重新跻身全省工业强县（市）行列、力争进入第一梯队，建成全国建筑业高质量发展样板、全国工艺美术产业融合发展示范基地和具有国际影响力的影视创新中心。

——区域合作更加紧密，努力在全面增强开放动能上走在前列。积极融入新发展格局，深度参与“一带一路”建设和长三角一体化发展国家战略，高水平建成浙江自贸区东阳联动创新区和跨境电商综合试验区，加快推进东义同城化、东磐一体化、东永协同化发展，不断加强与四川南江新一轮东西部协作，全面推进县域经济向都市区经济、开放型经济跃升。

——增收渠道更加多元，努力在全面缩小收入差距上走在前列。居民劳动收入和财产性收入渠道持续拓宽，中等收入群体规模不断扩大、结构更加优化，城乡居民收入差距持续缩小，低收入群体增收能力明显提升，居民人均可支配收入达到7.5万元，劳动报酬占GDP比重超过50%，家庭年均可支配收入10-50万元的群体比例达到81%以上，20-60万元的群体比例达到46%以上，以中等收入为主体的橄榄型社会结构基本形成。

5G工厂

——城乡发展更加协调，努力在全面缩小城乡差距上走在前列。市域空间布局不断优化，城乡一体化发展格局基本形成，中心城区能级全面提升，新型城镇化加快建设，城乡区域公共服务供给差距逐步缩小，常住人口城镇化率达到75%以上，共同富裕现代化基本单元建设加快推进，横店镇、花园村、寀卢村成为全省共同富裕的镇级、村级示范样板。

——民生福祉更加殷实，努力在全面提升公共服务品质上走在前列。为民办实事长效机制迭代升级，不断擦亮“人人向往的东阳教育”金名片，高水平建设健康东阳，基本建成学前教育、公共卫生、养老照料、体育健身等“15分钟公共服务圈”，基本实现人的全生命周期公共服务普及普惠、优质共享，人均预期寿命达到81岁，有效促进人的全面发展和社会全面进步。

——精神生活更加丰富，努力在全面提升文明品质上走在前列。新时代文明生活行动、人文素养提升行动广泛开展，现代公共文化服务体系建设实现城乡一体、全域覆盖、优质均衡，市、镇、村三级文化设施覆盖达标率100%，“15分钟文明实践服务圈”和“10分钟文化生活圈”全面形成，市民文化素养和社会文明程度达到新高度，成功创建全国文明城市。

——社会大局更加稳定，努力在全面提升社会治理品质上走在前列。党建统领的整体智治体系基本建成，“四治融合”的现代治理体系基本形成，风险闭环管控大平安机制更加完善，亿元生产总值生产安全事故死亡率控制在0.01人以下，万人成讼率低于80%，律师万人比达到3.4以上，全面实现富民与安民有机统一、社会活力与社会秩序良性互动。

——绿水青山更加美丽，努力在全面提升生态环境品质上走在前列。现代化生态宜居城市初步建成，“歌山画水”的新时代美丽乡村全面建成，可持续发展能力持续增强，绿色低碳的生产和生活方式基本形成，生态环境质量持续改善，PM2.5平均浓度持续下降，地表水达到或优于Ⅲ类水质比例达到100%，公众生态环境获得感明显增强。

高楼林立的横店

东城一景

后 记

歌山画水，地美、物美、人美，“三乡一城”最美。《歌山画水最东阳》一书经过一年多的努力，现在终于顺利成书出版了。市政协文史委于2022年7月启动编撰工作，得到了社会各界的大力支持。张忠鸣、单昌瑜、陈美华、吴立梅、朱榕贵、金柏松、华柯、陆国强等负责文字编撰，并提供相应图片；陈林旭、周晓刚、陈新阳等提供了不少精美图片，横店影视文化产业集聚区管委会、财政局、教育局、住建局、市场监管局（木雕红木局）、档案馆、融媒体中心以及横店集团、中国木雕博物馆、木雕小镇等部门单位提供了大量资料图片，在此一并表示感谢。此外，陈齐金、张伟孝、陈云干、吕雄心、楼天良、沈兵、李民中、王九成、何红兵、曾毓琳、黄振刚等诸多人士对书籍的编撰提出了意见，篇幅所限，不再一一列举。书中的个别图片，由于是机构提供，一时难以辨明，无法联系到拍摄作者，在此表示衷心感谢。由于时间仓促、水平有限，难免挂一漏万，难以兼容并包，存在诸多不足之处，敬请读者方家批评指正。

编者

2023年9月

图书在版编目（CIP）数据

歌山画水最东阳. 4，影视文化名城 / 东阳市政协文史和学习委员会编. -- 杭州 : 西泠印社出版社，2023.9
ISBN 978-7-5508-4267-0

Ⅰ. ①歌… Ⅱ. ①东… Ⅲ. ①地方文化－东阳②电影文化－文化产业－概况－东阳 Ⅳ. ①G127.554②J992

中国国家版本馆CIP数据核字(2023)第171733号